beck'sche reihe

W0389585

bsr

Die Geschichte Lateinamerikas ist die Geschichte eines zerrissenen Kontinents. Militärische Regime, feudale Besitzverhältnisse und krasse soziale Unterschiede prägen die Länder Lateinamerikas bis auf den heutigen Tag. Trotz vielfältiger natürlicher und menschlicher Ressourcen kommt die Wirtschaft der Länder nicht in Schwung. Nach einer Phase, in der Militärdiktatoren vielfach die Staaten beherrschten, schwankt der Erdteil nach der Rückkehr zu demokratischen Verhältnissen zwischen Hoffnung und Frustration.
Der Autor analysiert die wirtschaftlichen, innenpolitischen und kulturellen Hindernisse, die die Entwicklung des Erdteils blockieren. Aber auch die Auswirkungen globaler Märkte werden ausführlich dargelegt. Der Band bietet einen umfassenden Einblick in zentrale Entwicklungen von Politik, Wirtschaft und Gesellschaft dieses heterogenen Kontinents.

Romeo Rey war von 1969 bis 2002 als Lateinamerika-Korrespondent verschiedener deutschsprachiger Zeitungen, vor allem des ‹Tages-Anzeiger› (Zürich) und der ‹Frankfurter Rundschau›, tätig und lebte in Bolivien, Chile, Argentinien und Brasilien. Zur Zeit arbeitet er als freier Autor in der Schweiz.

Romeo Rey

Geschichte Lateinamerikas vom 20. Jahrhundert bis zur Gegenwart

Verlag C. H. Beck

Meinem Sohn Martin Antonio

Originalausgabe

© Verlag C. H. Beck oHG, München 2006
Gesamtherstellung: Druckerei C. H. Beck, Nördlingen
Umschlagentwurf: + malsy, Willich
Umschlagabbildung: Rio de Janeiro
Foto: © Richard T. Nowitz/CORBIS
Printed in Germany
ISBN-10: 3 406 54093 7
ISBN-13: 978 3 406 54093 6

www.beck.de

Inhalt

Vorwort

Eine alte Losung der lateinamerikanischen Linken besagt, dass nichts der sozialistischen Revolution mehr Auftrieb gebe als eine Phase liberaler Wirtschaftspolitik in Reinkultur. Das letzte Viertel des 20. Jahrhunderts stand auch im mittleren und südlichen Amerika – wie fast überall auf dem Globus – eindeutig im Zeichen der Wiedergeburt des wirtschaftspolitischen Liberalismus. 1973 ist für den Subkontinent insofern ein Stichjahr, als der Neoliberalismus mit dem Putsch der Streitkräfte in Chile auf dem Subkontinent seine Premiere feierte. Praktisch im gleichen Moment führte die OPEC ihren ersten Handstreich aus, mit dem eine Multiplizierung des Erdölpreises auf dem Weltmarkt ausgelöst wurde. Durch diese beiden Ereignisse ist die Entwicklung in Lateinamerika dramatisch und nachhaltig beeinflusst worden. Ob die Rechnung jener linken Revolutionäre wirklich aufgeht, ist aber nach drei Jahrzehnten immer noch eine offene Frage.

Jedenfalls begann sich das politische Klima 1973 in diesem Erdteil entscheidend zu verändern. Die in den USA geprägte Doktrin der ‹Nationalen Sicherheit› wurde in den meisten Ländern Lateinamerikas zur Maxime des Handelns erklärt. Scharf antikommunistische Militärdiktatoren verdrängten die Anhänger des wirtschaftlichen Nationalismus. Sie folgten dabei zuerst den Ratschlägen der Chicagoer Schule unter Anführung von Milton Friedman, später dem Beispiel des 1980 gewählten US-Präsidenten Ronald Reagan und der britischen Premierministerin Margaret Thatcher.

Vorläufiges Ergebnis dieser Kategorie von Wirtschaftspolitik ist praktisch in der ganzen Region (außer Kuba, das bekanntlich abseits steht) eine enorme und bedrohliche soziale Polarisierung. Die Reichen und Mächtigen, die südlich des Rio Grande seit der Conquista in skandalösem Überfluss gelebt haben, sind dank der Herrschaft des Neoliberalismus noch viel vermögender, satter und selbstzufriedener geworden. Die Mehrheit der Bevölkerung, die kaum jemals etwas anderes als Mühsale, Entbehrungen und Leiden kannte, ist aus dem Zustand chronischer, zumeist unüberwindlicher Armut in diesem vergangenen Vierteljahrhundert noch tiefer ins Elend abgestürzt. Große Teile der einheimischen Industrien, die in früheren Zeiten entstanden waren, wurden ab 1973 durch eine rücksichtslos liberale Wirtschaftspolitik zerstört.

Fremde Interessengruppen diktieren heute das Geschehen in der Region mit ähnlicher Ausschließlichkeit und ähnlichen Profitraten wie in den Zeiten der kolonialen Herrschaft. Was den Nationen Lateinamerikas von diesem Regime zum Schluss übrig bleibt, ist eine gigantische Verschuldung, welche die Aufbaubemühungen vieler Dekaden und ganzer Generationen zunichte macht. Die Diktaturen und die ihnen nachfolgenden verfassungsmäßigen Regierungen, die dieses Werk vollbracht haben, waren des Lobes und Beifalls der IWF-Bürokraten, der Weltbank und des transnationalen Kapitals sicher. Wenigstens so lange, als die bitteren Früchte solcher Politik nicht im Zustand fortgeschrittener Fäulnis vom Stamm der Geschichte herunterklatschten.

Dass sich die Staaten Lateinamerikas, ihre Wirtschaft und Politik, ihre Gesellschaft und Kultur in vielen Aspekten voneinander unterscheiden, wird fast in jedem Werk über die Gesamtheit des Erdteils einleitend betont. Das Bewusstsein über diese Vielfalt wird hier als eine Selbstverständlichkeit angenommen. Von dieser Voraussetzung ausgehend, soll der Versuch unternommen werden, Gemeinsamkeiten in der politischen, wirtschaftlichen und sozialen Entwicklung herauszudividieren, rote Fäden zu sichten, zu verfolgen und freizulegen.

Gleichzeitig muss man sich vor Augen halten, dass der Begriff ‹Entwicklung› in den vergangenen Jahrzehnten sehr viel breiter und komplexer geworden ist. Er umfasst heute auch die gesamte Umweltproblematik, Fragen des sozialen Ausgleichs, Rechte der Frauen und Minderheiten (und ganz besonders jene der Indios), Aspekte der makroökonomischen Stabilität und der Rechtssicherheit – lauter Themen, an die man noch Mitte des vergangenen Jahrhunderts kaum dachte. Zudem können sich Entwicklungsanstrengungen heute nicht mehr darauf beschränken, unterentwickelte Länder im herkömmlichen Sinn zu industrialisieren. Denn Industrialisierung selbst ist ebenfalls zu einer komplexeren Angelegenheit geworden.

Es ist mir ein Anliegen, die Debatte über die Unterentwicklung Lateinamerikas nicht auf Patentrezepte irgendwelcher Art zu reduzieren. Vor allem wird es darum gehen, bei meinem Erklärungsversuch das Gleichgewicht zwischen den exogenen und endogenen

Hindernissen der Entwicklung zu finden. Zwischen jenen Faktoren also, die diese von außen her bremsen oder gar blockieren, und jenen, die in den volkseigenen Wesenszügen und Traditionen, der Erziehung und Kultur begründet sind und dabei ähnlich schwerwiegende Hemmnisse wie die externen darstellen. Die Entwicklung der Dritten Welt* wird dabei als ein dialektischer Prozess des Lernens, des ständigen Vergleichs und Austausches von Erfahrungen aufgefasst, die auf verschiedensten Wegen erarbeitet werden.

Die Kernfrage, die sich hier stellt, welches nämlich die entscheidenden Entwicklungshindernisse sind, die den Subkontinent in immer neue Krisen stürzen, muss in eine ganze Reihe von Teilfragen aufgeteilt werden:

War es im 20. Jahrhundert immer so, dass der Subkontinent nicht vom Fleck kam? Wie stellt er sich grundsätzlich zum Liberalismus? Wie viel Glaubwürdigkeit hat dieser für ihn? Wie weit soll eine wirtschaftliche Öffnung vorangetrieben werden? Hat der Staat die Entwicklung Lateinamerikas immer gebremst? Wie wirkt sich andererseits der Neoliberalismus auf die wirtschaftlichen, finanziellen und sozialen Verhältnisse aus? Welche globalen Mechanismen hindern die Region daran, ein Verbund von hoch (oder zumindest spürbar höher) entwickelten Nationen zu werden? Ist der Populismus nun endgültig passé? Unter welchen Bedingungen könnte die regionale Integration ein Ausweg aus den gegenwärtigen Problemen sein? Was suchen die USA und Europa in diesem Erdteil? Wie wirkt sich das iberische Erbe aus? In welcher Hinsicht ist die Blockierung kulturell und erzieherisch bedingt? Wird schließlich das gegenwärtige Konzept von Entwicklungshilfe (oder Entwicklungszusammenarbeit, um einen heutzutage eher gebräuchlichen Begriff zu benutzen), mit dem Industriestaaten wie Deutschland, die Schweiz, Holland und die skandinavischen Länder Lateinamerika begegnen, den Bedürfnissen der anvisierten Bevölkerung gerecht?

Ursprünglich war vorgesehen, auch die Frage zu untersuchen, ob und allenfalls wie weit ‹die Linke› (von den traditionellen Arbeiterparteien über die verschiedenen Guerillas und Volksorganisationen bis hin zum ‹Fertigprodukt› Kuba) bei der Überwindung von Unterentwicklung und Elend auf dem Subkontinent Abhilfe leisten kann. Ob sie glaubhafte Alternativen darzubieten hat und wie weit ihre Verwirklichung möglich erscheint. Mir wurde indes bald einmal klar, dass die Weitläufigkeit dieses Themenkreises den Rahmen der vorliegenden Betrachtungen bei weitem sprengen würde. Die Entscheidung, dieses vielschichtige Kapitel fallen zu lassen, schließt nicht aus, dass ich mich zu einem späteren Zeitpunkt damit befasse.

Bei meiner Arbeit als Korrespondent verschiedener deutschsprachiger Presseorgane, vor allem des ‹Tages-Anzeigers› (Zürich) und der ‹Frankfurter Rundschau› (FR), habe ich das seltene Privileg genossen, die Ereignisse und Entwicklungen auf dem Subkontinent während mehrerer Jahrzehnte aus der Nähe verfolgen zu können. Ein Glücksfall auch, weil es sich bei diesen beiden Blättern um Medien handelte, in deren Redaktionen Kolleginnen und Kollegen tätig waren, die für die Anliegen der Dritten Welt lebhaftes Interesse bekundeten. Ohne dieses Verständnis wäre meine Arbeit langfristig sicher unfruchtbar geblieben. Ein seltenes Vorrecht sodann, dass ich – mit Wohnsitz in Bolivien, Chile, Argentinien und Brasilien – so lange innerhalb ein und derselben Region forschen und mich dabei tiefer in die Mentalität der Latinos versenken konnte als jene zahllosen Berufskollegen, die von ihren Vorgesetzten schon wieder abberufen wurden, ehe sie sich in Mittel- oder Südamerika richtig eingelebt hatten.

33 Jahre lang unterwegs sein, reisen, schauen und hören, fragen und nachfragen, ergründen und erfahren: reichlich Gelegenheit, fremden Ländern und Völkern hinter den Vorhang zu schauen, Zusammenhänge zu erkennen, Unverständliches hinzunehmen, mit Andersartigem zusammenzuleben. Freilich birgt so lang anhaltende journalistische Tätigkeit in ein und demselben Erdteil auch Gefahren: dass man vor lauter Bäumen den Wald nicht mehr sieht, dass man dem Diktat der Aktualität vollends erliegt, dass man sich auf die Dauer politischen oder wirtschaftlichen Einflüssen beugt.

Vieles ist in den Jahrzehnten, seitdem Lateinamerika auch für Politiker und Akademiker in den entwickelten Ländern zum Thema wurde, gesagt und geschrieben worden. Über seine Chancen und Perspektiven, über seine Abhängigkeit und Rückständigkeit. Fast möchte ich sagen: Was im Folgenden über den Halbkontinent geschrieben wird, ist eigentlich alles schon gesagt worden. Aber vieles, was nördlich und südlich des Äquators erkannt und formuliert wurde, scheint mittlerweile wieder in Vergessenheit geraten zu sein. Dieses Wissen liegt weit herum verstreut, und es ist in vielen Fällen verschlüsselt und verkapselt geblieben. Oder es wird, einmal publik gemacht, im Nachhinein lieber möglichst rasch wieder vergessen. Wenigstens einen Teil der verschütteten Einsichten, vielleicht einen wesentlichen Teil wieder freizulegen und sie einer breiteren Öffentlichkeit in allgemein verständlicher Form näher zu bringen, ist das hauptsächliche Anliegen dieses Buches.

Die folgende Arbeit ist nicht als akademische Abhandlung mit einem Schwall von Fußnoten und Fachausdrücken gedacht. Die Hinweise auf wichtige Quellen sind so in den Text integriert, dass sie den Lesefluss möglichst wenig beeinträchtigen. Aber es soll auch nicht saloper Journalismus oder populärwissenschaftliches Geplätscher sein. Mir ist in erster Linie daran gelegen, Hintergründe aufzuzeigen, Überblick und Klarheit zu schaffen über einen verwirrend vielfältigen Erdteil. Dabei soll der Sinn für das Wesentliche in der Entwicklung – und das heißt hier vor allem: der Unterentwicklung, Fehlentwicklung, Nichtentwicklung – Lateinamerikas geschärft werden. Die Ausführungen sind darüber hinaus als ein Stück konstruktiver Kritik zu verstehen, als ein Beitrag zuhanden der Lateinamerikaner, ihre eigenen Grenzen zu erkennen und sie zu überwinden.

Romeo Rey

* Der Begriff ‹Dritte Welt› wurde schon vor längerem von Teilen der akademischen Gemeinde für überholt und folglich unbrauchbar erklärt. Es ist klar, dass die Dritte Welt am Anfang des 21. Jahrhunderts nicht mehr dieselbe ist wie Mitte des 20. Jahrhunderts und dass mittlerweile ein Prozess der Differenzierung innerhalb dieser zahlenmäßig größten Staatengruppe der Erde stattgefunden hat. Trotzdem verwende ich diesen Sammelbegriff, zum Teil aus publizistischer Bequemlichkeit, vor allem aber weil er der Leserschaft geläufig und verständlich sein dürfte. Ich meine mit der Formel ‹Dritte Welt› die Gesamtheit der Entwicklungs- und Schwellenländer, wobei mir durchaus bewusst ist, dass diese nunmehr in diverse Untergruppen gespalten sind. In Ost- und Südostasien hat ein umfassender Prozess nachholender kapitalistischer Entwicklung stattgefunden. In Lateinamerika hat andererseits der Lebensstandard in gewissen Zonen, Städten und Stadtteilen ein ähnliches Niveau wie in wohlhabenden Regionen der Ersten Welt erreicht.

Einleitung
Die neuere Geschichte Lateinamerikas im Überblick

In den ersten Jahrzehnten nach Erlangung der Unabhängigkeit, also zwischen 1830 und 1860, war die innenpolitische Entwicklung in den jungen Republiken Süd- und Mittelamerikas fast durchweg chaotisch verlaufen. Nach dem Zusammenbruch der kolonialen Herrschaft hatten die Spanier in der Neuen Welt ein enormes Machtvakuum hinterlassen. Gleichzeitig blieben in politischer und sozialer Hinsicht die alten feudalen Verhältnisse praktisch unangetastet erhalten. Gruppen von Händlern übernahmen vorerst die Führung der Geschäfte im Binnen- und Außenhandel und mauserten sich allmählich zu Keimzellen einer nationalen Oberschicht, welche die Gepflogenheiten der im Kolonialreich herrschenden Minderheiten im Großen und Ganzen fortsetzte. Gewisse Ideen und Ideale der Französischen wie auch der Amerikanischen Revolution waren zwar in die Gesellschaften Lateinamerikas eingedrungen. Doch bürgerliche Revolutionen, wie sie Europa und Nordamerika erschütterten, fanden auf dem Subkontinent im 19. Jahrhundert nirgends statt. Dieser Umstand erklärt denn auch, warum die feudalen und halbfeudalen Zustände in der Region noch lange fortdauern konnten.

Die wirren Ereignisse konnte man den neu gegründeten Staaten kaum vorwerfen, denn die spanische Kolonialmacht hatte sie in diesem Erdteil ebenso wenig auf die Übernahme von Regierung und Verwaltung vorbereitet wie die Briten und Franzosen über ein Jahrhundert später die Völker Afrikas und Asiens. Das Militär hatte in Lateinamerika schon damals ein Übergewicht, das sich in erster Linie aus dem Mangel an gebildeten und weitsichtigen Zivilpolitikern ergab. Wie der Historiker Tulio Halperin Donghi betont, kostete die Militarisierung viel mehr Geld, als den jungen Republiken in Wirklichkeit zur Verfügung stand: In einigen Ländern machten die Rüstungsausgaben mehr als die Hälfte des Budgets aus (051/S. 157).*

* Die Ziffern in Klammern verweisen auf das Literaturverzeichnis auf S. 274 und die entsprechende Seitenzahl.

Die in jahrzehntelangen Kriegen eroberte Unabhängigkeit hatte – und hat in manchen Ländern bis in die Gegenwart – eher formalen als realen Charakter. Da und dort ist der Prozess zur Bildung eines leistungsfähigen Staates bis heute nicht annähernd abgeschlossen worden. Die öffentliche Hand erweist sich immer wieder als schwach und zögernd, als ungerecht, nachlässig und zaghaft.

Etwa ein halbes Jahrhundert nach Ausrufung der Republiken brachte die Einwanderung von Millionen Europäern – nunmehr wachsende Kontingente aus Italien, Deutschland und Osteuropa – eine gewisse soziale Stabilisierung dank des Wachstums mittelständischer Schichten mit sich, vor allem im südlichen Teil des Halbkontinents. Fast könnte von einer Turbulenz im positiven Sinne, einem konstruktiven Gärungsprozess die Rede sein. Diese günstige Evolution setzte sich ins 20. Jahrhundert hinein fort, über den Schock des Ersten Weltkriegs hinweg, den die Süd- und Mittelamerikaner aus weiter Ferne verfolgten und dessen wirtschaftliche Folgen für sie verhältnismäßig undramatisch waren. Halperin beschreibt diese Phase als vorübergehende Konsolidierung der neokolonialen Ordnung unter Führung der Metropolen (also der führenden Mächte der nördlichen Hemisphäre), wobei sich die finanzielle Abhängigkeit der jungen Nationen in der Neuen Welt durch Verschuldung nach und nach verstärkte.

Ein erster, mit gewaltigem Blutzoll erreichter sozialer Umsturz auf lateinamerikanischem Boden ereignete sich zwischen 1910 und 1917 in Mexiko. Im Mittelpunkt der Rebellion besitzloser Volksmassen unter der Führung von Emiliano Zapata und Pancho Villa stand hier eindeutig der Ruf nach einer gründlichen Landreform. Diese wurde denn mit der Schaffung eines weit verbreiteten Sektors von genossenschaftlichen Farmen (Ejidos) in die Tat umgesetzt. Ende der zwanziger Jahre bündelte man die revolutionären Kräfte mit der Gründung einer Massenpartei, der PRI (Partido Revolucionario Institucional), die das Geschehen im Land während nicht weniger als sieben Jahrzehnten, also bis an die Schwelle zum 21. Jahrhundert, kontrollieren sollte. Mochte diese politische Institution anfänglich noch Ausdruck eines mehrheitlichen Volkswillens sein, so verkam sie später im Zuge ununterbrochener Machtausübung zu einer Herrschaft, die phasen- und stellenweise quasidiktatorische Züge aufwies.

Während die Alte Welt in einem blutigen, nutzlosen Stellungskrieg erstarrte und Mexiko mit seiner gewaltigen Revolution beschäftigt war, wurde in Südamerika die Tür zur industriellen Entwicklung einen Spalt weit aufgestoßen. In Brasilien und Argentinien entstanden die ersten Schwerindustriewerke, man begann mit der Förderung von Erdöl, das Bahnnetz wurde da und dort dichter gezogen, der Luftverkehr setzte unter bisweilen abenteuerlichen Umständen ein. Die Zukunft erschien viel versprechend. Doch die Weltwirtschaftskrise unterbrach den Aufwärtstrend brüsk.

Der Glaube an die Unfehlbarkeit der liberalen Wirtschaftsordnung, der von Chile bis Kuba und von Brasilien bis nach Kolumbien kontinuierlich gewachsen war, wurde durch die Weltwirtschaftskrise von 1929 auch in Lateinamerika schwer erschüttert. Überall auf dem Kontinent wurden halbwegs demokratische Regierungen gestürzt und durch Diktatoren in Uniform ersetzt: Uriburu in Argentinien, Ubico in der Dominikanischen Republik, Carias in Honduras, Somoza in Nicaragua, Hernández in El Salvador, Gómez in Venezuela usw. Verschiedentlich stellten sich die Gewaltherrscher offen in den Dienst nordamerikanischer Interessen wie jener der United Fruit Company in Mittelamerika. In dieser Zeit muss denn auch der weithin geläufige Begriff der ‹Bananenrepubliken› geprägt worden sein. Zwar traf die Krise einige Staaten schmerzhafter als andere (036 d/S. 182–184). Im Vergleich mit den Kupfer- und Kaffeeländern Chile, Brasilien und Kolumbien, deren Ausfuhren trotz drastischer Abwertung massiv einbrachen, hatte Mexiko mit seinem Silber und Erdöl mehr Glück in der Exportlotterie. Zum andern trug dort aber auch ein Paket von wirtschaftspolitischen Maßnahmen der Regierung von General Lázaro Cárdenas zur Krisenbewältigung bei. Die Abkehr vom Goldstandard, die Peso-Abwertung, Steigerung des Geldumlaufs, Erhöhung der Zölle wie auch ein Etatdefizit, das die Arbeitsbeschaffung und Errichtung von Infrastrukturwerken erleichterte, wirkten sich mildernd aus.

In Argentinien, Brasilien, Peru und Guatemala fielen dagegen die Ausfuhren innerhalb von drei Jahren um 60 bis 75 Prozent, die von Chile gar um 80 Prozent. Die Austauschbedingungen im Handel (Terms of Trade) verschlechterten sich für die meisten Länder unaufhaltsam. Sie erholten sich später nur zögernd und in unterschiedlichem Rhythmus. Die Industriestaaten zogen, wie üblich in solchen Fällen, Zollmauern hoch, so zum Beispiel die USA mit dem Smoot-Hawley-Tarif von 1930 (121/S. 109–112). Überall südlich des Rio Grande geriet die Leistungsbilanz aus den Fugen: Die Einfuhren und anderes wie Transport- und Versicherungskosten sowie Schuldzinsen kosteten zu viel, die Ausfuhren brachten zu wenig ein. Manche Währungen verloren in wenigen Jahren mehr als die Hälfte ihres Wertes. Die Devisen- und Goldreserven der Länder schmolzen dahin, der Schuldendienst wurde schließlich eingestellt – weniger infolge gewollter Abkoppelung, sondern vielmehr als pragmatische Notstandsmaßnahme, die zu einer verstärkten ‹Entwicklung nach innen› führen sollte. Anstatt wie bisher vor allem auf den Außenhandel zu setzen (und damit in neokolonialer Abhängigkeit zu verharren), fing man an, sich vermehrt um die Entwicklung des Binnenmarktes zu kümmern.

Was diesbezüglich General Cárdenas im Mexiko der dreißiger Jahre anstrebte, schwebte zur gleichen Zeit in Brasilien dem zivilen Entwicklungsdiktator Getúlio Vargas ebenfalls als Ausweg aus der Krise vor. In Argentinien versuchten konservative, teils faschistenfreundliche Militärregierungen denselben Weg einzuschlagen. Konsequent wurde die Industrialisierung dort aber erst unter Juan Domingo Perón vorangetrieben, der ebenfalls aus den Reihen der Armee kam. In Mexiko bildete die staatliche Erdölgesellschaft Pemex den dynamischen Kern der Entwicklung, in den beiden führenden Staaten Südamerikas eher die Schwerindustrie. Brasiliens Stahlwerk in Volta Redonda war über Jahrzehnte das eigentliche Symbol des Wachstums.

Dem Staat erwuchsen neue Aufgaben, ohne dass die Oberschicht dagegen Einspruch erhoben hätte: Produktionsbeschränkungen (zwecks Preisstützung) bei gewissen Rohstoffen wie Kaffee sowie Devisenkontrollen wurden eingeführt, die lokale Produktion zuerst von Nahrungsmitteln, Getränken und Textilien, später auch von elektrischen Geräten wurde angekurbelt. Staatliche Instanzen wie die CORFO (Corporación de Fomento, zu deutsch: Fördergesellschaft) in Chile wirkten dabei aktiv mit, um den Entwicklungsprozess zu beschleunigen.

Diese Bestrebungen wurden nach dem Ausbruch des Zweiten Weltkriegs, der die Schifffahrt auf den Ozeanen über weite Strecken lahm legte, notgedrungen noch verstärkt. Durch Umstände, die jenseits seiner Entscheidungsgewalt lagen, erlebte Lateinamerika plötzlich – und zum ersten Mal in seiner Geschichte – eine Phase erhöhter Selbständigkeit, die es zu einer recht rasanten Industrialisierung zu nutzen wusste.

Perón eroberte 1946, von diversen konservativen Splittergruppen unterstützt, in regulären Wahlen Argentiniens Regierung und Parlament. Mit der Verfassungsreform von 1949 verstärkte sich die autoritäre Linie des Regimes aber schon bald. Loyalität gegenüber dem General und seiner Gattin Evita wurde zum obersten Gebot der Innenpolitik erhoben. Ein paar schlechte Ernten ab 1950 und wachsende Konkurrenz der nordamerikanischen Agrarwirtschaft, eine allmählich anziehende Inflation und die Verlangsamung des gesamtwirtschaftlichen Wachstums erzwangen eine Neuorientierung: Die Peronisten mussten ihre nationalistischen Parolen zum Teil fallen lassen und eine Annäherung an das Fremdkapital versuchen. Viel mehr als eine kurzfristige Verlängerung ihrer Herrschaft (bis 1955) erreichten sie damit aber nicht.

Vargas, der wie sein argentinischer Amtskollege dem Faschismus freundlich gesinnt war und deswegen 1945 zum Rückzug aus der politischen Arena Brasiliens gezwungen wurde, triumphierte nur fünf Jahre später nach der konservativen Herrschaft von Marschall Eurico Dutra (mit Hilfe der Kommunisten) an den Urnen. Auch er konnte indes die Inflation nicht unter Kontrolle halten und scheiterte zudem im Vorhaben, die Industrialisierung nachhaltig voranzutreiben. In der Verzweiflung ob seines Misserfolgs und inmitten wachsender Opposition beging er 1954 Selbstmord. Bessere Resultate als Chef der Exekutivgewalt erzielte in der Folge Juscelino Kubitschek, der die ausländischen Unternehmen einlud, sich im Riesenstaat niederzulassen. Im Unterschied zu Vargas konnte er die wirtschaftliche Entwicklung damit – und mit der Gründung Brasilias – noch einmal mächtig beschleunigen. Als Preis musste sein Land dafür freilich eine Verschärfung verschiedener makroökonomischer Ungleichgewichte hinnehmen, die sich in Kürze als bitteres Erbe erweisen sollten.

Nach dem Zweiten Weltkrieg entwickelte der Argentinier Raúl Prebisch als Chef der 1948 gegründeten UNO-Wirtschaftskommission für Lateinamerika (CEPAL) eine Theorie, wonach der Welthandel und die Weltfinanzen vom ‹Zentrum› (d. h. von den Industriestaaten) zulasten der ‹Peripherie› (der Entwicklungsländer) beherrscht werden und sich die Austauschverhältnisse dabei längerfristig für die Dritte Welt verschlechtern. Dadurch werde Lateinamerika in seiner Rolle als Rohstofflieferant entscheidend benachteiligt. Als Heilmittel empfahl die CEPAL eine Forcierung der staatlich geförderten und gelenkten Industrialisierung. Dank dieser ‹Entwicklungspolitik› (Desarrollismo) wuchs Lateinamerikas Industrie in der Tat von 1950 bis 1980 jährlich um über 6 Prozent, die Wirtschaft insgesamt über 5 Prozent, mit besonders starken Zuwachsraten in Brasilien und Mexiko (121/S. 31–34). 1973 machten die lokal produzierten Industriegüter immerhin 21 Prozent der gesamten Ausfuhren des Erdteils aus. Gleichzeitig entstanden erste Ansätze zur Bildung regionaler Wirtschaftsräume.

Von großer Bedeutung war für den Subkontinent um die Jahrhundertmitte zuerst die vom Movimiento Nacionalista Revolucionario (MNR) angeführte soziale Revolution des Jahres 1952 in Bolivien. Sie mündete in die Nationalisierung der wichtigsten Zinngruben, führte das allgemeine Stimm- und Wahlrecht ein und kündigte eine umfassende Landreform an. Wenige Jahre danach (1959) kamen linksradikale Rebellen in Kuba an die Macht. Der Triumph von Fidel Castro, Ernesto ‹Che› Guevara und ihrer wenige tausend Guerilleros zählenden Streitmacht löste in ganz Lateinamerika enorme Erwartungen und Schockwellen aus. Die neue Regierung in Havanna zögerte ihrerseits nicht, in verschiedenen Ländern des Erdteils aufständische Bewegungen logistisch zu unterstützen. Dieser Umstand und das von den Revolutionsführern alsbald abgelegte Bekenntnis zum Marxismus riefen die USA auf den Plan, die ihre seit einem Jahrhundert bekundete und immer wieder bekräftigte Hegemonie in der Region bedroht sahen. Nach wenigen Jahren erreichte die Spannung mit dem von Washington inszenierten Invasionsversuch in der Schweinebucht und der Raketenkrise (Installation sowjetischer Projektile auf der Insel) einen dramatischen Höhepunkt.

Ungefähr ab Mitte der Sechziger häuften sich anderseits gewisse Symptome, die den Verdacht verstärkten, dass in der ‹Entwicklungspolitik›, wie sie zur Hauptsache die Argentinier und Brasilianer (in bescheidenerem Ausmaß auch andere Nationen) zu verwirklichen suchten, etwas nicht stimmte. Vor allem der wachsende inflationäre Druck machte den Regierungen verschiedener Länder zu schaffen. Allerdings waren es nicht nur Probleme der Wirtschafts- und Finanzpolitik, die in dieser Fieberkurve zum Ausdruck kamen. Auch innenpolitische Konflikte, insbesondere immer schärfer geführte Verteilungs- und Machtkämpfe, erwiesen sich als Sand im Getriebe. In Argentinien und Uruguay verlor die Wirtschaft zusehends an Schwung. Andere Länder wie Mexiko, Kolumbien und Venezuela konnten der Krise vorderhand noch ausweichen. Überall aber kamen auch in der Erziehung und Ausbildung Mängel zum Vorschein, die den Umgang mit moderner Technologie erschwerten, die Abhängigkeit der ganzen Region vom Fremdkapital akzentuierten und früher oder später zu ernsthaften Komplikationen führen würden.

Die Landreformversuche, von deren Erfolg die Entwicklung Lateinamerikas entscheidend abhängt, sind praktisch im ganzen Erdteil – mit der möglichen Ausnahme Kubas – gescheitert. Nach anfänglichen Erfolgen (Mexiko, Bolivien, Nicaragua) sind sie im Sande verlaufen oder aber mit Brachialgewalt beendet worden (Guatemala). In anderen Ländern, zum Beispiel Bolivien und Peru, hat sie aufgrund von Fehlern, die ihre ‹Architekten› begingen, schon nach wenigen Jahren allen Elan verloren, oder sie wurde später mit einer Agrargegenreform weitgehend rückgängig gemacht. In Kolumbien ist von einer gerechteren Verteilung des Grundbesitzes zum Schluss so gut wie nichts übrig geblieben. In Chile wurde das Rad der Geschichte nach zuerst vorsichtigen Umverteilungsversuchen der Christdemokraten und später radikaleren Maßnahmen der Sozialisten und Kommunisten von den Neoliberalen mit absoluter Kompromisslosigkeit zurückgedreht. In Kolumbien und Peru trugen die Misserfolge der Landreform überdies entscheidend dazu bei, den Nährboden für das Entstehen linksextremer Aufstandsbewegungen aufzubereiten.

Gegen Ende des 20. Jahrhunderts unternahm in Brasilien die Regierung von Präsident Fernando Henrique Cardoso einen neuen Anlauf, um das Problem der höchst einseitigen Landverteilung wenigstens zu mildern. Aber dieses hatte nach drei Jahrzehnten fast völliger Untätigkeit der Agrarreformbehörde (INCRA) ein derartiges Ausmaß erreicht, dass man sich nunmehr zu wahrer Sisyphusarbeit verurteilt sah. Millionen verelendeter Kleinbauern und Landarbeiter warteten mit ihren Familien darauf, dass endlich etwas geschah. Diesem Erwartungsdruck vermochte Brasilia nicht annähernd zu entsprechen. Lediglich der Landhunger einiger Hunderttausend konnte gestillt werden. Bürokratisch und finanziell war der Staat in dieser Konfliktsituation bei weitem überfordert. Dementsprechend ungeduldig gebärdete sich die Bewegung der Landlosen (MST), eine geradezu logische Konsequenz der seit Jahrhunderten anhaltenden Konzentration des Reichtums in den Händen einiger tausend Großgrundbesitzer. Nunmehr wurden in ganz Brasilien Hunderte brachliegender oder ungenügend kultivierter Landgüter von Sektionen der MST besetzt und somit par force von der Basis her in den Landreformprozess integriert. Immer wieder kam es dabei zu blutigen Auseinandersetzungen zwischen bettelarmen Okkupanten, den bisherigen Eigentümern und deren privaten wie auch den offiziellen Sicherheitskräften. Mehrere Tausend haben auf diesen ‹Schlachtfeldern› ihr Leben gelassen. Laut Angaben der MST-Bewegung gibt es heute aber immer noch über 4 Millionen Familien, die auf ein Stück Land warten, um in Würde leben zu können (130/S. 270–272).

Im Agrobusiness tätige Großfirmen monopolisieren heute in Brasilien und in vielen anderen Regionen Lateinamerikas über weite Strecken die besten Böden, den Agrarkredit, die staatlichen Subventionen und die Nutzung einer Infrastruktur, deren Errichtung den Staat gewaltige Summen gekostet hat (066 a/S. 66). Sie verdrängen die auf den Binnenmarkt fixierten Kleinbauern und verhindern mit ihrer vornehmlich exportorientierten Produktion oft eine bessere Nahrungsmittelversorgung der lokalen Bevölkerung. Manfred Wöhlcke, ein deutscher Entwicklungsforscher, räumt zwar ein, dass die moderne Landwirtschaft auch in Brasilien zu einer Erhöhung der Produktion geführt habe. Dabei verursache sie jedoch nicht nur soziale, sondern auch eine ganze Reihe von ökologischen Problemen: Zerstörung natürlicher Lebensräume, fehlerhafte Landnutzung (mangelnde organische Düngung, fehlende Bodenruhe, falsche Fruchtfolge, Überdüngung, übermäßiger Einsatz von Pestiziden und Insektiziden, Bodenverdichtung durch schwere Maschinen), demzufolge Abtragung der Humusschicht, Vergiftung der Umwelt durch Chemikalien, Störungen des Wasserhaushalts und als Endergebnis Versteppung und Verwüstung. Die Substanzverluste durch Erosion werden allein in diesem Land auf eine Milliarde Tonnen Humus pro Jahr geschätzt (127/S. 114).

Im Zuge dieser ‹Modernisierung› hat besonders Soja Brasilien von Süden nach Norden im Sturmschritt erobert: in den sechziger und siebziger Jahren die Südstaaten São Paulo, Paraná und Rio Grande do Sul, in den Siebzigern das steppenartige ‹Cerrado›-Land von Mato Grosso do Sul und Goiâs, in den Achtzigern das nördliche Mato Grosso und Bahia, in den Neunzigern auch noch

Tocantins, Piaui und Maranhão im Norden. Multis beherrschen heute die Herstellung von Saatgut und kontrollieren von der Biotechnologie bis zur Telekommunikation alle möglichen Teilaspekte der landwirtschaftlichen Produktion. Verlierer sind lang ansässige Kleinbauern, die aber in der Regel keine Eigentumstitel haben (so genannte Posseiros, d. h. lang ansässige De-facto-Besitzer), Landarbeiter und Indios, die durch diese Expansion verdrängt wurden. Viele von ihnen schlossen sich der MST an, die damit in wenigen Jahren zu einer der wichtigsten sozialen Bewegungen in der Geschichte jenes Landes wurde.

Obwohl Lateinamerikas Agrarsektor dank Kolonisierung (Bewirtschaftung bis dahin unerschlossener Landesteile), Modernisierung (auch Bewässerung) und dank der ‹Grünen Revolution› in der zweiten Hälfte des 20. Jahrhunderts flotte Zuwachsraten verzeichnen konnte, nahm sein Anteil am Gesamtprodukt ab. Noch rascher schwand die dort beschäftigte Bevölkerung. Innerhalb von einigen Dekaden wurde das Verhältnis zwischen Land- und Stadtbevölkerung von etwa 70 zu 30 Prozent durch massenhafte Wanderbewegungen in seine gegenwärtige Proportion umgekehrt: 30 zu 70. Von der Grünen Revolution konnten nach Einschätzung des schweizerischen Historikers Hans Werner Tobler (121/S. 35–39) die Kleinbauern wegen der hohen Kosten kaum profitieren. Neben diesem Umstand ist es aber vor allem die Verschleppung der Landreform, was in fast allen Ländern Lateinamerikas eine gigantische Landflucht auslöste. Millionen und Abermillionen Menschen sind, von leeren Versprechungen der Politiker enttäuscht und von den – wirklichen und vermeintlichen – Reizen des Stadtlebens verführt, mit ihrer geringen Habe ausgezogen, um in Lima oder La Paz, São Paulo oder Santiago, Caracas oder Mexiko-Stadt ein neues, ein besseres Leben zu beginnen: sie alle von der Hoffnung beseelt, entweder in der Industrie oder den ‹Servicios› (dem immer rascher anschwellenden Dienstleistungssektor) einen guten Job zu finden. Millionen haben es tatsächlich geschafft, noch mehr aber landeten als Straßenhändler und Gelegenheitsarbeiter im riesigen Heer der ‹Informalen›, Menschen ohne jegliche soziale Absicherung. Diese gigantischen Wanderbewegungen innerhalb der einzelnen Länder, gepaart mit der (bis vor einiger Zeit noch raschen) Bevölkerungszunahme, hat Haupt- und Provinzstädte zu gigantischen Agglomerationen explodieren lassen, in denen größtenteils miserable Lebensbedingungen herrschen.

Die strukturellen Mängel, das Fehlen von Reformen und zahllose Fehlentwicklungen, die zur Hauptsache auf das Konto populistischer Politiker gehen, zusätzlich aber auch das Überhandnehmen revolutionärer Bewegungen und dann wiederum das Diktat der ‹Doktrin der Nationalen Sicherheit› seitens der US-Amerikaner führten um 1970 herum zu einem weitgehenden Zusammenbruch der konstitutionellen Ordnung. Nur in Venezuela und dem kleinen Costa Rica konnten die demokratischen Verhältnisse gewahrt werden, und auch in dem von einer Partei machtmonopolistisch regierten Mexiko sowie in der verkappten Zweiparteiendiktatur Kolumbiens enthielten sich die Militärs politischer Eingriffe. In den übrigen Ländern, besonders in Brasilien, Paraguay, Chile, Uruguay, Argentinien, Guatemala, El Salvador und Nicaragua waren Menschenrechtsvergehen schlimmster Art in jener düsteren Zeit an der Tagesordnung.

Nach dieser Schreckensherrschaft, die in einigen Ländern über ein Jahrzehnt lang dauerte, fand Lateinamerika dank des Wirkens von US-Präsident Carter allmählich wieder zurück zu einer halbwegs zivilisierten Ordnung. Doch kaum hatten sich die Diktatoren allenthalben in ihre Kasernen zurückgezogen, mussten sich die wiedergeborenen, mit allerlei Mängeln und Defekten behafteten Demokratien mit akuten Problemen der Verschuldung herumschlagen. Auf Drängen Washingtons, des Internationalen Währungsfonds, der Weltbank und des ausländischen Kapitals versuchte es der Erdteil nunmehr mit einer Hinwendung zum Neoliberalismus, der ihm als Patentrezept gegen alle möglichen Krankheiten und Fehlentwicklungen empfohlen wurde. Schon nach kurzer Zeit machten sich unter den Latinos jedoch Ernüchterung und Frust ob der bitteren Früchte dieses ‹Modells› breit. Man fing an zu ahnen, dass die Ursachen der nach wie vor erdrückenden Armut und Rückständigkeit viel tiefer saßen, als es die zivilen und militärischen Herrscher wie auch ihre fremden Mentoren wahrhaben wollen.

Auch heute ist das koloniale Erbe auf dem Subkontinent untergründig viel stärker präsent, als man gemeinhin annimmt. Zwischen Ende des 15. bis Anfang des 19. Jahrhunderts bestand das mit Abstand wichtigste, fast einzige Ziel der Herren und Verwalter Lateinamerikas darin, alles aus dieser ‹Neuen Welt› herauszuscheffeln, was diese nur immer hergeben konnte. Diese ‹Politik› wurde unter neokolonialen Vorzeichen im 19. und 20. Jahrhundert praktisch nahtlos fortgesetzt. Kolonialismus und Neokolonialismus sind in diesem Erdteil einerseits Früchte des Diktats der Eroberer. Auf der anderen Seite essen hier lokale Oberschichten mit, die sich auch nach Erlangung der Unabhängigkeit kaum jemals ernsthaft gegen die Fremdherrschaft zur Wehr gesetzt haben, sondern sich ihr jederzeit verpflichtet fühlten und ihr als Brückenköpfe dienten.

I. Trügerischer Reichtum

«... Land der Zukunft»
Stefan Zweig

Lateinamerika, eine Welt, in der die Menschen vor Herzlichkeit strahlen, im Bann heißer Rhythmen beschwingt durchs Leben gehen und sich auch von chronischer Armut nie ganz unterkriegen lassen. Ein Erdteil, der mit Naturschönheiten gesegnet ist, von den blendend weißen Stränden der Karibik über die ‹grüne Hölle› Amazoniens, endlose Sumpfgebiete voll prickelndem Wildlife, die viele Tausende Kilometer lange Kette der Anden mit ihren spektakulären Gipfeln, Gletschern und Katarakten bis hin zu den windigen Paarungs- und Brutstätten von Robben, Walen und Pinguinen im tiefen Süden. Metropolen und selbst im entfernten Landesinnern Großstädte mit hektisch pulsierender Wirtschaft, reizvolle urbane Reliquien aus der Kolonialzeit überall, dann aber auch immense Landstriche ohne Spuren von menschlicher Tätigkeit. Natürliche, der Ausbeutung harrende Ressourcen, wo immer der Blick hinschweift: feuchter Regenwald und fruchtbare Pampas, Erdölfelder, Gasvorkommen, Mineralien und Edelmetalle in rauen Mengen, unerschöpfliche Wasserreserven, Artenvielfalt in Fauna und Flora. Potenziale, die noch kaum erfasst sind (es sei denn, durch die Satelliten fremder Mächte). Lateinamerika ist ein Subkontinent, der nur selten von wirklich schweren Naturkatastrophen heimgesucht wurde. Und der sich in keine der großen kriegerischen Auseinandersetzungen der Weltgeschichte eingelassen hat, die anderswo Millionen Menschenleben kosteten und ganze Volkswirtschaften ruinierten.

Für den gesamten Erdteil zwischen dem Rio Grande, der die Grenze zwischen Mexiko und den USA bildet, und Feuerland am südlichen Ende des Kontinents könnte doch das gelten, was Stefan Zweig 1941 seiner neu gewonnenen Zufluchtsstätte – Brasilien – in grandioser Zuversicht verheißen hat: ‹Land der Zukunft›, Kontinent der Hoffnung, Reich der Sonne und des leichtfüßigen Lebens. Wären da nicht die Zyniker, die dem Schlagwort mit dem hämischen Zusatz die Spitze brechen: Land der Zukunft und der Hoffnung – und wird es immer bleiben.

Vielleicht hat Zweig die neue Heimat in seinem Überschwang, dem Wahnsinn des Zweiten Weltkriegs entronnen zu sein, durch eine allzu rosig gefärbte Brille gesehen. «In seiner Psyche fehlt (dem Brasilianer) jegliche Brutalität, Gewalttätigkeit und Vehemenz», schrieb der berühmte Autor (131). «Er ist ein ruhiger, nachdenklicher und gefühlvoller Mensch, manchmal mit einem Anflug von Melancholie … Lärmen, schreien, Aufruhr stiften und zügellos tanzen, das sind in Brasilien Vergnügungen, die den Sitten zuwiderlaufen. Das bleibt den vier Tagen des Karnevals vorbehalten … Alles was brutal ist, stößt den Brasilianer ab, und es gilt als statistisch nachgewiesen, dass Mord fast nie vorsätzlich verübt wird …» Denkt man an die Umtriebe der Todesschwadronen, die seit einigen Jahrzehnten in den wichtigsten Städten wüten, an die völlig ruchlosen Geschäftsmethoden der Rauschgifthändler, an die Rücksichtslosigkeit und Abstumpfung, die in den Mammutstädten dieses Landes wuchern, dann drängt sich zumindest der Verdacht auf, dass hier mittlerweile traumatische Veränderungen stattgefunden haben.

Die Versuchung, Lateinamerika, seine Menschen und seine Reichtümer zu idealisieren, ist heute wohl um einiges geringer als noch vor einem halben Jahrhundert. Eine zunehmend rohe Wirklichkeit hat den Subkontinent wie eine böse Bestie Schritt für Schritt eingeholt. Die Hoffnung, dass sich in der Neuen Welt nach der hart umkämpften Eroberung der Unabhängigkeit der Traum vom Eldorado für alle verwirklichen lasse, ist schon wenige Jahre nach der Republikgründung zerschellt. Die enormen Ressourcen der Region waren aus den Händen der Kolonialherren in die lokaler Oligarchien übergegangen, ohne dass sich an der feudalistischen Gesinnung der besitzenden Klassen etwas geändert hätte. Vom sagenhaften Reichtum profitierte, genauso wie einst unter den Spaniern und Portugiesen, eine winzig kleine Minderheit. Das gewöhnliche, arbeitende, schuftende Volk blieb so arm wie eh und je.

Die Illusion vom leichten Leben

Erst recht wurden die Grenzen des Reichtums in der jüngeren Vergangenheit sichtbar. Ab 1950 in Argentinien und drei Jahrzehnte später in Venezuela zeichneten sich deutliche Symptome einer entwicklungspolitischen Ermüdung ab. Just in zwei Ländern, die von Natur aus mit besonders umfangreichen und vielfältigen Ressourcen ausgestattet sind. Das Land im Südzipfel des Erdteils, das früher über weite Strecken den Gauchos (Kuhhirten) ‹gehörte›, besitzt eine mit fruchtbaren Böden gesegnete Pampa, die immensen erneuerbaren Reichtum erzeugt. Viehzucht sowie alle Art von Acker-, Gemüse- und Obstbau bilden hier beinahe unerschöpfliche, leicht zu erschließende Einnahmequellen. In Venezuela sind es die riesigen Erdöl- und Gasvorkommen im Orinocobecken und im Meer bei Maracaibo, die die Kassen der Förderer und des Staats klingeln lassen. Beide Nationen leiden jedoch an einer Krankheit, die man als ‹Facilismo› (von facil, d. h. leicht) kennzeichnen kann. Die natürlichen Reichtümer liegen zum Greifen nahe da. Dass es gerade diese beiden Länder sind, die heute vom wirtschaftlichen und gesellschaftlichen Niedergang besonders deutlich gezeichnet sind, lässt tief blicken. Ihre Geschichte demonstriert, dass die Existenz reichlicher Ressourcen keinerlei Garantie für eine harmonische, organische und dynamische Entwicklung ist.

Schon Jahrhunderte früher hat sich dieser Sachverhalt im Falle von Peru und Bolivien (das damals noch Alto Peru hieß) offenbart. Allein in den ersten 150 Jahren der Kolonialzeit wurden Hunderte Tonnen Gold und Tausende Tonnen Silber aus dem Cerro Rico bei Potosí herausgescheffelt. Bolivien wurde dabei nicht ‹reicher›. Im Gegenteil: Millionen Eingeborene haben als Zwangsarbeiter ihr Leben in den Minen gelassen (036 f/S. 209). Dasselbe Muster wiederholte sich zwei Jahrhunderte später beim Zinn, von dem nur die bolivianische ‹Rosca›, der Klan von Besitzern der besten Minen, profitieren konnte. Ein erbärmlich schwacher Staat, niedrige Steuern und freier Gewinntransfer ins Ausland erlaubten es einer verschwindend kleinen Minderheit, sich maßlos zu bereichern. Und die nicht erneuerbaren Naturreichtümer gehen, um es mit einem jener markigen Sätze von Eduardo Galeano zu sagen, «weg, ohne Adios zu sagen, und sie kehren niemals wieder».

Der Japaner Kenichi Ohmae, Berater zahlreicher Großfirmen, stuft das Ressourcendenken sogar unumwunden als Selbstbetrug ein (088/S. 208–211, 215–216). Vom Standpunkt des transnationalen Kapitals her wirft er den meisten ressourcenträchtigen Ländern vor, sie glaubten «noch immer, man könne es alleine schaffen, und für die eigene Entwicklung sei es am besten, wenn man die Tür so dicht wie möglich vor den Ausbeutern aus aller Welt verschließt». Sogar Staaten wie Australien und Kanada seien «diesem Dilemma verfallen». Wahrer Wohlstand entstehe jedoch nur im Markt, durch Verflechtung mit der Weltwirtschaft, er komme nicht einfach aus dem Boden. Gewiss trifft seine Bemerkung zu, dass zum Beispiel Singapur, Hongkong, Taiwan und die Schweiz weder über riesige Binnenmärkte noch – wie auch Japan nicht – über enorme Rohstoffvorkommen verfügen, dass sie aber entschlossen sind, sich im globalen Markt zu behaupten. Sie hätten «gelernt, mit geöffneter Tür zu leben». Die Frage lautet für Lateinamerika jedoch, wann und wie rasch die Tür geöffnet und an welchem Punkt eine Sperre angesetzt werden soll, damit Windböen sie nicht mit lautem Knall ins Schloss werfen.

Güter müssen zudem nicht nur aus dem Bauch der Erde gefördert oder auf fruchtbaren Landstrichen geerntet, sondern auch zu den Konsumzentren und Exporthäfen transportiert werden. Das ist in Lateinamerika in manchen Gebieten heute noch eine schwierige und kostspielige Operation. Dabei fallen gewaltige Distanzen und Naturhindernisse ebenso ins Gewicht wie fehlende Infrastruktur. Am östlichen Abhang der Anden von Kolumbien bis Bolivien liegen Millionen Hektar potentiell reichen Bodens weitgehend brach, weil gute Straßen fehlen und der Transport folglich die Agrarerzeugnisse übermäßig verteuern oder ganz einfach verderben lassen würde. Besonders schwierig sind die Verhältnisse diesbezüglich in Peru, wo die Kordilleren in allen Richtungen und Regionen des Landes durch tiefe, unwegsame Schluchten zerfurcht sind. Was auf der Landkarte nach einer Reise von wenigen Stunden aussehen mag, nimmt in Wirklichkeit ganze Tage und Nächte in Anspruch. Für jene Landwirte im östlichen Teil dieser Länder, die hohe Kosten ‹verdauen› können, ist darum der Lufttransport ihrer Produkte oft die einzige Möglichkeit.

Im gleichen Atemzug muss aber – eine der vielen Widersprüchlichkeiten Lateinamerikas – auf die Gefahren eines unüberlegten Straßenbaus hingewiesen werden. Spätestens nach der Errichtung der mehrere tausend Kilometer langen Transamazónica, die quer durch den größten Tropenwald der Erde führt, und anderer Straßen im westlichen Teil Brasiliens ist offenkundig geworden, wie viel Unheil mit solchen Werken angerichtet werden kann. Ein Heer von Landwirten und zudem Tausende Agrarunternehmen, deren Zerstörungspotential sich alsbald als besonders schlimm erweisen sollte, drangen hinter den Baumaschinen in den Dschungel ein und begannen mit dem Abholzen. Die Vernichtung zahlloser Arten und die Verwüstung riesiger, einst von dichter Vegetation bekleideter Gebiete schreitet seither mit entsetzlicher Eigendynamik voran.

Menschliche Ressourcen

Ähnlich zwiespältig wirkt das menschliche ‹Material› Lateinamerikas. Den traditionell höchsten Bildungsstand weisen wahrscheinlich Argentinien, Uruguay und Costa Rica auf. Die beiden erstgenannten legten den Grundstein zu einem soliden öffentlichen Schulwesen in der zweiten Hälfte des 19. Jahrhunderts. Ihm verdanken die Bürgerinnen und Bürger bis auf den heutigen Tag eine umfassende Allgemeinbildung. Und dies, obwohl das Erziehungswesen in den letzten drei Jahrzehnten zu beiden Seiten des Rio de la Plata unter der Wirtschafts- und Finanzkrise schwer gelitten hat. Noch immer zehren Argentinier und Uruguayer vom kostbaren Erbe, das ihnen weitsichtige Politiker vom Schlage eines Domingo Faustino Sarmiento (argentinischer Präsident, 1864–1870, und ein entschiedener Förderer der Volksschule) und eines José Batlle y Ordóñez (uruguayischer Präsident, 1903–1907/1911–1915 und Begründer einer für damalige Begriffe beispielhaften Sozialpolitik) hinterlassen haben.

Einen relativ hohen Standard in der öffentlichen Erziehung erreichte Chile vom zweiten Drittel des 20. Jahrhunderts an. Dort unterlagen Volks- und Hochschule dann allerdings auch besonders starken Erschütterungen: zuerst einer übertriebenen Politisierung unter den Lehrkräften, Studenten und Mittelschülern, danach einem ebenso auf die Spitze getriebenen Antikommunismus und Neoliberalismus. Harmonischer sind der Ausbau und die Entwicklung des Bildungswesens in Costa Rica verlaufen, wo nach dem Zweiten Weltkrieg anlässlich des politischen Umsturzes von 1948 und der nachfolgenden Abschaffung der Armee unter Anführung von José Figueres tiefgreifende Reformen eingeleitet wurden. Davon hat die kleine mittelamerikanische Nation mächtig profitiert. Geldmittel, die früher ins Militärbudget gesteckt worden waren, konnten jetzt in die Volkserziehung und Gesundheitsfürsorge, in die Justiz sowie die öffentliche und soziale Sicherheit einfließen.

In den übrigen Ländern, Brasilien und Mexiko inbegriffen, weist das Bildungswesen seit jeher zum Teil erhebliche Mängel auf. Gewiss ist das Niveau an den Hochschulen der beiden wirtschaftlich wichtigsten Staaten im Verlauf der letzten Jahrzehnte widrigen äußeren Umständen zum Trotz merklich verbessert worden. Kolumbien erlebte zwischen den beiden Weltkriegen eine kurze Blütezeit, in der Bogotá dank reger akademischer Tätigkeit und eines Booms in Kunst und Kultur gar als das ‹Athen des Südens› galt. Davon konnte indessen nicht viel in die Gegenwart gerettet werden. Die Violencia, das Krebsübel der Gewalttätigkeit, hat in diesem Land allzu viel zerstört. Venezuela versuchte, wenigstens einen Teil der Petrodollarmilliarden, die ab 1973 die Staatskasse füllten, sinnvoll anzulegen und seinen beträchtlichen Bildungsrückstand aufzuholen. Die gewaltigen finanziellen Mittel sind beinahe spurlos im Sande versickert.

Der Bildungshunger ist in den meisten, gerade auch ärmeren Ländern der Region wie Peru oder Bolivien enorm. Davon zeugen die Myriaden von privaten Instituten, in denen Berufs- und Weiterbildung in allen erdenklichen Disziplinen angeboten wird. Menschen jeden Alters und Standes pilgern in den Städten nach der Arbeit (wenn sie welche haben) dorthin und mühen sich oft bis gegen Mitternacht ab, um mit solchen Zusatzanstrengungen die Grundlage für beruflichen und sozialen Aufstieg zu schaffen.

Ganz Lateinamerika leidet in jüngster Zeit unter dem Exodus von Akademikern und Tätigen aller Sparten. Oft sind es gerade die Spitzenkönner, die – einem durchaus logischen Eigeninteresse gehorchend – der Versuchung erliegen, in höher entwickelten Staaten eine bessere Zukunft zu suchen. Dieser Aderlass hat sich Mitte der siebziger Jahre, als fast die ganze Region von Diktatoren regiert wurde, schlagartig verstärkt. Millionen sind seither, durch kopflose Repression vertrieben oder von der Wirtschaftskrise zermürbt, nach Norden geflohen. Milliarden Dollar, die von ihren Heimatländern in Erziehung und Ausbildung gesteckt worden waren, kommen im Zuge dieses Brain Drain (Elitenwanderung) nunmehr den reichsten Nationen der Erde zugute. Nur wenige sind später wieder heimgekehrt. Gegen Ende des vergangenen Jahrhunderts erfasste dieser Trend auch immer mehr ungebildete und wenig qualifizierte Arbeitskräfte. Heerscharen von ‹Illegalen› strömten aus den nördlichen Andenländern und Mittelamerika vor allem in die USA und nach Spanien auf der Suche nach irgendwelchen Existenzmöglichkeiten. Die einen sind dort vollends gestrandet, anderen gelang das gewagte Unterfangen. Viele von diesen konnten in der Folge auch ihre Angehörigen in der fernen Heimat mit der Überweisung von Ersparnissen (Rimessen) über Wasser halten.

Unter der Führung von Politikern mit und ohne Uniform haben Legionen von kleinen und mittleren Beamten anonym ihren Dienst geleistet, ebenso gewissenhaft und aufopfernd wie ihresgleichen in der Privatwirtschaft. Es stimmt zwar: Die Korruption und die Nachlässigkeit sind heutzutage (wie früher schon) ein gewaltiges Übel in den Herrschafts- und Verwaltungsstrukturen des Subkontinents. Aber längst nicht alle sind ihr erlegen. Viele machen ohnmächtig die Faust im Sack, viele beißen die Zähne zusammen, wenn sie vom Amtsmissbrauch der Oberen erfahren. An privaten Stellen wie in öffentlichen Ämtern rackern sich Unzählige ab, die ihre Pflichten zuverlässig und ehrenhaft erfüllen (und das bei einem schmalen Gehalt).

Diesen Generationen von Latinos in höheren, mittleren und niederen Chargen ist die Verwirklichung einiger grandioser Werke zu verdanken. Eisenbahnlinien, die quer über die Anden gelegt wurden, die ersten Airlines (mehrere Jahre bevor man in den meisten Ländern Europas daran dachte), der Aufbau der Öl- und Schwerindustrie, später die Gründung von Brasilia und die landwirtschaftliche Erschließung des immensen Savannengürtels rund um Amazonien sind einige der gewaltigen Leistungen, die Lateinamerika vollbracht hat. Sicher ist der Einwand am Platz, dass Unternehmer, Ingenieure und Verwalter aus Großbritannien, Frankreich, den USA, Deutschland, Japan oder anderen Ländern meistens das Know-how brachten und für die Realisierung solcher Vorhaben verantwortlich zeichneten. Doch im Zuge der Zeit ist die ‹Nationalisierung› von technischem Wissen und Können in einigen Staaten (in erster Linie Brasilien und den bereits genannten Nationen mit relativ solider Erziehungs- und Bildungstradition) wie auch in bestimmten Sektoren (zum Beispiel im Kupferbergbau Chiles) weit fortgeschritten.

Zum menschlichen Potenzial Lateinamerikas können auch bestimmte Gemeinsamkeiten gezählt werden, insbesondere der Umstand, dass fast alle entweder Spanisch oder Portugiesisch sprechen. Damit können sich etwa 500 Millionen Menschen problemlos miteinander verständigen. Gemeinsam ist der überwiegenden Mehrheit sodann das Bekenntnis zum christlichen Glauben. Gravierende religiöse Konflikte haben sich bisher kaum ereignet, religiöser Fanatismus liegt den Leuten in der nachkolonialen Zeit – außer in gewissen Sekten, die sich allmählich ausbreiten – selten im Blut. Die katholische Kirche verliert ständig an Einfluss, und sie scheint sich damit mangels dauerhafter, glaubwürdiger Erneuerung in ihrem Innern abfinden zu müssen. Im Weiteren verbindet das gemeinsame kulturelle Erbe aus Iberien die Nationen immer noch, auch wenn dieser Kitt im Sturm der zunehmenden Einflüsse aus aller Welt zusehends brüchiger wird. Gleichzeitig bekunden die Nachfahren der Ureinwohner Süd- und Zentralamerikas wachsendes Selbstbewusstsein und pochen, besonders in Ecuador, Bolivien, Kolumbien, Guatemala und Mexiko, immer energischer darauf, von den herrschenden Weißen und Mischlingen als autochthone und sogar autonome Volksgruppen anerkannt zu werden.

Krieg und Frieden

Schwerwiegende kriegerische Konflikte sind in der Geschichte Lateinamerikas bisher seltene Ausnahmen geblieben. Das schließt aber nicht aus, dass in bestimmten Phasen (etwa in den 1970er Jahren unter militärischer Herrschaft) in einigen Ländern trotzdem zu viel Geld in die Aufrüstung gesteckt worden ist. Namentlich sind auf dieser Sünderliste Argentinien, Chile und Peru zu nennen, wo sich ideologisch sehr unterschiedlich ausgerichtete Regime wegen hypothetischer Konflikte mit Nachbarstaaten in Ausgaben stürzten, die ihre finanziellen Möglichkeiten bei weitem überstiegen. Sie haben damit sinn- und zwecklos die ohnehin explosiv zunehmende Verschuldung ihrer Nationen nur noch verschlimmert. Und alle drei Nationen haben solche Eskapaden schon nach wenigen Jahren mit einem folgenschweren finanziellen Kollaps bezahlt.

Im 19. und 20. Jahrhundert wurden auf dem Subkontinent fünf bewaffnete Auseinandersetzungen ausgetragen, die man als Kriege zwischen Nationen einstufen kann: Paraguay gegen die so genannte Tripelallianz (Brasilien, Argentinien und Uruguay, 1865–1870), der Salpeter- oder Pazifikkrieg zwischen Chile, Bolivien und Peru (1879–1883), der Chacokrieg zwischen Bolivien und Paraguay (1932–1935), der kurze, aber intensive ‹Fußballkrieg› (El Salvador gegen Honduras, 1969) und der Konflikt um das Falkland-Malvinas-Archipel zwischen Argentinien und England (1982). Als Episoden, die eher den Charakter von Scharmützeln hatten, sind die verschiedenen Phasen des Grenzkonfliktes zwischen Peru und Ecuador im Amazonasgebiet zu nennen (1941, 1981, 1984, 1995). Einige Streitfälle auf zwischenstaatlicher Ebene (Kolumbien/Venezuela, Venezuela/Guayana, Argentinien/Chile) konnten mit Hilfe von diplomatischen Verhandlungen rechtzeitig beigelegt oder wenigstens entschärft werden.

Die meisten Konflikte beruhten auf Differenzen wegen der Grenzziehung, die zum Teil seit der Kolonialzeit unklar oder umstritten ist. Auf Kosten von Nachbarn hat vor allem Chile sein Territorium vergrößert. Argentinien und Brasilien neigten seit 1826 dazu, um die regionale Hegemonie (eher im politischen als im militärischen Sinne) zu ringen. Diese Frage ist mittlerweile klar zugunsten Brasiliens entschieden worden. Die allgemeine wirtschaftliche Stagnation, eine Folge der Schuldenkrise, schwächte solche Aspirationen an der Schwelle zum 21. Jahrhundert ohnehin spürbar ab. Im Pazifik- und im Chacokrieg wurde vor allem um Ressourcen (Salpeter und Kupfer bzw. Erdöl) gekämpft. Im Falle der Tripelallianz und des Konflikts im Südatlantik schienen eher Fragen der Souveränität im Vordergrund zu stehen. Beim Fußballkrieg bildeten Probleme der Einwanderungspolitik den Funken, der das Pulverfass entzündete. Auseinandersetzungen mit imperialistischen Mächten, um Religion oder aufgrund von separatistischen Bewegungen sind bisher hingegen nicht ausgetragen worden.

Insgesamt kann man sagen, dass sich die zwischenstaatlichen Beziehungen in Lateinamerika durch einen recht hohen Grad an Friedfertigkeit auszeichnen.

Schlechter fällt demgegenüber die Bilanz bei den internen Konflikten aus. Diese setzten schon unmittelbar nach Erlangung der formalen Unabhängigkeit ab etwa 1830 ein: in Argentinien und Uruguay mit landesweiten Machtkämpfen und Fehden, in Brasilien hingegen eher mit regionalen Aufständen (Sabinada in Bahia, Balaiada in Maranhão, Guerra dos Farapos im südlichen Landesteil u. a., eine ziemlich vollständige Liste solcher Konflikte ist bei Lawrence Graham, 049/S. 75–76, zu finden), in Kolumbien mit immer wiederkehrenden bürgerkriegsartigen Gemetzeln (vor allem zwischen 1899 und 1902, am schlimmsten von 1948 bis 1953 und seit den späten siebziger Jahren mit dem zunehmenden Rumoren von Guerillas, Todesschwadronen und Banden von Rauschgifthändlern). Einen hohen Blutzoll hat vor allem die mexikanische Revolution gefordert, die sich über mehrere Jahre hinzog. Ebenso die verschiedenen konservativen und antikommunistischen Diktaturen in Guatemala, El Salvador, Nicaragua und Haiti. Blutvergießen auch bei den Revolutionen in Bolivien (1952), Kuba (1956–1958), Nicaragua (etwa 1976–1979 und bald danach im Krieg der ‹Contras› gegen die Regierung der Sandinisten), bei den bürgerkriegsartigen Machtkämpfen bis 1954 in Paraguay, den Umsturzversuchen der von Haya de la Torre angeführten APRA (Alianza Popular Revolucionaria Americana) und der brutalen Aufstandsbewegung des Sendero Luminoso in Peru, der US-Militärintervention in der Dominikanischen Republik (1965), der Guerilla in Venezuela, Bolivien, Argentinien, Uruguay und wiederum in Zentralamerika sowie der grausamen Herrschaft des Militärs in Chile, Argentinien und Uruguay.

Obwohl es der lateinamerikanischen Geschichte nicht an Dramatik fehlt, findet sich bei einem in akademischen Kreisen viel beachteten Autor die Bemerkung, dass das Ausbleiben totaler Brüche (infolge von Kriegen und Revolutionen europäischer Machart) eine der Ursachen der geringen Dynamik in Lateinamerikas Entwicklung sei. Derartige Auseinandersetzungen, so meint Klaus Esser (032 a/S. 36–37), gäben nämlich «neuen politischen und wirtschaftlichen Führungsgruppen eine Chance». Der Erdteil besitze dagegen gewissermaßen «eine Grundstabilität, die sich als Hemmnis für Wachstum, Differenzierung, Komplexität und Lernen» erweise. Mit diesem Autor kann man zumindest als eine der wichtigsten Ursachen der geringen wirtschafts- und gesellschaftspolitischen Innovationsbereitschaft das Fortbestehen traditioneller Wirtschafts- und Machtstrukturen erkennen. Machtbasis der Oligarchie war eben allzu lange der Besitz ausgedehnter Ländereien. Auch als sie ihre Tentakeln später in andere Bereiche der Wirtschaft ausstreckte, war die Oberschicht, selbstzufrieden und konsumorientiert wie schon immer, in erster Linie darauf bedacht, ihren eigenen Anteil am Kuchen zu vergrößern. Geistig war sie allzu beschränkt, um Träume, Visionen und Strategien zur Entwicklung ihrer Nationen zu verfolgen und zu realisieren. Sie vernachlässigte den Aufbau eines starken Nationalstaates und kümmerte sich kaum darum, einen echt kapitalistischen Produktionsprozess in Gang zu setzen.

Sämtlichen Einwänden, Bedenken und Relativierungen zum Trotz hat der Subkontinent in den letzten zwei Dekaden vor der Millenniumswende mit der Rückkehr zu demokratischen Herrschaftsformen beachtliche Fortschritte erzielt. In diesem Kampf um den Rechtsstaat haben die Völker Lateinamerikas weitgehend auf Gewalttätigkeit verzichtet und damit einige Voraussetzungen für ein moderneres Regime geschaffen. Sie haben offenbar instinktiv erkannt, dass Gewalt gegen autoritäre Herrschaften, wie der deutsche Politikwissenschaftler Dieter Nohlen (072c/S. 84) lehrt, ihre eigene Dynamik entwickeln, in der Phase der Demokratisierung und noch darüber hinaus fortwirken kann und damit dem Wesen der Demokratie prinzipiell abträglich ist. Gewalt und Gegengewalt schaffen keine günstigen Voraussetzungen für die Errichtung und Stabilisierung der Demokratie. Kaum irgendwo wird diese These deutlicher bestätigt als im chronisch aufgewühlten Kolumbien.

Bei allen Vorbehalten und Defekten ist die schrittweise Demokratisierung der Region jedenfalls als Verdienst und wertvolles Kapital zu betrachten. In einem weiteren Aspekt von grundlegender Bedeutung hat Lateinamerika ebenfalls bemerkenswerte Fortschritte erzielt. Die Bevölkerungsexplosion ist in den meisten Ländern, vorab in Brasilien, einigermaßen gebremst worden. Geburtenkontrolle gilt mittlerweile – ungeachtet der rückständigen Gesinnung eines Sektors der katholischen Kirche – vor allem der städtischen Bevölkerung (und das ist nunmehr in fast allen Ländern des Erdteils die überwiegende Mehrheit) und der Jugend als Selbstverständlichkeit. Damit wird ein wichtiger Faktor, der die Entwicklungsbemühungen in Lateinamerika lange behindert hat, zumindest teilweise ausgeschaltet. In den neunziger Jahren nahm die Bevölkerung der Region jährlich nur noch um 1,7 Prozent zu (091/S. 10). Das Problem der demographischen Explosion wurde damit entschärft, wenn auch noch nicht umfassend gelöst.

Trotz aller natürlichen und menschlichen Ressourcen, über die der Erdteil verfügt, und trotz verschiedener grundsätzlich positiver Voraussetzungen zu einer nachhaltigen, nach oben gerichteten Entwicklung ist der Subkontinent im vergangenen Vierteljahrhundert nicht mehr dauerhaft in Fahrt gekommen. Ein enormes Potenzial konnte nicht zum Wohl der eigenen Völker genutzt werden. Die Wirtschaft schwankte, als Ganzes betrachtet, zwischen Stagnation, schmerzhaften Rückschlägen und Phasen zögernden, widersprüchlichen Wachstums. Im Folgenden wollen wir versuchen, die im Vorwort gestellten Fragen über die Ursachen und Hintergründe dieser verklemmten Entwicklung zu beantworten.

II. Die Schuldenlawine

«Die Auslandsschulden waren zu jeder Zeit ein Instrument, um Reichtümer aus unseren Nationen herauszusaugen, uns eine bestimmte Politik zu diktieren und die Herrschaft bestimmter Interessengruppen zu untermauern.» *Alfredo E. Calcagno*

Nach dem Zusammenbruch der iberischen Kolonialherrschaft im südlichen Amerika wurde den Briten, die nun die Ozeane beherrschten, rasch klar, dass es einen Weg gab, um ihren Einfluss in der Region ohne Anwendung nackter militärischer Gewalt (die am Rio de la Plata bereits verschiedentlich misslungen war) zu verstärken und die jungen Nationen des Erdteils wirtschaftlich an sich zu binden: die Verschuldung. Schon ab 1822 ‹gewährte› Baring, die damals mächtigste Bank Europas, Argentinien und Brasilien (und etwa gleichzeitig den meisten anderen neugeborenen Republiken der Region, vgl. 063 c/S. 61) je einen ersten Kredit in Pfund Sterling. Diese ‹Angebote› wiesen schon alle wesentlichen Elemente an Auflagen und Bestechung auf, welche die Geschichte der finanziellen Abhängigkeit fast aller Länder Lateinamerikas bis in die Gegenwart hinein kennzeichnen. Besonders detailliert, eindrücklich und verdienstvoll hat der Argentinier Norberto Galasso diesen zentralen Ansatz zur Fehlentwicklung nachgezeichnet (043).

Die Engländer wussten genau, was sie wollten. Ihre Darlehen hatten unübersehbar die Absicht, ihren eigenen Industriegütern Absatzmärkte in der Neuen Welt zu sichern. Die entsprechenden Abkommen enthielten präzise Auflagen hinsichtlich der Zollpolitik, die Argentinien und Brasilien zum Schaden der eigenen, noch gänzlich in den Anfängen der Entwicklung steckenden Industrie ergreifen mussten. Der deutsch-brasilianische Unternehmer Kurt Mirow beschreibt, wie mit dieser Praxis Ansätze zu einer lokalen Entwicklung in den verschiedensten Sektoren der brasilianischen Wirtschaft von der Textilproduktion bis zur Herstellung von Särgen abgewürgt wurden (080/S. 138–143). Stein um Stein, Kredit um Kredit häuften die Südamerikaner in der Folge einen Berg von Schulden auf, der ihre Zahlungsfähigkeit in manchen Phasen ihrer

Geschichte bei weitem überstieg. Von allem Anfang an wurden meistens alte Schulden mit neuen bezahlt, nur selten konnten Zahlungsverpflichtungen mit real erwirtschafteten Mitteln abgetragen werden. Dieses ‹Muster› wiederholte sich in den meisten Ländern des Subkontinents und löste Schuldenkrisen aus, die schon im 19. Jahrhundert verschiedentlich zu schweren Staatskrisen führten.

Als die globale Vorherrschaft Großbritanniens nach dem Ersten Weltkrieg allmählich in die Brüche ging, traten in Lateinamerika zuerst die USA und später das transnationale Finanzkapital mit derselben Herrschaftsstrategie in die Fußstapfen der Engländer. Bei jeder Umschuldung mussten einerseits die Lateinamerikaner neue Demütigungen über sich ergehen lassen. Auf der anderen Seite blieb allerdings gelegentlich auch den Gläubigern nichts anderes übrig als eine gewisse Resignation: Sie mussten in einigen Fällen der Realität ins Auge schauen und Abstriche bei ihren Guthaben in Kauf nehmen. In einem Konflikt um angeblich fällige Zahlungen, die 1902 von Venezuela gefordert wurden, versuchten Marineeinheiten aus der Alten Welt jedoch, das Geld mit Waffengewalt einzutreiben.

In Europa haben einzelne Intellektuelle (z. B. 101/S. 13) die Problematik der lawinenartigen Verschuldung schon erkannt, als das Kartell der Erdöl exportierenden Länder, OPEC, 1973 seinen ersten Preisaufschlag vornahm. Spätestens unmittelbar danach, als die Flut von Petrodollars von den weltweit führenden Banken in rauen Mengen nach Süden umgeleitet wurde und sich besonders Lateinamerikas Militärdiktaturen wie auch die zivilen Regierungen von Mexiko und Venezuela in Schulden stürzten, musste man hellhörig werden. Vor allem in Brasilien dienten die Fremdkredite teilweise der produktiven Expansion. Aber auch für die Ökonomie des wirtschaftlich stärksten Staates sollte sich der explosiv wachsende Schuldenberg sehr bald als unerträgliche Last erweisen. Da für über vier Fünftel der Verbindlichkeiten variable Zinsen vereinbart worden waren, verdoppelte sich Brasiliens Schuldendienst wegen der Hochzinspolitik in den USA in nur drei Jahren (1979–1982) von 2,8 auf 5,7 Prozent des Bruttoinlandprodukts. Der Schuldenberg selbst stieg von 46,1 auf 93,6 Milliarden Dollar (1983), weil alte Schulden immer rascher durch neue, noch höhere Verpflichtungen ersetzt werden mussten (086 a/S. 596).

Damit war eine höllische Dynamik ausgelöst worden. Das Kartenhaus nicht erfüllbarer Zahlungsverpflichtungen gegenüber dem Ausland stürzte 1982 zum ersten Mal ein. Mexiko war der erste Staat des Erdteils, der den Bankrott erklären musste. Innerhalb weniger Monate, sogar Wochen, wurde praktisch ganz Lateinamerika in den Strudel der Pleite gerissen. Die einzige von den größeren Nationen, die praktisch ungeschoren davonkam, war Kolumbien. Die dortigen liberalen und konservativen Regierungen hatten stets eine orthodoxe Finanzpolitik betrieben und sich vor einer kopflosen Verschuldung gehütet. Erst gegen Ende der ‹verlorenen Dekade› (der achtziger Jahre) schien man in Bogotá den Eindruck zu haben, man könnte bei der Kreditaufnahme im Ausland ‹den Zug verpassen› – eine krasse Fehleinschätzung, die das Land ein Jahrzehnt später mit einer heftigen Rezession als Folge der ‹nachgeholten› Verschuldung bezahlen musste.

Investitionen in Industrieprojekten von zweifelhaftem Nutzen, übertriebene Konsum- und Rüstungsausgaben, sorglose Budgetpolitik, lockere Geld- und verfehlte Wechselkurspolitik sowie umfangreiche Kapitalflucht haben, jeweils unterschiedlich gemischt, den Kollaps in den einzelnen Ländern bewirkt. Als gemeinsamen Nenner könnte man anführen, dass die explosive Zunahme der Verpflichtungen immer riesigere Löcher in die Haushaltsrechnungen der Länder riss. Die unkontrollierten – unkontrollierbaren – Defizite riefen einen weiteren Dämon herbei, nämlich die Inflation, die sich in Argentinien, Bolivien, Brasilien, Peru und anderen Ländern zur Hyperinflation steigerte. Diese Staaten waren mittlerweile zum formal demokratischen Regime zurückgekehrt und konnten nicht, wie die chilenische Junta, jede Opposition gegen Spar- und Sanierungsprogramme einfach niederknüppeln.

Gläubiger und Schuldner leiteten ab Mitte der achtziger Jahre Umschuldungsverhandlungen ein. Man verschob vorerst einen Teil der Fälligkeiten in die nähere oder fernere Zukunft. Allenthalben hatte man zur Überzeugung gefunden, dass die Schuldnerländer nur mit einer Strategie, die wirtschaftliches Wachstum und ‹strukturelle Anpassung› (an die neue Realität nach dem kollektiven Zusammenbruch, d. h. in erster Linie eine vorübergehende Verknappung der fremden Kredite) kombinierte, über den Berg kommen könnten. Unter der Führung von Nicholas Brady, dem damaligen Sekretär des US-Schatzamtes, fasste man einen teilweisen Schuldenerlass ins Auge und wandelte einen anderen Teil der Fälligkeiten in Inlandwährung um. Laut Daten von Tobler (121/S. 161–166) nahmen die Gläubigerbanken beim Tausch gegen neue Schuldpapiere, so genannte Brady-Bonds, Abstriche von 23 bis 37 Prozent hin. Thomas Skidmore und Peter Smith beziffern die Verluste in einem ähnlichen Zeitraum im Mittel sogar auf etwa 50 Prozent (104/S. 385). Zudem verlangsamte sich das Wachstum der meisten Staaten deutlich, was ihre Fähigkeit, die (stark abgewerteten) Schulden jemals zurückzuzahlen, weiter verminderte. Das Pro-Kopf-Einkommen fiel in den Achtzigern nach den Berechnungen dieser Autoren im Durchschnitt um rund 8 Prozent, «natürlich vor allem zu Lasten der unteren Volksschichten».

Lateinamerika erlitt im ‹verlorenen Jahrzehnt› nach Angaben von Tobler einen Nettoressourcentransfer (Devisenverlust) von 163 Milliarden Dollar. Dazu gesellte sich eine Kapitalflucht in Höhe von mehreren Dutzend Milliarden Dollar. Die ‹Anpassungsprogramme› hatten in den meisten Ländern rezessive Auswirkungen zur Folge. Zwecks Erfüllung der Zins- und Rückzahlungsverpflichtungen musste die interne Verschuldung wiederum stark angehoben werden. Haushaltsdefizite und Inflation stiegen erneut in bedrohliche Höhen und verschlimmerten damit noch einmal die Leiden der Bevölkerungsmehrheit.

Jahrelang versuchten die gemäßigt bürgerlichen Regierungen der Präsidenten Raúl Alfonsín in Argentinien und José Sarney in Brasilien, dem vielköpfigen Ungeheuer der Zahlungsverpflichtungen, Inflation und immer drohenden Stagnation mit so genannter heterodoxer Wirtschaftspolitik Herr zu werden. Beide setzten auf eine Reaktivierung der Ökonomie unter Zuhilfenahme von Lohnerhöhungen, Geldemission und Preiskontrollen. Mit diesem giftigen Mix standen beide bald einmal als Verlierer da. Sie wagten es nicht, den Gläubigern radikalere Zugeständnisse abzuringen, ihnen eine mehrjährige Einstellung der Zinszahlungen als eine der wenigen realistischen Lösungen des Problems anzubieten. Nur so hätten die beiden Staaten Luft bekommen, um ihren Schuldenberg durch Rückzahlungen wenigstens auf eine erträgliche Höhe zu verringern. Als noch nutzloser und gefährlicher sollte sich auf der anderen Seite die Rückkehr Perus unter Alan García zu einem mit linken Parolen gepfefferten Populismus erweisen, der mit einer einseitigen Begrenzung des Schuldendienstes und der Nationalisierung der wichtigsten Banken kombiniert wurde. In allen drei Ländern (wie übrigens in einem anderen politischen Kontext auch in Nicaragua) tauchten die alten Probleme nach einer kurzen Phase der wirtschaftlichen Erholung wieder auf – erweitert und verschlimmert. Zwischen 1987 und 1989 mussten sie den Schuldendienst erneut weitgehend einstellen, Inflation und Abwertung entzogen sich jeder Kontrolle und erreichten in der Folge Tausende Prozent.

Nach dem ‹verlorenen Jahrzehnt› der Achtziger hat sich Lateinamerikas Volkswirtschaft, als Ganzes betrachtet, ab 1990 dank erneut fließender Kapitalströme aus dem Ausland und dank einer weltweit allmählich wieder anziehenden Konjunktur vorübergehend erholen können. Die Wachstumsraten, die dabei erzielt wurden, blieben jedoch – gerade im Vergleich zu der lange dauernden Expansion vom Zweiten Weltkrieg bis Anfang der Siebziger – auf bescheidenem Niveau stecken. Ende 1994 platzte die Schuldenblase dann ein zweites Mal – und wiederum in Mexiko (im Volksmund wurde dieser Vorgang ‹Tequila-Krise› genannt). Durch rasches Eingreifen konnten der IWF, die Weltbank, die Interamerikanische Entwicklungsbank (BID) und die US-Regierung dieses Mal Schlimmeres verhüten. Sie unterstützten den erneut bankrotten Staat mit 52 Milliarden Dollar an Not- und Überbrückungskrediten: das umfangreichste Hilfsabkommen, das jemals mit einer Nation vereinbart wurde. 1995 brachen der private Konsum um 12 Prozent, das Investitionsvolumen und der Import um je rund 26 Prozent ein (004/S. 484–485). Der mexikanische Peso verlor die Hälfte seines Werts, die Inflation stieg auf 35 Prozent.

Die Schockwellen dieses Erdbebens waren in ganz Lateinamerika, am meisten aber in Argentinien zu spüren. In Brasilien mussten mehrere Banken (Nacional, do Brasil, Banespa) mit öffentlichen Mitteln über Wasser gehalten, saniert oder teilweise privatisiert werden. Der Banco Econômico brach gar völlig zusammen. Doch ein Flächenbrand wie in den achtziger Jahren konnte auf dem Subkontinent vermieden werden. Was Mexiko betrifft, so musste es sein wichtigstes Gut, das Erdöl, im Zuge dieser Rettungsaktion auf viele Jahre hinaus verpfänden. Der schlimmste Fehler seiner damaligen Regierung war nach Ansicht von Lester Thurow (118/S. 225–227) die Überbewertung der eigenen Währung gewesen – eine ‹Sünde›, die etwa zur gleichen Zeit und mit ähnlich dramatischen Folgen auch die Brasilianer unter Präsident Cardoso und vor allem die Argentinier unter Carlos Menem begingen.

Kaum begann sich der Subkontinent vom Debakel zu erholen, zogen ihn die Zusammenbrüche in Südostasien und Russland erneut herunter. Zuerst verstrickte sich Brasilien in einer schweren Schulden- und Währungskrise. Gleichzeitig versank Argentinien immer tiefer im Sumpf der Rezession, die vier Jahre dauerte. Auch Venezuela rutschte (aus anderen, nicht nur wirtschaftlichen, sondern vor allem innenpolitischen Gründen) auf der schiefen Ebene immer weiter ab. Peru litt schwer unter den letzten Zuckungen des Regimes von Alberto Fujimori, kleinere Staaten wie Uruguay und Paraguay gerieten im Sog der Krisen bei ihren großen Nachbarn ebenfalls ins Schlammassel, im wirtschaftlich ohnehin schwachen Bolivien musste die Volksmehrheit noch mehr Entbehrung und Verelendung auf sich nehmen, und sogar Kolumbien, das sich bis dahin trotz ständiger bürgerkriegsartiger Wirren wirtschaftlich recht gut geschlagen hatte, kam an der Schwelle zum neuen Jahrtausend ins Schwimmen. Selbst Chile, das die neoliberale Wirtschaftspolitik am konsequentesten umsetzte, bekam die regionale Krise mit einer kurzen Stagnation, deutlich langsameren Wachstumsraten und höherer Arbeitslosigkeit zu spüren. Einzig Costa Rica sowie Mexiko, Letzteres durch das 1994 in Kraft gesetzte NAFTA-Abkommen an die USA gekettet, kamen dieses Mal weitgehend ungeschoren davon.

Der US-amerikanische Wirtschaftsprofessor Roberto J. Shiller weist jedoch auf das enttäuschende Wachstum pro Kopf in Mexiko seit 1982 hin (NZZ am Sonntag, 14.09.2003). Zwanzig Jahre fast ohne Wirtschaftswachstum seien eine lange Zeit, wendet er zu Recht ein. In diesem Zeitraum verließen zudem Millionen Mexikaner das Land, um in den USA zu arbeiten. Ohne dieses Ventil hätte sich der wirtschaftliche Schleichgang im Aztekenstaat noch um einiges schlimmer ausgewirkt.

Die verantwortungslose Schuldenpolitik ist eines der Urübel Lateinamerikas. Wenn es ein Trost wäre, könnte man beschwichtigend einwenden, dass nicht nur dieser Erdteil daran erkrankt ist, sondern dass (mit wenigen Ausnahmen unter den Nationen) die kapitalistische Welt generell daran laboriert. Die Mechanik des Systems wirkt sich dabei absolut diabolisch aus: Dank durchschnittlich zu hoher Realzinsen nimmt die Bürde, die auf den Schuldnern in aller Welt lastet, stetig zu. In Lateinamerika wachsen die Zahlungsverpflichtungen ebenso wie in den meisten Ländern Europas, in Nordamerika, Japan und weiten Teilen des übrigen Asien wesentlich schneller als die Wirtschaft selbst und als die Zahlungsfähigkeit der meisten Staaten, Unternehmen und Individuen. Fast überall werden Schuldentürme von beängstigender Höhe und Wackligkeit errichtet, die früher oder später zusammenbrechen werden. Dabei muss man mit aller Klarheit sehen, dass den Schuldnern, die zusehends verarmen, Gläubiger gegenüberstehen, die fast ohne Ausnahme immer reicher werden. Die Geldvermögen der Reichen dieser Erde vermehren sich dank Zins und Zinseszins in geometrischer Expansion, also in einer zunehmend steilen Kurve. Dieser statistisch und wissenschaftlich nachweisbare Sachverhalt (siehe dazu insbesondere 024/S. 305–311) ist eine der tieferen Ursachen der horrenden Verelendung Lateinamerikas und breiter Bevölkerungsteile innerhalb der einzelnen Länder des Erdteils.

Ein argentinisches Lehrstück

Von allen ‹Schuldendramen› Lateinamerikas ist dasjenige Argentiniens das aufwühlendste. Trotz bester Voraussetzungen verpasste dieses Land, das über besonders viele natürliche Ressourcen verfügt, ab 1950 den Anschluss an die Industriestaaten. Während sein Pro-Kopf-Einkommen am Anfang des Zweiten Weltkriegs nur wenig geringer war als dasjenige Deutschlands, fast gleich hoch wie das von Frankreich, etwas höher sogar als jenes von Italien und Japan und rund viermal höher als dasjenige Brasiliens und Mexikos (027 a/S. 14–15, 39), fiel die Nation am La Plata im Verlauf der folgenden fünfzig Jahre immer weiter zurück in der Weltrangliste, bis sie 2002 wegen katastrophaler Überschuldung den bisher größten Staatsbankrott der Weltgeschichte anmelden musste. Dabei waren die Auslandsschulden in den ersten Jahren der Regierung von General Perón bis auf null abgebaut worden. Innenpolitische, außenwirtschaftliche und klimatische Gründe bewegten Buenos Aires damals aber dazu, den (kurzfristig scheinbar) bequemsten Weg zu gehen, nämlich ‹frische› Kredite im Ausland aufzunehmen und damit die Schuldenspirale von neuem in Gang zu setzen. Beim Sturz des peronistischen Regimes (1955) stand Argentinien bei den fremden Geldgebern mit etwa 600 Millionen Dollar in der Kreide. Dieser für damalige Verhältnisse bereits stattliche, aber noch verwaltbare Betrag wurde von allen folgenden Regierungen mit Ausnahme derjenigen des bürgerlich-radikalen Arztes Arturo Illia sukzessive aufgebläht, bis er eine Höhe von 7 Milliarden Dollar (1975) erreichte. Die Fremdverschuldung war zu diesem Zeitpunkt für Argentinien – wie für die meisten Länder Lateinamerikas – ein Problem, das man im Auge haben musste und das weitsichtigen Beobachtern schon damals Sorgen bereitete, das indessen noch keine explosiven Ausmaße angenommen hatte.

Die Katastrophe wurde 1976 eingeleitet, als die Militärs unter der Führung von General Jorge Rafael Videla die morsche Herrschaft von Peróns Witwe Isabel Martínez beseitigten. Innerhalb von sieben Jahren wurden die Zahlungsverpflichtungen des Pampastaates bis auf etwa 42 Milliarden Dollar versechsfacht. Gewiss konnte die Wirtschaft nach der chaotischen zweiten Regierung des Generals und seiner Anhänger wieder in Fahrt gebracht werden. Doch mit der Explosion der Auslandsschulden, die mindestens zehnmal schneller als das BIP zunahmen, konnte sie in keiner Weise Schritt halten. Schon 1981 krachte dieses Kartenhaus zusammen. Industrie und Volksmehrheit, die unter den neoliberalen Gehversuchen der Junta ohnehin schwer gelitten hatten, wurden jetzt durch massenhafte Pleiten in noch tiefere Not gestürzt. Der kurz danach zum Zentralbankchef ernannte Ökonom Domingo Felipe Cavallo verschlimmerte die Misere mittel- und langfristig mit einer äußerst umstrittenen Verstaatlichung fast aller privaten Auslandsschulden. In den folgenden Jahren, als ihr Land wieder zur verfassungsmäßigen Herrschaft zurückgekehrt war, musste das Volk den Kopf gleich noch einmal hinhalten, als die Inflation, direkte Folge jenes administrativen Aktes, noch wilder zu galoppieren begann als jemals zuvor und zuletzt (1989) gar in das Stadium der Hyperinflation hinüberkippte.

Unter Carlos Menem konnten sich die Anhänger des Neoliberalismus vollends durchsetzen. Cavallo, der 1991 die Leitung des Wirtschaftsministeriums übernahm, wiederholte mit Argentiniens Elite den fundamentalen Fehler, den die Militärdiktatur mit ihrem Wirtschaftsminister José Alfredo Martínez de Hoz, einem Sprössling der Agraroligarchie, der sich als tüchtiger Interessenvertreter des internationalen Finanzkapitals entpuppte, schon begangen hatte: eine starke Überbewertung der Landeswährung. Diese wird in Lateinamerika in der Regel durch plötzlich steigenden Kapitalzufluss ausgelöst. Man nennt dieses Phänomen in der Fachsprache ‹Niederländische Krankheit› (anlässlich der Entdeckung von ausgedehnten Gasvorkommen in der Nordsee). Auch im Falle Argentiniens hatte die Aufwertung des Pesos zur Folge, dass die bisher deutlich positive Handelsbilanz in ihr Gegenteil, ein rapide steigendes Defizit, verwandelt wurde, weil die zu teure Währung die eigenen Ausfuhren erschwerte, alle eingeführten Güter hingegen massiv verbilligt wurden. Die Anhänger dieser Politik führten stets ins Feld, dass die lokale Industrie (was davon noch übrig blieb und zudem immer stärker vom Fremdkapital beherrscht wurde) von diesem Sachverhalt profitiert habe, indem sie ihre Produktionsanlagen zu günstigen Preisen durch importierte Kapitalgüter modernisieren konnte. Das niederschmetternde Endergebnis dieser Praxis sollte indessen jedermann gezeigt haben, dass die Kosten der Überbewertung der eigenen Währung unvergleichlich höher sind als der mögliche momentane Nutzen in einzelnen Sektoren.

Die Überbewertung ist ein Krebsübel, das der Neoliberalismus in Lateinamerika häufig nach sich gezogen hat, wenn ihm nicht bewusst und konsequent entgegengesteuert wurde. Wo solche (dem neoliberalen Dogma freilich widersprechende) Maßnahmen nicht resolut und zielstrebig ergriffen wurden, endete das Abenteuer mit mathematischer Regelmäßigkeit im Bankrott. Wenn die Landeswährung zu rasch und zu hoch steigt oder wenn die Wechselkurse der internen Teuerung nicht rasch genug angepasst werden, dann wird die Exportwirtschaft erdrosselt, und die lokalen Fabrikanten und Landwirte können der Importschwemme nicht mehr standhalten. So geschehen in der ersten Phase der Diktatur von General Augusto Pinochet in Chile (1982/83), zweimal in Mexiko (1982 und dann wieder 1994), mehrmals in Argentinien (vor allem 1981 und noch einmal nach zehnjähriger krasser Überbewertung des Pesos mit den schlimmsten Konsequenzen 2001) und mindestens je einmal in Venezuela (1983) und Brasilien (1998). Die Herrscher, die dafür verantwortlich zeichneten, haben also weder von ihren eigenen Erfahrungen noch von denen ihrer Nachbar- und Brudernationen etwas gelernt.

Die Chilenen zogen hingegen nach dem Zusammenbruch und den schweren sozialen Wirren zu Beginn der achtziger Jahre die Konsequenzen. Unter Pinochets neuem Finanzminister Hernán Büchi wurde eine gesunde Währungspolitik betrieben. Dank eines eher billigen (also unterbewerteten) Pesos konnte die chilenische Wirtschaft Bankrott und Rezession überwinden, die Ausfuhren mächtig steigern, einen hohen und dauerhaften Überschuss in der Handelsbilanz erzielen und damit genug fremde Devisen hereinbringen, um den (allerdings auch generös refinanzierten) Berg von Schulden- und Zinszahlungen zu bewältigen. Ganz anders Argentinien unter Menem: Es versündigte sich umso schlimmer, als die Überbewertung des Pesos mit einer brüsken Zunahme der Defizite ab 1994 in den öffentlichen Haushalten der Zentralregierung wie auch der meisten Provinzen zusammenfiel. Buenos Aires versuchte die Misswirtschaft zu übertünchen, indem es auf US-Dollar oder andere Hartwährungen lautende Schuldpapiere in immer größeren Mengen herausgab und zuließ, dass die Gouverneure im Landesinnern diesem ‹Beispiel› folgten. Der Cocktail von wachsenden Fehlbeträgen, explosiver Verschuldung und Überbewertung des Pesos sollte sich bald einmal als tödliche Mischung erweisen.

In fast allen übrigen Ländern hat man es verpasst, den ‹chilenischen Weg› zu befolgen, der in diesem spezifischen finanz- und währungspolitischen Aspekt nachahmenswert gewesen wäre. Man ließ sich vielmehr von einem Strom fremder Kredite und Darlehen einlullen, der immer bedrohlich anschwillt, sobald sich eine Regierung halbwegs glaubwürdig als Parteigängerin einer liberalen oder neoliberalen Wirtschaftspolitik ausgibt. Bedrohlich deshalb, weil erstens der plötzliche ‹Überfluss› an Devisen (die dem betreffenden Staat oder seiner Privatwirtschaft ja nur geliehen werden) die Verantwortlichen dazu verführt, sich mit diesem Polster in Sicherheit zu wähnen, und weil zweitens der (scheinbare) Überfluss an Devisen, hier vor allem US-Dollars, den Aufwertungsdruck auf die lokale Währung verstärkt. Gerade die argentinischen Militärs waren beim Anblick der (illusorisch) steigenden internationalen Reserven noch so naiv und übermütig, die Parole von der ‹Argentina Potencia› (Großmacht) in die Welt zu setzen.

Noch instruktiver ist das Beispiel Argentiniens, wenn man nachvollzieht, wie der immense Schuldenberg von rund 200 Milliarden Dollar in der kritischen Phase zustande gekommen ist. Auch wenn die Herrscher in Buenos Aires beim Wirtschaften auf Pump jeweils besonders skrupellos vorgegangen sind, muss man doch betonen, dass diese Mechanismen auch in anderen Ländern Lateinamerikas ‹funktioniert› haben: Verschuldung geht auf dem Subkontinent seit bald 200 Jahren in zahllosen Fällen Hand in Hand mit Korruption der übelsten Sorte vonstatten. Mit Korruption, Verschleuderung öffentlicher Mittel und Kapitalflucht.

Schon bei den frühesten Darlehen, die Argentinien im 19. Jahrhundert bei den Briten aufgenommen hat, gibt es klare Indizien dafür, dass solche Abkommen zumeist mit Hilfe von unlauteren Kommissionen oder anderer Art von Beteiligungen zustande gekommen sind. Die Gläubiger verstanden es immer, die Präsenz von bestechlichen Beamten in hohen und höchsten Ämtern auszunutzen, um ihre Interessen durchzusetzen. Galasso nennt mehrere dieser Schlüsselfiguren, die das Eindringen des Imperialismus in Argentinien entscheidend erleichtert haben. Sie setzten als Finanzsekretäre und Wirtschaftsminister ihre Unterschrift unter die Kreditabkommen, stimmten gleichzeitig einer Öffnung des lokalen Marktes für englische Erzeugnisse zu und gewährten den ausländischen Investoren mit grandioser Generosität Rechte über die Ausbeutung nationaler Ressourcen. Mit einem Wort: Sie dienten dem Fremdkapital und den Gläubigern in der Annahme, dass diese automatisch den Interessen Argentiniens nützlich wären, und ‹übersahen› dabei, dass private Gruppen stets den größten Profit aus solchen Operationen schlugen.

Beim ersten Darlehen der Baring-Bank hieß der betreffende Politiker Manuel Garcia, gegen Mitte jenes Jahrhunderts übernahm Norberto de la Riestra diese Funktion, der bis ins hohe Alter in diesem Sinne wirkte, später Manuel Quintana, nachmaliger Staatspräsident, dann zu Beginn des 20. Jahrhunderts Ezequiel Ramos Mejía als Minister für öffentliche Bauten, in den dreißiger Jahren weitere klingende Namen aus den Rängen der Agraroligarchie wie Sánchez Sorondo und Beccar Varela, nicht zu vergessen Federico Pinedo, ein überzeugter Anwalt des Fremdkapitals, nach der peronistischen Herrschaft schließlich Alvaro Alsogaray, Adalbert Krieger Vasena und Roberto Alemann. Fast alle standen, wie die Argentinier so stilvoll sagen, abwechselnd ‹auf beiden Seiten der Theke›: mal als Repräsentanten ausländischer Industrie- oder Handelsfirmen oder von fremden Banken, mal als Minister, Sekretäre oder gar als Staatsoberhaupt – eine Verquickung der Interessen, wie man sie sich perfekter kaum vorstellen könnte. Stets rechtfertigten sie diese Doppelrolle mit dem Hinweis auf die angeblichen ‹Interessen der Nation›, wenn sie in ihrer Funktion als Exekutivbehörden den Fremden alle möglichen Privilegien zugestanden. ‹Interessen› des eigenen Landes auch dann, wenn sie es immer tiefer in Schulden stürzten.

Die Praxis der Fremdfinanzierung soll hier nicht grundsätzlich angeprangert werden. Es kann Situationen geben, bei denen man einem vorübergehenden Wirtschaften mit geliehenem Geld zustimmen kann, sofern erstens dem Land ein wirklicher produktiver Nutzen daraus entsteht und zweitens die Zahlungsverpflichtungen eine bestimmte, sehr konservativ anzusetzende Relation zum BIP nicht übersteigen. Was an den Pranger gehört, sind die Verschuldung im Interesse privater Individuen und minoritärer Gruppen sowie die Praxis der Bestechung zu solchen Zwecken (auch die Gewährung äußerst saftiger Kommissionen, oftmals Provisionen genannt, zulasten des lokalen Fiskus).

Zwischendurch haben einzelne Regierungen – Carlos Pellegrini nach dem Zusammenbruch von 1890, Juan D. Perón bis 1950, Arturo Illia Mitte der Sechziger – versucht, das Riesenrad der Überschuldung ihrer Nation zurückzudrehen. Doch solche Bemühungen blieben seltene Intermezzi, die von ihren Nachfolgern bald wieder ins pure Gegenteil umgewandelt wurden, kaum hatten die ausländischen Geldgeber wieder Vertrauen in das reiche Land gefasst.

Alles bisher Gesagte über die Genesis des gigantischen Schuldenbergs, den Argentinien sich selbst aufgebürdet hat, ist aber nur ein Präludium, reines Kinderspiel im Vergleich zu dem, was ab 1976 passiert ist. Die Militärs und das mit ihnen verbündete Finanzkapital nutzten die etwa zwei Jahre vor dem Umsturz ausgelöste, weltweite Petrodollarschwemme, um ein Karussell für Spekulanten aus aller Welt zu erfinden und im gleichen Zug die explosive Verschuldung des Staates am La Plata in Gang zu setzen. Da die Diktatoren während ihres sieben Jahre dauernden Regimes in keinem Moment fähig waren, die seit den Tagen der Regierung von Isabel Perón wild dahergaloppierende Inflation unter 100 Prozent zu drosseln, herrschten auf dem einheimischen Finanzmarkt phantastische Verhältnisse. Wer Geld hatte und es riskieren wollte, konnte Zinsen bis zu 10 Prozent im Monat (!) einheimsen. Da die Junta in der ersten Phase (bis 1981) zudem eine absolut unrealistische Wechselkurspolitik betrieb, die Inflation nämlich mit einer allmählichen Verlangsamung der Abwertungsrate – der so genannten Tablita (Tabelle, wo diese Rate auf Monate hinaus im Voraus festgeschrieben war) – bremsen wollte, ergaben sich astronomische Zinsdifferenzen zwischen Argentinien und der Außenwelt. Und da Minister ‹Joe› Martínez de Hoz 1977 im Einverständnis mit den Generälen eine staatliche Anlagegarantie für Investoren erlassen hatte, um das Vertrauen in seine Wirtschaftspolitik zu stärken und fremdes Kapital in monumentalen Mengen anzuziehen, konnte lokalen wie ausländischen Spekulanten vorerst mal überhaupt nichts passieren.

Ihr Rezept bestand darin, auf dem internationalen Finanzmarkt Petrodollars aufzunehmen, zu 3 bis 4 Prozent Zins im Jahr, sie als Fremdkredit nach Argentinien zu bringen, dieses Geld in argentinische Pesos zu konvertieren, in Buenos Aires für ein paar Monate anzulegen und nach Ablauf dieser Frist einen fürstlichen Zinsertrag einzustreichen. Dieser wurde zwar durch einen Abwertungsverlust gemindert, der jedoch nur einen Bruchteil des Zinsgewinns ausmachte und sich dank ‹Tablita› bequem im Voraus berechnen ließ. Dann wurde der Nettogewinn – angesichts der totalen Liberalisierung des Kapitalverkehrs ohne jegliche Hindernisse – auf ein Konto im Ausland überwiesen. Häufig wurde dieser Gewinntransfer schwarz vorgenommen, sodass dem Land ‹Schulden› erhalten blieben, die in Wirklichkeit schon abgezahlt worden waren. So ließen sich in jenen Zeiten des ‹süßen Geldes› (plata dulce) jährliche Renditen von weit über 100 Prozent (in harter Währung) erzielen. Man konnte dasselbe Manöver während fünf Jahren mehrmals wiederholen. Auf Kosten einer Nation, deren Schuldenberg exponentiell zunahm und deren Devisenreserven ein paar Jahre später ‹urplötzlich› vollständig erschöpft waren. Eine weitere Dimension dieses phänomenalen Betrugs an Argentinien bestand darin, dass viele ‹Gläubiger› gar kein fremdes Geld aufnahmen, sondern eigene Mittel, die sie schon in früheren Jahren oder Jahrzehnten legal oder illegal ins Ausland geschafft hatten, benutzten, sich also gewissermaßen Selbstkredite gewährten, um an dem Geldsegen am La Plata teilhaben zu können.

Durch diesen Mechanismus zur Plünderung der Nation bereicherten sich nicht nur Tausende individueller Spekulanten, sondern auch Banken und private Firmen. Staatsunternehmen, die trotz des liberalen Lippenbekenntnisses der Diktatoren nicht angetastet wurden, dienten den Herrschenden als Milchkühe. Sie wurden durch frenetische Verschuldung von innen her ausgehöhlt. Ihre Verantwortlichen nahmen nämlich ebenfalls fremdes Geld auf, bereicherten damit aber nicht etwa die Firma, sondern sich selbst.

Alfredo Eric Calcagno, der in der Schuldenfrage lange Zeit ein Rufer in der Wüste war, berichtet in einer seiner Studien zu diesem Thema (018/S. 66–67), manche lokalen Unternehmer hätten in jener Zeit ihre Firmen buchstäblich liquidiert, also ihr Personal nach Hause geschickt und alle Anlagen in flüssiges Geld verwandelt, dieses in Dollars umgewandelt und ins Ausland geschickt, um von dort aus als ‹Gläubiger› von der wunderbaren Brotvermehrung in Argentinien zu profitieren. Andere reduzierten ihre Belegschaft auf ein Minimum und betätigten sich nur noch als Importeure, statt wie bisher als Produzenten Mehrwert und Arbeitsplätze zu schaffen. Als 1981 das gesamte Kartenhaus zusammenbrach, existierten Tausende von argentinischen Fabriken schon seit Jahren nicht mehr, Tausende andere gerieten in dieser dramatischen Schlussphase der Staatspleite in den Bankrott – aber da waren nun auch zahlreiche Unternehmer, Banker sowie Verantwortliche der Militärregierung, die ihr persönliches Vermögen in wenigen Jahren multipliziert und in ausländischen Steuerparadiesen versteckt hatten.

Der eigentliche Sinn dieses parasitären Systems ist also der, Reichtum zu vervielfachen und außer Landes zu schaffen, der Kapitalflucht somit Tür und Tor zu öffnen. Bei diesem Werk des Teufels haben nicht nur korrupte Argentinier mitgewirkt, sondern auch fremde Banker partizipiert. Ihr Interesse bestand darin, die Flut von Petrodollars aus den OPEC-Ländern gewinnbringend anzulegen. Der Staat am La Plata sollte sich dabei für sie als besonders fruchtbare Erde erweisen. Argentinien war nicht der einzige, wohl aber vermutlich der wichtigste Abnehmer von solchen überflüssigen Geldmitteln. In etwas bescheidenerem Ausmaß hat Ähnliches auch in Brasilien und diversen anderen Ländern Lateinamerikas stattgefunden. Mit dementsprechend dramatischen wirtschaftlichen Ergebnissen und sozialen Folgen. Zur Explosion gebracht wurde das Schuldenproblem schließlich aber in ganz Lateinamerika durch die Hochzinspolitik der USA in den Jahren 1980 bis 1982.

Ein weiteres Kapitel dieser Politik folgte nach dem Kollaps von 1981. Nachdem die erste Junta (Videla, Massera) inmitten eines heillosen Debakels abgetreten war, die zweite (unter Führung von General Roberto Viola) auch keinen Ausweg aus dem Schlammassel gefunden und das ‹Abenteuer› von General Leopoldo Galtieri im

Südatlantik (Falkland-Malvinas-Krieg) die Nation vollends ins Verderben gestürzt hatte, war guter Rat teuer. Der damalige Zentralbankchef Cavallo fand ihn trotzdem. Er verfügte – wie schon erwähnt –, von der damaligen militärischen Übergangsregierung und dem wirtschaftlichen Establishment unterstützt, eine umfassende Verstaatlichung der privaten Schulden. Der Fiskus übernahm Dutzende Milliarden Dollar Schulden, die in ihrem Ursprung zu einem nicht geringen Teil illegitim oder sogar pure Fiktion waren (weil man sie hintenrum schon amortisiert hatte). Die Schuldner, vor allem Großunternehmer und Banken, konnten die Begleichung ihrer Dollarschulden auf die Zentralbank abschieben und die entsprechenden Beträge in argentinischer Währung zu einem fixen, infolge der rasanten Abwertung in jener Zeit zuletzt viel zu niedrigen Wechselkurs abstottern. Calcagno (018/S. 70) schätzt die Kosten dieses Geschenks des Staates an die Reichen und Reichsten auf 14,4 Milliarden Dollar. Die Masse von argentinischem Fluchtkapital auf fremden Bankkonten und in Steuerparadiesen wird mittlerweile auf weit über 100 Milliarden Dollar geschätzt (043/S. 223). Gerichtliche Verfahren wurden im Zusammenhang mit dieser skandalösen Schuldenpolitik zwar eingeleitet. Sie sind jedoch fast ohne Ausnahme im Sande verlaufen. Man kann sich gewiss fragen, warum die Urheber, Verantwortlichen und Profiteure dieses monumentalen Betrugs nie des Landesverrats angeklagt wurden. Doch das ist in Argentinien schon eher eine rhetorische Frage.

Dieselbe Finanz- und Wechselkurspolitik, die zu einem derart katastrophalen Ergebnis geführt hatte, wurde weniger als ein Jahrzehnt danach (1991–2001) unter dem vom Volk gewählten und wiedergewählten Präsidenten Carlos Saúl Menem und seinem unmittelbaren Nachfolger Fernando De la Rua in wesentlichen Punkten reproduziert. Dabei kamen die Spekulanten in den Genuss einer noch sichereren Garantie, als es die ‹Tablita› in den späten siebziger Jahren gewesen war. Menem und Cavallo nagelten den Peso dieses Mal in Parität zum US-Dollar fest und ließen diesen unrealistischen Wechselkurs im Verhältnis 1:1 gar noch vom Parlament gesetzlich verankern. Damit sollte die Inflation, die 1989 über 5000 Prozent und im folgenden Jahr noch einmal weit über tausend Prozent erreicht hatte, endgültig aus dem argentinischen Alltag verbannt werden. Noch einmal also beging Buenos Aires die Todsünde der Überbewertung und stürzte damit die Nation erneut ins Verderben.

Dass dieses zehn Jahre lang auf sich warten ließ, weil die Mechanik der liberalen Wirtschaftspolitik vorerst zugunsten Argentiniens spielte, hat im Endeffekt wenig Bedeutung. Als die Lunte schon brannte, schickten Menem und Cavallo den wichtigsten Verbindungs- und Vertrauensmann des internationalen Finanzkapitals in Argentinien, Daniel Marx, an die Front. (Dessen ausgezeichneter Kontakte hatte sich übrigens Mitte der Achtziger schon Präsident Alfonsín bedient.) Wie seine Vorgänger in dieser Funktion – Garcia, de la Riestra, Quintana et cetera – stand auch er ‹auf beiden Seiten der Theke› und vertrat in seiner schwierigsten Mission Ende der Neunziger, als die Neoliberalen um Menem Argentinien in die schlimmste Pleite seiner Geschichte stürzten, konsequent die Interessen der Gläubigerbanken. Da das Weiterwälzen der Schulden auch so immer schwieriger wurde, versuchte die Regierung Menem, den Tag des Jüngsten Gerichts mit deflationären Maßnahmen (Lohnabstrichen und vorübergehenden Steuersenkungen, womit die Konkurrenzfähigkeit lokaler Erzeugnisse im Ausland verbessert werden sollte) aufzuschieben. Sie erreichte damit nur noch, dass die Rezession verschlimmert und auf volle vier Jahre bis zum endgültigen Zusammenbruch Ende 2001 ausgedehnt wurde.

Auch Brasilien, Mexiko, Ecuador ...

Brasilien hatte die Aufblähung der Auslandsschulden schon eingeleitet, bevor sich den Argentiniern Gelegenheit dazu bot, nämlich schon gegen Ende der sechziger Jahre. Auch dort zeichnete eine scharf antikommunistische Militärregierung dafür verantwortlich. Wie am La Plata gab es einen engen kausalen Zusammenhang zwischen Verschuldung und Korruption, nur gingen die Brasilianer weniger ungeschickt vor. Zwar kassierten die Generäle dort bei vielen Darlehen, die ihnen von der internationalen Finanzgemeinde angetragen wurden, saftige Kommissionen. Aber wenigstens ein Teil der Kredite wurde zur Finanzierung wirtschaftlich nützlicher Projekte verwendet, während die argentinischen Militärs fast alles fremde Geld entweder in die Rüstung steckten oder in Fluchtkapital ummünzten. Im Unterschied zu Argentinien nahmen die brasilianischen Gouverneure, vor allem in den wirtschaftlich stärksten Teilstaaten wie São Paulo und Minas Gerais, schon Mitte der siebziger Jahre ausländische Kredite auf. Die Petrodollarflut überschwemmte hier nicht nur die Bundesfinanzen. Sie drang bis in einzelne Gliedstaaten vor, die über etwas mehr politische Autonomie verfügten als die Provinzen oder Departements in den meisten andern Ländern des Erdteils (049/S. 77–90, 176, 187). Die Kosten der zügellosen Verschuldung ließen denn auch in Brasilien nicht lange auf sich warten. Die Zinszahlungen des Riesenstaates explodierten nach Angaben von Celso Furtado von 2,7 Milliarden Dollar im Jahr 1978 auf rund 11 Milliarden (1982) (042/S. 40).

Nach der konfusen Verwaltung der öffentlichen Finanzen unter José Sarney und Fernando Collor de Mello zog sich Brasilien mit Präsident Fernando Cardoso immerhin etwas besser aus der Affäre. Zwar konnte auch er den Ausbruch einer Wechselkurskrise, wiederum die Folge von Überbewertung der lokalen Währung (des Real), nicht verhindern. Es gelang ihm aber, eine schwere und anhaltende Rezession, wie sie das benachbarte Argentinien heimsuchte, zu vermeiden. Es blieb bei einer relativ kurzen Stagnation, und auch die Inflation, deren Aufflammen bei einer solchen Abwertung (der Real verlor vorübergehend bis zu 70 Prozent seines vorherigen Wertes) normalerweise unvermeidlich ist, konnte in Schranken gehalten werden. Cardoso, der sich als linksgerichteter Soziologe profiliert hatte, bekannte sich in seiner achtjährigen Regierungszeit, dem weltweiten Trend folgend, zur neoliberalen Linie. Er verfiel den Versuchungen und Extremen dieser Doktrin aber weniger als Menem in Argentinien und Fujimori in Peru. Er behielt für den Staat stärkeren Einfluss zurück und sorgte dafür, dass die einheimische Industrie durch den Importhandel nicht derart rücksichtslos geschunden wurde wie in jenen beiden Ländern. Als ein Verdienst besonderer Art kann man ihm gutschreiben, dass er die Gouverneure der Bundesstaaten mit drastischen Verhaltensregeln (der Androhung von Sanktionen bis hin zu persönlicher Haft) zu einer Disziplin in Sachen Haushalt zwang, die in Lateinamerika ihresgleichen sucht. Solche Härte hat sich ausgezahlt: Brasilien kam dank weitgehend geordneter Budgets in der Zentralregierung und den Bundesstaaten vergleichsweise gut über den Berg und konnte an der Schwelle zum 21. Jahrhundert wenigstens mäßige Wachstumsraten erzielen.

Von Mexiko, dem zweifachen Protagonisten des lateinamerikanischen Schuldendebakels, war hier schon einige Male die Rede. Die ziemlich rasche Normalisierung nach dem Zusammenbruch von 1982 ist vielleicht untypisch für die Dritte Welt (042/S. 19). Die

Banker, vor allem die nordamerikanischen, lenkten schnell ein, weil sie ihre Hand auf das mexikanische Erdöl legen konnten, das für die USA ohnehin von großer strategischer Bedeutung ist. Mit der Verpfändung des schwarzen Goldes ließ sich die Regierung in Ciudad de México zwingen, die Produktion der Bohrtürme im Golf in der Hoffnung, den Kopf doch noch einmal aus der Schuldenschlinge ziehen zu können, mächtig zu beschleunigen. Nach wenigen Jahren konnten die Investoren in Mexiko wieder einsteigen – bis zum nächsten Debakel, der Tequila-Krise. Erneut wurde dem bankrotten Staat aus der Patsche geholfen, diesmal mit dem schon erwähnten Notkredit in Weltrekordhöhe (52 Milliarden Dollar). Thurow meint, es sei dem IWF, der Weltbank und der US-Regierung auch gar nichts anderes übrig geblieben (118/S. 228–229). Sollte weltweite Panik vermieden werden, musste man den Mexikanern unter die Arme greifen.

Ecuador genießt ebenfalls das Privileg des Ölreichtums. Und doch ist es ein Armenhaus. Sicher sind es mehrere Faktoren, die die Staatspleite von 2001 verursacht haben: endlose politische Querelen, notorische Missachtung der Gewaltentrennung, geringe Reformbereitschaft, ein zeitweise – und schon während des Militärregimes von 1972–1978 – gewaltiges Haushaltsdefizit (011/S. 66–70) und auch hier die üble Praxis der Korruption. Aber der wichtigste Faktor dürfte auch in diesem Land die lawinenartige Verschuldung gewesen sein, und in diesem Fall fast alles in harten Währungen. Die Relation zwischen Auslandsschulden und BIP stieg zuletzt über 100 Prozent, viel zu hoch für ein Entwicklungsland. Als die Katastrophe perfekt war, wusste man in Quito keinen anderen Ausweg als die Abschaffung der eigenen Währung (Sucre) und ihre Substituierung durch den US-Dollar. Nichts von seinem 16 Milliarden Dollar hohen Schuldenberg konnte der ecuadorianische Staat in diesem dramatischen Moment mehr bedienen. Selbst fällige Zahlungen an den IWF-Darlehen konnten nicht mehr geleistet werden. Die Kassen waren absolut leer. Auch mehrere Jahre nach dem Kollaps fand der Äquatorstaat noch immer nicht zu halbwegs normalen Zuständen zurück. Vielmehr taumelte er von einer Regierungskrise zur nächsten (der bis anhin letzte Umsturz ereignete sich nach wiederholten Volksaufständen im April 2005).

Dramatische Zustände herrschten um die Jahrtausendwende auch in Paraguay und Uruguay. Letzteres, einst (bis etwa 1960) die

‹Schweiz Südamerikas›, litt unter dem Kollaps der argentinischen Wirtschaft und der ebenfalls schweren Krise in Brasilien, seinen beiden einzigen, erdrückend großen Nachbarn, am meisten und kam seinerseits nur knapp um die Schmach eines Staatsbankrotts herum. Paraguays Finanzsektor taumelte trotz einer vergleichsweise geringen Außenschuld jahrelang am Rande des Abgrunds dahin, während die innenpolitische Lage durch chronische Instabilität gekennzeichnet war. In Peru schien das Problem der Verschuldung weniger alarmierend zu sein, da Fujimori die öffentlichen Finanzen schon Anfang der neunziger Jahre manu militari saniert und auf niedrigem Niveau eine gewisse Stabilität bewerkstelligt hatte. Kolumbien kam, wie gesagt, bisher mit einem blauen Auge davon. Venezuela stellte als einziger Staat die Legitimität einiger Teile seiner Außenschuld in Frage und konnte sich dank zwischenzeitlich umfangreicher Einnahmen aus seinem Erdöl, dank der Umwandlung eines Teils seiner Verbindlichkeiten in zinslose Staatsanleihen (‹zero coupon›, deren Ausgabe Alfonsin und Sarney nicht gewagt hatten) aus der Fußfalle der Verschuldung weitgehend befreien. Hier waren es andere Umstände, die zu einer horrenden Verschärfung der wirtschaftlichen, sozialen und politischen Krise führten. Bolivien und Nicaragua, beide ebenfalls hoch verschuldet, mussten schon früh ihre Zahlungsunfähigkeit eingestehen, wurden aber in ihrer Eigenschaft als Länder mit besonders gravierenden Armutsproblemen durch umfassende Schuldenerlasse und umfangreiche Entwicklungshilfe begünstigt.

Insgesamt schuldete Lateinamerika dem Ausland zu diesem Zeitpunkt rund 800 Milliarden Dollar – etwa 20-mal mehr als drei Jahrzehnte zuvor. Das Verhältnis zwischen Schuldendienst und Exporterlösen lag für die ganze Region bei etwa 50 Prozent, vor allem im Falle Brasiliens aber noch deutlich darüber (FR, 03.01.2003). Gedient hat – um es mit den Worten des deutschen Sozialwissenschaftlers Dieter Boris (014/S. 74, 153) zu sagen – die enorme Verschuldung, die fast überall auf dem Halbkontinent in den siebziger Jahren ins Rollen gebracht worden war, der Luxussucht und Reiselust der Oberschichten, dem Ausbau des militärischen und repressiven Apparates, der Kapitalflucht und dem Stopfen von Bilanzlöchern, nur selten aber produktiven Zwecken. Die soziale Polarisierung wurde dabei so weit getrieben, dass die größten Teile der Bevölkerung heute im Weltmarkt und gegenüber den modernen Prozessen in der Wirtschaft als eindeutige Verlierer und Leidtragende dastehen.

Das Volk muss die Zeche bezahlen

Pendant zur skandalösen Bereicherung der Oberschicht und zu der von ihr betriebenen Kapitalflucht ist also eine zunehmende Verelendung in den unteren Rängen der sozialen Pyramide. Man kann die nachgerade absurde Konzentration von Einkommen und Vermögen fast im ganzen Erdteil beobachten – gerade auch in Chile, wo solide verwurzelte soziale Institutionen eine solche Fehlentwicklung eigentlich verhindern sollten. Nach Angaben von Wöhlcke (127/S. 52–54) war um 1980 der Anteil des reichsten Fünftels der Bevölkerung am Gesamteinkommen in Costa Rica – Kuba wird hier nicht aufgeführt – mit 49 Prozent noch am akzeptabelsten. Für ganz Lateinamerika erreichte er im Durchschnitt etwa 70 Prozent (in Mexiko 65,5, in Brasilien 73,1 Prozent). Vor allem die Länder mit der ohnehin höchsten Konzentration zeigten in der Folge eine unübersehbare Tendenz zu noch stärkerer Polarisierung.

Wenn von sozialer Misere im Gefolge der Schuldenkrise die Rede ist, dann heißt das in erster Linie: katastrophaler Arbeitsmangel, Verarmung von wichtigen Teilen des Mittelstands, Zerstörung sozialer Auffangnetze (wo sie früher existiert hatten) durch Sparmaßnahmen des Staates, alarmierende Zerfallserscheinungen in der öffentlichen Erziehung und in den Spitälern, anhaltender Kaufkraftverlust der meisten Löhne und Renten.

Die Statistiken über Arbeitslosigkeit genießen in den meisten Ländern Mittel- und Südamerikas geringe Glaubwürdigkeit. Sie unterschätzen die Dimensionen des Problems wegen – teils absichtlich nicht eliminierter – Mängel in der Datenerhebung fast überall. Gerade in Brasilien gibt es seit Jahrzehnten notorische Differenzen zwischen den amtlichen Angaben des Statistischen Amts (IBGE) für São Paulo und den entsprechenden Nachforschungen eines von den Gewerkschaften geführten Instituts (DIEESE), das der Realität entschieden näher kommt. In Peru, Ecuador, Bolivien und einigen zentralamerikanischen Staaten werden Daten über den lokalen Arbeitsmarkt (meistens nur einstellige Arbeitslosenraten) veröffentlicht, die an Lächerlichkeit grenzen. In Wirklichkeit findet in jenen Ländern etwa die Hälfte der Bevölkerung im erwerbsfähigen Alter keinen Job, der ihnen ein Überleben unter halbwegs dezenten Umständen ermöglichen würde. Das sind jene Millionen und Abermillionen Lateinamerikaner, die mit umgerechnet einem oder zwei Dollar am Tag durchkommen, also von Brosamen leben müssen, die sie als ‹chronisch Unterbeschäftigte›, als Gelegenheits- oder Schwarzarbeiter irgendwie zusammenkratzen.

Außenstehende können sich kaum vorstellen, wie viel menschliches Potenzial in den so genannten informalen Sektoren dieser Volkswirtschaften brachliegt: Männer und Frauen im besten Alter harren Tag und Nacht auf der Straße in der Hoffnung aus, irgendwelche Ware gegen etwas bares Geld loswerden zu können. Unter ihnen Unzählige, die aufgrund ihres Könnens durchaus im Stande wären, produktive Arbeit zu leisten. Und neben ihnen zahllose andere, die nie das Glück hatten, sich auf eine berufliche Tätigkeit vorbereiten zu können. Was sich heute in den lateinamerikanischen Städten abspielt, ist ein endloses menschliches Drama.

Die Jobsuche ist für Millionen Latinos ein wahrer Kreuzweg: Wird einmal eine Stelle ausgeschrieben, stehen mitten in der City von Buenos Aires gleich Hunderte an, um sich zu bewerben. Dasselbe Drama spielt sich in unzähligen großen Städten Lateinamerikas ab. Infolge des chronischen Arbeitsmangels nehmen die verschiedensten Formen der Delinquenz unentwegt zu. Nicht nur in Bogotá, Lima und Rio de Janeiro, den traditionellen Hochburgen der Taschendiebe, sondern auch in Caracas, Santiago, La Paz und Buenos Aires, wo man sich früher als Tourist oder Einheimischer ruhig und frei bewegen konnte, lauern heute auf Schritt und Tritt Gefahren. In Mexiko, Zentralamerika und Kolumbien terrorisieren Banden von Jugendlichen, ‹Maras› genannt, die nach kalifornischem Muster organisiert werden, mit Mafia-Gruppen ‹zusammenarbeiten› und Mord als heroische Tat betrachten, die Bevölkerung. Der Schritt von diesen ‹Schulen› in die Unterwelt der professionellen Verbrecher, für die es von Fälschungen aller Art bis zu Entführungen, bei denen Millionen Dollar aus den Familien der Geiseln herausgepresst werden, von Vergewaltigungen bis zu Plünderungen kein ‹unmögliches› Delikt gibt, ist kurz und für viele junge Gauner unvermeidlich.

Selbst im ‹reichen› Argentinien ist zufolge einer besonders schädlichen Variante des Neoliberalismus und der dadurch verschlimmerten Schuldenkrise ein erschreckend großer Teil der Bevölkerung auf einen Lebensstandard abgerutscht, der etwa demjenigen der ärmsten Andenländer entspricht. Wenn man dem dortigen Statistischen Amt (INDEC) Glauben schenken darf, lebten Mitte 2003 mehr als die Hälfte der Bevölkerung, nämlich 54,7 Prozent der 37 Millionen Argentinier, unterhalb der Armutsgrenze, die durch einen eher dürftigen Lebensmittelkorb definiert wird. Fast die Hälfte dieser enormen Menschenmenge, nämlich 26,3 Prozent der gesamten Bevölkerung, darbte laut amtlicher Darstellung im Elend (Ambito Financiero, 01.08.2003).

Eine Handvoll präziser Daten (127/S. 90) mögen uns auch zur Illustrierung des sozialen Niedergangs in Brasilien erlaubt sein. Das soeben erwähnte DIEESE hat nachgerechnet, dass ein Arbeiter mit dem gesetzlichen Mindestlohn 1959 etwa 65 Stunden arbeiten musste, um den vom Staat zusammengestellten Grundnahrungsmittelkorb bezahlen zu können. 1969 waren es bereits 110 Stunden, zehn Jahre danach 152 Stunden, und 1987 waren es 208 Stunden, also dreimal so lange wie 1959. Daran vermag auch der Umstand, dass die staatlichen Sozialleistungen seither möglicherweise verbessert wurden, höchstenfalls wenig zu ändern. Bei allen Kaufkraftschwankungen der letzten 15 Jahre, so muss man hinzufügen, dürfte sich das Lebensniveau der ärmeren Hälfte Brasiliens ebenfalls nicht nachhaltig verbessert haben. Jean Ziegler (130/S. 182) unterstreicht diesen Eindruck mit einem Zitat von statistischen Daten besonders gravierender Art. Laut IPEA, einem Forschungsinstitut, das dem Planungsministerium unterstellt ist, waren im Jahr 2002 22 von 173 Millionen Menschen chronisch unterernährt.

Nach Angaben der CEPAL lebten zu Beginn der Neunziger 196 Millionen Latinos oder 46 Prozent der Gesamtbevölkerung des Erdteils im Zustand der Armut, davon wiederum fast die Hälfte (22 Prozent aller Lateinamerikaner) in ‹extremer Armut›. Viele davon waren ‹neue Arme›: Entlassene, Jugendliche, Rentner. Laut Erhebungen der Meinungsforscher von ‹Latinobarómetro› waren 1998 in den Ländern des Subkontinents 61 Prozent der Befragten der Meinung, dass ihre Väter bessere Lebensbedingungen genossen haben als sie selbst (116 d/S. 348).

In Anlehnung an einen Gedanken von Robert Kurz (070/S. 225) müssen wir feststellen, dass die Mehrheit der Bevölkerung des Erdteils heute «aus gesellschaftlichen Unpersonen (besteht), die ... gewaltsam auf einer sozialen Seucheninsel festgehalten werden». Es ist in diesem Zusammenhang durchaus nicht abwegig, von Exklusion zu sprechen, wie es zum Beispiel Elmar Altvater und Birgit Mahnkopf in ihrem Werk über die ‹Grenzen der Globalisierung› (004/ S. 561) tun. Enorme Volksmassen sind in diesem Prozess entrechtet worden. Ihnen stehen eine besitzende, teilweise steinreiche Minderheit sowie ein schon stark geschrumpfter Mittelstand gegenüber, die krampfhaft danach trachten, ihre absoluten oder auch bloß relativen Privilegien mit allen Mitteln zu verteidigen. In Rio de Janeiro und Caracas, Santiago und São Paulo, Buenos Aires und Bogotá – in welcher größeren Stadt des Subkontinents denn nicht!? – lebt nicht nur die Oberschicht, sondern auch schon ein Teil der Mittelklasse in ghettoartigen Siedlungen (‹Condominios›), die wie Trutzburgen aussehen und es in Wirklichkeit auch sind. Ganze Metropolen sind in die Zitadellen der Vermögenden einerseits und die Slums der Bettelarmen andererseits auseinander gebrochen. Alphaville zum Beispiel, 25 Kilometer außerhalb von São Paulo, protzt mit luxuriösesten Appartements und Villen, 1400 Geschäften und mehreren Shoppings, Privatschulen und privaten Unis, alles nach dem Vorbild nordamerikanischer ‹gated communities› und ‹edge cities› (eingebunkerter Reichtumsviertel) aufgebaut (015 b/S. 22–26). Inseln des Wohlstands inmitten von Ozeanen der Armut.

Unaufhaltsam sind mittlerweile die Heerscharen der Randbevölkerung, der fliegenden Händler und Abfallsammler, der Prostituierten jeden Alters und Geschlechts, der allein erziehenden Mütter, verwahrlosten Kinder und der Jugendlichen, die früh auf die schiefe Bahn geraten, aber auch der erbärmlich dahinvegetierenden Alten angewachsen. Die Sozialpolitik fast aller lateinamerikanischen Staaten, die ohnehin weit hergebrachte Mängel aufweist (108/S. 87–98), ist hoffnungslos überfordert. Die Hilfsprogramme waren bisher überall staatlich und stark zentralistisch organisiert, die Kosten in den meisten Ländern hoch und die Effizienz gering. Ihre Auswirkungen auf die Armut und zugunsten einer gerechteren Verteilung des sozialen Komforts waren gering, wenn nicht gar regressiv. Wichtige Teile der Bevölkerung (Landarbeiter, Dienstpersonal, Gelegenheitsarbeiter u. a.) wurden überhaupt nicht erfasst. Gleichzeitig stieg nun wegen der Krise die Nachfrage nach (theoretisch kostenlosen) öffentlichen Dienstleistungen. Die wachsende Arbeitslosigkeit und Beschäftigung im informellen Sektor verschärfte die Finanzierungsprobleme, insbesondere der Rentenversicherung (wo sie existiert). Dazu gesellten sich noch Beitragshinterziehung und

-verzögerung privater Unternehmer und gelegentlich sogar des Staats. Reformen mit Privatisierungsansätzen erfolgten zuerst in Chile (1981), dann nach diesem Vorbild in Peru (1993), Argentinien und Kolumbien (1994) und anderen Ländern, überall jedoch mit starken Einschränkungen und erheblichen Schwierigkeiten.

Die imposanten Kulissen aus Stahl, Glas, Aluminium und Beton, die in diesem letzten Vierteljahrhundert in den Metropolen vom Rio Grande bis zum Cono Sur (Südzipfel Amerikas) entstanden sind, werden von den Befürwortern dieses Entwicklungsweges gerne als Symbole des Fortschritts angeschaut. Man kann diese Prunkstücke der Modernität aber auch als die Kehrseite der Medaille verstehen. Die Waghalsigkeit der architektonischen Linien als Gegenstück zu einer fortschreitenden Anarchie in den wirtschaftlichen und sozialen Strukturen.

Auch in Chile, das die Doktrin des Neoliberalismus am getreuesten befolgt und damit makroökonomisch recht gute Ergebnisse erzielt hat, weinen viele einer verlorenen Lebensqualität nach. Wer Santiago vor dem Putsch von 1973 kannte und erlebte, wird dem Soziologen Tomás Moulian zustimmen, wenn er in seiner ‹Anatomie eines Mythos› (081/S. 125–134) nostalgische Töne anschlägt. Die Hauptstadt sei früher ein großes Dorf gewesen, «mit ruhigen, bescheidenen, aber komfortablen Wohnvierteln». «Heute ist Santiago eine gewalttätige, unordentliche, unbeherrschte Stadt ... feindselig, unsicher, stressig», findet er. Nicht einmal die Reichen kämen, wie es ihnen früher gegönnt war, in den Genuss einer besseren Lebensqualität. Darüber könnten weder der perfekte Rasen vor dem Haus, der von einer computergesteuerten Anlage berieselt wird, noch Swimming-Pool, Jacuzzi und eigene Sauna hinwegtäuschen. Der Kult des Automobils habe zu einer Verstopfung aller Adern der Sechs-Millionen-Stadt geführt, er verpeste die Luft immer mehr und erhöhe die Transportzeiten für alle Bürger drastisch. «Santiago ist ein urbaner Dschungel, und dasselbe gilt für Concepción, Temuco und im Sommer auch für die Badeorte Viña del Mar und La Serena – (heute) lauter aggressive, verschmutzte, lärmverseuchte, übervölkerte, verstopfte, gefährliche Städte.»

Nicht nur das Habitat der Menschen in den Städten ist erbärmlich heruntergekommen. Auf dem ganzen Subkontinent wird die Natur durch falsche Vorstellungen von Entwicklung geschunden und geschändet. Nach Angaben der Interamerikanischen Entwicklungsbank (BID) wurden Anfang der achtziger Jahre in Lateinamerika jährlich rund 4 Millionen Hektar Urwald abgeholzt (jedes Jahr eine ganze Schweiz), aber nur 300 000 Hektar in Holzplantagen nachgepflanzt, die zudem der natürlichen Artenvielfalt entbehren. Die Bestände schrumpfen dramatisch in absoluten Zahlen und noch viel rascher pro Kopf der Bevölkerung. Wir wissen heute genau, dass ab einem bestimmten Punkt des Raubbaus die komplizierte Ökologie der Wälder zusammenbricht. Die rücksichtslose Durchsetzung wirtschaftlicher Interessen kann zwar unter Umständen Voraussetzungen für den erhofften ‹Take-off›, das Auslösen einer dynamischen Wachstumsphase, schaffen. Sie kann aber auch in sozialen und ökologischen Katastrophen enden.

III. Wie viel Staat?

«Das allseits akzeptierte Laisser-faire setzt Kräfte frei, die genau die Institutionen des Marktes beschädigen oder sogar zerstören, auf denen er beruht.» *John Kenneth Galbraith*

«The state has become too big for the small things, and to small for the big things.» *Paul Streeten*

Lateinamerikas Gesellschaften schwankten in ihrer knapp 200-jährigen Geschichte als formell unabhängige Republiken wiederholt zwischen Zentralismus und Föderalismus, Dirigismus und Liberalismus, ‹Entwicklung nach außen› und ‹Entwicklung nach innen›, zwischen Nationalisierung und Privatisierung. Der Staat wurde immer wieder als Beute lokaler oligarchischer Gruppen betrachtet (zuerst vor allem Großgrundbesitzer, Großhändler, Bergbauunternehmer und Bankiers, später auch Industrielle), die danach trachteten, ihm ihre eigenen Regeln aufzuzwingen (030c/S. 54, 63). ‹Ihr› Staat bekundete bald hilflose Schwäche gegenüber den immer zahlreicheren und komplexeren Problemen von Wachstum und Entwicklung, bald aber auch vermeintliche Stärke oder übertriebene Härte. Solche Instabilität kommt nicht von ungefähr. Denn auf dem Subkontinent fehlte und fehlt es über weite Strecken nach wie vor an genügend tief verankerten demokratischen Institutionen.

Unabhängig davon, ob nun gerade Militärs das Szepter führen oder Zivile das Sagen haben, ist der Hang zu zentralistischen Herrschaftsformen in der Region stärker ausgeprägt als anderswo. Zusätzlich verstärkt wurde dieser Trend lange Zeit durch die Tatsache, dass die Ereignisse und Entwicklungen auf dem Subkontinent von einer ebenfalls zentralistisch strukturierten katholischen Kirche mitbestimmt wurden, deren Machtbefugnisse sich über weite Strecken mit der politischen Gewalt überlappten. Fast alle Länder haben im Übrigen bis auf den heutigen Tag präsidiale Systeme. Die Regierung, also der Staatschef, diktiert das Geschehen. Der Einfluss von Parlament und richterlicher Gewalt ist gering.

In der zweiten Hälfte des 19. Jahrhunderts löste sich der Erdteil stellenweise von der iberischen Tradition und übernahm französische Verwaltungsmethoden – die bekanntlich kaum weniger zentralistisch geprägt sind als jene der Iberer. Auch so mussten Länder wie Mexiko, Ecuador und Bolivien zusehen, wie ihre Territorien von stärkeren Nachbarn zerrissen wurden. Die republikanischen Regierungen hatten alle Hände voll damit zu tun, die Unabhängigkeit zu gewährleisten, ihre Herrschaft über das Hinterland einigermaßen zu festigen und sich mit dem aus England und später aus den USA hereinströmenden Fremdkapital irgendwie zu arrangieren. Das alles setzte einen möglichst ‹starken› Staat (oder zumindest einmal eine ‹starke Hand›) voraus.

Der brasilianische Soziologe Raymundo Faoro hat die historischen Wurzeln des Zentralismus iberischer Prägung in seinem Klassiker über «die Herren der Macht» meisterhaft dargestellt (035/vor allem S. 85, 122, 163, 188). Sei es in Iberien selbst, sei es in seinen Kolonien, drüben in der Neuen Welt: Wo es wirtschaftliche Tätigkeit gab, da tauchte sofort auch ein Delegierter des Königs auf, um die Krone nicht nur mittels Steuern an den Gewinnen der Unternehmungen, sondern auch an der Aktivität direkt teilhaben zu lassen. Der Staat übernahm – schon in frühester Kolonialzeit übrigens – die Rolle eines Unternehmers. Er spekulierte, spielte sich als Geldgeber auf und verlangte von seinen Untertanen, dass sie sich bedingungslos in seinen Dienst stellten, anstatt eigene Initiative zu entfalten. Geschmiert wurde dieses Räderwerk durch ein Heer von Advokaten und Bürokraten im Sold des Königs, die für die Durchsetzung von dessen ‹Monopolrechten› sorgten. Und ebendieser zentralistischen Tradition bedienten sich dann unter republikanischer Herrschaft die ‹neuen Eliten›, die das Erbe der Kolonialmacht antraten.

Der von Iberien und Frankreich beeinflusste Verwaltungsstil wurde etwa ab 1930 mehr und mehr durch US-amerikanisches Know-how über Business Management ergänzt. Die Söhne der Eliten fingen an, sich in Boston und Chicago ausbilden zu lassen. Neue Aufgaben wurden unter diesen Einflüssen in das Pflichtenheft der Regierungsreformen in Lateinamerika eingeführt, insbesondere das Gebot einer Trennung von Verwaltung und Politik, um die Autonomie bestimmter staatlicher Institutionen zu stärken und damit ihre administrative Effizienz zu erhöhen. Ein Schwarm von ‹halb- oder quasiautonomen Organismen› entstand, die offiziell zum Staat gehörten, von ihm aber kaum wirksam kontrolliert wurden. Schwach blieben indes die öffentlichen Strukturen in weiten Teilen des Landesinnern (049/S. 36).

Verdienste und Schwächen des Staates in Lateinamerika

Vor dem Umsturz in jüngster Zeit war der lateinamerikanische Staat während eines halben Jahrhunderts die treibende Kraft der wirtschaftlichen und sozialen Entwicklung. Er trat in manchen Sektoren (Erdöl, Bergbau, Schwerindustrie, Handel, Banken) als Unternehmer auf. Von 1930 an wurden die alten oligarchischen Machtgruppen verschiedentlich durch populistische Regime abgelöst, die deutlich korporative Züge trugen, somit die Interessen bestimmter Gruppen oder Verbände vertraten. In Mexiko dominierten unter Cárdenas vorerst sozialisierende Tendenzen; in mehreren Ländern Südamerikas erstarkte der Hang zu faschistischen Modellen, die vor allem vom Militär getragen wurden (121/S. 58–61).

Der ‹starke› Staat hat in jener Zeit zweifellos Positives geleistet, etwa mit der Gründung von öffentlich-rechtlichen Unternehmen wie der Companhia do Vale do Rio Doce (CVRD), die sich mit der Zeit zu einer mächtigen staatlichen Holdingfirma im Bergbausektor entwickelte. Oder mit dem Aufbau staatlicher Strukturen in Chile, die vom produktiven Sektor, zum Beispiel Codelco – ein Unternehmen, das seit Jahrzehnten eine weltweit führende Rolle in der Kupferproduktion spielt –, über ein relativ effizientes Steueramt bis hin zu einer lange Zeit recht leistungsfähigen (nichtprivaten) Gesundheitsfürsorge. Oder mit dem Aufbau und der Verwaltung von weitreichenden sozialen Dienstleistungen in Uruguay.

Gleichzeitig ist der lateinamerikanische Staat, auch wenn er phasenweise ‹Stärke› bekundet und die Funktion eines Motors der Entwicklung ausübt, mit enormen Schwächen behaftet. Fast in keinem Land bringt er es fertig, Macht und Besitz, Einkommen und Bildungschancen auch nur halbwegs ausgeglichen zu verteilen. Die natürlichen Reichtümer werden nach den Profitkriterien herrschender (einheimischer und ausländischer) Gruppen ausgebeutet anstatt im Rahmen einer nationalen Entwicklungsstrategie. Seine Autonomie ist begrenzt, denn Eliten und dominante soziale Akteure machen sich ihn seit seinem Bestehen zu ihrem eigenen Vorteil dienstbar und gefügig. Staatliche Ressourcen werden ohne Wettbewerb und transparente Regeln zur Steigerung des persönlichen Nutzens von Politikern und anderen Amtsträgern genutzt und verteilt (093/S. 59). Außerdem ist das politische System durch Klientelismus (persönliche Abhängigkeitsbeziehungen zwischen Politikern und Amtsträgern) und Patrimonialismus (Behandlung des Staates durch politische Amtsträger, als wäre er ihr Privateigentum) geprägt. Höchst selten mag sich folglich die öffentliche Hand dazu entschließen, Misswirtschaft und Korruption zu bekämpfen, geschweige denn sie nachhaltig zu beseitigen. ‹Normalerweise› wird eine ineffiziente, komplizierte, schwerfällige Bürokratie geduldet. Der Staat unternimmt auch viel zu wenig, um das politische System zu modernisieren, den Dschungel von Gesetzen und administrativen Vorschriften zu lichten. Mit einer derartigen Vielzahl von Unterlassungen schwächt und blockiert er sich im Übrigen andauernd selbst. Auf Transparenz wird nicht geachtet, schon eher im Gegenteil: Demokratische Kontrolle gilt den meisten Politikern nicht nur als nutzlos, sondern vor allem als unbequem und ihren eigenen (kurzsichtigen) Interessen als höchstwahrscheinlich abträglich.

Zusätzlichen Sand ins Getriebe bringt die weit verbreitete leidige Praxis, dass eine neue Regierung – auf Bundesebene ebenso wie weiter unten bis auf Gemeindeebene – die Verwaltung mit eigenen politischen Anhängern, Freunden und Verwandten besetzt (‹Amiguismo› und Vetternwirtschaft), ohne sich um deren fachliche Eignung zu kümmern. Damit wird die Kontinuität in der Führung öffentlicher Geschäfte aufs schwerste beeinträchtigt. Zudem lädt ein solches Engagement – von dem die betreffenden Beamten im Voraus wissen, dass es bestenfalls bis zum Ende ‹ihrer› Regierung dauern wird – fast unweigerlich zum Profitieren auf Kosten der Allgemeinheit ein. Volkswirtschaftlich besonders verheerend ist das, wenn beispielsweise die Sozial- und Altersfürsorge von den Herrschaften als Selbstbedienungsladen betrachtet wird, wie es etwa in Argentinien und Bolivien unter verschiedenen Regierungen geschah.

Ein krasses Indiz für systemische Schwäche – des Staates, aber auch des privaten Sektors – ist die Existenz einer Schattenwirtschaft von nachgerade alarmierenden Dimensionen. Das Heer der ‹informalen› Arbeitskräfte nimmt überall auf dem Subkontinent seit Jahrzehnten in absoluten wie auch in relativen Zahlen unaufhörlich zu. Hier ist die öffentliche Hand (von ganz seltenen Ausnahmen abgesehen) weder zum Einziehen von Steuern noch zum Leisten von Diensten irgendwelcher Art präsent. Selbst im großen Schwellenland Brasilien ist mittlerweile jeder zweite Arbeitnehmer in der ‹parallelen› Wirtschaft tätig, sei es als Angestellter oder als Selbständiger mit einem nicht registrierten Unternehmen (NZZ, 11.12.2004). Ähnlich dramatisch präsentiert sich das Problem der Schattenwirtschaft in den mittleren und nördlichen Andenstaaten sowie über weite Strecken in Mittelamerika. Und auch in den Ländern des Platabeckens, die bis etwa 1970 davor verschont geblieben waren, hat es seither erschreckende Formen angenommen.

Im Extremfall krankt der Staat nicht nur an Schwäche: Er existiert schlicht und einfach nicht mehr. Das trifft insbesondere auf Kolumbien zu, dessen öffentliche Verwaltung in manchen Landesteilen zusammengebrochen ist. Der Kollaps ist nicht bloß eine Folge der Umtriebe von linksradikalen Guerillagruppen, rechtsextremen Todesschwadronen und der Mafia von Rauschgifthändlern, die das Gewaltmonopol des Nationalstaates zusehends auflösen. Schwierige topographische Verhältnisse, übermäßig zentralisierte Strukturen und politische Querelen zwischen lokalen und nationalen Instanzen mögen ebenso dazu beigetragen haben, dass vielerorts ein Machtvakuum entstand. Ähnlich gravierende Anzeichen kann man wiederum in der Andenregion und in Mittelamerika erkennen. Nicht selten versucht die Zentralregierung in solchen Fällen, ihre Ohnmacht durch umso brutalere Interventionen von Polizei und Militär ‹wettzumachen›.

Im Verhältnis zwischen zentralen und peripheren Regierungsinstanzen sind beträchtliche Unterschiede festzustellen. In Brasilien, Mexiko und Kolumbien verfügen bestimmte regionale Zentren wie Minas Gerais, Monterrey oder Cali über mehr Autonomie als etwa entsprechende Verwaltungseinheiten in Argentinien, Chile oder Uruguay. Das Gewicht von Buenos Aires und Montevideo wird durch die Wichtigkeit des Hafens seit jeher verstärkt. In manchen Ländern ist die Zentralisierung durch populistische Herrschaften und Militärregime noch zusätzlich überbetont worden (049/S. 40–43).

In Brasilien haben sich zentralistische und dezentralisierende Tendenzen mehrmals abgelöst: Erstere dominierten mit Vargas und seinem Estado Novo und mit dem Staatsstreich von 1964, Letztere gewannen zu Beginn der Republik (also ab 1889), nach 1945 und dann wieder nach 1985 etwas mehr an Gewicht. In den sechziger Jahren entstanden große Entwicklungsorganismen im Nordosten und Amazonasgebiet (SUDENE und SUDAM). Paradoxerweise wurden diese Instanzen in wichtigen Entscheidungen, die auf Bundesebene fielen, aber oft übergangen. Der besonders starken Zentralisierung der Macht, wie sie in der ersten Phase der Militärregierung mittels der ‹Institutionellen Akte› verankert wurde, versuchte man später von oben herab mit der Schaffung eines – numerisch in der Tat ungewöhnlich schlanken – Entbürokratisierungsministeriums und dann, nach der Rückkehr zur zivilen Herrschaft, mit der im neuen Grundgesetz von 1988 angestrebten Dezentralisierung entgegenzuwirken.

Das Verhältnis des lateinamerikanischen Militärs zum Staat ist keineswegs einheitlich. Chiles Junta wollte ihn, den Richtlinien der ‹Chicago Boys› folgend, die für die Wirtschafts- und Finanzpolitik ihres Regimes verantwortlich zeichneten, schwächen (auf minimale Dimensionen reduzieren und den Bedürfnissen des Privatkapitals unterwerfen). Der linksnationalistischen Militärregierung Perus (1968–1975) schwebte hingegen eine Stärkung und Demokratisierung der öffentlichen Strukturen vor; sie scheiterte in dieser Mission aber an ihren eigenen Unzulänglichkeiten, vor allem an der Tendenz, solche Veränderungen von oben herab zu verfügen. Brasiliens Streitkräfte wiederum, anfänglich ganz auf der liberalen, dem Fremdkapital zugeneigten Linie eingespurt, schwenkten alsbald auf einen Kurs ab, der die Unternehmerrolle des Staates gar noch verstärkte.

Die wiederholten und vielfältigen Experimente, mit denen eine ‹Entwicklung nach innen› durch staatliche Aktion in Gang gesetzt werden sollte, sind letzten Endes weitgehend gescheitert. Löbliche Ausnahmen bilden hier Costa Rica, Chile, Brasilien (als einziges Land, das einen umfassenden, wenn auch nur teilweise autonomen Industrialisierungsprozess in Szene setzen konnte) sowie Kuba (mit Vorbehalten ganz anderer Natur). Im Übrigen ist der Subkontinent nach einer fast ein halbes Jahrhundert langen Phase, in der man den Staat mit verschiedenartigen Rezepten und Methoden zu konsolidieren versuchte, schließlich auf den früher beschrittenen Weg der ‹Entwicklung nach außen› zurückgekehrt. Wie unter kolonialer Herrschaft und wie im 19. Jahrhundert scheint sich Lateinamerika, durch die leidige Schuldenkrise geschunden und gedemütigt, erneut in die Rolle eines Lieferanten von Rohstoffen und billigen Arbeitskräften gefügt zu haben.

Lateinamerikas Staat leidet an struktureller Schwäche und schwankt häufig zwischen Dirigismus und Freihandel. Wichtige Impulse zur Industrialisierung und damit zur Weiterentwicklung der Ökonomie und Gesellschaft sind im mittleren Drittel des 20. Jahrhunderts von ihm ausgegangen. Das ist bei aller möglichen Kritik bemerkenswert. In seinem Kampf um ein Nachholen dieser Entwicklungsphase hat sich Lateinamerika – die Dritte Welt generell – aber mit einschneidenden Nachteilen und Komplikationen herumzuschlagen.

Zum einen sind die Kosten der Industrialisierung, wie Paul Bairoch in einem unentbehrlichen Werk über Entwicklungspolitik (008/S. 59–62, 67, 68–69, 74–75, 132) nachgewiesen hat, in den rund 150 Jahren zwischen dem Beginn dieses Prozesses in der Alten Welt und seinem Beginn in einigen unterentwickelten Ländern auf ein Vielfaches angewachsen. In England genügten Ende des 18. Jahrhunderts vier bis fünf Monatslöhne an Investitionen zur Schaffung eines Arbeitsplatzes beim Aufbau einer Textil- oder Metallbaufirma. In Frankreich war ein paar Jahre später schon etwa das Doppelte an Aufwand nötig – auf jeden Fall immer noch sehr wenig Geld, was den industriellen ‹Take-off› mächtig erleichterte. 1953 mussten in der US-Manufaktur bereits 29 Monatslöhne aufgewendet werden. In den ersten 30 bis 40 Jahren der industriellen Entwicklung wurden etwa 5 Prozent des BIP investiert, Mitte der 1960er Jahre selbst in Ländern mit schwachem Wachstum hingegen mindestens das Doppelte. Auch die Gewinnrate war am Anfang der industriellen Entwicklung viel größer als später, und gleichzeitig waren die Steuern und Staatsausgaben viel kleiner. Das Ausmaß der notwendigen Investitionen und die Höhe der Profite sind Faktoren, welche das ‹Abheben› der Industrialisierung entscheidend mitbestimmen. Fast alles konnte damals mit eigenen Mitteln finanziert werden.

Als Bairoch sein Buch schrieb (die erste Ausgabe ist 1963 erschienen), kostete ein Arbeitsplatz etwa 350 Monatslöhne, also etwa 40-mal mehr als in Frankreich um 1800. Das erklärt für sich schon hinreichend die notorische Kapitalknappheit in den Entwicklungsländern. Perón versuchte dieses Problem in Argentinien durch die Verstaatlichung wichtiger Teile des in der Landwirtschaft erzeugten Gewinns und durch dessen Kanalisierung in bestimmte Sektoren der Wirtschaft und Sozialpolitik zu lösen. Das ist allerdings nur teilweise und vorübergehend gelungen. Erschwert wurde die Kapitalisierung auch durch allzu großzügige Sozialgesetze im Argentinien jener Zeit.

Ein zweiter grundlegender Unterschied zwischen den Pionierzeiten der Industrialisierung in der Alten und der Neuen Welt besteht in der Tatsache, dass die Bevölkerungszunahme in den Entwicklungsländern, verglichen mit England und Frankreich um 1800 herum, bis vor kurzem vier- bis fünfmal größer war (2,2 gegenüber 0,5 Prozent laut Bairoch). Unter dieser Voraussetzung wäre eine Investitionsrate von 12,8 bis 16 Prozent nötig, um eine Wachstumsrate der Wirtschaft von nur schon 1 Prozent pro Kopf und Jahr zu erreichen (008/S. 165–166). Gewiss haben in den vier Jahrzehnten seit der Veröffentlichung von Bairochs Werk wiederum wichtige Veränderungen stattgefunden. Es ist heute vielleicht nicht mehr so nötig, wie es damals schien, dass ein Land der Dritten Welt alle Schritte der Industrialisierung nachvollzieht, um den Anschluss an die entwickelten Staaten bewerkstelligen zu können. Doch das ändert vermutlich nicht viel an der Tatsache, dass Wachstum, Entwicklung und Fortschritt die Nationen heute unvergleichlich viel teurer zu stehen kommen als früher und die realen Möglichkeiten der Entwicklungsländer in den meisten Fällen bei weitem übersteigen.

In der Krisenzeit nach 1929, als die alte Herrschaft in Lateinamerika bis in ihre Grundfesten erschüttert wurde und unter staatlicher Führung eine neue Entwicklungsetappe eingeleitet wurde, hatten mehrere Staaten – der Not gehorchend – begonnen, Konsumgüter, die bis dahin importiert worden waren, selbst herzustellen. Man nannte diesen Prozess, der die Wirtschaftsentwicklung des Erdteils während einiger Jahrzehnte entscheidend prägte und beschleunigte, ‹importsubstituierende Industrialisierung› (ISI). Die Grundlage dieser Politik bilden laut einer Definition von Cardoso (020/S. 241) erstens Zollbarrieren zum Schutz der neugeborenen lokalen Industrie, zweitens eine dynamisierende Intervention des Staats (durch die Kanalisierung von Ersparnissen und Investitionen), drittens die Bildung eines Binnenmarktes als Katalysator des Wachstums und viertens der Glaube an den Nationalismus als Ausdruck des nationalen Interesses. Heute, so Cardoso, seien die territorialen Grenzen verwischt, die Exporte von viel größerer Bedeutung als damals, der Staat sei überfordert, und die Bevölkerung fordere sozialen Ausgleich, nicht aber nationalistische Floskeln.

Dieses Entwicklungsmodell (die ISI) ermöglichte Lateinamerika im zweiten Drittel des 20. Jahrhunderts ein recht konstantes und konsistentes Wachstum. Es trug zumindest vorübergehend zu einer deutlichen Linderung des Arbeitsmangels und zur Entstehung eines je nach Land mehr oder weniger breiten Mittelstandes bei und milderte dadurch die soziale Polarisierung. Die finanzielle Abhängigkeit der Region war in dieser Phase im Vergleich zur Situation im nachfolgenden letzten Jahrhundertdrittel viel weniger erdrückend.

Die ISI-Politik ist in Brasilien konsequenter und nachhaltiger als in irgendeinem anderen Land Lateinamerikas verwirklicht worden. Nach frühen, schüchternen und punktuellen Ansätzen zu einer Industrialisierung im späten 19. Jahrhundert – die im Rahmen der damals vorherrschenden Freihandelspolitik kaum gedeihen konnten – nahm der Riesenstaat unter Vargas den Aufbau einer eigenen Schwerindustrie in Angriff und traute sich auch die lokale Produktion einer immer größeren Palette von Konsumgütern (vorerst zur Hauptsache Lebensmittel und Textilien) zu. Kubitschek vertiefte diese Entwicklung ab Mitte der Fünfziger mit der Errichtung von Fahrzeugfabriken unter der Regie von multinationalen Firmen. Nach dem linkspopulistischen Interregnum von Goulart wurde die Importsubstituierung von der nachfolgenden rechtsnationalistisch orientierten Militärregierung weiter forciert. Brasilien stellte nun auch immer mehr dauerhafte Konsumgüter wie Haushalts- und Elektronikgeräte selbst her, es verfügte bereits über eine leistungsfähige eigene Bauwirtschaft und wagte sich vermehrt an die Kapitalgüterproduktion (Herstellung von Maschinen und Fabrikinstallationen aller Art) sowie an eine autonomere Energiewirtschaftspolitik. Dazu gehörten der Bau großer Wasserkraftwerke (deren Umweltverträglichkeit freilich nicht über alle Zweifel erhaben ist), ein ehrgeizig konzipiertes, jedoch nur bruchstückweise verwirklichtes Nuklearprogramm, die entschiedene Förderung der eigenen Erdölproduktion durch die staatliche Petrobras und die Herstellung eines alternativen, aus Zuckerrohr gewonnenen Treibstoffs (Äthylalkohol), wodurch die Abhängigkeit von fremdem Erdöl zusätzlich vermindert wurde.

In allen Phasen gab es Anzeichen dafür, dass diese Nation über eigene Unternehmer – zumeist europäischer Abstammung – verfügt, die in der Lage sind, moderne Technologie ziemlich rasch zu assimilieren. Stets zeigte sich aber auch, dass diese gegen die Übermacht der Multinationalen auf die Dauer einen schweren Stand hatten. Nur die fähigsten und zähesten einheimischen Unternehmer konnten ihre Position als Großindustrielle halten. Nicht wenige, denen es gelungen war, blühende Betriebe aufzubauen, wurden im Konkurrenzkampf – in manchen Fällen mit unsauberen Wettkampfmethoden – aufgerieben. Andere blieben auf der Strecke, weil sie tatsächlich selber nicht genug Rigor aufbrachten, um in diesem Kampf auf Leben und Tod bestehen zu können. Oder weil sie das von ihren Vorfahren aufgebaute Unternehmen ohne langes Zögern verkauften, wenn ihnen (häufig von ausländischen Interessenten) ein attraktives Übernahmeangebot unterbreitet wurde.

Im Zuge der ISI bildeten sich verschiedentlich Allianzen zwischen Militärs, dem kleinen und mittleren Bürgertum und der erwachenden Arbeiterklasse (014/S. 11–13). Sie alle profitierten von den Wachstumsschüben jener Zeit und einer gewissen Umverteilung zugunsten der städtischen Bevölkerung. Ein Hauch von Antiimperialismus beflügelte in einigen Ländern Teile der Armee und der zivilen Gesellschaft. Von den fünfziger Jahren an wurden indes die Grenzen des Modells sichtbar. Das Fremdkapital eilte Lateinamerika zwar ‹zu Hilfe›, doch oftmals nutzte es die Gelegenheit, um den Subkontinent mit obsoleter Technologie abzuspeisen. Zudem nützten die Multis ihre Vormacht- oder Monopolstellung aus, um überhöhte Preise für ihre Produkte zu verlangen. Und ganz besonders waren sie an einer möglichst raschen und umfangreichen Rückführung der Gewinne in die Alte Welt oder nach Nordamerika interessiert. Für Lateinamerika nichts Neues: Schon im 19. Jahrhundert hatte das Fremdkapital die Förderung und den Export von natürlichen Ressourcen beherrscht und dabei – was nun in den Zeiten der Importsubstituierungspolitik teilweise korrigiert wurde – nichts zur Entstehung eines breit abgestützten Binnenmarktes beigetragen (S. 21–24). Positive Auswirkungen waren schon damals nur dort möglich gewesen, wo der Staat stark genug und auch gewillt war, einen Teil der Gewinne in Form von Steuern und Zöllen zurückzubehalten.

Je weiter die ISI voranschritt, umso mehr Schwierigkeiten und Engpässe tauchten auf. Zunehmende Abhängigkeit von importierten Halbfabrikaten, Grundstoffen und Kapitalgütern machte sich bemerkbar. Um das alles lokal herzustellen, waren (wie Bairoch gezeigt hat) immer höhere Investitionen nötig, mussten immer längere Anlaufzeiten in Kauf genommen und höhere technologische Kenntnisse vorausgesetzt werden. Zudem erhob sich die Frage, ob die lokalen Märkte groß und kaufkräftig genug wären, um die Dynamik des gesamten Systems zu gewährleisten. Darum traten Spannungen und Verzerrungen auf. Vor allem aber fehlte es an Geld. In dieser Phase (um 1960) nahmen, auch wegen der Verschlechterung der Terms of Trade und der Tendenz zur Überbewertung der eigenen Währungen, die Defizite in der Handels- und Leistungsbilanz der wichtigsten Länder zu, und gleichzeitig zog die Inflation infolge unkontrollierter Fehlbeträge in den Etats an.

Am meisten setzten diese Probleme der Regierung Frondizi in Argentinien zu. Derselbe Entwicklungspolitiker, der heftig protestiert hatte, als Perón einer Tochterfirma der Standard Oil of California in der Endphase seiner ersten Regierung eine Konzession erteilte, öffnete dem Fremdkapital, selber an die Macht gekommen und der wachsenden Schwierigkeiten gewahr, Tür und Tor. Als Präsident beschritt Arturo Frondizi ganz einfach den Weg des geringsten Widerstandes, er wischte – wie die Einheimischen sagen – mit dem Ellbogen weg, was er zuvor als Oppositioneller und dann als Kandidat bei den Präsidentschaftswahlen gepredigt und eigenhändig geschrieben hatte: authentische nationale Entwicklung. Gerade bei der Erdölförderung, aber auch in der Automobilindustrie und anderen Wirtschaftszweigen ließ er sich zu sehr weit gehenden Konzessionen gegenüber dem Fremdkapital bewegen. Frondizi reizte damit die Gewerkschaften wie auch nationalistische Gruppen des Militärs geradezu zum Widerstand, bis er schließlich 1962 gestürzt wurde.

Die Gegner und Kritiker der ISI schlachteten (und sie tun es auch heute noch) deren Probleme und Widersprüche erbarmungslos aus. Dass diese Art von Entwicklungspolitik in Lateinamerika enorme Hoffnungen geweckt hat, ihr eigentliches Ziel – weit verbreiteten Wohlstand zu schaffen – auf Dauer aber nicht erreichen konnte, ist unbestreitbar. Sie beruhte auf einem Protektionismus, der allzu lange beibehalten wurde und deswegen zu einer ‹Treibhausindustrialisierung› führte. Sie hemmte die Ausfuhren; man gab sich im Prinzip damit zufrieden, die Binnenmärkte auszubauen. Das erklärt denn auch, warum manche Staaten Probleme mit ihren Handelsbilanzen bekamen. Gleichzeitig verhinderten die relativ kleinen

Dimensionen der Binnenmärkte (vor allem eine Folge der schon dazumal relativ einseitigen Verteilung von Einkommen und Vermögen) die Nutzung von Vorteilen der Massenproduktion. Viele Firmen, die teure Produkte auf den Markt brachten, kamen in den Genuss von Schutzzöllen und Subventionen. Häufig rangen Verbände und Gewerkschaften um eine Beeinflussung des Staates in ihrem eigenen (korporativen) Interesse. Nicht selten wurde offen um Privilegien oder Sonderregelungen gekämpft. So verlor man das Ziel des allgemeinen Fortschritts – wo es jemals klar formuliert worden war – aus den Augen. Korrupte Bürokraten gewannen allenthalben die Oberhand. Anstatt auf Kompromiss setzte man auf Konfrontation zwischen Kapital und Arbeit. In engem Zusammenhang damit wirkte sich ebenfalls negativ aus, dass nicht die Befriedigung der Konsumbedürfnisse der Volksmehrheit, sondern die der Oberschicht und des oberen Mittelstandes im Vordergrund stand. An diesen strukturellen Mängeln der ISI vermochten auch die verschiedenen Versuche zu einer wirtschaftlichen Integration des Subkontinents nicht viel zu ändern.

Unübersehbar ist jedenfalls, dass der Staat seine Intervention infolge der vorherrschenden Konzeptlosigkeit hinsichtlich der Importsubstitution in mehreren Ländern viel zu weit getrieben hat. Nach Angaben von Cardoso kontrollierte er zu einem gewissen Zeitpunkt 56 der 100 größten Unternehmen Brasiliens (020/S. 64–65). In Mexiko soll die Zahl von Staatsfirmen auf dem (quantitativen) Höhepunkt der ‹Entwicklung nach innen› etwa 1150 erreicht haben.

Die positiven Aspekte der ISI sollten indes nicht übersehen werden. Sie hat zwischen 1950 und 1975 in Lateinamerika insgesamt einen Wachstumsrhythmus von durchschnittlich rund 5,5 Prozent im Jahr ermöglicht. Das Pro-Kopf-Einkommen wurde in diesem Vierteljahrhundert fast verdoppelt (108/S. 26–31). Das ist eine Tatsache, die für die Völker der Region von entscheidender Bedeutung war, die durch amtliche Statistiken ebenso untermauert wird wie durch das Urteil zahlloser Latinos der älteren Generation, die zwischen früher und heute vergleichen können. Millionen Menschen, die ihren Job später verloren und nie mehr einen anderen fanden, hatten damals Arbeit. Sie konnten sich selbst und ihre Familien ernähren. Sie konnten noch an eine bessere Zukunft für sich und ihre Nachkommen glauben. In der nachfolgenden, von neoliberaler

Politik gezeichneten Phase machte sich hingegen weithin Hoffnungslosigkeit breit.

Dank seinen Bemühungen um eine kontinuierliche Industrialisierung produziert Brasilien praktisch alles selbst, was es zum Leben und Überleben braucht. Einschränken muss man an dieser Stelle gewiss, dass es nach wie vor über weite Strecken vom Fremdkapital beherrscht wird und von dessen Technologien abhängt. Den Liberalisierungstendenzen unter Präsident Cardoso zum Trotz existiert mit der Nationalen Entwicklungsbank (BNDES) aber immer noch eine Instanz, die mit ihren Krediten versucht, nationale Unternehmer zu unterstützen (was nach Ansicht der Anhänger des Freihandels eigentlich unnötig ist). Die Halbleiter- und Computerindustrie, die man ab Mitte der Siebziger aus eigenen Kräften aufzubauen versuchte, wird von liberaler Seite immer mitleidig belächelt und als Misserfolg abgetan. Es ist aber unbestreitbar, dass die einheimischen Wissenschaftler, Ingenieure, Techniker und Unternehmer, die sich auf dieses Abenteuer eingelassen haben, einen Lernprozess durchmachten, der für das Land wertvoll und wichtig war.

Die Anhänger des Neoliberalismus versuchen immer wieder, den Staat als Bremsklotz im Entwicklungsprozess zu diskreditieren. Lateinamerika sollte sich durch ihre Argumente nicht verunsichern lassen. Ein Blick nach Ost- und Südostasien sollte genügen, um uns eines anderen zu belehren. Kein Geringerer als Joseph Stiglitz, einst Wirtschaftsberater der Regierung Clinton und danach hoher Funktionär der Weltbank, der mit dem Nobelpreis für Ökonomie ausgezeichnet wurde, verweist in einer Studie über die Globalisierung (109/S. 71) darauf, dass die vom Staat gegründeten und geleiteten Stahlwerke in Südkorea und Taiwan die effizientesten der Welt seien. (Ähnliches könnte hinsichtlich verschiedener Airlines jener Region gelten.) Das Problem ist in Lateinamerika weniger der Staat per se als vielmehr der Umstand, dass ihn lokale ‹Eliten› seit jeher in den Dienst ihrer eigenen Interessen stellen. Staatliche Firmen werden in Südostasien genauso wie die privaten durch ausländische Konkurrenten gefordert und haben ihre Leistungsfähigkeit in vielen Fällen unter Beweis gestellt. Auch in Europa, Nordamerika, Japan, Australien und Neuseeland hat sich der Staat als Unternehmer oder Verwalter verschiedentlich bewährt – in bestimmten Fällen sogar besser als die Privaten. Das Beispiel asiatischer Nationen zeigt zudem, dass nicht der Protektionismus an sich in eine Sackgasse führt, sondern die Art und Weise, wie er zur Anwendung gebracht wird (vgl. dazu 118/S. 58), für welche selektiven Kriterien der Entwicklungsförderung man sich entscheidet, wie das Timing beim progressiven Abbau des Zollschutzes gehandhabt und wie die protektionistische Politik mit gezielter Exportförderung kombiniert wird.

Zentrum und Peripherie

Das (langfristige) Scheitern der Industrialisierung durch Substituierung der Importe hat in Lateinamerika einigen Politikern und Intellektuellen der Linken zu denken gegeben. Diese Besinnung kam vor allem in der ‹Dependenztheorie› zum Ausdruck. Ursprünglich geht sie auf die Überlegungen von Raúl Prebisch und der anfänglich von ihm geleiteten CEPAL zurück. In ihr schlugen sich unter dem Eindruck der kubanischen Revolution aber auch marxistische Einflüsse nieder, während Leute wie Cardoso auf einer gemäßigten, ‹unorthodoxen› Linie blieben. Generell verstand man die Fehlentwicklungen der ISI (die Unterentwicklung Lateinamerikas überhaupt) als Ergebnis von strukturell ungleichen Handels- und Kapitalbeziehungen. Während die Wirtschaftsräume des ‹Zentrums› (der Industriestaaten) durch kapitalintensive Produktionstechniken, qualifizierte Arbeitskräfte und vertraglich gesicherte, vergleichsweise hohe Löhne gekennzeichnet sind, dominieren an der ‹Peripherie› (in den unterentwickelten Ländern) arbeitsintensive Produktionstechniken, Formen unfreier Arbeit und ungeschützte Arbeitsverhältnisse sowie niedrige Löhne (113/S. 41).

Nach Ansicht des Bolivianers Mansilla gebührt der Dependenztheorie das Verdienst, «den Zusammenhang zwischen Unterentwicklung, Außenhandel und Asymmetrie in den internationalen Beziehungen untersucht und dargelegt zu haben» (074/S. 92). Die Vertreter dieser Schule begreifen die erfolgreiche Entwicklung des Zentrums einerseits und die chronische Unterentwicklung der Peripherie andererseits als miteinander verknüpfte Phänomene. Der kapitalistische Weltmarkt und seine internationale Arbeitsteilung werden von ihnen als entscheidende Problemfaktoren betrachtet (052/S. 49). Zum Vorwurf wurde ihnen jedoch gemacht, dass sie sich einseitig auf wirtschaftliche Aspekte konzentrierten und die Nachteile des Fremdkapitals, dem sie generell entwicklungshemmende statt -fördernde Wirkung zuschreiben, aus ideologischen Gründen über Gebühr herausgestrichen hätten. Bernecker (063c/S. 64) und diverse andere Autoren bemängeln zudem, dass die Jünger der Dependenz-Schule den obsoleten institutionellen Strukturen (gemeint ist die Beherrschung des Staates durch Interessengruppen, die an Modernisierung kaum interessiert sind) zu wenig Bedeutung beimessen.

Ein gewisser Hang zum Dogmatismus ist bei den ‹Orthodoxen› auch dieser Denkrichtung in der Tat nicht zu übersehen. André Gunder Frank, einer ihrer namhaftesten Vertreter, schloss in seinem damals heftig diskutierten Werk über ‹Kapitalismus und Unterentwicklung in Lateinamerika› glattweg jede Möglichkeit einer privatwirtschaftlichen Entwicklung in der Region aus (039/S. 24–29). Sein Modell zum Verständnis der Realität wirkt mechanistisch und deterministisch. Er übersieht zwar nicht, dass es auch in den so genannten hoch entwickelten Ländern ‹Taschen› von Unterentwicklung gibt. Die Möglichkeit einer Entwicklung scheint es für ihn in peripheren Gebieten hingegen a priori nicht zu geben – nur eine «Entwicklung der Unterentwicklung».

Für den rasanten Wandel in Ländern wie Südkorea, Taiwan oder Singapur (den man Anfang der Sechziger gewiss noch nicht absehen konnte) scheint es von dieser Warte aus keine einleuchtende Erklärung zu geben. Aus Sicht der Dependenz-Theoretiker hätte der in Ostasien eingeschlagene Entwicklungsweg direkt in die Katastrophe führen müssen, zumal man in diesen Ländern – trotz ungleicher Tauschbedingungen und trotz des Protektionismus in den führenden Ländern des Westens – eine weltmarktorientierte Industrialisierungsstrategie verfolgt hat. Bald wurde aber auch klar, dass die geglückte Industrialisierung dort nicht nur auf die ‹unsichtbare Hand› des Marktes zurückzuführen ist, wie die Neoliberalen vorgeben, sondern von staatlicher Hand detailliert geplant, gelenkt und kontrolliert wurde (052/S. 56–57). Der Staat und seine Repräsentanten traten in den ‹Tigerstaaten› nicht (oder nicht nur) als Marionetten ausländischer Konzerninteressen und Brückenköpfe westlicher Kapitalgruppen auf, sondern sie griffen aktiv und erfolgreich ins Geschehen ein. Der Staat konnte dort lernen und sich damit selbst in die Lage versetzen, die Umtriebe des transnationalen Kapitals in Übereinstimmung mit langfristig definierten lokalen Interessen zu steuern und in die nationalen Entwicklungspläne einzubeziehen, also gewissermaßen die Abhängigkeit vom fremden Kapital zu ‹verwalten› (Stichwort ‹Dependenzmanagement›).

Für Frank hingegen kann Entwicklung in peripheren Regionen nur unter radikal sozialistischen Bedingungen möglich sein. Wenn sich die Satellitenstaaten nicht von den kapitalistischen Strukturen befreiten oder aber das kapitalistische System weltweit vernichteten, so die Logik der orthodoxen Dependenztheorie, seien sie allesamt zur Unterentwicklung geradezu verdammt. Das Prinzip von Metropole und Satellit wird von ihm bis ins entfernteste Hinterland, die abgelegenste Hacienda und den letzten Lieferanten schematisch und rigide durchexerziert. Andererseits gibt Frank aber (039/S. 111) Schätzungen wieder, wonach im 20. Jahrhundert (bis 1964) rund 9 Milliarden Dollar des in Chile erzeugten wirtschaftlichen ‹Surplus› (Mehrwerts) von der «kapitalistischen Weltmetropole» (d. h. hier vor allem von den ausländischen Bergbaukonzernen) ‹enteignet› wurden. Das entsprach dem gesamten damaligen Kapitalstock des Landes. Hätte dieser für laufende Investitionen und Reinvestitionen in der chilenischen Wirtschaft zur Verfügung gestanden, wären Einkommen und Wohlstand des chilenischen Bevölkerung laut Franks Einschätzung zum genannten Zeitpunkt doppelt so groß gewesen – Fakten und Zahlen, die wiederum auch den Kritikern der Dependenztheorie zu denken geben sollten.

‹Bekehrung› zum Neoliberalismus

Im Jahr 1973 also, einem ehernen Datum der Geschichte Lateinamerikas, machten die Militärs zuerst in Chile, etwas später dann auch in anderen Ländern des Subkontinents Schluss mit der ISI. Die private Wirtschaft folgte dem brüsken Richtungswechsel zu einem guten Teil bereitwillig, die zivilpolitische Gesellschaft tat sich in den meisten Ländern hingegen wesentlich schwerer mit dem Umschwung.

Die Schlachtrufe des ‹Neoliberalismus›, wie die neue Strömung bald einmal getauft wurde, ertönte vor allem aus jenen beiden Staaten, die seit dem Rückzug der Iberer in Lateinamerika als Hauptakteure des Neokolonialismus aufgetreten waren: Großbritannien und USA. Deregulierung, Privatisierung und ‹mehr Markt›, Senkung der ‹zu hohen› Sozialstaatskosten und ‹schlanker Staat› – so lauteten die Parolen, die in Washington, Chicago und London ausgegeben wurden, alles zum Zweck der Wahrung oder Wiedergewinnung der ‹internationalen Wettbewerbsfähigkeit› und mit dem fernen Ziel, über steigende Unternehmensgewinne und Wirtschaftswachstum letztlich ‹neue Arbeitsplätze› zu schaffen. Mehr Gewicht als irgendetwas anderes hat dabei der Shareholdervalue, das heißt der Gewinn, der zum Schluss für die Aktionäre herausschaut. Befriedigt dieser nicht, so sind ‹Downsizing› (Gesundschrumpfung), ‹Rationalisierung› und Kostensenkung angesagt (123/S. 378–381), und das vor allem auf dem Buckel der lohnabhängigen Belegschaft. Die führenden Machtgruppen drängen in diesem Prozess rücksichtslos auf Steuersenkungen zu ihren eigenen Gunsten, wo immer sie tätig sind, und sie erpressen nicht selten den Staat mit der Drohung, ihre Produktionsstätten und Steuerdomizile dorthin im In- oder Ausland zu verlegen, wo ihnen möglichst viele Vorteile angeboten werden. Ihre betriebswirtschaftlichen Interessen müssen dabei überhaupt nicht mehr an die volkswirtschaftlichen Interessen der Bürger irgendeines der betroffenen Staaten gebunden sein. Was gut für General Motors ist, braucht nicht einmal mehr gut für Amerika zu sein, sondern nur noch für die (Haupt-)Aktionäre. Mancherorts fliegt der Bumerang jetzt allerdings in die Geburtsstätten des Neoliberalismus zurück. Sinkende Steuereinnahmen reißen dort zusehends größere Löcher in die staatliche Haushaltsrechnung, die Arbeitslosigkeit wird zum Dauerbrenner, die Kosten der Sozialpolitik sind demzufolge selbst in reichen Industrieländern nur noch mit einer explosiven Zunahme der Staatsschulden zu finanzieren.

In Lateinamerika wurden mit dem Segen der Neoliberalen vorerst einmal Konsumgüter zuhauf importiert und im gnadenlosen Konkurrenzkampf ganze lokale Industriezweige aufgerieben. Die einheimischen Unternehmer lernten rasch, dass man im Rahmen dieses wirtschaftspolitischen Regimes mit Finanzspekulation mehr Geld verdienen kann als mit produktivem Aufwand. Eine Umverteilung des volkswirtschaftlichen Reichtums fand im ganzen Erdteil tatsächlich statt, nur eben in der falschen Richtung. Die Reichen und Superreichen wurden noch viel reicher, der Mittelstand löste sich in eine kleinere Fraktion, die rechtzeitig ‹auf den Zug springen› konnte, und eine Mehrheit auf, die immer mehr Haare lassen musste. Mittlerweile dürfte das Heer der ‹neuen Armen› in der Region schon größer sein als die Masse von Menschen, die schon immer arm oder bettelarm war.

Die vorderhand monolithisch geeinten Streit- und Sicherheitskräfte Chiles und die hinter ihnen stehenden Architekten der neuen Wirtschafts- und Finanzpolitik brachen das Eis. In den ersten zwei Jahren ihrer Herrschaft versuchten sie es mit einer sukzessiven Liberalisierung (allmählichem Abbau der Zölle und gewissen Preiskontrollen, Öffnung des Kapitalmarktes und des Binnenmarktes gegenüber dem Fremdkapital), ab 1975 stellten sie auf Rat von Milton Friedman, dem Begründer des Monetarismus, auf Schockpolitik mit radikaler Deregulierung und Privatisierung um. Von den nahezu 500 Betrieben, die beim gewaltsamen Ende der Volksfrontregierung unter staatlicher Kontrolle standen, blieben 1978 nur noch ein paar wenige in öffentlichen Händen. Allerdings gab Chiles Militär – gegen den Willen der neoliberalen Technokraten – die staatliche Codelco nicht zu einer Privatisierung frei. Diese kontrollierte Ende des 20. Jahrhunderts immer noch etwa die Hälfte der nationalen Bergbauproduktion (015 a/S. 9–10).

In den ersten neun Jahren der Diktatur waren etwa 250 frühere Staatsfirmen durch Versteigerung in den Besitz von fünf Unternehmergruppen übergegangen, was eine enorme Ballung ökonomischer Macht bedeutete. Auf diesem Weg konnte Chiles Wirtschaft vorübergehend angekurbelt werden und die Inflation von mehreren hundert Prozent im Moment des Putsches nach und nach bis auf jährlich 10 Prozent gedrosselt werden. Allerdings war das insofern ein trügerischer Erfolg, als er dank zunehmender und zum Schluss (Anfang 1982) krasser Überbewertung des Escudo bzw. dessen Nachfolgewährung (des Peso) zustande kam. Der Monetarismus nach den Empfehlungen Friedmans führte den Andenstaat geradewegs in die Katastrophe mit Massenpleite und einem menschlichen Drama von bisher nie gesehenen Dimensionen. Die Arbeitslosenrate schnellte auf über 30 Prozent hoch. Rund 600 000 Personen (von etwa vier Millionen Personen im erwerbsfähigen Alter) erhielten im Rahmen von staatlichen Beschäftigungsprogrammen (PEM, POJH) einen weit unter dem Mindestlohn liegenden ‹Unterstützungsbeitrag›, der gerade für die Bezahlung von Wasser (privatisiertem Trinkwasser) und Brot reichte. Weitere 600 000 erhielten überhaupt nichts. Sie waren jahrelang erst recht auf Solidarität und Almosen angewiesen, denn eine Arbeitslosenversicherung gab es nicht.

Nur dank geschickten politischen Taktierens von Innenminister Sergio Onofre Jarpa, einem mit allen Wassern gewaschenen Konservativen, den General Pinochet in höchster Not ins Kabinett berufen hatte, gelang es, das Regime inmitten endlosen Volksprotestes zu retten. Sogar Präsident Reagan drängte den Diktator jetzt zu einer politischen Liberalisierung. Der von schweizerischen Immigranten abstammende Minister Hernán Büchi, der das Kommando der Wirtschaftspolitik nach längerem Hin und Her unter seinen Amtsvorgängern 1984 übernahm, leitete eine deutliche Kursänderung ein. Nachdem die (letztlich weitgehend illusorischen) Profite im Zuge des ‹nationalen Wiederaufbaus› zum größten Teil privatisiert worden waren, mussten jetzt erst einmal die Trümmer des Kollapses weggeräumt werden – mit einer skandalös anmutenden Verstaatlichung der Verluste in Höhe von mehreren Milliarden US-Dollar. Gleichzeitig setzte Büchi den Übergang von einem radikalen zu einem pragmatischen Monetarismus durch und korrigierte dabei in erster Linie die Fehler in der Wechselkurspolitik. Eine kräftige Abwertung ermöglichte es, die Exportwirtschaft anzukurbeln und dank parallelen, recht zügigen Verhandlungen mit den Gläubigern auch den Schuldendienst wieder aufzunehmen.

Chiles wirtschaftliche Erholung in der zweiten Hälfte der Achtziger war indes mit gewaltigen Kosten verbunden. Die privaten Gruppen, die nach der Bankrottwelle von der Junta erneut Grünlicht erhalten hatten und nunmehr auch bessere makroökonomische Bedingungen vorfanden, setzten alles daran, um diese zu nutzen. Resolut und rücksichtslos machten sie sich an die Plünderung der wichtigsten Naturreichtümer ihres Landes. Die Wälder im Süden wurden zu Tausenden Quadratkilometern abgeholzt und durch Pflanzungen mit schnell wachsenden Bäumen ersetzt, die Bestände zahlreicher Arten von Fischen und Meeresfrüchten im Pazifik entlang der 4000 Kilometer langen Küste leer gefischt, der Abbau von Mineralien im nördlichen Landesteil ohne Rücksicht auf die Umwelt (vor allem Luft und Wasser) forciert. Ökologisch zum Teil besser zu verantworten ist die rapide Steigerung der Produktion im Obst- und Weinbau, beide ebenfalls stark auf den Export ausgerichtet. Praktisch überall wurden die Arbeitskräfte in diesem Sektor jedoch nur teilzeitlich und unter prekären sozialen Verhältnissen angestellt.

Einschränkend zur – rein technisch gesehen – erfolgreichen Mission Büchis muss man sich vor Augen halten, dass die sozialpolitischen Leistungen des Staates in dieser Phase ohne Pardon beschnitten wurden. Den Grundstein zur chilenischen Sozialversicherung hatte in den 1920er Jahren der damalige Präsident Arturo Alessandri gelegt. Dieses Netz wurde in der Folge Schritt für Schritt erweitert und dichter gezogen. Die Bürokratie funktionierte hier relativ befriedigend, die sozialen Grunddaten (Kindersterblichkeit, Alphabetisierung, Lebenserwartung) konnten sich im lateinamerikanischen Kontext sehen lassen. Das änderte sich ab 1973 unter der Maxime des ‹minimalen Staats› schlagartig. Die öffentliche Hand sollte sich in der Sozialpolitik höchstens noch um Gruppen kümmern, die ihre Grundbedürfnisse wirklich nicht befriedigen konnten. Die Sozialausgaben sanken folglich von 21,7 Prozent (1970) auf 17 (1980) und dann noch tiefer auf 14 Prozent (1990, nach fast 17-jähriger Herrschaft Pinochets – 108/S. 198–208). Die Programme zur Bekämpfung der ‹extremen Armut› (d.h. des Elends) wurden auf die Gemeindebehörden abgeschoben, welche die ‹Begünstigten› mit einem monatlichen Betrag abservierten, der etwa einem Drittel der gesetzlich vorgeschriebenen, aber auch sehr mageren Minimalrente entsprach.

Schon vor dem Zusammenbruch von 1982/83 hatte die Militärdiktatur die zentralen Teile ihres ‹sozialpolitischen Modernisierungsprogramms› in Angriff genommen: die Privatisierung der Alters- und Krankenversicherung, das Diktat neuer Arbeitsgesetze, die unübersehbar auf eine Zerschlagung der Gewerkschaften abzielten, und Maßnahmen, die auf eine zunehmende Privatisierung der öffentlichen Erziehung hinausliefen. 1973 hatte Chiles Rentensystem über 75 Prozent der Arbeitskräfte erfasst, etwa 90 Prozent der Bevölkerung waren der staatlichen Krankenversicherung angeschlossen. Beide Systeme waren jedoch finanziell stark angeschlagen und ohne progressive Verschuldung der öffentlichen Hand kaum mehr zu retten. Die Reform von 1981 substituierte bei der Altersvorsorge das Solidaritätsprinzip (auch Generationenvertrag genannt) durch dasjenige individueller Leistung, wobei jeder Versicherte sein eigenes Konto eröffnet. Die Verwaltung wurde privaten Firmen (AFP) übertragen, das ganze System allerdings einer recht strengen Aufsicht unterstellt. Die spätere Rente hängt von der Höhe der monatlichen Beiträge, Dauer der Mitgliedschaft im System und Höhe der Rentabilität der jeweiligen AFP über die Jahre der Mitgliedschaft ab. Die Rentenzahlung erfolgt in UF (einer indexierten Rechnungseinheit) und ist damit gegen die Inflation abgesichert.

Die Versicherten können jederzeit ohne nennenswerte Verluste von einer AFP in eine andere wechseln. Der Staat reguliert das System nur noch, erbringt allerdings auch bestimmte Zusatz-, Übergangs- und Ausnahmeleistungen.

Das neue Netz erreichte 1996 einen Deckungsgrad von etwa 60 Prozent (S. 213–221). Das stetige Wachstum der von den AFP verwalteten Mittel hat dem einheimischen Kapitalmarkt auf der einen Seite starke Impulse verliehen. Auf der anderen Seite scheint das System, das diese Mittel zur Hauptsache an der einheimischen Börse anlegt, im Falle einer lokal oder international ausgelösten Krise stärker für Wertschwankungen anfällig zu sein als die frühere Altersversicherung. Die Solidarität zwischen den Generationen als gesellschaftliches Bindemittel wird auf diese Weise völlig aufgelöst. Auf diesem Weg liegen nach Ansicht von Sachverständigen diverse soziale und politische Zeitbomben vergraben (004/S. 563–564). Besser wäre wohl auch für Lateinamerika ein Mischsystem, in dem sozialstaatliche Leistungen und privates Ansparen individuell kombiniert werden.

Gravierende Einwände sind gegen die private Krankenversicherung (Isapre) vorzubringen. Das neue System hat die Eigenschaft, dass es ‹schlechte Risiken› (zum Beispiel chronisch Kranke) gar nicht aufnimmt oder bereits Versicherte aufgrund schwerer Krankheiten in vielen Fällen sogar ausstößt. 1990 gehörten nur 18 Prozent der Bevölkerung einer Isapre-Versicherung (108/S. 224–225) an, zehn Jahre danach möglicherweise etwas mehr, aber immer noch eine klare Minderheit. Die meisten Chilenen – laut einer von der World Society Foundation finanzierten Studie waren es 1997 immer noch volle 65 Prozent (089/S. 261) – müssen daher mit der staatlichen Krankenkasse (FONASA) vorlieb nehmen, deren Mittel nach den endlosen Sanierungs- und Sparprogrammen arg reduziert sind und die zudem dazu verurteilt ist, die von den AFP verschmähten und verweigerten ‹schlechten Risiken› aufzufangen. Es ist kaum übertrieben, wenn man Chiles ‹modernisierte› Gesundheitsfürsorge als einen Fall von sozialer Apartheid bezeichnet.

Ähnliches muss zum vorherrschenden Trend im Schulwesen auf allen Niveaus gesagt werden. Die ‹Monetarisierung› – das verheerende Übergewicht, das rein finanzielle Kriterien heute in allen Bereichen der chilenischen Gesellschaft haben – reißt die sozialen Klassen immer weiter auseinander. Die Junta hat den Unterhalt der

Volksschule kurzerhand auf die Gemeinde- und Stadtverwaltungen abgeschoben, ohne sich um deren Engpässe im Budget zu kümmern. Es ging ihr dabei offensichtlich weniger um das Wohl der chilenischen Jugend als vielmehr um eine Entmachtung der Bürokratie im Erziehungsministerium und der Lehrergewerkschaft. Das Resultat ist nach den Worten von Sergio Bitar, einem Unternehmer und nachmaligen Senator der gemäßigten Linken, immer dasselbe: Modernität für die reiche Minderheit (124d/S. 212). Die Mehrheit bleibt in unzähligen Fällen vom Fortschritt ausgeschlossen, weil ihr schlicht und einfach die finanziellen Möglichkeiten dazu fehlen.

Pinochets Regime hat – in der zweiten Phase nach der Bankrottwelle nachhaltiger als in der ersten unter Führung der orthodoxen Monetaristen – die Grundlagen für eine Wachstumsphase geschaffen, die Chile in der Folge als Musterschüler des Neoliberalismus erscheinen ließ. Trotzdem hat das Volk den Diktator beim entscheidenden Plebiszit im Jahre 1988 abgewählt. Am ehesten erklärt diesen Urteilsspruch der Mehrheit vermutlich die Tatsache, dass die Früchte der wirtschaftlichen Entwicklung auch in diesem Land viel zu ungerecht verteilt wurden. 1970, am Ende der Regierung von Eduardo Frei Montalva, hatten 17 Prozent der Bevölkerung unter der Armutsgrenze gelebt. 1987 erreichte dieser Anteil – bei vergleichbaren Datenerhebungskriterien – sein historisches Maximum mit 39 Prozent (S. 210–212). Nach der Rückkehr zu halbwegs demokratischen Verhältnissen im März 1990, als die von den Christdemokraten und Sozialisten angeführte Allianz der ‹Concertación Democrática› die Führung der Regierungsgeschäfte übernahm, konnten Armut, Elend und Arbeitslosigkeit reduziert werden, doch die soziale Polarisierung nahm, wenn auch etwas weniger rasch, weiter zu.

1990–1998 wuchs die chilenische Wirtschaft im Mittel um 6,7 Prozent (104/S. 135–136), was manche Beobachter etwas voreilig veranlasste, Chile mit den südostasiatischen ‹Tigerstaaten› zu vergleichen. Von den (tatsächlichen und vermeintlichen) Erfolgen des Neoliberalismus in Chile beeindruckt, machten sich demokratische Regierungen in Mexiko, Bolivien, Argentinien, Peru, Kolumbien und einige Jahre später auch in Brasilien daran, das Beispiel nachzuahmen. In diesen und in einigen kleineren Staaten der Region wurden dabei klare Fortschritte in Richtung auf eine Stabilisierung der Wirtschaft erzielt und gleichzeitig deren Öffnung (diese allerdings in diversen Varianten und unterschiedlichem Rhythmus) gegenüber dem Ausland vorangetrieben. Da und dort schien man sich gar wieder einmal berechtigt zu fühlen, von ‹Wirtschaftswundern› zu reden. Plötzlich war der Subkontinent – schon wenige Jahre nach der dramatischen Schuldenkrise von 1982 und deren Nachwehen (1989/90) – das Hätschelkind des internationalen Kapitals. Doch solche Booms sind in Lateinamerika fast immer mit zwiespältigen, letztlich enttäuschenden Erfahrungen verbunden. So auch diesmal: Ende 1994 klappte Mexiko zum zweiten Mal zusammen, erholte sich dank seiner Zugehörigkeit zur NAFTA, der Freihandelszone mit den USA und Kanada, und dank der erwähnten Zugeständnisse an die Gläubiger aber innerhalb von etwa 18 Monaten von diesem Schlag. Bald danach erlitt Brasilien mit seiner ebenfalls deutlich überbewerteten Währung, dem Real, einen Kollaps. Und weitere drei Jahre später krachte Argentinien zusammen.

Es stimmt zwar, dass der Kampf gegen die früher chronische Inflation in Lateinamerika mit neoliberaler Wirtschaftspolitik eingedämmt werden konnte. Man darf dabei aber nicht übersehen, dass ihren Verfechtern auch eine zeitweise Entpolitisierung und Unterdrückung linksgerichteter Kräfte unter den Diktaturen ebenso wie die Rolle der Medien, vor allem des Fernsehens, und der wirtschaftliche Boom (auf Pump) behilflich waren. Hinter diesem stand letztlich die Absicht, Politik durch Konsum zu ersetzen und damit die Gesellschaft zu ‹individualisieren›. Jeder und jede sollte künftig nur noch an sich selbst denken, anstatt sich durch die Ideale der Solidarität leiten zu lassen. Boris hat sicher Recht, wenn er den Erfolg dieser Strategie relativiert: Langfristig kontraproduktiv und entmutigend wirken die hohe Arbeitslosigkeit, die Entrechtung der Gewerkschaften (zugunsten einer umso zügelloseren Herrschaft des Kapitals), die Kürzung der Reallöhne, zunehmende soziale Unsicherheit, Zerstörung zahlloser Industriebetriebe (eine Demolierung, die nur teilweise durch die Gründung neuer Firmen kompensiert wird), die Zunahme des ‹informellen Sektors› und der sozialen Polarisierung (014/S. 97–102). Die Privatisierung von staatlichen Unternehmen, eines der Kernstücke des Neoliberalismus, wirkt sich nach den Erfahrungen in Lateinamerika eindeutig negativ auf die Beschäftigung und die gesellschaftliche Balance aus. Zwar wird die Rentabilität der privatisierten Betriebe in der Regel verbessert, jedoch – wie gerade das Beispiel Chiles zeigt – zu hohen sozialen und ökologischen Kosten und damit zu Lasten der langfristigen ökonomischen Effizienz. Wichtige Teile der Gesellschaft und Wirtschaft werden dabei aus der formellen Ökonomie ausgeschlossen.

Der Weltmarkt als einziger Bezugspunkt?

Nach rund vier Jahrzehnten ISI-Politik mit verstärkter staatlicher Regulierung und ausgeprägtem Protektionismus (von dem auch das Fremdkapital profitieren konnte), aber auch mit konstantem Wachstum und vergleichsweise befriedigender Beschäftigungslage ist Lateinamerika zu einer ‹Entwicklung nach außen› zurückgekehrt, die – unter anderen Voraussetzungen – schon vor 1930 die Regel gewesen war. Die Sachverständigen kennzeichnen diese ‹neue› Phase als ‹exportorientierte Industrialisierung› (EOI). Neu ist daran eigentlich nur, dass sich einige Länder neben der Ausfuhr von Rohstoffen und Agrarerzeugnissen nun gezielter um den Aufbau eines industriellen Exportsektors, vor allem für Zwischenprodukte oder Halbfabrikate, bemühten. Bezugspunkt einer modernen Volkswirtschaft, so lehrten die Anhänger des Wirtschaftsliberalismus, könne künftig nicht mehr der Binnenmarkt, sondern nur noch der Weltmarkt sein. Voraussetzung dazu sei die Schaffung von stabilen makroökonomischen Rahmenbedingungen (Haushalt und Inflation unter Kontrolle etc.). Um das nachhaltig zu erreichen, müsse der staatliche Sektor auf ein Minimum abgespeckt, die Wirtschaft gründlich dereguliert und der Binnen- wie auch der Außenhandel liberalisiert werden.

Die binnenwirtschaftliche Stabilisierung und eine verstärkte Integration in den Weltmarkt hat man zumindest teilweise erreicht – Letzteres ziemlich einseitig, denn ein wichtiger Teil von Lateinamerikas Agrarexporten wird von den Industrieländern nach wie vor durch Subventionen und nichttarifäre Einfuhrbeschränkungen entscheidend behindert. Die Erfolge der EOI sind alles in allem eher mager, und ihre soziale Bilanz fällt eindeutig negativ aus (015 e/S. 88–89). Nach Angaben der CEPAL lebten um 2000 etwa 35 Prozent der Süd- und Zentralamerikaner im Zustand der Armut oder gar des Elends. (In Wirklichkeit dürfte dieser Anteil – wie auch die folgenden Zahlen vermuten lassen – viel eher in der Nähe von 50 Prozent liegen.) Zu allem Unglück hat die Verschuldung der Region in den neunziger Jahren weiter zugenommen: von 450 auf rund 800 Milliarden Dollar. Lateinamerika präsentierte sich dem 21. Jahrhundert außerdem als der Kontinent mit den krassesten Einkommensunterschieden. Der ‹informelle› Sektor, 1980 noch rund 30 Prozent der wirtschaftlich aktiven Bevölkerung, erreichte 1998 laut Daten der UNO-Arbeitsorganisation (ILO) 47,9 Prozent. Dass das gigantische Problem der Arbeitslosigkeit und Unterbeschäftigung nicht nur ungelöst blieb, sondern sich weiter verschärfte, dürfte damit zu erklären sein, dass ein großer Teil des erzielten Wachstums (das, wie gesagt, wesentlich geringer war als in den Zeiten der ISI) über Produktivitätssteigerungen, also mit dem Einsatz modernerer Maschinen, erzielt wurde, womit viel mehr bisher aktive Arbeitskräfte eliminiert als neue eingestellt wurden.

Die Marktgesetze allein können, wie Prebisch Mitte der achtziger Jahre kurz vor seinem Tod kritisierte (095/S. 30–31), den Widerspruch zwischen der Kapitalakkumulierung und der Verteilung des Reichtums nicht lösen. Abgesehen von wenigen Phasen, die Ausnahmecharakter hatten und höchstens ein paar Jahre dauerten (wie etwa am Anfang der ersten wie auch der zweiten Herrschaft von Perón in Argentinien oder der Regierungen von Kubitschek und Cardoso in Brasilien), funktionierte die Akkumulierung von Kaufkraft bei genügend umfangreichen Bevölkerungsteilen, die für einen integralen Entwicklungsprozess ebenso wichtig wäre wie die Anhäufung und Ballung von Kapital, in der Regel nicht. Diese Tatsache wird durch zahlreiche Quellen, auch von den Büros der Weltbank, untermauert: Die soziale Polarisierung ist nur immer explosiver geworden. Dazu hat neben der unumstößlichen Mechanik des kapitalistischen Systems auch der Umstand beigetragen, dass sich die lateinamerikanischen Eliten in keiner Phase zur Verwirklichung dringlicher Strukturreformen aufraffen konnten und wollten. Auch die Privatisierungen sind Stückwerk geblieben. Sie beschränkten sich fast überall auf die erste Etappe, die leichteste und für die jeweiligen Herrscherkreise oftmals auch einträglichste. Die Reformen zweiter und dritter Generation – die Ausräumung des bürokratischen Dschungels, Modernisierung der Justiz, nachhaltige Bekämpfung der Korruption und des Machtmissbrauchs durch Monopole, Kartelle und Mafias, Ausbau und Demokratisierung des Erziehungswesens, Korrektur der Wahlgesetze, Schaffung oder Verbesserung basisdemokratischer Institutionen und vieles mehr – sind hingegen ungeachtet ihrer offensichtlichen Bedeutung für den politischen, sozialen und wirtschaftlichen Fortschritt des Subkontinents sträflich vernachlässigt worden.

Noch einmal sollten wir in diesem Zusammenhang unseren Blick nach Asien wenden. In Japan, Südkorea und Taiwan wurden nach dem Zweiten Weltkrieg radikale Agrar- und Erziehungsreformen durchgeführt, die grundlegenden sozialen Dienstleistungen dynamisch ausgebaut und Maßnahmen zu einer weitreichenden Umverteilung der Einkommen ergriffen (072 g/S. 178–179). Eine gründliche Agrarreform (die in den meisten Ländern Lateinamerikas immer noch aussteht) soll ja nicht nur der erste Schritt zu einer Steigerung der Produktion sein. Sie wird auch dahin wirken, den Bevölkerungsdruck auf die Städte zu vermindern und den Binnenmarkt zu verbreitern. Erst nach einer derart groß angelegten Transformation der Strukturen konnten in den genannten asiatischen Ländern über längere Zeit hohe Wachstumsraten erzielt werden.

Das ‹asiatische System› hat, wie der US-amerikanische Wirtschaftspublizist Paul Krugman betont (068/S. 36), die in den westlichen Ländern verbreitete naive Vorstellung von Laisser-faire-Politik und Freihandel kurzerhand zugunsten eines Regimes verworfen, in dem die Regierungen bestimmte Sektoren der Privatwirtschaft gezielt fördern und sie so lange gegen ausländische Konkurrenz abschirmen, bis sie so weit sind, dass sie ihre eigenen Erzeugnisse auf den Weltmarkt bringen können. Sie unterstützen diese Geschäftszweige mit billigen Krediten und setzen den Staat generell als Instrument zur Wirtschaftsentwicklung ein. Sie taten und tun dabei nichts anderes, als es ihnen die westlichen Industrienationen in der entsprechenden Phase vorexerziert haben und in manchen Fällen immer noch praktizieren. Die amerikanische Halbleiter- und Mikroelektronikindustrie beispielsweise verdankt ihre auf dem Weltmarkt führende Rolle einer massiven staatlichen Förderung aus dem Verteidigungsetat.

Die Asiaten, die sich mit Fremdkrediten auch stark verschuldeten, verwendeten das geliehene Geld vor allem dazu, ihre exportorientierte Industrialisierung voranzutreiben. Sie stiegen schon in den siebziger Jahren (Korea schon Anfang der Sechziger!) von der ISI auf die EOI um und konnten ihren Anteil an den Industrieexporten aller Entwicklungsländer von 39 Prozent (1960) auf 73 Prozent (1977) steigern und dabei sogar Leistungsbilanzüberschüsse erzielen (036 c/S. 37–39). Die koreanischen Chaebols (Konglomerate) sind oft Instrumente (oder Partner) einer klar konzipierten Industriepolitik der Regierung gewesen und haben den Industrialisierungsprozess mitbestimmt. Ihre Entscheidungen mussten im Einklang mit den Fünfjahresplänen stehen. Gleichzeitig wurden die Unternehmeraktivitäten durch sektorale Prioritätensetzung der Regierung dynamisiert. Die betreffenden Industrien und Technologien wurden vom Staat mit Hilfe finanzieller Anreize, verbilligter Kredite und gezielter Subventionen gefördert: zuerst Textilien, dann die Schwerindustrie, Fahrzeugwerke, Elektronik usw. Als wichtiger Umstand erscheint, dass die Disziplinierung von Kapital und Arbeit durch einheitliche kulturelle Wertvorstellungen wie Gruppenzugehörigkeit und hierarchisches Denken, die aus dem Konfuzianismus stammen, erleichtert wurde.

Lateinamerika wurde hingegen von seinem Schuldenberg erdrückt, weil es die gepumpten Milliarden in den meisten Fällen nicht sinnvoll – nicht produktiv – angelegt hat. Erst seit der Schuldenkrise sind auf dem Subkontinent Ansätze zu einer Umstellung auf Exportförderung auszumachen. Der radikale Zerstörungsprozess, den die Neoliberalen vor allem im industriellen Sektor ausgelöst haben, sollte den Ausgangspunkt zur Erarbeitung neuer industrieller Strategien bilden. Dabei wurden zwar gewisse Strukturen verändert, die Eliten, die vom Wirtschaftsprozess profitieren, blieben aber im Wesentlichen die gleichen. Während der Staat in Japan zusammen mit dem Privatsektor schon in den Fünfzigern festlegte, wie die Industriepolitik der Neunziger aussehen sollte, war im hochgelobten Chile, wie ein dortiger Intellektueller bedauert, gut anderthalb Jahrzehnte nach der Wende unter General Pinochets Führung noch nicht einmal diskutiert worden, was eine klare Industriepolitik für das Land überhaupt bedeuten könnte (124 b/S. 143).

Weil auf dem Subkontinent eine umfassende, wohldurchdachte Entwicklungsstrategie fast überall gefehlt hat, wirkt sich die Globalisierung jetzt als zweischneidiges Schwert aus: Inmitten eines Ozeans von Not und Elend sind nur einige Inseln der Modernisierung entstanden. Kaum jemals hat man sich ernsthaft, wissenschaftlich und systematisch überlegt, was Lateinamerika (und jede einzelne seiner Nationen) der Welt geben kann – was außer Rindfleisch, Mais und Soja, Neruda, Borges und García Márquez, Fuentes und Amado, Samba und Tango, Fußball und Seifenoper nach dem Muster der brasilianischen ‹Telenovelas›. Am technologischen Wettlauf können nur kleine Gruppen von Privilegierten teilnehmen, während die sozialen Netze inmitten endloser menschlicher Dramen zerfetzt werden. Von der EOI profitieren wiederum vor allem die transnationalen Firmen, die über direkten Zugang zu den neuesten Technologien und über beste Kenntnisse der weltweiten Märkte verfügen (036 e/S. 202–204). Die Grundeigenschaften des Kapitalismus wirken sich in diesem Prozess erneut mit aller Brutalität aus: Immer profitieren die Stärksten am meisten, denn Kapitalismus ist letzten Endes die Antithese zu Ausgleich und Solidarität. Egal ob mit ISI oder EOI.

Die lateinamerikanische Wirtschaft wird heute noch viel stärker von multinationalen Firmen beherrscht als in den Zeiten, als der Staat noch einigen Einfluss auf das Geschehen ausübte. Die ‹Internationalisierung des internen Marktes›, wie Cardoso das mit einer gehörigen Dosis Euphemismus formuliert (020/S. 105), schreitet unerbittlich voran. Eine neue Teilung der Arbeit finde statt, eine neue Form der Abhängigkeit schäle sich heraus, bringt uns der frühere brasilianische Präsident hier bei. Diese Art von assoziierter abhängiger Entwicklung sei dynamischer Art, sie verschärfe jedoch – so wird immerhin eingeräumt – die sozialen Gegensätze mehr und mehr. Hinzu kommt, dass die Verletzlichkeit der Ökonomien des Subkontinents wegen der völlig unberechenbaren Laune der globalen Finanzströme stetig zunimmt.

Freihandel oder Protektionismus – je nach Bedarf

In den reichen Ländern der Erde redet man viel von der Güte des Marktes als Rektor der wirtschaftlichen Entwicklung. Schaut man aber genauer hin, sieht das alles ein bisschen anders aus. Nach außen sind im Norden viele nationale Märkte durch Subventionen (vor allem zum Schutz der einheimischen Landwirtschaft) abgeschottet. Nach innen wird ein nach den Grundregeln des Systems gesunder Wettbewerb durch Kartelle und kartellartige Absprachen oft blockiert. Für die Lateinamerikaner kann es jedenfalls nur heilsam sein, sich eingehender mit der Frage zu befassen, wie die Industriestaaten in der Praxis mit den Prinzipien und Idealen des Freihandels umspringen.

Großbritannien, das im internationalen Handel des 19. Jahrhunderts die vorherrschende Macht war, hat sich erst gegen 1846 zum Freihandel bekehrt, als sein industrieller Vorsprung gegenüber den

Rivalen schon offenkundig war. Frankreich, wo die Industrialisierung mit einem zeitlichen ‹Rückstand› von etwa 30 Jahren erfolgte, pflegte den Protektionismus dementsprechend länger. Die USA führten 1864 (wie schon in den ersten Jahren nach der Unabhängigkeitserklärung) noch einmal hohe Schutzzölle ein, um ihre eigene junge Industrie zu fördern, als der Transport auf dem Atlantik rasch billiger und die Gefahr einer Konkurrenzierung von außen daher größer wurde. Deutschland gründete 1834 unter der Leitung von Friedrich List seinen Zollverein mit ähnlichen Absichten. Auch er sah die Gefahr eines Dumpings von Unternehmern anderer Länder (England, Frankreich), deren Entwicklungsprozess weiter fortgeschritten war (008/S. 139). Um seinen Rivalen die Industrialisierung nicht zu erleichtern, verbot England die Ausfuhr von Maschinen, hauptsächlich solchen der Textilherstellung. Allerdings war dieses Verbot ab 1820 nicht total und wurde immer häufiger umgangen. Auch so machten die Importe derartiger Maschinen in Frankreich bis 1870 nicht mehr als 2 Prozent aus. Man zog es, wie die meisten anderen Länder Europas mit vergleichbarem Entwicklungsstand, nach Möglichkeit vor, sie in eigenen Fabriken herzustellen. Japan beschützte die wichtigsten Sektoren seiner jungen Industrie ebenfalls lange mit Hilfe von Zollmauern (S. 142–147).

In den USA konnte der Interventionismus des Staates sogar «recht rüde Formen annehmen ... Wenn es den nationalen Interessen entsprach, wurden ohne Zögern protektionistische Maßnahmen gesetzt» (030 e/S. 167). «Ich weiß nicht viel über den Zolltarif», hatte im Übrigen schon Abraham Lincoln in seiner volkstümlichen Art gesagt. Aber so viel wisse er: «Wenn wir Fabrikerzeugnisse im Ausland kaufen, bekommen wir die Waren, und der Ausländer bekommt das Geld. Wenn wir jedoch inländische Fabrikerzeugnisse kaufen, bekommen wir die Waren und das Geld.» (096/S. 30) Bis 1913 betrug der durchschnittliche Zolltarif für Warenimporte in die USA zuweilen bis 50 Prozent und lag für Eisen und Stahl, Baumwoll- und Wollwaren noch höher. Selbst Ende der 1980er Jahre war, wie Robert Reich, Arbeitsminister der Regierung Clinton, zu berichten weiß, wertmäßig fast ein Drittel der in den Vereinigten Staaten hergestellten Standarderzeugnisse – Textilien und Bekleidung, Stahl, TV, Autos, Werkzeugmaschinen, Halbleiter usw. – gegen den internationalen Wettbewerb geschützt (S. 82–83). Und trotz aller Freihandelsrhetorik machte sich auch in den USA der neunziger Jahre erneut zunehmender Protektionismus breit (013 e/ S. 141).

Stiglitz streicht ebenfalls heraus, dass die meisten entwickelten Staaten einschließlich der USA und Japans ihre Volkswirtschaften aufgebaut haben, indem sie selektiv und umsichtig einige ihrer Wirtschaftszweige abschirmten, bis diese stark genug waren, um sich dem internationalen Wettbewerb zu stellen (109/S. 31–32). Er warnt die Befürworter beider Strategien: So selten, wie sich ein pauschaler Protektionismus für die Länder, die sich darauf einließen, auszahlte, so selten habe sich eine überstürzte Handelsliberalisierung bewährt. Es könne verheerende soziale und wirtschaftliche Folgen nach sich ziehen, wenn ein Entwicklungsland dazu genötigt werde, seinen Binnenmarkt für Importgüter zu öffnen, die dann mit den von heimischen Wirtschaftszweigen produzierten Produkten konkurrieren. Diese hätten der Überlegenheit der viel stärkeren ausländischen Wettbewerber oftmals nichts Ebenbürtiges entgegenzustellen. Ebenso wenig empfiehlt dieser Autor eine überstürzte Öffnung des Kapitalmarktes. «Kleine Entwicklungsländer gleichen kleinen Booten», schreibt Stiglitz (S. 32). «Eine rasche Liberalisierung des Kapitalmarkts, wie sie vom IWF gefordert wird, läuft darauf hinaus, sie auf eine Reise durch stürmische See zu schicken, bevor die Löcher in ihren Rümpfen ausgebessert wurden.»

Das Vertrauen der transnationalen Firmen und Banken zu gewinnen, kann für eine Regierung gewiss hilfreich sein. Sie darf dabei aber nicht vergessen, dass die Volatilität der Kapitalströme stetig zunimmt. Dass der Wind in diesem höchst instabilen System rasch drehen kann. Viele Anleger, die ihr Geld in lateinamerikanische Börsen kanalisieren, haben von den lokalen Verhältnissen kaum eine Ahnung und wollen nur möglichst schnell ein Maximum an spekulativen Gewinnen erzielen. Ein Korruptionsskandal, ein unerwartetes Wahlresultat, ein Putschversuch kann aber in kürzester Zeit zu einem Stimmungsumschwung unter den Investoren führen. Sie sind nur insofern an demokratischer Stabilität interessiert, als sich ihre Geschäfte in Ruhe abwickeln lassen.

Mit dem klassischen Liberalismus hat der Neoliberalismus, wie ihn Lateinamerika erfährt, nicht viel gemein. Er hat weniger Wachstum ausgelöst, als den Volksmassen versprochen wurde. Er hat die soziale Ungleichheit bis zum moralisch völlig unhaltbaren Extrem verschärft. Das Pro-Kopf-Einkommen erreichte an der Schwelle zum neuen Millennium in der Region noch nicht einmal den Stand von 1980. Der Subkontinent hat also in Wirklichkeit nicht nur ein Jahrzehnt, sondern gleich zwei verloren. Der Mittelstand wird gnadenlos dezimiert; anstelle einer menschlich, kulturell und wirtschaftlich bereichernden Einwanderung ist das Phänomen einer stetigen Abwanderung aus praktisch allen Ländern südlich des Rio Grande getreten. Die sozialen Dienstleistungen leiden überall unter Kürzungen und Qualitätszerfall, die Justiz wird durch notorische Straflosigkeit unterwandert, Mafias und Alltagsdelinquenten treten immer dreister auf (014/S. 14–16). Wenig davon erinnert an den Liberalismus von einst, der diesseits und jenseits des Atlantiks manchen noch als Ideal vorschwebt. Der Neoliberalismus, wie er Lateinamerika in Theorie vorgeschrieben und in der Praxis mit verschiedenen Varianten umgesetzt wurde, gehört in die Kategorie der Fundamentalismen. Er erhebt (nach einer Formulierung von Boris) für den Marktgötzen geradezu religiöse Ausschließlichkeitsansprüche, sowohl bezüglich der Opfer, die ihm zu bringen sind, als auch im Hinblick auf die Heilsversprechen, die mit der Durchkapitalisierung der Welt abgegeben worden sind (‹Wohlstand für alle›, um nur eines der harmloseren zu nennen, 004/S. 582).

Was die 500 Millionen Menschen zwischen Mexiko und Feuerland brauchen, ist – um diese Folgerung vorwegzunehmen – keine Extremlösung im Sinne der Neoliberalen: keinen Ausverkauf von öffentlichem Eigentum, keine Zerstörung von sozialen Netzen, keinen Irrglauben an monetaristische Werte. Sie brauchen eine wohldurchdachte Modernisierung des Staates, der vermutlich kleiner, vor allem aber gerechter, straffer und effizienter werden muss. Anstatt eine aufgeblähte, schwerfällige Bürokratie zu nähren, muss die öffentliche Hand Funktionen der strategischen Planung, Koordination und der Verleihung von Impulsen übernehmen. Auch wenn Wettbewerbsfähigkeit im internationalen Handel für sich allein die Nation nicht glücklich machen wird, ist die Sorge darum doch legitim. Man muss aber überlegen, wie weit die Deregulierung gehen soll und darf, ohne zu einem ‹Race to the Bottom›, zu einer permanenten Verschlechterung von Dienstleistungen und Institutionen, auszuarten, deren Unterhalt zwar viel Geld kostet, die aber zur Aufrechterhaltung des sozialen Gleichgewichts und Friedens enorm wichtig sind.

IV. Mechanismen globaler Ausbeutung

«Der Neoliberalismus ist eine Eroberungswaffe. Er predigt einen wirtschaftlichen Fatalismus, gegen den jeder Widerstand zwecklos erscheint. Der Neoliberalismus ist wie Aids: Er zerstört das Immunsystem seiner Opfer.» *Pierre Bourdieu*

An der dritten Welthandels- und Entwicklungskonferenz der Vereinten Nationen (UNCTAD), die 1972 in Santiago de Chile stattfand, wurde der Ruf nach einer Neuen Weltwirtschaftsordnung erhoben. Damit sollte in erster Linie die notorische ökonomische Benachteiligung der Dritten Welt im internationalen Handel verringert werden. Im Mittelpunkt der Forderungen stand das ‹Integrierte Rohstoffprogramm›, das die Errichtung oder Verstärkung von Buffer Stocks (Vorrat- und Ausgleichlagern) bei diversen Gütern – zur Hauptsache Mineralien, aber auch bei einigen Landwirtschaftserzeugnissen wie Kaffee oder Kakao – vorsah. Weitere wichtige Anliegen waren ein verstärkter Geldmitteltransfer von Norden nach Süden und Maßnahmen zur Förderung der industriellen und vor allem der technologischen Kapazitäten der Dritten Welt (087 a/S. 628).

Schon bald musste man jedoch feststellen, dass die Länder, die sich an den Rohstoffprogrammen beteiligten, in manchen Fällen sehr unterschiedliche Interessen verfolgten und dass diese Abkommen demzufolge in der Praxis oftmals nicht befriedigend funktionierten. Die Anhänger des Freihandels misstrauten solchen Programmen überdies, weil sie mit staatlichen Eingriffen verbunden waren. Realistischer wäre es ihrer Meinung nach, die Wettbewerbsfähigkeit der Unterentwickelten zu verbessern und sie damit auf den Überlebenskampf im internationalen Handel besser vorzubereiten. Dass die Pläne für eine Neue Weltwirtschaftsordnung zu keinem nennenswerten Ergebnis führten, war indessen nicht nur auf die divergierenden Interessen der beteiligten Nationen, sondern auch auf die maßlose Verschuldung weiter Teile der Dritten Welt – und ganz speziell Lateinamerikas – im Zusammenhang mit der Petrodollarflut zurückzuführen.

Die liberalen Kräfte behielten mit zunehmender Eindeutigkeit die Oberhand. Der weltweite wirtschaftspolitische Trend, der nunmehr einsetzte, führte weg von staatlicher Intervention und zurück zur ‹freien› Marktwirtschaft. Damit blieben die Mechanismen, die seit Jahrzehnten in den meisten armen Ländern zu einer Verschlechterung der wirtschaftlichen und sozialen Verhältnisse geführt hatten, nicht nur unangetastet. Im Gegenteil: Ihre Wirkung wurde in Lateinamerika noch verstärkt. Eine ganze Serie von ineinander verzahnten Räderwerken, die allesamt dazu beitragen, dass die Dritte Welt über weite Strecken im Zustand der Unterentwicklung gefangen bleibt, dreht sich seither unaufhörlich weiter.

Quintessenz der Freihandelsdoktrin, die dem Subkontinent den Weg ins 21. Jahrhundert weisen sollte, ist der ‹Washingtoner Konsens›. Er kam – mit einigen Jahren Verspätung auf die von der chilenischen Militärdiktatur und ihren Chicagoer Mentoren geleistete Vorarbeit – 1989 zustande. Als Initiant gilt John Williamson, Chefökonom und Vizepräsident der Weltbank, hinter dem Leute wie Barry Goldwater, Milton Friedman, Ronald Reagan und Margaret Thatcher sowie einflussreiche Institutionen der US-republikanischen Rechten (Mont Pèlerin, Heritage Foundation, Cato Institute) standen.

Der ‹Konsens› betraf den Ruf nach radikaler Privatisierung (also einer Dezimierung oder womöglich Zerschlagung des öffentlichen produktiven Sektors), Eliminierung praktisch aller Regulierungsinstanzen, eiserne Haushaltsdisziplin und Liberalisierung aller Märkte (des Waren- und Kapitalverkehrs, der Zinsen und Dienstleistungen sowie des Arbeitsmarktes). Auch der Weltmarkt sollte sich ohne jede staatliche oder überstaatliche Einmischung nur noch ‹selbst regulieren›. Für die höchsten Einkommen und Vermögen verlangte der ‹Konsens› Steuersenkungen, um sie zu produktiven Investitionen zu bewegen. Gleichzeitig sollte die Menge der Steuerzahler – auf Kosten unterer Bevölkerungsschichten – erweitert und das Menü von Subventionen, besonders bei Nahrungsmitteln, gründlich ausgedünnt werden. Staatsausgaben sollten nur noch insofern Vorrang haben, als sie dem Ausbau der Infrastruktur – im Interesse der Privatwirtschaft – dienten. Im selben Zug wurde der Ruf nach einer generellen Öffnung der nationalen Ökonomien gegenüber ausländischen Direktinvestitionen erhoben und verstärkte Beachtung der Besitzrechte, gerade auch geistigen Eigentums, also der Patente, gefordert.

Parallel dazu erließ die Weltbank Richtlinien über das, was alle Nationen dieser Erde als ‹gute Regierungsführung› beherzigen sollten. Hier wurden Rechtsstaatlichkeit und Rechtssicherheit, wirksame Eigentumsrechte, Zugang zum Kredit und die Schaffung eines günstigen makroökonomischen Umfeldes für Entwicklung (Stabilität der Preise und Wechselkurse, Vermeidung von Preisverzerrungen u. a.), weitgehende Liberalisierung des Handels und der Investitionstätigkeit als oberste Gebote wirtschaftspolitischen Wohlverhaltens festgelegt (113/S. 25). Über so nebensächliche Aspekte wie soziale Verantwortung der Herrschenden oder Mechanismen zu einer etwas weniger einseitigen Verteilung des Reichtums mochte auch diese Instanz kein Wort verlieren.

Die zunehmenden Schwierigkeiten, mit denen die Entwicklungsstrategie, die im Wesentlichen auf der Importsubstitution beruhte, zu kämpfen hatte, die wachsende Verletzlichkeit aufgrund der Schuldenkrise der achtziger Jahre und der Druck von Seiten der internationalen Finanzorganisationen veranlassten große Teile der lateinamerikanischen Eliten, den Washingtoner Konsens als der Weisheit letzter Schluss hinzunehmen. Damit näherte sich der Subkontinent nicht nur dem ordnungspolitischen Grundverständnis der USA an (weniger Staat, weniger Regulierung etc.), die Vereinigten Staaten wurden auch als Handelspartner und Investor so begehrt wie selten zuvor. Während europäische Universitäten Schwierigkeiten hatten, Studierende aus Lateinamerika für sich zu interessieren, nahm die Anzahl derjenigen Südländer, welche in den USA studierten, weiter zu (013 e/S. 131).

Zum Nachteil der Schwächeren

Eines der Räderwerke, die zu einer Verewigung der Unterentwicklung beitragen, sind die Terms of Trade. Zu diesem Thema haben vor allem in den fünfziger und sechziger Jahren einige namhafte Volkswirte (Prebisch, Singer, Jalée, Bairoch u. a.) Untersuchungen angestellt und sind dabei zum Schluss gekommen, dass die Dritte Welt als Ganzes genommen durch die Preisentwicklungen auf dem internationalen Markt notorisch benachteiligt wird. Später scheint man sich weniger intensiv mit dieser Problematik befasst und sie stattdessen eher als unumstößliche Tatsache hingenommen zu haben.

Aus verschiedenen Gründen ist es schwierig, allgemein gültige Nachweise für jenen Trend vorzulegen. Es kommt erstens nicht nur darauf an, welche Rohstoffe man bei Preisvergleichen welchen Fertigprodukten gegenüberstellt. Das Ergebnis hängt auch ganz entscheidend davon ab, welche Zeitspanne man dabei auswählt. Die Möglichkeiten, solche Daten zu manipulieren, um bestimmte Thesen zu untermauern, sind erheblich, und jene könnten unter Umständen ebenso deutlich wieder abgeschwächt werden, wenn man die gewählte Zeitspanne nur um ein paar Jahre nach hinten oder nach vorne verlegen würde.

Wackelig scheinen mir zweitens auch die (bei den meisten Vergleichen überhaupt nicht genannten) Prämissen hinsichtlich der Qualität industrieller Erzeugnisse zu sein. Eine bestimmte Textilmaschine kann ja gewiss teurer sein als eine, die beispielsweise zehn Jahre früher verkauft worden ist. Sie kann aber auch wesentlich produktiver sein als ihr Vorgängermodell derselben Marke oder einer anderen. Ein Vehikel irgendwelcher Art eines bestimmten Herstellungsjahres kann andererseits schneller kaputtgehen als dasselbe Fahrzeug aus einem früheren Jahr. Daher hat auch der berühmte Vergleich, dass der Kauf eines Jeeps mit dem Erlös aus viel mehr Säcken Kaffee beglichen werden müsse als ein paar Jahre früher, nur beschränkten Aussagewert.

Drittens sind die gewaltigen Rückschläge und Brüche in der Entwicklung von Ländern wie Mexiko, Venezuela und Ecuador, drei wichtigen Erdölexporteuren des Erdteils, wohl ein Hinweis darauf, dass die Bedeutung der Terms of Trade zwar nicht unterschätzt, aber auch nicht überschätzt werden sollte. Diese dürften, über die letzten drei Dekaden des 20. Jahrhunderts betrachtet, für alle drei deutlich positiv gewesen sein, weil der Ölpreis (in US-Dollar ausgedrückt) nach und nach auf das Zwanzigfache gestiegen ist. Dass sie diese günstige Konjunktur nicht (zumindest nicht nachhaltig) zu nutzen wussten, scheint zu zeigen, dass die Austauschbedingungen eben nur einer von vielen externen und internen Faktoren sind, die das Verharren der Region im Sumpf der Unterentwicklung erklären.

Solche Einschränkungen ändern wiederum wenig an der Tatsache, dass viele Rohstoffpreise im Verlaufe der letzten Jahrzehnte ständigen und zum Teil extrem starken Schwankungen unterlagen. Für die Produzenten (private Unternehmen wie auch Staaten) bedeutet dieses zyklische, grundsätzlich unberechenbare Verhalten des Weltmarktes eine hohe und ständige Dosis an Unsicherheit. Allerdings kommen die transnationalen Firmen, die den Welthandel in zunehmendem Maße beherrschen, damit sicher viel besser zurecht als lokale Geschäftsleute und Genossenschaften, die über viel weniger Marktkenntnisse und organisatorische Infrastruktur verfügen als jene.

Vergleicht man das, was den Entwicklungs- und Schwellenländern des Subkontinents um die Jahrtausendwende herum etwa für Kupfer, Kaffee, Kakao, Zucker, Baumwolle und manch andere Rohstoffe bezahlt wurde, mit den Preisen der Sechziger oder Siebziger, dann dürften sich für fast alle Länder der Region – die Erdölexporteure ausgenommen – Realverluste von Dutzenden Milliarden Dollar ergeben. Nach Angaben von Richard Gerster (046/S. 69) ist der Index von 33 Rohstoffen (ohne Erdöl, Indexstand 1987 = 1) – leider ohne Quellenangabe – von 2,5 in den Jahren 1950–1952 auf etwa 0,7 im Jahre 2000 abgesunken. Auch der relativ rasche Auftrieb bei zahlreichen Rohstoffpreisen ab Ende 2001, wie er etwa beim CRB-Index (von knapp 200 auf über 300 Ende 2005) zum Ausdruck kam, dürfte daran nicht viel geändert haben. Denn dabei ist zu bedenken, dass der US-Dollar, der stets als Messlatte genommen wird, heute nur noch einen Bruchteil seines Wertes in früheren Zeiten aufweist. Würde man die Rohstoffpreise in wirklich harter Währung (in Gold oder einem Warenkorb zum Beispiel) ausdrücken, wären die Verluste der Dritten Welt noch viel gigantischer (http://www.kitco.com/ind/hamilton/mar112005.html).

Letzten Endes hat der schweizerische Wirtschaftsethiker Peter Ulrich, Dozent an der konservativen, der wirtschaftspolitischen Orthodoxie verschriebenen Universität St.Gallen (HSG), sicher Recht, wenn er feststellt: «Die Ausgangslage der Macht-, Ressourcen- und Kaufkraftverteilung schlägt unbesehen ihrer ethischen Legitimität oder Illegitimität auf die Terms of Trade, die Tauschverhältnisse, durch: Wer viel zu bieten hat, kann viel verlangen, wer wenig zu bieten hat, wird mit dementsprechend bescheidenen Gegenleistungen zufrieden sein müssen.» (123/S. 193–194) Auch von dieser Seite her gesehen, bestätigt sich mit anderen Worten nur wieder, dass die Reichen der Erdgesellschaft unter den gegenwärtigen Bedingungen immer am längeren Hebel sitzen.

Dass die Industriestaaten den Freihandel nur so lange und nur so weit praktizieren, wie er ihren eigenen Interessen dient, haben wir bereits festgestellt. Gerade die USA, die als Weltmacht Nummer 1 eigentlich mit gutem Beispiel vorangehen sollten, haben 2001 schon anlässlich der ersten Krisensymptome nach dem New-Economy-Boom protektionistische Maßnahmen ergriffen, um ihre eigene Stahl- und Textilindustrie, Landwirtschaft und andere Sektoren gegen die aggressive Handelspolitik des Fernen Ostens und einiger anderer Billigproduzenten abzuschirmen. Besonders schwere Verzerrungen, unter denen immer die Entwicklungsländer am meisten zu leiden haben, verursachen die Agrarsubventionen der reichen Nationen. 2002 haben diese ihren Landwirten 335 Milliarden Dollar in Form von Zuschüssen zur Produktion und zur Preisstabilisierung zukommen lassen (130/S. 48) – sechsmal mehr als alle Entwicklungshilfe zusammengerechnet! Und davon profitieren in den Industriestaaten nach dem Urteil eines Sachverständigen (Rubens Ricupero, Generalsekretär der UNCTAD) vor allem die reichen Landwirte (FR, 12.08.2003).

Ein Beispiel dafür ist die Subventionierung der rund 25 000 US-amerikanischen Baumwollpflanzer, die von ihrem Staat jedes Jahr etwa 3,7 Milliarden Dollar kassieren (NZZaS, 07.09.2003). Die Zeche bezahlen in diesem Fall neben den lateinamerikanischen Produzenten in erster Linie einige der ärmsten Länder Schwarzafrikas, deren Baumwolle unter diesen Bedingungen auf dem Weltmarkt nicht mehr konkurrenzfähig ist. Dabei kann man sich unschwer vorstellen, wie dringend nötig solche Exporte zum wirtschaftlichen und physischen Überleben von Nationen wie Mali sind. Die Kosten dieser Politik für die Gesamtheit der Entwicklungsländer beläuft sich nach Schätzungen des International Cotton Advisory Committee in Washington auf jährlich etwa 9,5 Milliarden Dollar. Natürlich stehen die USA mit solcher Förder- und Abschottungspolitik zulasten der Dritten Welt nicht alleine da. Weltweit sind hier astronomische Beträge im Spiel. Sie zeugen vom Eigennutz der hochentwickelten Staaten – und von einer unglaublichen Kurzsichtigkeit in ihrer Rolle als Wortführer einer angeblich freien, globalisierten Wirtschaft.

Nicht minder skandalös ist die Praxis der meisten hochentwickelten Staaten, gewisse eigene Ausfuhrgüter land- oder viehwirtschaftlichen Ursprungs ebenfalls zu subventionieren. Damit blockieren sie in vielen Fällen und wiederum in x-facher Milliardenhöhe die Exporte von Entwicklungs- und Schwellenländern, die an sich in der Lage wären, mit solchen auf ihrem Territorium produzierten

Gütern Nischen auf dem Weltmarkt zu nutzen. Das größte Paradox besteht wohl darin, dass sich die Reichen der Erdgesellschaft, die gleichzeitig die wichtigsten Gläubiger der Dritten Welt sind, mit den Agrar- und Exportsubventionen selbst die Finger verbrennen. Denn damit beschneiden sie die Zahlungsfähigkeit der Schuldnerländer in einem Ausmaß, das jene auch mit rücksichtslosester Sparpolitik niemals wettmachen können. Indem die Bauernverbände Druck auf die Regierungen der Industriestaaten ausüben, diesen Unsinn ad infinitum fortzusetzen, treiben sie immer mehr Länder der südlichen Hemisphäre in den Bankrott.

Nutzen und Kosten fremder Investitionen

Die Verschlechterung der Terms of Trade, die den meisten Staaten Süd- und Mittelamerikas zu schaffen macht, ist nur ein Mosaikstein auf der Suche nach einer Erklärung der Unterentwicklung. Dasselbe trifft auf die Subventionspolitik der industrialisierten Länder zu, auch wenn diese zahlenmäßig wesentlich schwerer wiegen dürfte. Als weiteren Faktor müssen wir jetzt die Theorie und Praxis der ausländischen Investitionen in der Dritten Welt unter die Lupe nehmen.

Fremde Direktinvestitionen haben nach herkömmlicher Darstellung für die Empfängerländer den Vorteil, dass sie deren Auslandsschulden nicht erhöhen. Sie unterscheiden sich zudem grundlegend von Portefeuille-Investitionen, bei denen die Anleger ihre Geldmittel in der Regel mit der Absicht in das Gastland verschieben, möglichst rasch möglichst hohe Gewinne zu erzielen und ihr Kapital dann wieder in Sicherheit zu bringen. Mit der ihnen stets innewohnenden Tendenz zur Flucht stellen die spekulativen Investoren für die Nationen der Dritten Welt eine ganz spezielle Bedrohung dar. Demgegenüber können die Urheber direkter und produktiver Investitionen für sich beanspruchen, dass ihre Anlageentscheide auf reiflicher Analyse beruhten und ihr Renditebestreben langfristiger Natur sei. Desweiteren förderten ihre Investitionen in Fabriken, Handelsunternehmen, Banken und Infrastrukturbauten Beschäftigung und Wachstum der Ökonomie des Gastlandes sowie die Verbreitung technologischer Verfahren und Kenntnisse, sie erleichterten die Integration der lokalen in die globale Wirtschaft, und sie seien nützlich, um die Produktivität vor Ort zu verbessern. Sofern die betreffenden Investitionen zu einer Steigerung des Exports beitragen, könne man von ihnen auch positive Auswirkungen auf die Leistungsbilanz erwarten (061/S. 904).

Bis Mitte der Achtziger waren die Sicherung der Rohstoffversorgung und der Bezug von Vorprodukten, die anderswo günstiger hergestellt werden konnten, eine wesentliche Triebfeder der ausländischen Investitionen. Heute herrschen, wie ein Sachverständiger erklärt (065/S. 70, 90–93), vor allem zwei Motive vor: die Sicherung ausländischer Absatzmärkte und die Nutzung ausländischer Standortvorteile. Wo investiert wird, hängt von verschiedenen Überlegungen ab: wie weit die politische Stabilität gewährleistet ist, ob die wirtschaftlichen und sozialen Strukturen des betreffenden Landes gesund sind, wie die Relation von Kosten (insbesondere der Lohnkosten) und Produktivität aussieht, ob das Rechtssystem funktioniert und eine vernünftige Wirtschaftspolitik betrieben wird (wobei man auch die Finanz- und Wechselkurspolitik im Auge behalten sollte), wie weit Förderinstrumente wie Subventionen und Steuerbegünstigungen zum Einsatz kommen, ob das Steuerwesen und die vorhandene Infrastruktur, insbesondere Telekom und Verkehr, den Anforderungen des internationalen Wettbewerbs genügen, was für umweltpolitische Auflagen erhoben werden usw.

Globalisierung wird so mehr und mehr zu einem komplizierten Prozess, in dem sich permanent die Frage nach der Wettbewerbsfähigkeit aller Beteiligten stellt und alle Möglichkeiten der Kostenreduktion erschlossen und die vorhandenen Ressourcen intensiver genutzt werden. Nur auf soziale Kosten nimmt man dabei – in Übereinstimmung mit der ‹Philosophie› des Washingtoner Konsenses, die über längere Zeit auch von der Weltbank genau befolgt wurde – in der Regel wenig oder gar keine Rücksicht.

1992 befand sich etwa ein Drittel des weltweiten produktiven Anlagekapitals im Besitz von multinationalen Firmen (004/S. 249). Früher überließen es die Zentralen weitgehend ihren Tochterbetrieben, die Geschäfte in eigener Regie zu führen. Gegenwärtig werden komplexere Ziele verfolgt. In einigen Fällen übernimmt jede Niederlassung eine bestimmte strategische Rolle innerhalb des globalen Netzwerks. Im Verlauf der neunziger Jahre haben, nachdem die Nachwehen der Schuldenkrise – scheinbar – abgeflaut waren, die Fremdinvestitionen in Lateinamerika wieder zugenommen. Wie in anderen Erdteilen stieg dabei das investierte Kapital viel stärker an als die Anzahl der beschäftigten Personen – ein deutliches Anzeichen dafür, dass die Globalisierung kapitalbestimmt ist und positive Auswirkungen auf die Arbeitsmärkte begrenzt sind (065/S. 57). Transnationale Konzerne bringen in der Regel arbeitssparende Technologien zum Einsatz, die den ökonomischen und sozialen Bedürfnissen der Entwicklungsländer weitgehend zuwiderlaufen. Für sie selbst hat der Einsatz kapital- statt arbeitsintensiver Technologien überdies den Vorteil, dass die Gefahr von Arbeitskonflikten gering bleibt (052/S. 155–156).

Die Multis haben laut Analyse von Altvater und Mahnkopf nur in Mexiko massiv neue Arbeitsplätze geschaffen – und auch dort, wie sich später zeigen sollte, nur vorübergehend. Schon 2003 konnte man die Abwanderung zahlreicher US-Firmen vom mexikanischen Grenzgebiet weg nach China und anderen asiatischen Staaten beobachten, die noch günstigere Bedingungen für fremde Investoren, vor allem noch billigere Arbeitskräfte, boten. Im restlichen Lateinamerika ist die Beschäftigung wenig gewachsen oder sogar rückläufig (004/S. 265–267). Arbeit wird, auch wenn sie noch so billig ist, durch immer noch leistungsfähigere Maschinen, Installationen und Roboter ersetzt, wodurch immer neue Rationalisierungseffekte erzielt werden. Darüber hinaus stellt sich die Frage nach der Qualität der Arbeitsplätze, nach den ‹hire and fire›-Strategien (anheuern und bald wieder feuern) mancher Multis. So hat beispielsweise Mercedes-Benz do Brasil aufgrund von Umsatzeinbußen bei Nutzfahrzeugen zwischen 1980 und 1983 fast die Hälfte der gesamten Belegschaft entlassen und damit über 13 000 Menschen auf einen Streich die Lebensgrundlage entzogen (052/S. 159). Solche ‹Strategien› schließen gewiss die Möglichkeit nicht aus, dass dieselben Leute zu einem späteren Zeitpunkt – häufig zu niedrigeren Löhnen – wieder angestellt werden. Nicht zu übersehen ist auf der anderen Seite, dass gewisse indirekte Beschäftigungseffekte dort erzielt werden, wo ausländische Investoren lokale Vorprodukte und Dienstleistungen in größerem Umfang erfordern.

Nach Ansicht von Herkenrath treibt der Zustrom von ausländischen Direktinvestitionen das wirtschaftliche Wachstum normalerweise zwar kurzfristig in die Höhe. Eine starke Präsenz von transnationalen Konzernen mit ihren wirtschaftlichen, sozialen und politischen Nebenerscheinungen behindert jedoch langfristig die wirtschaftliche Entwicklung der Gastländer wieder (052/S. 73). Als erste Gegenmaßnahme schlägt dieser Autor vor, Fusionen und

Übernahmen lokaler Firmen durch Multis zu beschränken und stattdessen vorwiegend so genannte greenfield investments (wirkliche Neuinvestitionen) zuzulassen (S. 129). Dann sei darauf zu achten, ob die eingebrachten Geldmittel aus dem Ausland oder aus dem Gastland selbst stammen. Nehmen die ausländischen Unternehmen nämlich lokale Kredite in Anspruch, um ihre Projekte zu finanzieren, kann es zu einer Verdrängung lokaler Investoren kommen (S. 73, 129, 130–131). Dabei besteht erst noch die Gefahr, dass die Zinsen auf dem einheimischen Kapitalmarkt wegen erhöhter Nachfrage steigen. In Übereinstimmung mit zahllosen anderen Quellen bestätigt Herkenrath, dass Transnationale einen nicht unwesentlichen Teil ihrer Investitionen über Kredite bei Banken des Gastlandes zu finanzieren pflegen.

Fremdinvestitionen sind kaum irgendwo auf der Erde wegzudenken. Auch in Lateinamerika nicht, zumal diese Region an einer chronisch geringen Spar- und Investitionsquote krankt und folglich umso stärker vom Fremdkapital abhängt, wenn es eine halbwegs genügende Wachstumsrate erzielen will. Selbst ein Land wie Kuba, das sich radikal dem Sozialismus verschrieben hat, kann darauf nicht ganz verzichten.

Wir haben am Beispiel Boliviens schon gesehen, wie gierig und brutal sich fremde Herrschaften in kolonialer Zeit der Reichtümer des damaligen Alto Peru bemächtigt haben. Ebenso rücksichtslos wurden Silber, Gold, Diamanten und andere Bodenschätze von Mexiko bis Minas Gerais und überall in den Anden, wo Edelmetall aufzutreiben war, ausgebeutet. Für die Ureinwohner, die legitimen Besitzer dieser immensen Güter, ist davon nichts als Leiden, Schweiß und Tränen, Krankheit und Tod abgefallen. Selbst unter den Mestizen war nur wenigen ein zählbarer Anteil an der wirtschaftlichen Ausbeute gegönnt. Der Raubzug bereicherte fast nur die kolonialen Mächte und die in ihrem Dienst stehenden Verwaltungsbürokratien in Lateinamerika, eine kleine Minderheit unter dem Kommando der zuständigen Vizekönige. Dabei haben es bekanntlich – Ironie der Geschichte – weder die Spanier noch die Portugiesen verstanden, den gigantischen Reichtum, den sie aus der Neuen Welt herausscheffeln ließen, für die Entwicklung ihrer eigenen Nation zu nutzen.

Man mochte die Hoffnung hegen, dass es nach dem Zusammenbruch der iberischen Kolonialreiche mit der Gründung ‹unabhängiger› Republiken eher gelingen würde, die natürlichen Ressourcen des Erdteils in eine authentische Entwicklung der jungen Nationen umzusetzen. Ohne jeden Zweifel war das die Absicht und das Ideal der Befreier, Simón Bolívar im nördlichen Südamerika, José de San Martín im Südzipfel des amerikanischen Kontinents und einer Handvoll weiterer Patrioten. Doch abgesehen davon, dass die Mechanismen der Machtausübung und Bereicherung praktisch nahtlos aus der kolonialen Herrschaft in die neokoloniale Epoche übernommen wurden und wiederum nur kleine oligarchische Klüngel begünstigten, dass zudem die Fehden unter diesen allfällige Ansätze zu autonomer Entwicklung im Keime erstickten, sorgten auch die Gesetzmäßigkeiten des Kapitalismus dafür, dass die überwiegende Mehrheit der Latinos von dem nun einsetzenden wirtschaftlichen Wachstum kaum profitieren konnte.

Im 19. Jahrhundert haben Firmen aus England, Frankreich und den USA massiv im Bahn- und Bergbau Lateinamerikas investiert. So ging die Kontrolle über die Ressourcen nach und nach in (andere) fremde Hände über – und das ist ohne Zweifel die tiefere Ursache der neokolonialen Abhängigkeit des Erdteils. Parallel zu dieser sukzessiven Machtübernahme durch das Fremdkapital triumphierten vorerst Liberalismus und Freihandel in der Region. Anders als in der Alten Welt ist diesem Prozess in Lateinamerika jedoch keine industrielle Revolution vorausgegangen.

Frank hat sich besonders eingehend mit dieser Entwicklung in Chile befasst (039/S. 83–100). Als die junge Republik jenseits der Anden 1853 eine Exportsteuer auf Kupfer beschloss, protestierte London prompt und energisch – ein Beispiel dafür, dass blanker Egoismus schon zu jenem Zeitpunkt die Beziehungen zwischen Nord und Süd bestimmte. 1868 schrieb die lokale Tageszeitung ‹El Mercurio›, die dem Großkapital damals offenbar noch nicht so hörig war wie später: «Der Protektionismus sollte die Muttermilch allen beginnenden Handwerks oder aller Industrien sein ... weil ohne ihn jeder entstehende Fortschritt von Anbeginn an den ebenso grausamen wie gut überlegten Attacken der Auslandsimporte ausgesetzt ist, die sich im Freihandel zeigen». Vergebliche Liebesmüh ... 1864 wurde die absolute ‹Freiheit› der Küstenschifffahrt beschlossen – mit dem Ergebnis, dass daraufhin britische Kohle frei eingeführt und der Industrialisierungsprozess in Chile abgewürgt werden konnte. Der nationalistisch orientierte Staatspräsident José

Manuel Balmaceda wollte sich dem Vormarsch des fremden Kapitals widersetzen. Seine gutgemeinte Politik endete aber in einem politischen Umsturz inmitten bürgerkriegsartiger Wirren (1891), die von oligarchischen, mit den Briten und Nordamerikanern verbündeten Kreisen angefacht wurden. Die Folgen dieser ‹Revolution› waren fatal: Die Engländer eigneten sich (zur Hauptsache in der Person von John North) die Salpeterminen im Norden der Republik an, Chile hörte auf, Weizen zu exportieren, US-Firmen setzten sich im Kupferbergbau fest. Die konservative Nationalpartei stellte 1910 beklemmt, aber eben reichlich spät fest, dass «nahezu zwei Drittel der Profite aus dem Salpeter unser Land verlassen, ohne irgendeine Spur zu hinterlassen».

Nach den Erhebungen von Pierre Jalée, der sich in den 1960er Jahren mit den Kernproblemen der Unterentwicklung befasst hat, sogen die fremden Investoren (zu jenem Zeitpunkt) aus der Dritten Welt etwa das Dreifache des Kapitals, das sie dort angelegt hatten, in Form von Gewinnen aller Art heraus (058/S. 132). Der Schlüssel des Problems, so hielt dieser Autor fest, sei nicht, dass die unterentwickelten Länder vom Imperialismus aus freiem oder gar bösem Willen geplündert würden, sondern weil das für jenen eine Lebensnotwendigkeit sei, ohne die er überhaupt nicht weiterbestehen könnte.

Von 1967–1973 ist unter der damaligen, dem Fremdkapital sehr freundlich gesinnten Militärdiktatur Brasiliens netto (nach Abzug der Rückführung von Dividenden) nur etwas mehr als eine Milliarde Dollar an Risikokapital nach Brasilien gelangt. Die Außenschuld des Gastlandes hat in dieser Zeitspanne von 3,3 auf 12,5 Milliarden Dollar zugenommen, während die Devisenreserven des Landes gleichzeitig von 0,2 auf 6,4 Milliarden aufgestockt wurden (042/S. 23–24). Ein springender Punkt ist in diesem Fall, dass sich die multinationalen Firmen vorwiegend bereits bestehender Anlagen und der Ersparnisse des Gastlandes bedienten. Schon zwischen 1946 und 1957 waren, wie der brasilianische Wirtschaftsforscher Luciano Martins feststellt, 28 Prozent der US-Investitionen in Brasilien auf den Kauf bereits bestehender Firmen zurückgegangen. In den folgenden zehn Jahren stieg dieser Anteil auf 46 Prozent. 1963 bis 1965 wurden nur magere 9 Prozent der US-Investitionen in Lateinamerika mit Geldmitteln getätigt, die außerhalb des Subkontinents aufgenommen oder generiert worden waren. Nach Angaben von Martins wurden 1960–1968 aus der ganzen Region netto 6,7 Milliarden Dollar mehr in Form von Gewinnen nach Norden zurückgeführt als neu investiert (076/S. 141, 143).

Milliardenbetrug zu Lasten der Gastgeber

Martins sprach in seiner Mitte der siebziger Jahre veröffentlichten Studie etwas anderes an, was in der Folge immer bedeutsamer und folgenschwerer werden sollte: Die Multis bewegen ihre Mittel innerhalb des Unternehmens mit dem Ziel, Märkte zu erobern und den globalen Gewinn zu steigern (S. 44). Vor ihm hatten vereinzelt schon andere lateinamerikanische Soziologen und Ökonomen darauf hingewiesen, was es mit diesen ‹Bewegungen› der Ressourcen zwischen Mutterhäusern und Filialen global operierender Konzerne auf sich hat. Solche firmeninternen Transaktionen (Güterhandel, Lizenzvergaben, Darlehen, Beratungsdienste etc.) haben keinen festen Preis und eignen sich somit bestens für das so genannte transfer pricing – im Klartext: zur Gewinnmaximierung im ureigensten Interesse. Bei einer Umfrage der UNCTAD, deren Ergebnisse 1999 veröffentlicht wurden, gaben 84 Prozent aller befragten Entwicklungsländer (bzw. ihrer Repräsentanten) an, dass sie die Existenz solcher Praktiken zwar ahnten, sich dagegen aber nicht zu wehren wussten (052/S. 132).

Der Chilene Osvaldo Sunkel hatte schon 1967 festgestellt (077 a/S. 127–129), dass der Export fast aller traditionellen Exportgüter nach wie vor weitgehend von multinationalen Unternehmen kontrolliert werde. Oft würden in diesen Fällen die Preise nicht mittels marktwirtschaftlicher Mechanismen, sondern durch willkürliche Entscheidungen innerhalb der betreffenden Firmen gebildet, die eigentlich nur an der Steuerpolitik der verschiedenen Länder interessiert seien, in denen sie operieren. Dabei entstehe ein Interessenkonflikt zwischen dem exportierenden Land und der multinationalen Firma, die in der Regel oligopolistisch mit anderen verwoben sei und immer das eine und selbe Ziel verfolge: die Maximierung ihrer globalen Gewinne. Dagegen könne, so der ideologisch durchaus gemäßigte Sunkel, z. B. die Nationalisierung oder wenigstens eine Assoziation des Staates mit der betreffenden Firma oder eine anders wirksame Intervention des Fiskus helfen. Darum hätten auch alle revolutionären Regime in Mexiko, Bolivien und Kuba – teilweise, so wäre hier zu ergänzen, auch reformistische Regierungen in Argentinien, Chile und Venezuela – den Export ihrer wichtigsten Güter (vorübergehend) nationalisiert.

Etwa zur gleichen Zeit deckte in Uruguay ein kommunistischer Abgeordneter auf, dass die US-amerikanischen Schlachthausgiganten Swift und Armour ihre Ausfuhren seit langem ‹subfakturierten› (also aus Profit- und Steuergründen rechnungsmäßig untertrieben). Eine Parlamentskommission bestätigte das, und da die Rückzahlung der zu Unrecht erhaltenen Gelder das Betriebsvermögen überstieg, zogen sich die beiden nordamerikanischen Firmen unter wilden Protesten aus Uruguay zurück. Ihre Schlacht- und Kühlhäuser gingen in staatliche Hände über (067/S. 60).

Hier wird eine Problematik von eminenter Wichtigkeit für alle Länder der Dritten – und übrigens auch der Ersten – Welt angesprochen: Multi- oder transnationale Unternehmungen, und ganz speziell Großkonzerne, haben praktisch unbegrenzte Möglichkeiten, ihre internen Preise zu manipulieren. Dieses Thema der Unter- und Überbewertung von betriebsintern produzierten Gütern und Dienstleistungen ist in der Fachliteratur recht eingehend untersucht worden. In das Bewusstsein einer breiten Öffentlichkeit ist solche Information ungeachtet ihrer zentralen Bedeutung aber nicht (oder nicht nachhaltig genug) eingedrungen. Wenige Jahre nach dem zitierten Hinweis von Sunkel hat der Argentinier Jorge Katz konkrete Daten zum Thema der Überfakturierung von pharmazeutischen Drogen innerhalb multinationaler Firmen publiziert (062/S. 30–34). In Argentinien erreichte nach dieser Quelle die Überbewertung betriebsintern importierter Waren – nichts anderes als handfeste Betrügereien gegen die Gastgebernation – bis zu 1900 Prozent, in Kolumbien sogar bis zu 6400 Prozent!

In Mexiko waren multinationale Firmen nach Meinung von Boris maßgeblich an der Entstehung des Handelsbilanzdefizits – einer der wichtigsten Ursachen des Schuldendebakels von 1982 – beteiligt gewesen, da der Wert der von ihnen bezogenen Importe durch ‹konzerninterne Verrechnungspreise› gegenüber der Mutterfirma in den Metropolenländern drei- bis viermal höher lag als der Wert der von ihnen getätigten Exporte. Damit erreichte ihr Beitrag zum Defizit von 1971–1981 zwischen 59 und 82 Prozent des gesamten Fehlbetrags (014/S. 74). Mit diesen andauernden Griffen in die Trickkiste – und dazu gehört eben auch das Umgekehrte, die Unterbewertung von Exporten eigener Produkte, wodurch die (offiziell deklarierten) Gewinne des Unternehmens geschmälert und folglich nicht nur die Devisen-, sondern auch die Steuereinnahmen des Gastlandes geschmälert werden – prellen multinationale Firmen Lateinamerika Jahr für Jahr um Milliarden Dollar.

Diese Problematik macht gewiss nicht nur diesem Erdteil zu schaffen, sondern Staaten in allen Teilen der Welt, auch der nördlichen Hemisphäre, wo die meisten dieser multi- oder transnationalen Firmen ‹beheimatet› sind. Aber es ist klar, dass die Praxis buchhalterischer Manipulationen zwecks Maximierung der Gewinne in unterentwickelten Ländern noch viel schlimmeren Schaden anrichtet als in den Industriestaaten selbst. Wie gesagt, wird man auf die Präsenz von ausländischen Unternehmen kaum verzichten können. Die Herausforderung besteht für Lateinamerika vielmehr darin, die Mechanismen illegaler Bereicherung fremder Kapitalgruppen zu durchschauen, dementsprechende Schlüsse zu ziehen und diese Erkenntnisse auch durch die Einführung restriktiver und wirksam regulierender Gesetze in die Tat umzusetzen, um diesen Formen von schamloser Ausbeutung Einhalt zu gebieten. Die Art und Weise, wie zum Beispiel Südkorea und Malaysia solche Probleme mit Hilfe von staatlicher Intervention gelöst haben (052/S. 168 ff. und 183 ff.), könnte Lateinamerika zumindest als instruktives Beispiel dienen. Wie weit es gelingen kann, die Transnationalen mit einem Arsenal von Gesetzen, Vorschriften und Anreizmechanismen zu ‹zähmen› (S. 214), ist und bleibt auf dem Subkontinent freilich aus verschiedenen Gründen bis auf Weiteres eine offene Frage.

Die Befürworter des transnationalen Kapitals führen immer ins Feld, dass eines von dessen angeblichen Verdiensten die Überführung technologischer Kenntnisse in die Empfängerländer sei. Noch einmal können wir uns auf den bürgerlich gesinnten Chilenen Sunkel berufen, der dieser These prinzipiell widerspricht (077a/S. 131–132). Die Multis, so behauptet er, hätten in der Regel wenig Interesse an einem Technologietransfer. Meistens ließen sie nicht einmal ihre lokalen Filialen technologische Forschung betreiben, geschweige denn andere (nationale Firmen). Zudem tolerierten sie den Export ihrer Produkte in industrialisierte und andere Länder nur so weit, wie es ihren globalen Interessen entspricht, und blockierten womöglich gar noch die Entwicklung des lokalen Marktes mit der Verweigerung von Lizenzen, Marken und Patenten. Vor allem aber, betont Sunkel, plünderten sie die Devisenreserven der Entwicklungsländer mittels Heimführung ihrer Gewinne, Zinsen, Royalties, Zahlungen für Verwaltungsarbeit und ‹technische Hilfe›. Dadurch werde der Blutverlust, den der Schuldendienst verursacht, nur noch verschlimmert.

Katz, einer der versiertesten Kenner dieser Materie, charakterisiert das Patent – er bezieht sich dabei spezifisch auf die Pharmaindustrie in seinem eigenen Land, Argentinien – als Instrument zur monopol- oder oligopolartigen Beherrschung von Märkten, besonders in der Dritten Welt (062/S. 80–81 und 86–87). Gerade in diesem Sektor werfen multinationale Firmen manchen Schwellenländern ‹Diebstahl von geistigem Eigentum› vor, wenn lokale Unternehmen locker Formeln und Verfahren kopieren, ohne sich um Patente und Lizenzen zu kümmern. Die Manager des transnationalen Kapitals verüben jedoch im illegitimen Umgang mit ihren Patenten oft noch viel schlimmeren Diebstahl und schädigen damit die Ökonomie der Gastgeber erneut. Beim Urheberrechtsschutz sitzen die Entwicklungsländer nach Beobachtungen eines nüchtern und neutral wirkenden Fachmannes (065/S. 183) fast immer am kürzeren Hebel, da praktisch alle wichtigen Patente von Urhebern in Industrieländern gehalten werden. Ist es also letztlich doch so, dass Kapitalinvestitionen und Technologietransfer wirklich nur subtilere Mittel der Beherrschung darstellen als der Raubkolonialismus alter Prägung, wie der deutsche Politikwissenschaftler Dieter Senghaas schon in den Siebzigern postulierte (101/S. 18)?

Ein Aufholen des wirtschaftlichen und technologischen Rückstandes wird für Lateinamerika nur dann möglich sein, wenn es unter Mobilisierung aller Kräfte eigene technologische Kapazitäten schafft und sich aus der Verpflichtung zu Lizenzzahlungen und anderen Abhängigkeitsformen lösen kann. Gewisse Lernprozesse durch Imitation, Spillover-Effekte genannt, firmeninterne Ausbildung (wie sie einige transnationale Firmen anbieten), Abwanderung von Arbeitskräften, die ihr erworbenes Wissen mitnehmen und in anderen, womöglich selbst gegründeten Unternehmen zur Anwendung bringen, sowie andere Folgen, die als positiv betrachtet werden können, sind nicht ausgeschlossen. Ihre Nützlichkeit und Nachhaltigkeit sind aber aus verschiedenen Gründen, die noch dargelegt werden sollen, begrenzt.

Lateinamerika muss sich Klarheit darüber verschaffen, dass das Fremdkapital nie aus Nächstenliebe in ihre Länder kommt, sondern immer dem Grundgesetz des Kapitalismus gehorcht und folglich die größtmögliche Gewinnrate sucht. Alles andere ist für die ausländischen Unternehmer im Prinzip Nebensache oder störendes Beiwerk. Philanthropen sind in der Geschäftswelt eine äußerst rare Spezies. Mit all den Machtmitteln, die ihnen heutzutage zur Verfügung stehen, verfügen die Multinationalen über eine Autonomie, die sie de facto in einen politischen Akteur auf dem internationalen Parkett verwandeln (eine Rolle, die früher nur Staaten spielen konnten). Die politischen Limits dieser Autonomie harren zu Beginn des 21. Jahrhunderts noch immer einer global verbindlichen Definition. Ausländische Direktinvestitionen, so räumt Nobelpreisträger Stiglitz (109/S. 86) ein, hätten eine wichtige Rolle bei vielen – wenn auch nicht bei allen – wirtschaftlichen Erfolgsgeschichten in Ländern wie Singapur, Malaysia und sogar China gespielt. Es gebe jedoch auch einige bedeutsame Nachteile. Wenn ausländische Firmen in einem Land aktiv werden, verdrängten sie oftmals ihre inländischen Rivalen und machten damit alle Hoffnungen von Kleingewerbetreibenden zunichte, einen lebensfähigen heimischen Wirtschaftszweig aufzubauen.

Mit der wirtschaftlichen Öffnung Chinas und seinem Aufstieg zum Status einer industriellen Großmacht (‹Werkstatt der Welt›) kündigt sich jetzt die Möglichkeit einer tiefgreifenden Veränderung in der Wertschöpfungskette an. Immer mehr Multis verlagern – ein Prozess, den man in der gesamten industrialisierten und semi- oder pseudoindustrialisierten Welt beobachten kann – immer wichtigere Teile des Produktionsablaufes in das Reich der Mitte und in andere Länder jener Region, die ähnliche Standortvorteile offerieren. Diesen Trend bekommen früher oder später auch Länder wie Mexiko oder Brasilien zu spüren. Die Existenz billiger Arbeitskräfte ist ja, wie wir schon bei den Ausführungen über die Standortwahl von Fremdinvestitionen gesehen haben, nur einer von vielen Faktoren, die ins Gewicht fallen. Theoretisch eröffnet sich dabei China und den ‹neuen› Empfängerländern ausländischer Direktinvestitionen die Chance, in der letzten und lukrativsten Phase der Wertschöpfungskette einzuhaken und abzusahnen. Ob es ihnen gelingen wird, den eigenen Anteil an den globalen Gewinnen zu erhöhen und ihn allenfalls in echte Entwicklungsschübe umzumünzen, hängt von diversen Entscheidungen ihrerseits ab. Erstens von der Fähigkeit ihrer eigenen Regierungen, die Manipulationen der transnationalen

Giganten bei der Gestaltung der internen Verrechnungspreise (der Über- und Unterfakturierung) zu durchschauen. Zweitens von ihrer Entschlossenheit, diesen Praktiken einen Riegel vorzuschieben, und von einer allfälligen Reaktion der Investoren auf solche Regulierungen. Drittens von der staatspolitischen Weisheit der Herrschender jener NICs (newly industrialized countries) der neuesten Generation, eine nachhaltige Entwicklungsstrategie mit dem Ziel einer eigenständigen technologischen Forschung zu entwerfen, um die anfallenden Früchte auch über die gegenwärtige Konjunktur hinaus genießen zu können.

Sind ausländische Direktinvestitionen an sich schon eine komplexe und problematische Angelegenheit, die in den unterentwickelten Ländern die Präsenz eines starken, wachsamen und effizienten Staates erfordert, so macht die Neigung des transnationalen Kapitals, seine Allmacht durch Kartelle zu konsolidieren, Aufsicht und Kontrolle erst recht schwierig. Manche Firmen versuchen, den Wettbewerb durch Preisabsprachen im trauten Kreise der Mächtigsten, durch friedliche Aufteilung der Märkte unter sich oder durch Fusionen und Allianzen in ihrem ureigensten Interesse auszuschalten.

Kapital- und Steuerflucht

Dic auf rund 800 Milliarden Dollar angeschwollenen Auslandsschulden Lateinamerikas erfordern jedes Jahr Zinszahlungen in einer Höhe von mehreren Dutzend Milliarden. Das allein stellt wiederum ein Mehrfaches dessen dar, was der Norden dem Halbkontinent in Form von Entwicklungshilfe gewährt.

Wir haben schon festgestellt, dass diese grenzen- und verantwortungslose Schuldenpolitik ohne gravierende Auswüchse der Korruption undenkbar wäre. Die ganze Problematik wird nicht nur durch eine phasenweise galoppierende Kapitalflucht, sondern ebenso durch chronische Steuerflucht verschärft. Es ist seit langem ein offenes Geheimnis, dass ein erheblicher Teil der lateinamerikanischen Auslandsschulden als Fluchtkapital auf den Konten der Profiteure in allen möglichen Finanz- und Steuerparadiesen der Erde verborgen liegt. Gäbe es rechtskräftige, verbindliche internationale Normen zur Identifizierung solcher Konten, würde es genügen, sie zu blockieren und zu konfiszieren und die Saldi zur Begleichung der Schulden zu verwenden. Calcagno (018/S. 218–220) kommt in der Tat zum Schluss, dass die bis 1985 kumulierte Kapitalflucht in

Argentinien, Mexiko und Venezuela etwa das gleiche Ausmaß erreichte wie der Schuldenberg dieser Länder und dass jede der drei Nationen folglich mit einer derartigen – hypothetischen – Konfiskation von allen Schulden befreit werden könnte

Die Steuerparadiese dienen nach Erkenntnissen von Ziegler (130/S. 129–130, 137) auch dazu, Schmiergelder in andere Länder (vor allem der Dritten Welt) zu schleusen, ohne dass die betreffende OECD-Konvention verletzt wird. Derselbe Autor verweist darauf, dass die transnationalen Kartelle des organisierten Verbrechens vor allem dank der Steuerparadiese florieren. Dabei stellten sie eine tödliche Bedrohung für die neuen Herrscher der globalisierten Welt selbst dar. Laut Schätzungen des britischen Hilfswerkes Oxfam gingen andererseits den Staaten der Dritten Welt durch verminderte und verlorene Steuereinkünfte jährlich etwa weitere 50 Milliarden Dollar verloren.

Senghaas beschrieb schon 1974 (101/S. 30) die offenen und versteckten Mechanismen der Überführung von Mehrwert, der in den unterentwickelten Ländern erzeugt wird, in die Industriestaaten und Steuerparadiese. Er legte dar, wie der Dritten Welt dadurch immer mehr Kapital entzogen wird und die erbeuteten Geldmittel von den Profiteuren unproduktiv, ja oft geradezu kopflos verschleudert werden. Hätte man diesem globalen Unsinn zu jenem Zeitpunkt (Mitte der Siebziger), als die Existenz dieser perversen Mechanismen in der Theorie schon hinreichend bekannt und auch in der Praxis nachweisbar war, mittels internationaler Konventionen Einhalt geboten, wären der Dritten Welt zahllose Finanz- und Hungerkrisen wie auch der Abstieg in immer elendere, ungerechtere, empörendere Zustände wohl erspart geblieben. Heute bilden die Steueroasen (dazu eine vortreffliche Analyse in der FR, 03.02.2003) ein noch viel größeres Ärgernis, als sie es vor einem Vierteljahrhundert schon waren. Denn das Krebsübel der Raubritterei hat mittlerweile rund um den Globus zum Schaden der Habenichtse ein noch viel skandalöseres Ausmaß angenommen.

Der IWF schafft mehr Probleme, als er löst

Politiker, Ökonomen, Gewerkschaftler und gewöhnliche Leute in Lateinamerika kritisieren immer häufiger, dass der IWF für Dritte-Welt-Länder nur das eine Rezept der Sparpolitik bis zur Auszehrung zu kennen scheint. Schon Prebisch hatte konstatiert, dass die

‹Gringos› in Washington den Ländern des Südens in Notfällen unerbittliche Sanierungsmaßnahmen diktierten, während sie selbst in ähnlichen Situationen ganz andere Wege beschritten. «Wir hatten erwartet, dass die USA, die uns immer fiskalische Orthodoxie empfohlen hatten, sich eben daran halten würden und ihr Budgetdefizit mit Steuererhöhungen und einem Ausgabenstopp ausgleichen würden. Stattdessen haben sie die Zinsen (der Autor bezieht sich hier auf die Ereignisse von 1980/81) maßlos erhöht, um lokales und fremdes Kapital anzulocken und so ihren Etat ins Gleichgewicht zu bringen.» (095/S. 190)

Genau dasselbe fragt sich zwei Jahrzehnte danach auch der bekannte Wirtschaftswissenschaftler und Publizist Paul Krugman, als er sich mit der Asienkrise von 1997/98 befasst (068/S. 103–104, 111): Warum müssen Entwicklungsländer in Krisen das Gegenteil von dem machen, was in den Industriestaaten als vernünftig gilt, nämlich der Rezession gegensteuern?

Die ‹Strukturanpassungsprogramme›, welche die Weltbank und der IWF für Staaten der Dritten Welt entworfen haben, denen die Schulden über den Kopf hinausgewachsen sind, umfassen im Wesentlichen zwei zentrale Elemente: Stabilisierung und Strukturreform. Erstere zielt auf die Wiederherstellung der Zahlungsfähigkeit ab. Die zweite beinhaltet Liberalisierung, Deregulierung, Privatisierung und Abbau staatlicher Monopole, Abkehr von administrierten Löhnen und Preisen sowie Verwaltungsreformen (113/S. 280–281). Damit soll das freie Spiel der Marktkräfte ermöglicht und eine generelle Effizienzsteigerung erzielt werden.

Joseph Stiglitz ist als ehemaliger Spitzenfunktionär der Weltbank und preisgekrönter Ökonom sicher ein Kronzeuge im ‹Prozess›, der in den letzten Jahren von den unterschiedlichsten Anklägern gegen den IWF angestrengt worden ist. Seine Kritik am Fonds (109/S. 12–13, 30) ist unerbittlich und vorerst einmal genereller Art: Fünfzig Jahre nach seiner Gründung stehe fest, dass der IWF seinen Auftrag nicht erfüllt habe. «Er hat nicht das getan, was er hätte tun sollen: für Länder, die von einem Abschwung bedroht sind, Gelder bereitzustellen und ihnen so die Möglichkeit zu geben, sich zu erholen und wieder annähernde Vollbeschäftigung zu erreichen …» Viele der wirtschaftspolitischen Auflagen des IWF, vor allem eine verfrühte Liberalisierung des Kapitalmarkts, erhöhten vielmehr die Instabilität der Weltwirtschaft.

Wenn Krisen auftraten, habe der IWF überholte, ungeeignete ‹Standardlösungen› angeordnet, ohne sich um die Auswirkungen auf die Menschen in den Ländern zu kümmern, die diese Vorgaben umsetzen sollten, fährt Stiglitz fort. Es habe immer nur ein Rezept gegeben. Alternative Meinungen waren unerwünscht: «Es gab kein Forum für offene, freie Diskussion, ja, diese wurde sogar unterbunden. Ideologische Erwägungen bestimmten die wirtschaftspolitischen Auflagen, und von den um Beistand ersuchenden Ländern erwartete man, dass sie die Vorgaben des IWF ohne Diskussion umsetzten.»

An einer anderen Stelle seines Buches (S. 93) beklagt der weltbekannte Volkswirt, dass der IWF wirtschaftspolitische Maßnahmen erzwungen habe, die zur Vernichtung von Arbeitsplätzen führten, bevor die wichtigsten Voraussetzungen für die Schaffung neuer Arbeitsplätze erfüllt waren. Er habe Privatisierungen durchgesetzt, bevor es ausreichenden Wettbewerb und angemessene Aufsichtsstrukturen gab. Offene Märkte, so schließt er, seien eben kein Allheilmittel.

Die Ökonomen des IWF, so berichtet Stiglitz weiter (S. 51), konnten die kurzfristigen Auswirkungen ihrer politischen Empfehlungen auf das Land ignorieren, denn sie begnügten sich mit dem Glauben, dass das Land langfristig besser dastehen würde. Etwaige negative Auswirkungen auf kurze Sicht seien gleichsam die läuternden Schmerzen, die notwendigerweise zu dem Prozess gehörten. Rasch steigende Zinsen mögen zwar laut IWF-Philosophie zu Hungersnöten führen, aber die Markteffizienz erfordert einfach freie Märkte. Auf lange Sicht führe diese Effizienz ‹notgedrungen› zu Wachstum, und Wachstum kommt bekanntlich – so wenigstens lautet das Dogma – allen zugute. Leid und Not von Millionen sind für die Bürokraten des Fonds somit Teil der Katharsis und beweisen, dass ein Land laut Doktrin auf dem richtigen Weg ist. Als notwendiges Übel nimmt man selbstredend auch hin, dass die Reichen infolge der verschriebenen Medizin noch reicher und die Armen noch ärmer werden.

Boden- oder Landreformen stehen nicht im Programm des IWF, obwohl sich diese in einigen asiatischen Ländern als wichtige Voraussetzung für eine nachhaltige und erfolgreiche Entwicklung erwiesen hat. Und obwohl das Fehlen hinreichender Regulierung des Finanzsektors rund um die Welt Krisen und Instabilität auslöste, drängte der IWF beharrlich auf Deregulierung, bis er durch die Ostasienkrise gezwungen wurde, an seinem Kurs wenigstens gewisse Änderungen vorzunehmen. Die Länder jener Region, so Stiglitz (109/S. 111–112), waren nicht **trotz** der Tatsache, dass sie die meisten Diktate des ‹Washingtoner Konsenses› nicht befolgt, sondern **weil** sie es nicht getan hatten, erfolgreich gewesen. Die zentrale Rolle, die der Staat gespielt hatte, war meilenweit von dem minimalistischen Staatsmodell entfernt, das dem ‹Konsens› so teuer ist.

Argentinien hat hingegen unter Präsident Menem während eines vollen Jahrzehnts die Anweisungen des Fonds recht genau befolgt. Dafür genoss es in dieser Zeit den Status eines ‹Musterschülers›. Der Staatschef durfte seine Erfahrungen und Weisheiten mehrmals vor erlauchtem Publikum darlegen und war jedes Mal warmen Beifalles sicher. Andererseits duldete der IWF die Existenz verschiedenartiger Missstände, ohne die Anzeichen des aufziehenden Gewitters zu bemerken: eine Korruption, die eher noch schlimmere Blüten trieb als in den Zeiten staatlicher Subventions- und Interventionspolitik; die Aufblähung des Konsumbooms auf Pump und mit überbewerteter Währung; das explosive Anwachsen der Defizite in den öffentlichen Budgets auf allen Ebenen ab Mitte der Neunziger und die ungezügelte Emission von Schuldpapieren. Als das Kartenhaus Ende 2001 unter Präsident Fernando De la Rua vollends einstürzte, als das spekulative Kapital, das jahrelang von den hohen Zinsen auf dem lokalen Markt profitiert hatte, das Land am La Plata fluchtartig verließ, saß der IWF ebenso tief in der Tinte wie Argentinien selbst. Denn dieses schuldete ihm 14,7 Milliarden Dollar und der Weltbank sowie der Interamerikanischen Entwicklungsbank insgesamt 17 Milliarden (NZZ, 09.09.2003).

Rüdiger Dornbusch, ein ebenfalls international bekannter Volkswirt, der die sanierungspolitischen Richtlinien des Währungsfonds im Gegensatz zu Stiglitz und Krugman unterstützte, beschwor die Einheimischen nun mit dramatischen Worten. Die schwere wirtschaftliche und soziale Krise übersteige die Kräfte der Argentinier, behauptete er. «Die Lösung, welcher Art sie auch immer sein wird, muss nicht nur von Ausländern entworfen, sondern auch ausgeführt werden.» (Clarín, Buenos Aires, 03.03.2002) Anstatt den ‹weisen› Ratschlag Dornbuschs zu befolgen, besannen sich die Argentinier unter De la Ruas Nachfolgern, den Präsidenten Eduardo Duhalde und Néstor Kirchner, auf ihre eigenen Kräfte, die ihnen Dornbusch aberkannt hatte. Nach der Erklärung der Zahlungsunfähigkeit bei mehr als der Hälfte aller Auslandsschulden – dem größten Staatsbankrott der Geschichte – ergriff Duhalde, Chef einer auf sechzehn Monate befristeten Übergangsregierung, Maßnahmen zu einer allmählichen Reaktivierung der schwer angeschlagenen Binnenwirtschaft. Es gelang ihm auch, dem IWF das Zugeständnis eines Überbrückungskredits für die Dauer von acht Monaten abzuringen. Als dessen Rückzahlung unter Nachfolger Kirchner fällig wurde, ließ sich dieser auf eine Pokerpartie ein. Er zögerte die Amortisation von 2,9 Milliarden Dollar so lange hinaus, bis sie überfällig war – und bis der Fonds zum Abschluss eines neuen, auf drei Jahre befristeten Abkommens über 12,5 Milliarden Dollar zu Bedingungen bereit war, die Buenos Aires tragbar erschienen (NZZ, 11./12.09.2003).

Zum ersten Mal hatte es ein hoch verschuldeter Staat der Region gewagt, den Währungsfonds herauszufordern und einen wirtschaftspolitischen Kurs einzuschlagen, der dessen Direktiven diametral zuwiderlief. Damit soll nicht gesagt sein, dass Argentinien dem Beispiel südostasiatischer Nationen gefolgt sei. Der Unterschied ist zu groß: Während jene schon vor vielen Jahren auf die eigene Intelligenz vertraut hatten, erfolgte die Distanzierung zum Fonds am La Plata erst, als es viel zu spät war. Immerhin konnte das bankrotte Argentinien der Welt zeigen, dass es beim Seilziehen der Jahre 2002 und 2003 mit dem IWF nicht a priori als Verlierer dastand. Dass jener – zumindest vorübergehend – sogar klein beigeben musste. Wenige Wochen nach diesem ‹Sieg› legte die Regierung Kirchner ihren ungeduldig wartenden Gläubigern einen ‹Umschuldungsplan› vor. Es war nicht leicht auszumachen, wie viel dabei Pragmatismus und Realismus, wie viel Zynismus und wie viel Unverschämtheit war. Sie bot jenen an, zwischen neuen Papieren mit Abschlägen von durchschnittlich etwa zwei Dritteln des Nominalwerts zu wählen … ein böses Erwachen für Hunderttausende Investoren, Privatpersonen wie auch Fonds und Institutionen in aller Welt, die blauäugig an die grenzenlose Zahlungsfähigkeit dieser südamerikanischen Nation geglaubt hatten und sich von der Hätschelpädagogik des IWF einlullen ließen.

Ungleiche Ellen für Schuldner und Gläubiger

Der IWF hat in Lateinamerika – wie auch in anderen Erdteilen – den Volkszorn auf sich gezogen, weil seine wirtschaftspolitischen Diktate oft geradezu grotesk einseitig diejenigen Sektoren begünstigen, die ohnehin vor Macht, Privilegien und Reichtum strotzen: Latifundisten und ‹moderne› Agrarunternehmen, das transnationale Kapital, die ausländischen und einheimischen Großbanken und jene Exportfirmen, die auf dem Weltmarkt mitreden können. Just jene Sektoren also, die von der Verschuldung am meisten und oft auch am schamlosesten profitiert haben. Und auch weil dieselben Diktate die Mehrheit der Bevölkerung, die ohnehin seit jeher am Rande des Existenzminimums dahinvegetiert und keinerlei Verantwortung für die kopflose Schuldenpolitik trägt, weit über Gebühr belasten.

Die Krise führt – wie Susanna Sottoli in ihrer bereits erwähnten Studie (108/S. 93–95) bemerkt – an sich schon zu Kürzungen bei den staatlichen Sozialausgaben und den sozialen Dienstleistungen (Bildung, vor allem Grundschulerziehung, Gesundheit). Denn das ist ein zentraler Bestandteil der Anpassungsprogramme, die der IWF und die Weltbank den geplagten und erschöpften Ländern vorschreiben. Diese schmerzhaften Abstriche verschlimmern die sozialen Folgen der Rezession, die fast immer das offenkundigste Symptom der Krise ist. Die Reallöhne von Lehrern und Spitalärzten werden gekürzt. Gleichzeitig steigt die Nachfrage nach den (theoretisch kostenlosen) öffentlichen Dienstleistungen, weil immer mehr Leute kein Geld mehr für private haben.

Wie die Erfahrung zeigt, dauert die Sanierung meistens viel länger als erwartet (S. 106–112). IWF und Weltbank betrachteten die Abfederung der sozialen Kosten vorerst als ‹internes Problem› der Länder. Als jene auch in den Augen der Bürokraten der multilateralen Organismen zu offenkundig und die Protestkundgebungen der betroffenen Bevölkerungskreise mancherorts zu laut wurden, fand der Ruf nach einer ‹Anpassung mit menschlichem Gesicht› und wachstumsfördernden Maßnahmen sogar in Washington – wo der Fonds und die Weltbank daheim sind – allmählich Gehör. Zuerst verlangten diese eine Verbesserung der staatlichen Ausgabenpolitik und ‹Kompensationen› zugunsten der untersten Schichten. Mit der Zeit zeigten sie (in der Theorie) etwas mehr Verständnis für die Nöte von Millionen alter und neuer Armer. Sie nahmen Abfederungsmaßnahmen als ‹Standardkomponenten› in ihre Programme auf, änderten jedoch in der wirtschaftspolitischen Philosophie ihrer Programme im Wesentlichen nichts. Lateinamerika, hieß es, müsse ‹die Wüste durchqueren›. Dass ‹Kompensationen› an sich schon fraglich sind, dass es besser wäre, Sanierung von vornherein so zu konzipieren, dass sozial derart unerträgliche Folgen gar nicht erst auftreten, wurde indessen kaum debattiert.

Die Privatisierung sozialer Dienstleistungen wirkte sich unweigerlich in einem zunehmend nach Einkommensniveau segmentierten Leistungsangebot im Bildungs- und Gesundheitssektor aus (S. 154–160). Also: bessere Schulen für bessere Leute usw. Noch stärker trifft dies auf die Rentenversicherung nach chilenischem Muster zu. Die Weltbank ging immer davon aus, dass sich eine Privatisierung angeblich automatisch in eine qualitative Verbesserung des Angebots übersetzen werde. ‹Alle› könnten aus einem breiten Angebot ‹wählen› – wie wenn es sich um simple Ware handelte und alle Beteiligten über hinreichende Kaufkraft verfügten. Mit der (teilweisen) Privatisierung der Renten- und Krankenversicherungen in den meisten Ländern gewannen die am Geschäft beteiligten privaten Unternehmergruppen stark an Einfluss und erzielten zum Teil fabelhafte Gewinne. Besonders in Argentinien scheiterte dieses System dann aber praktisch auf der ganzen Linie. Dort stehen infolge des Staatsbankrotts und Börsenkrachs von 2001 /02, welche viele private Pensionskassen in den Ruin trieben, Millionen Staatsbürger mit leeren Händen vor der Zukunft.

Während IWF und Weltbank auf eine Reform der Sozialpolitik drängen und den notleidenden Staaten eine makroökonomische Orientierung aufzwingen, die von den unteren Schichten enorm viel Schweiß und Tränen abverlangt, werden die Gläubiger – von denen viele leichtsinnig auf raschen und saftigen Gewinn spekuliert haben – mit Samthandschuhen angefasst. Wenn größere Ökonomien wie Mexiko, Brasilien und Argentinien ins Schleudern gerieten, übten nach Informationen des ‹Wall Street Journal› vor allem US-Banken und Investitionsfonds Druck auf die Washingtoner Regierung und den IWF aus. Diese sollten den Schuldnerstaaten ‹Überbrückungskredite› mit dem Ziel gewähren, dass private Großgläubiger noch rechtzeitig vor dem kompletten Zusammenbruch der Wirtschaft des Gastlandes ‹herausgehauen› (bailed out) werden konnten (Elmar Altvater in: Weltwoche Nr. 33/02).

Mit seinen ‹Paketen› hilft der IWF auch nach Ansicht von Soros den Gläubigern und verführt sie dazu, verantwortungslos zu handeln. Damit wird das internationale Finanzsystem mit zusätzlicher Instabilität belastet (107/S. 212). Stiglitz warnt ebenfalls vor den

Nebeneffekten solcher Bail-out-Feuerwehraktionen: Sie dienten nicht bloß der vorübergehenden Stützung taumelnder Währungen; sie versetzten die Länder auch in die Lage, Firmen, die bei westlichen Banken Kredit aufgenommen hatten, mit Dollars zu versorgen, damit sie ihre Schulden zurückzahlen konnten (109/S. 115). Im Klartext: Man halst dem von der Pleite bedrohten Entwicklungsland noch einmal mehr Schulden auf, um die Gläubiger vor Verlusten zu retten. Dabei ist eine weitere Konsequenz nicht zu vermeiden: Vermögende Inländer packen die Gelegenheit beim Schopf, um ihr Geld zu einem künstlich niedrig gehaltenen Wechselkurs zu tauschen und es ebenfalls noch rasch ins Ausland zu schaffen. Indem der IWF zum Beispiel in Argentinien und Brasilien die Überbewertung der lokalen Währung mit immer neuen Krediten unterstützte, erleichterte er die Kapitalflucht der Reichen. Gleichzeitig half er den Gläubigern mit dem Bail-out, zu ihrem Geld zu kommen. Die Zeche musste von den einheimischen Steuerzahlern und mit Rezession, noch höherer Arbeitslosigkeit und noch schlimmerer sozialer Not bezahlt werden. Der IWF hat sich damit wiederholt ausdrücklich auf die Seite der Reichen gestellt (S. 240–241).

Der Währungsfonds spielt seine Macht rücksichtslos aus, und die meisten Regierungen kuschen vor ihm aus purer Angst. Hier muss noch einmal unser Kronzeuge Stiglitz herhalten. Nach dem Ausbruch der Krise (Mitte 1997) wussten nach seiner Beobachtung in Südostasien viele, «welche Maßnahmen zur Schadensbegrenzung notwendig waren – aber sie wussten auch, dass der IWF ihnen die rote Karte zeigen würde, wenn sie diese Maßnahmen ergriffen ... Letztlich war nur Malaysia mutig genug, sich dem Zorn des IWF auszusetzen; und obgleich die Wirtschaftspolitik von Premierminister Mahathir – das Bemühen, die Zinsen niedrig zu halten und den raschen Abfluss spekulativer Gelder zu bremsen – von allen Seiten heftig angegriffen wurde, war der Abschwung in Malaysia kürzer und flacher als in allen anderen Ländern der Region.» (109/S. 113)

Indem also der Fonds als ‹Lender of last Resort› (letztinstanzlicher Garant) einspringt, verleitet er – wie auch Koch, ein immer technisch argumentierender Autor, beklagt (065/S. 204) – Anleger und Spekulanten erst recht zur Verantwortungslosigkeit (‹Moral Hazard›). An sich werde die Notwendigkeit, bei Krisen schnell und effizient Liquiditätshilfen bereitzustellen, kaum bestritten. Vor allem dann nicht, wenn Länder betroffen sind, die ohne eigenes

Verschulden, beispielsweise infolge internationaler Finanzkrisen, in die Klemme geraten sind. Viel besser aber wäre es, der Fonds würde – wenn schon – im Vorfeld der nächsten Krise eingreifen und nicht erst dann, wenn das Geschirr schon zerschlagen ist.

Bittere Bilanz

Der Washingtoner Konsens hat Lateinamerika die erhoffte und versprochene Prosperität nicht beschert. Der Subkontinent ist gegenüber internationalen Finanzkrisen noch anfälliger geworden. Unter dem Einfluss der Neoliberalen hat die Wirtschaftspolitik in der Region absoluten Vorrang vor jeglichen Ansätzen zu Sozial-, Umwelt- und Regionalpolitik erlangt. Die Bresche zwischen Wohlhabenden und Habenichtsen ist in fast allen Ländern noch breiter und noch tiefer geworden. Lateinamerika bekommt immer schonungsloser zu spüren, dass die freie Marktwirtschaft zu noch mehr Reichtumskonzentration führt und dass die Globalisierung, wie Creutz Schritt für Schritt offen legt, in der absoluten Herrschaft des Geldes rund um den Globus gipfelt (024/S. 493, 497–502).

Die Folgen sind für die lateinamerikanischen Volkswirtschaften doppelt dramatisch: Sie werden erstens vom reichen Norden mittels ungerechter Austauschbedingungen, einer eigennützigen Subventionspolitik, massiver buchhalterischer Manipulationen der Multis, der Errichtung von Oligopolen und Kartellen, ständiger Abwerbung von Talenten (die teilweise allerdings auch von den Entwicklungsländern selbst durch Korruption, Populismus und Diktaturen gefördert wird) sowie der perversen Mechanik der Verschuldung ausgesogen und ausgelaugt. Zweitens verflüchtigt sich ein großer Teil des Fremdkapitals (die spekulativen Anlagen) bei den ersten Anzeichen einer – womöglich nur vermeintlichen – Finanzkrise im betreffenden Gastland und verschlimmert damit die Lage schlagartig.

Es sei hier nicht in Abrede gestellt, dass in Lateinamerika einige Städte und Regionen (zum Beispiel Santiago und unmittelbar südlich davon gelegene Gebiete, wo Obst- und Weinbau eine gewisse Bonanza induziert haben) von der Orientierung der Wirtschaft auf den Weltmarkt – wenn auch vielleicht nur vorübergehend – profitieren können. Diese ‹Pionierregionen› erweisen sich aber nicht als die erhofften Eldorados. Und ebenso wenig kann man übersehen, dass die Gesellschaft auch dort in Gewinner und Verlierer gespalten wird. Im Zeichen des Neoliberalismus und der Einbindung in die globalisierte Wirtschaft nimmt die soziale Fragmentierung immer mehr zu. Und die Kehrseite dieser Entwicklung sieht noch bedrückender aus: Ganze Regionen fallen, wie Robert Kurz mehrfach beobachtet (070/S. 241, 246–247, 249, 254), aus dem System heraus: Ihre Industrien werden durch gnadenlose Konkurrenz niedergerungen. Manchmal werden sie, wie in Lateinamerika gehabt, mittels Verschuldung künstlich noch am Leben erhalten, bis sie endgültig im Klub der Armen landen. Ein weltweiter Trend zur Polarisierung ist klar ersichtlich: immer weniger starke und stärkste gegen eine Vielzahl von kleineren und schwächeren Unternehmen und Staaten.

Eine der zentralen Missionen des IWF und der Weltbank scheint darin bestanden zu haben, eine Rückkehr zu nationaler ‹Selbstgenügsamkeit›, wie sie Lateinamerika in den dreißiger und vierziger Jahren versucht hat, in der zweiten Hälfte des 20. Jahrhunderts zu verhindern. Nach dem Ausbruch der Schuldenkrise von 1982 setzten sie alles daran, die Bildung eines Schuldnerkartells zu blockieren, indem sie mit jedem der in Not geratenen Länder separat verhandelten und jedem eine ‹den lokalen Bedürfnissen angepasste Lösung› bereitstellten. Das Ergebnis dieser Strategie kann sich auf den ersten Blick sehen lassen: Die Befürchtung, dass sich das regionale Debakel zu einer globalen Krise ausweiten könnte, ist nicht Realität geworden. In den Schuldnerländern der Region sieht man das alles freilich ein bisschen anders. Die wiederholten Umschuldungsmanöver ohne – oder mit ungenügendem – Schuldenerlass haben nur zu einer Multiplikation der Schulden geführt.

Die Ultima Ratio des Washingtoner Konsenses liegt auf der Hand: Alles läuft darauf hinaus, in der Leistungsbilanz eines krisengeschüttelten Landes – koste es, was es wolle – Überschüsse zu erzielen, um eine Normalisierung des Schuldendienstes zu ermöglichen. Man ahnt immer deutlicher, wo der Hund begraben liegt. Unterentwicklung ist, wie Senghaas schon vor drei Jahrzehnten festgestellt hat (101/S. 18–20), nicht Durchgangsstadium, sondern integrales Moment des Weltwirtschaftssystems und die Verelendung immenser Volksmassen die unausweichliche Folge. Wo es in Lateinamerika selbst Privilegierte gibt, die am Tisch der Reichen und Mächtigen der Erdgesellschaft mitessen dürfen, üben sie fast immer die Funktion von Helfern und Vermittlern im Dienste jener ‹höheren›

Interessen aus. Und in einem weiteren Punkt kann man diesem Autor ganz speziell beipflichten (S. 21): Von einem Nord-Süd-Konflikt kann eigentlich nicht die Rede sein. Denn das würde Gleichwertigkeit der beiden Erdhälften voraussetzen. In Wirklichkeit ist das ein Verhältnis von Herr und Knecht

V. Das hochgesteckte Ziel der Demokratie

> «Die Demokratie ist ein zartes Pflänzchen, das Mühe hat, in den Tropen zu wachsen.» *Sérgio Buarque de Holanda*

> «Wir handeln, denken, entwerfen Ideen und versuchen voranzukommen, indem wir nicht ein wirkliches Land, sondern ein Land auf Papier gestalten. Die Verfassung, die Gesetze ... alles in Kolumbien ist großartig. Alles, was auf dem Papier steht. Aber es hat nichts zu tun mit der Realität.»
> *Gabriel García Márquez*

In den vorangegangenen Kapiteln haben wir uns mehrheitlich mit exogenen Hemmnissen und Blockaden der Entwicklung in Lateinamerika befasst. Es gibt aber auf dem Subkontinent in intellektuellen und politischen Kreisen die Tendenz, alle Missstände und alle Misere mit schädlichen Einflüssen von außen zu erklären. Es ist jetzt an der Zeit, dass wir unser Augenmerk auf endogene Faktoren richten, die auch ein beträchtliches Gewicht haben.

Schon in Verbindung mit dem Thema Staat sahen wir, dass die Grenzen zwischen autoritärer und demokratischer Herrschaft in Lateinamerika nicht immer deutlich sind und dass Verdienste wie auch Sünden nicht nur auf der einen oder anderen Art von Regimen abgebucht werden können. Wie Puhle bemerkt, ist Demokratie hier nicht einfach Demokratie und Diktatur nicht immer gleich Diktatur (063 b/S. 28). «Es gibt sehr verschiedene Ausprägungen, Funktionen, Stadien und Mischungen von beiden.» Diktaturen haben in Lateinamerika höchst selten, wenn überhaupt jemals, so eindeutig totalitäre Züge wie in den faschistischen Staaten Europas oder unter der Herrschaft des Stalinismus angenommen. Aber auch die Demokratie hat sich bisher nicht so weit entfalten können wie in der Alten Welt.

Besonders unscharf war die betreffende Grenze seit langem in Mexiko, wo schon im 19. Jahrhundert verschiedentlich von ‹autoritärem Progressismus› und ‹tugendhafter Tyrannei› die Rede war. Die PRI (Partido Revolucionario Institucional), von 1928 bis Ende des 20. Jahrhunderts der alles beherrschende Machtfaktor in diesem

Land, glich viel weniger dem Ideal einer Partei nach westlich demokratischen Vorstellungen als eher einem Apparat wie der Congress Party in Indien oder sogar der chinesischen KP um die Jahrtausendwende. Andererseits enthielt der Estado Novo in Brasilien Elemente des Faschismus, aber auch solche der New Deal Politik Roosevelts (105/S. 164). Vargas verbündete sich mit liberalen Politikern gegen die reichen Kaffeepflanzer, deren Einfluss infolge der Krise von 1929 ohnehin geschwächt worden war. Er versuchte zwar, die Interessen der Zuckerbarone im Nordosten und die der Viehzüchter im Süden zu berücksichtigen, paktierte jedoch gleichzeitig mit Teilen des städtischen Mittelstandes und der unteren Schichten. Anstelle einer oligarchisch-kapitalistischen Allianz sollte ein neues Bündnis mit der Industrie- und Handelsbourgeoisie treten (019/S. 71–72). Entgegen einer – nicht nur in Lateinamerika – weit verbreiteten ‹Regel› schwenkte Getúlio (das Volk nannte ihn stets beim Vornamen) im Verlaufe seiner Herrschaft allmählich von einer scharfen Rechtsposition ins Lager der Linken hinüber. Am Ende seiner ersten Regierung (1945) entließ er sogar den Kommunistenführer Luíz Carlos Prestes, der einen militärischen Umsturzversuch inszeniert hatte, aus dem Gefängnis und steuerte das Land während seines zweiten, diesmal legitimeren Mandats auf einem recht deutlich linksnationalistischen Kurs. Wieweit das alles Ausdruck eines tatsächlichen ideologischen Wandels war und wieweit es Opportunismus oder gar Ratlosigkeit bedeutete, bleibe dahingestellt.

Ähnlich zwiespältige Eindrücke hat Argentiniens wichtigste Caudillofigur, Juan Domingo Perón, hinterlassen. Ein Bürgertum, das seit dem Putsch von 1930 eine weithin notorische Sympathie für Nazideutschland und das Italien Mussolinis bekundete, bildete den denkbar besten Nährboden für den politischen Wachstumsprozess dieses Politikers in Uniform. Anfänglich, als Arbeitsminister einer faschistenfreundlichen De-facto-Regierung (jener von General Pedro Ramírez), stützte er sich vor allem auf die Offiziersloge GOU, nach seinem Wahlsieg im Spätjahr 1945 dann aber zur Hauptsache auf die im Sturmlauf eroberte Mehrheit im Parlament und auf die Gewerkschaftsbewegung. Doch auch für Perón und seine Anhänger lag die Befolgung demokratischer Normen immer in unmittelbarer Nachbarschaft zu autoritärem Verhalten. Je nach Konvenienz und Laune wurde das eine oder das andere Register gezogen. Wie Vargas spielte der vom Armeeoffizier zum Staatschef mutierte

Caudillo gerne den generösen, von den Volksmassen vergötterten Führer, den ‹Retter des Vaterlandes›. Seine Gattin Evita brachte die emotionale Seite der Macht, Gefühle und Intuition, ins Spiel. Beinahe ihr ganzes Leben war mit Inszenierungen besetzt. Bald spielte sie die ergebene Gemahlin, bald die fortschrittliche Vorkämpferin der Frauenrechte, bald die mit Pelz und Schmuck behangene First Lady und dann wieder die (kinderlose) ‹Mutter der Nation›. Durch Leiden und frühen Tod wurde sie in den Augen ihrer Anhänger ‹unsterblich›.

In einigen Ländern des Erdteils (Argentinien, Brasilien, Chile, Uruguay, Mexiko) ließen sich die neu erwachten Ansprüche der Arbeiterschaft von 1930 an bis in die fünfziger Jahre hinein im Zuge der ISI-Politik relativ leicht mit den Interessen der bürgerlichen Kreise vereinbaren. Vor allem in kleineren, wirtschaftlich schwächeren Ländern wie Bolivien, El Salvador und Nicaragua nahm die politische Entwicklung jedoch einen anderen, viel dramatischeren Verlauf. Dazu scheint die Uneinsichtigkeit der herrschenden Klasse, die dort zu keinerlei Konzessionen an die unteren Volksschichten bereit war, Entscheidendes beigetragen zu haben. Ansätze zu sozialen Aufständen wurden mit aller Brutalität und im Fall des mittelamerikanischen Kleinstaates El Salvador unter Oberst (später General) Maximiliano Hernández Martínez (1931–1942) mit einer Bilanz von Zehntausenden Toten unterdrückt.

Ein besonders starkes Schwanken zwischen Verfassungsmäßigkeit und Diktatur ist in der Geschichte Perus zu beobachten. Dieser Andenstaat weist eine jahrhundertealte politische und soziale Kultur auf, die stark von autoritären Traditionen geprägt ist. Ihre Wurzeln reichen weit zurück bis in die Zeiten des Tahuantinsuyo, der theokratischen Herrschaft der Inkas, die Gehorsam und Unterwerfung mit sozialer Fürsorge und Weitsicht zu kombinieren verstanden. Ihr Reich wurde von den Spaniern mit äußerster Grausamkeit zerstört und durch politische wie auch soziale Strukturen ersetzt, in denen der Autoritarismus Orgien feierte, soziale Erwägungen nunmehr aber völlig missachtet wurden. Auch nach Erlangung der (formalen) Unabhängigkeit bissen sich von Leguía über Benavides und Odría bis hin zu Fujimori immer wieder Männer an der Macht fest, die womöglich mit einer gewissen Dosis demokratischer Legitimität begonnen, aber immer in diktatorischen Auswüchsen geendet haben. Nicht einmal eine quantitativ und ursprünglich auch qualitativ so wichtige Oppositionsbewegung wie die von Haya de la Torre in den 1920er Jahren gegründete APRA (Alianza Popular Revolucionaria Americana) konnte den autoritären Virus von sich fern halten.

Alberto Fujimori, der bisher Letzte in dieser Galerie der peruanischen Selbstherrlichkeit, hat in keinem Moment einen echten und offenen Dialog mit der Opposition gesucht. Auch am Anfang seiner Regierung nicht, als es noch möglich war. Er duldete weder Gewaltentrennung noch irgendeine Form von Überwachung der Exekutive durch die Legislative und suchte bewusst den ‹Eigenputsch›, den er 1992 – weniger als zwei Jahre nach seiner Volkswahl – ausführte. Symptomatisch war dabei, dass sein Wandel zum Diktator vorerst von vielen Peruanern, wahrscheinlich sogar der Mehrheit des Volkes, wie auch von den meisten Unternehmern gebilligt wurde (006/S. 55–57, 64).

Als jüngstes Beispiel der Grenzverwischung zwischen demokratischem und autoritärem Verhalten ist der venezolanische Präsident Hugo Chávez zu nennen. Er schien sich anfänglich als Epigone Peróns zu fühlen. Mit Fidel Castro verbanden ihn dann zusehends der Antiamerikanismus und ein zumindest rhetorisch stechender Antiimperialismus. Seine Anrufungen auf den Befreier Simón Bolívar wirkten indes bald gebetsmühlenartig. Er verdankte seine Wahlerfolge vor allem einem Zustrom der unteren und verarmten mittleren Volksschichten, die er mit grandiosen Versprechen bei der Stange zu halten vermochte. Chávez warf seinen zivilen Amtsvorgängern (gewiss zu Recht) alle erdenklichen Verfehlungen und Laster vor, strebte aber selber unermüdlich nach immer größerer Machtfülle. Vor offen repressiven Eingriffen hütete er sich zwar, schritt jedoch nach der gescheiterten Streik- und Protestbewegung vom Frühjahr 2003, bei der etwa eine Million Menschen auf den Straßen von Caracas seinen Rücktritt verlangten, zu einer umso radikaleren Säuberung in der öffentlichen Verwaltung, vor allem in der staatlichen Erdölfirma PdVSA (Petróleos de Venezuela).

Keime der Mitbestimmung

Die Anfänge der lateinamerikanischen Demokratie sind in den offenen Bürgerversammlungen (Cabildos abiertos) und den damals zumeist von zivilen Bürgergruppen kontrollierten Juntas zu suchen. Dort wurde zu Beginn des 19. Jahrhunderts der Zusammenbruch der kolonialen Herrschaft von ‹subversiven Kräften› (die heute natürlich hochoffiziell als Patrioten anerkannt werden) eingeleitet und der Übergang zum republikanischen Regime vorbereitet. Doch diese ersten Übungen von politischer Mitbestimmung des Volkes wurden in den meisten Ländern bald durch Jahrzehnte dauernde Machtkämpfe und Bürgerkriege unterbrochen. Vom Militär oder von reichen Grundbesitzern und Händlern dominierte Gruppen nahmen mittlerweile das Heft in ihre Hände. Die überwiegende Mehrheit musste sich noch einmal fast hundert Jahre lang gedulden, ehe die ersten Grundlagen für eine sozial breiter abgestützte demokratische Ordnung geschaffen wurden.

Demokratisierung war ein paar Dekaden nach der Republikgründung, als die Bruderkriege in der Region endlich abflauten, vorerst einmal Hauptanliegen der Liberalen. Ihnen ging es weniger um bürgerliche Grundrechte oder gar politische Mitbestimmung des gewöhnlichen Volkes als vielmehr um eine Eindämmung des Einflusses der katholischen Kirche, die eng mit den Konservativen verbündet war. Von der heutigen Warte aus betrachtet, hatten sich die Liberalen jener Zeit recht bescheidene Ziele gesetzt, die zudem durchaus den Interessen der Oberschicht dienten. Auch so musste der Liberalismus unzählige Hindernisse überwinden, vermochte jedoch da und dort immerhin gewisse politische und wirtschaftliche Fortschritte zu erzielen. In Chile, Argentinien und Bolivien etwa konnten mehrere Regierungswechsel geordnet und im Rahmen beschränkt demokratischer Spielregeln über die Bühne gebracht werden. Peru erholte sich unter Nicolás de Piérola und dessen Nachfolgern von der Schmach und den Wunden des verlorenen Salpeterkrieges gegen Chile, Wachstum und Stabilität bescherten dem Land gar ein bescheidenes Maß an Wohlstand. Der liberale Caudillo Eloy Alfaro wandelte Ecuador in einen säkularen Staat um, brachte aber im Übrigen wenig substantielle Reformen zustande.

Am Übergang ins 20. Jahrhundert war die innenpolitische Szene in diversen Regionen des Subkontinents in einen Zustand heilsamer Gärung versetzt worden. Brasilien hatte 1889 – unter maßgeblicher Beteiligung von liberalen Kräften – ohne Gewaltausbruch den Übergang vom Kaiserreich zur Republik zustande gebracht. Argentinien versuchte mit nicht geringen Mühen, den Staatsbankrott von 1890 zu verdauen. Zur gleichen Zeit wurde hier die erste Mittelstandspartei (die Unión Cívica Radical) gegründet und einige Zeit später das allgemeine Wahl- und Stimmrecht eingeführt. Chile rappelte sich vom Trauma des kurzen, aber heftigen Machtkampfes von 1891, der mit dem Sturz von Präsident Balmaceda endete, langsam wieder hoch und fing ebenfalls an, sich um seinen allmählich zahlreicheren Mittelstand zu kümmern. In Kolumbien besannen sich die Konservativen und Liberalen, beide von oligarchischen Interessen beherrscht, nach einem schrecklichen Bürgerkrieg (1899–1902) vorübergehend eines Besseren und ermöglichten damit eine etwa vier Jahrzehnte anhaltende kulturelle Blütezeit in ihren wichtigsten Städten, zuerst unter Anführung der Konservativen, ab 1930 sodann der Liberalen.

In dieser Phase erfolgte ein entscheidender Schub in Richtung auf eine glaubwürdigere Demokratie. Als Epizentrum dieser politischen Bewegung sind vor allem die Staaten am La Plata auszumachen. Mit den sozialgesetzlichen Neuerungen in Uruguay und der Ausdehnung der Wahlberechtigung auf die mittleren und unteren Volksschichten in Argentinien wurden Exempel dafür statuiert, dass man tatsächlich für die Volksmehrheit und nicht nur für eine Elite regieren, damit auch solideres wirtschaftliches Wachstum begünstigen und folglich erst noch für die Zufriedenheit von Millionen sorgen konnte, die bisher nur als Kanonenfutter gedient hatten. Wenige Jahre später sprang der Funke auf die Hochschulen über: Die Studentenschaft von Córdoba, der wichtigsten Stadt im Innern Argentiniens, erzwang 1918 mit einem Aufstand die Einführung der politischen und administrativen Autonomie ihrer Universität und wurde zum Vorbild für ähnliche Bewegungen in anderen Ländern. Gleichzeitig machte sich auf dem Subkontinent erstmals eine Bruderschaft von Berufspolitikern breit, mehrheitlich Juristen mit geschliffenem Mundwerk, die das Geschehen in Exekutive, Legislative und Justiz immer nachhaltiger beherrschten, jedoch längst nicht immer bereit waren, das Gemeinwohl über ihre persönlichen Interessen zu stellen.

Besonders wichtige und für jene Zeit spektakuläre Fortschritte in Richtung auf Demokratie und Wohlfahrtsstaat wurden also im (relativ) kleinen Uruguay erzielt. Landesvater Batlle y Ordóñez nahm den Mittelstand und Teile der unteren Volksschichten in die Colorado-Partei auf und beherrschte diese mit den neu gewonnenen Stimmen praktisch nach Belieben. Er nationalisierte einige Privatunternehmen, er gründete Staatsfirmen und dehnte die Sozialpolitik weit aus (019/S. 74–75). Dank diesen umfassenden Reformen, die auch erste Versuche mit einem kollegialen Regierungssystem betrafen, erwarb die Republik nach und nach den Ruf einer ‹südamerikanischen Schweiz›. Beschädigt wurde die von wirtschaftlichem und sozialem Aufstieg begleitete Stabilität im Jahre 1933, als Präsident Gabriel Terra die eigene Regierung an den Pranger stellte, sich selbst zum Diktator erklärte und das so genannte Lemas-Gesetz einführte, das bei den Präsidentschaftswahlen mehrere Kandidaturen innerhalb jeder Partei zuließ. Damit sollte die Vorherrschaft der Colorados und Blancos konstitutionell abgesichert werden (051/S. 443). 1952 unternahmen die Uruguayer einen weiteren Versuch, mit dem Kollegialsystem in Regierung und Verwaltung zurechtzukommen. Jedoch häuften sich nun die Anzeichen dafür, dass die Herrschaft der beiden traditionellen Parteien an Verknöcherung litt. Obwohl die eine ihre wichtigste Wählerbasis in den Städten, die andere auf dem Land hatten, waren die ideologischen und programmatischen Unterschiede zwischen ihnen gering. Bald würden ein paar spektakuläre Coups der Tupamaros genügen, um das Zweiparteiensystem ins Wanken und die demokratische Ordnung schließlich zum Einsturz zu bringen.

Demokratie mit Vornamen

Gegen Mitte der siebziger Jahre brach die verfassungsmäßige Herrschaft – wo sie nicht schon vorher linksnationalistischen Militärregierungen (Peru, Panama, Bolivien, Ecuador) oder rechtsgerichteten Diktaturen (Paraguay, Brasilien und wiederum Bolivien) hatte Platz machen müssen – zusammen. Auch in Uruguay und Chile, die immerhin auf eine ansehnliche demokratische Tradition zurückblicken konnten, schienen die gewählten Regierungen ihrer Aufgabe nicht mehr gewachsen zu sein. Im ‹Sandwichstaat› am La Plata waren die seit über hundert Jahren regierenden Colorados und Blancos angesichts wachsender finanzieller Engpässe und der Belagerung durch Guerilleros der linksradikalen Tupamaros-Bewegung am Ende ihres Lateins. Als sich 1973 konservative Militärs anschickten, die Macht zu ergreifen, leistete der gewählte Präsident José María Bordaberry keinerlei Widerstand. Im Gegenteil: Er bot den Uniformierten mit seinen Parteileuten ohne Umschweife und ohne Scham Kollaboration an.

Ähnlich verlief die politische Entwicklung in Argentinien. Die Grenzen der Demokratie waren ersichtlich geworden, nachdem Mitte 1974 der wenige Monate zuvor wiedergewählte Juan D. Perón hingeschieden war. Die von der Witwe Isabel Martínez angeführte Nachfolgeregierung versagte auf der ganzen Linie. Unternehmerverbände und Gewerkschaften rangen verzweifelt um Einfluss, während die Inflation mächtig anzog. Mehrere Guerillagruppen schürten das Feuer, Regierung und rechtsgerichtete Oppositionsparteien klopften in den Kasernen an und forderten die Militärs unverhohlen auf, das Heft in die Hand zu nehmen. Erst ein paar Monate danach, als die Repression auf Hochtouren lief, realisierte die zivile Führungskaste, wohin sie die Nation mit ihrer von Korruption und administrativer wie auch politischer Unfähigkeit gezeichneten Herrschaft geführt hatte.

Chiles sozialistischer Präsident Salvador Allende war in der doppelten Überzeugung als Sieger aus dem Wahlkampf des Jahres 1970 hervorgegangen, dass die demokratische Ordnung ‹nach unten› ausgebaut und konsolidiert werden müsste und dass sein Land einen solchen Prozess im Rahmen der bestehenden Verfassung verkraften könnte. Sein erstes Amtsjahr verlief denn genau in dieser Richtung: mehr Wohlstand und mehr Rechte für die unteren Volksschichten, mehr Gerechtigkeit in der Verteilung des vorhandenen Reichtums. Verschiedene Umstände trugen indes ab 1972 dazu bei, dass die Volksfrontregierung nach und nach die Kontrolle über die politische, wirtschaftliche und soziale Entwicklung verlor. Die damalige US-Regierung (Nixon) hatte sich zum Ziel gesetzt, die linksgerichtete Herrschaft im Andenstaat zu destabilisieren. Die von der Tageszeitung ‹El Mercurio› angeführte bürgerliche Presse des Landes verstärkte das Sperrfeuer gegen Allende und trug maßgeblich zur Vergiftung der Atmosphäre bei. Der interne Widerstand und die externe Blockade kristallisierten sich in mehreren Streiks des privaten Transportsektors und trugen damit zu einer dramatischen Verschlechterung der Versorgungslage bei – Probleme, die allerdings auch den Stempel der Unzulänglichkeit und Improvisation der Regierung trugen. Auch seitens der radikalen Linken nahm der Druck stetig zu. Guerillaartige Organisationen wie die MIR-Bewegung und bestimmte Sektoren der Arbeiterorganisationen verlangten mehr, als Allende zugestehen konnte, sollte der Prozess nicht vollends in eine chaotische revolutionäre Entwicklung ausufern. Ganz zuletzt musste der in schwere Bedrängnis geratene Staatschef auch noch einsehen, dass sein Vertrauen in die Loyalität und konstitutionelle Gesinnung der Streitkräfte zu einem beträchtlichen Teil auf seinem eigenen Wunschdenken beruhte.

Ab 1976 wurde fast ganz Lateinamerika für einige Jahre von Diktatoren regiert. Auf dem Festland hielten nur Venezuela, Costa Rica sowie (mit den bereits genannten Vorbehalten) Mexiko und Kolumbien der autoritären Welle stand. Wie schon erwähnt, fand dann aber in Washington ein Gesinnungswandel statt. Noch sperrten sich jene Generäle, die mit besonderer Härte über ihre eigenen Völker hergefallen waren, gegen eine rasche Rückkehr zu demokratischen Verhältnissen. Pinochet in Chile, die argentinischen und uruguayischen Militärs, Banzer in Bolivien und Stroessner in Paraguay dachten an eine Verlängerung ihrer Herrschaft um Jahre und Jahrzehnte mit dem Ziel, ihre eigenen Vorstellungen von Stabilität und Fortschritt zu verwirklichen. Das entscheidende Zeichen eines Wandels kam, damals für viele überraschend, aus Brasilien. Dort verkündete General Ernesto Geisel, der vierte Präsident der Militärregierung und einer der Wortführer des gemäßigten Sektors der Streitkräfte, Mitte der Siebziger die Absicht, das Land auf den Weg einer ‹langsamen, graduellen und kontrollierten Öffnung› des Regimes zu führen.

Damit war eine schicksalsträchtige Formel in die Welt gesetzt worden. Lateinamerikas Demokratie hatte ihre eigenen Grenzen, Probleme und Widersprüche in der totalen Krise Mitte der Siebziger wieder einmal offenbart. Vom Standpunkt des Militärs aus gesehen, war es gewiss nur verständlich, dass man diesmal auf entsprechenden Garantien beharren wollte. Hatten die Zivilpolitiker nicht zur Genüge ‹bewiesen›, dass sie – vielleicht von der einen oder anderen Ausnahme abgesehen – zu wenig seriös und zu wenig ehrenhaft waren, um die Geschicke ihrer Nationen zu lenken? Wenn die USA schon auf eine Rückkehr zur demokratischen Ordnung drängten, müsste man dann nicht ‹Sicherungen› im künftigen Verfassungswerk der Staaten einbauen, um erneute Verirrungen ziviler Nachfolger zu verhindern?

Den Anstoß zu solchen Überlegungen hatten also brasilianische Militärs gegeben, die in Rio de Janeiro an einer ‹Kriegsakademie› (Escola Superior de Guerra) studiert hatten, an der auch politische, wirtschaftliche und soziale Wissenschaften gelehrt werden. Die von

Geisel angekündigte Absicht wurde denn bis 1985 Schritt für Schritt in die Tat umgesetzt. Nicht geringe Widerstände seitens der ‹Falken› in den Reihen der Armee waren dabei zu überwinden. Bisheriges Ergebnis dieser Evolution ist, dass die hinsichtlich Territorium und Bevölkerung größte Nation und führende Wirtschaftsmacht Lateinamerikas über ein demokratisches Regime verfügt, das seit zwei Jahrzehnten trotz anfänglicher Einschränkungen und Schwierigkeiten (Überschuldung des Staates) relativ reibungslos funktioniert hat.

Wesentlich weiter sind die chilenischen Streitkräfte beim Versuch gegangen, die politische Entwicklung bis in eine ferne Zukunft zu beeinflussen und zu überwachen. General Pinochet und sein ziviles Umfeld prägten den Begriff der ‹beschützten Demokratie› und setzten entweder per Dekret oder mittels Plebiszit zweifelhafter Glaubwürdigkeit gesetzliche Normen in Kraft, die von den Wahlen über die Arbeitswelt bis zur Tätigkeit der Parteien alles Öffentlich-Politische in bestimmte, ‹geordnete› Bahnen zu lenken versuchten. Der Übung letzter Zweck war dabei die Konsolidierung der neoliberalen Wirtschaftspolitik. Erfolg war dieser Strategie insofern beschieden, als sich die zivilpolitischen Kräfte (die von den Christdemokraten und Sozialisten angeführte ‹Concertación Democrática›), die 1990 die Nachfolge Pinochets antraten, dem gesamten Diktat gegenüber ausgesprochen zahm verhielten. Es schien, als wollten sie von allem Anfang an den Weg des geringsten Aufruhrs beschreiten – offenbar in der Hoffnung, dass sie alle fälligen und überfälligen Korrekturen am Regelwerk der Diktatur dann schon vornehmen könnten, wenn sie einmal an den Hebeln der Macht säßen. Dabei unterschätzten sie die Fähigkeit der Pinochet-Anhänger, sich an die Sperrklauseln in der Verfassung und im Wahlgesetz zu klammern. Erst 2005 sollte es ihnen gelingen, in einigen wichtigen Punkten Reformen auf parlamentarischem Weg durchzusetzen.

Dass in Lateinamerika unter dem Sammelbegriff ‹Demokratie› alles Mögliche dargeboten wird, dürfte weit herum bekannt sein. Sachverständige pflegen die Demokratie in der Region wegen ihrer diversen Mängel und Begrenzungen als ‹Formaldemokratie› zu kennzeichnen. Man will damit sagen, dass die Demokratie in den meisten Ländern nur in einigen formalen Aspekten, nicht aber in ihrer Essenz funktioniere. Diese Kritik ist grundsätzlich sicher berechtigt. Die Leute dürfen jetzt alle paar Jahre wählen, womöglich auch einmal über ein strittiges Thema abstimmen. Ihre Parlamente scheinen zu ‹funktionieren›, die Justiz so weit auch, die Presse kann mehr oder weniger frei berichten und Meinungen äußern. Doch unter dieser demokratischen Oberfläche verbergen sich viele Missstände und Widersprüche. Die grundlegenden Gesetze sind fast überall so beschaffen, dass sie eine wirkliche Beteiligung der Bevölkerung am politischen Geschehen, angefangen auf kommunaler Ebene, nicht erleichtern und manchmal sogar erschweren. Das hängt in erster Linie mit der von Iberien und Frankreich geprägten zentralistischen Tradition zusammen. Dass Demokratie vor allem mittels praktischer Übung, also direkter Teilnahme, gelernt wird, wollen die meisten Politiker auf dem Subkontinent nicht wahrhaben. Für sie haben die Bürger ihre Pflicht getan, wenn sie sie als Repräsentanten oder Regierende gewählt haben. Das aus dieser Mentalität resultierende Fehlen von Partizipation – und damit auch von Identifikation des Bürgers mit der Demokratie, die doch **seine** Demokratie sein sollte – ist wohl der gravierendste Mangel.

Der Kongress setzt sich in fast allen Ländern aus mehrheitlich zwar rhetorisch begabten, aber ungenügend vorbereiteten Mitgliedern zusammen. Um die Hintergründe dieses Mankos besser zu durchschauen, werden wir uns später noch näher mit dem kulturellen Erbe des Erdteils und den Schwächen des Erziehungssystems zu befassen haben. Der Einfluss des Parlaments ist infolge des auf dem ganzen Subkontinent vorherrschenden Präsidialregimes ohnehin gering. In den meisten Parteien grassieren andererseits intern undemokratische Wahl- und Entscheidungsmechanismen. Anstrengungen zu einer staatsbürgerlichen und politischen Weiterbildung der Bevölkerung und ihrer Interessenvertreter werden viel zu selten unternommen. Anwärter auf öffentliche Ämter können es sich noch unbeschwerter als anderswo erlauben, in Wahlkampagnen grandiose Versprechen abzugeben, auch wenn diese in halbwegs geschulten Ohren völlig unglaubwürdig wirken. Und, was noch bedenklicher ist, sie können solche Parolen in ihr pures Gegenteil umkehren, sobald man an die Macht gekommen ist.

Als Paradebeispiel einer bloß formalen Demokratie ist Kolumbien zu nennen. Auf den ersten Blick scheint in diesem Land an der Nordwestecke Südamerikas alles gegeben zu sein, was zu einer demokratischen Ordnung gehört. Jedoch allein die Tatsache, dass es seit bald 200 Jahren von Konservativen und Liberalen allein beherrscht wird (mit wenigen, relativ kurzen Unterbrechungen, die durch bürgerkriegsartige Ereignisse bedingt waren), lässt aufhorchen. Die Liberalen regierten bis 1885, die Konservativen von da an bis 1930, dann die Liberalen wieder bis 1946. Zwar konnten die beiden alteingesessenen Parteien grausame Kriege gegeneinander führen. Aber ebenso gut konnten sie sich auf ein Gentlemen's Agreement einigen. Unter Carlos Restrepo (1910–1914) trat eine Verfassungsreform in Kraft, welche erstmals die Beteiligung der Minderheitspartei an der Regierung garantierte. Diese bekam einen Teil der Posten in den wichtigsten Ämtern zugesprochen, wobei sich aber die Mehrheitspartei die Kontrolle über die Exekutive vorbehielt (092/S. 36). Die ideologischen und programmatischen Differenzen zwischen den beiden allein regierenden Parteien waren – und sind es bis auf den heutigen Tag – so gering, dass sie auch nach der schrecklichen Violencia-Zeit ab 1958 wieder mühelos miteinander kooperieren konnten. Bisweilen schienen Meinungsunterschiede unter den Liberalen wie auch unter den Konservativen selbst bedeutsamer zu sein als jene zwischen den beiden politischen Organisationen. Sie alternieren bis heute in den Rollen von Regierung und Opposition mit ungewöhnlicher Harmonie und verstehen es, Drittparteien mit allen Mitteln von einer Ausübung der Macht fern zu halten.

Doch wie gesagt: Die Harmonie war nicht immer so perfekt. Der Franco-Bewunderer Laureano Gómez, Chef der Konservativen, kommandierte nach einer vier verfassungsmäßige Mandate und sechzehn Jahre dauernden Herrschaftsperiode der Liberalen eine Phase brutaler Unterdrückung der Gegenpartei und vergiftete damit (schon bevor er selber zum Präsidenten gewählt wurde) das politische Klima in Kolumbien. Die Ermordung des liberalen Volkstribuns Jorge Eliécer Gaitán (1948) brachte das Fass vollends zum Überlaufen und entfesselte den ‹Bogotazo›, den schlimmsten Volksaufruhr in der Geschichte Lateinamerikas. Hunderttausende mussten im darauf folgenden Bürgerkrieg ihr Leben lassen. Erst nach einem fünfjährigen Interregnum von General Gustavo Rojas Pinilla (1953–1958), der die Ordnung halbwegs wiederherzustellen vermochte, konnten sich die Liberalen und Konservativen auf einen ‹Nationalen Pakt› einigen, der erneut eine lange Phase brüderlicher Einigkeit zwischen den beiden alten Parteien in den wesentlichen Staats- und Regierungsfragen bis in die Gegenwart ermöglichte.

Die ewige Crux des Populismus

Lateinamerikanische Politik wird von Sachverständigen wie auch vom Mann auf der Straße beinahe automatisch mit Populismus assoziiert. Sicher nicht zu Unrecht. Der Populismus hielt sich im 20. Jahrhundert wie ein hartnäckiger Virus, eine immer wiederkehrende Norm im innenpolitischen Geschehen des Subkontinents. Als seine namhaftesten Repräsentanten gelten der mexikanische General Lázaro Cárdenas, der Ecuadorianer José María Velasco Ibarra, die Venezolaner Pérez Jiménez und Carlos Andrés Pérez, die Brasilianer Getúlio Vargas, Jânio Quadros, João Goulart und Fernando Collor de Mello (die vier unterschieden sich hinsichtlich Stil und Absichten deutlich voneinander), die Argentinier Hipólito Yrigoyen, Juan Perón, teilweise auch Raúl Alfonsín und – unter ganz anderen Vorzeichen – Carlos Menem, die Peruaner Haya de la Torre (der selbst allerdings nie an die Macht kam), Fernando Belaúnde, Alan García und Alberto Fujimori sowie die Bolivianer Victor Paz Estenssoro, Hernán Siles Zuazo und Gonzalo Sánchez de Lozada (er wiederum Vertreter einer ‹neuen› Generation von Populisten).

In den über weite Strecken von rohen Diktaturen dominierten Staaten Zentralamerikas, in der verkappten Zwei-Parteien-Diktatur Kolumbiens, der jahrzehntealten Einparteienherrschaft der Colorados in Paraguay und den Ländern mit relativ soliderer demokratischer Tradition – Costa Rica, Uruguay, Chile – konnten sich die Populisten seltener durchsetzen. Oder sie fielen zumindest weniger auf. Insgesamt wurden von akademischer Seite im vergangenen Jahrhundert nicht weniger als 59 gut artikulierte populistische Regime identifiziert, von denen sich 15 auf mittlere und 44 auf untere Volksschichten stützten (113/S. 178–184). Typische Beispiele für unterschichtenpopulistische Regime, die sich auf proletarische Segmente stützen, sind laut dieser Quelle die mexikanische PRI, Perón, Venezuelas Acción Democrática (AD) und die APRA in Peru. Auf den informellen Sektor, also auf die unteren und untersten Sozialschichten, stützten sich zum Beispiel Velasco Ibarra, auch Carlos Ibáñez in Chile, Rojas Pinilla und Fujimori. Der populistische Diskurs richtet sich überwiegend gegen einheimische und ausländische politische und wirtschaftliche Eliten, er geißelt die ungerechte Einkommens- und Reichtumsverteilung mit eher emotionalen als rationalen Argumenten. Was für die lateinamerikanische Politik im

Allgemeinen gilt, trifft auf den Populismus in besonderem Maße zu: Einzelne Personen sind viel wichtiger als Programme, das Volk wird mit paternalistischen Appellen gefügig gemacht, die Herrscher gefallen und ‹verewigen› sich gerne an der Macht, sie fühlen sich unfehlbar, unersetzlich und unverwundbar.

Populistische Regime, die sich auf Mittelschichten abstützen – Yrigoyen und Alfonsín in Argentinien, Arturo Alessandri und Eduardo Frei Montalva in Chile wie auch Belaúnde in Peru –, bauen nach Suters Beobachtung (S. 123–135) in der Regel die Bürgerrechte aus. Ihre hauptsächlichen Probleme bestehen darin, dass sie die Verteilungspolitik nicht aufrechterhalten können, es sei denn mit Inflation oder Verschuldung oder beiden gleichzeitig, und dass sie die Bürokratie über Gebühr aufblähen, um Arbeitsplätze zu schaffen. Sie vermögen ihre Klassenallianz nicht dauerhaft zu gestalten, wie etwa die Niederschlagung des Generalstreiks von 1919 unter Yrigoyen in Argentinien zeigt. Sie müssen zudem versuchen, sich die Gunst der (oligarchischen) Herrschaftskreise zu sichern, die das Exportgeschäft kontrollieren.

Populismus, wie er im Lehrbuch steht, hat vor allem die APRA praktiziert. Zuerst während langer Jahrzehnte in der Opposition, mit dem jungen und ‹dynamischen› Präsidenten Alan García sodann an der Macht (1985–1990). Ihre von Haya gegründete Bewegung kann als Perus einzige Massenpartei bezeichnet werden (083/S. 325–328). Sie wurde ursprünglich als ‹Einheitsfront der Hand- und Kopfarbeiter› gegen den Imperialismus und gegen die Oligarchie konzipiert und setzte sich für die Forderungen von Mittelschichten und weiten Teilen des Proletariats (Bergbau, Zucker, teilweise Industrie) nach politischer Partizipation und sozialen Reformen ein. Sie versuchte mittels Gewaltanwendung (Volksaufstand von Trujillo 1932, Marineerhebung von Callao 1948) vergeblich, an die Macht zu kommen. Die Bürgerlichen mussten ihrerseits zusehends auf Diktaturen zurückgreifen, um ihre Herrschaft gegen die Machtansprüche der APRA abzusichern (Oberst Sánchez Cerro 1930–1933, Marschall Benavides 1933–1939, General Odría 1948–1956). Mit der Zeit wandelte sich Hayas Partei jedoch zu einer wichtigen Stütze des bürgerlichen Staates, indem sie den Regierungen Prado (1935–1945), Bustamante (1945–1948) und mit dem Schlagwort der ‹Convivencia› erneut Prado (1956–1962) zumindest vorübergehend mit helfender Hand zur Seite stand. Als die Massenpartei 1985 dank Wahlsieg mit García endlich selbst die Führung der Regierungsgeschäfte übernehmen konnte, verspielte sie ihr politisches Kapital mit einer von Korruption und administrativer Unfähigkeit gezeichneten populistischen Herrschaft innerhalb weniger Jahre.

Nun sind es in Lateinamerika nicht nur einzelne Politiker, die mit populistischen Maßnahmen freveln. Ein komplexes gesellschaftliches System, eine lange, scheinbar unausrottbare Tradition, ohne die das zweifelhafte politische Handeln Einzelner undenkbar wäre, erlaubt die Auftritte der Populisten. Dieser Sachverhalt kommt etwa in Beschlüssen so ehrenwerter Institutionen wie beispielsweise Verfassunggebender Versammlungen zum Ausdruck. Wir wollen annehmen, dass jene Hunderte Abgeordnete, die in Brasilien gegen Ende der 1980er Jahre über ein neues Grundgesetz berieten und als Geburtshelfer der sehr umfangreichen neuen Verfassung dabei waren, mehrheitlich von hohen und noblen Idealen beseelt waren. Und doch muss man ihnen zum Vorwurf machen, dass sie das Werk mit einer Unmenge von Verfügungen überladen haben, die den öffentlichen Haushalt weit über Gebühr belasteten. Einen Teil jener Dispositionen und ‹Rechte›, die allesamt als ‹soziale Errungenschaften› verkauft wurden, musste man schon wenige Jahre danach widerrufen, weil sie die realen Möglichkeiten des brasilianischen Staates ganz einfach überstiegen. Ähnliche Verfehlungen hat sich auch Kolumbiens ‹Constituyente› Anfang der Neunziger zu Schulden kommen lassen. Überhaupt sind viele der Grundgesetze Lateinamerikas wahre Sammelsurien von guten Absichten. Aber vom Wort zur Tat, von der Theorie zur Praxis, vom Versprechen zur Realisierung ist die Distanz eben meistens riesengroß.

Im Gegensatz zu den ‹klassischen› Populisten, die eine Rhetorik der Umverteilung, des Protektionismus und gelegentlich auch des Antiimperialismus pflegten, schickten sich wirtschaftsliberal gesinnte Präsidenten wie Menem, Collor de Mello, Fujimori und teilweise auch Carlos Andrés Pérez an, den Umbau von Wirtschaft und Gesellschaft nach den Vorstellungen des Neoliberalismus durchzusetzen. Die unteren Volksschichten versuchte man mit dem Versprechen bei der Stange zu halten, dass Regelungen, die das Geschäft der Informellen behindern, eine nach der anderen abgeschafft würden. Die Vision des Peruaners Hernando de Soto schien damit greifbare Wirklichkeit zu werden: Lateinamerikas Arbeitsmarkt wurde in der Tat de facto weitgehend dereguliert. Doch damit war keine ‹dynamische Marktwirtschaft von unten› geboren, wie jener prophezeit hatte, sondern im Gegenteil die Armut nur noch größer geworden. Deregulierung mochte zwar vorübergehend zu Wirtschaftswachstum führen, welches aber die sozialen Unterschiede weiter verschärfte. Wenige Unternehmen, vor allem ausländische und transnationale, sowie bestimmte qualifizierte Arbeitskräfte sollten die Gewinner dieses Vorganges sein.

Das Ende der Parteien?

Dass Männer wie Collor, Menem und Fujimori überhaupt auf demokratischem Weg an die Macht gelangen konnten, hat triftige Gründe. Dem Aufstieg solcher Persönlichkeiten, die nicht selten karikaturistische Züge tragen, geht fast immer ein (vor allem moralischer) Niedergang der politischen Parteien voraus. Fujimori verdankte seinen überraschenden ersten Triumph an den Urnen (1990) dem katastrophalen Endergebnis der Regierungen der Acción Popular (Belaúnde) und der APRA (García), Collor de Mello der totalen programmatischen Verwässerung des Parteienspektrums und wiederum dem kläglichen Scheitern der Regierung von José Sarney, Menem dem finanziellen und politischen Debakel unter Präsident Alfonsín. Unter ähnlichen Umständen kamen die Wahlsiege von Abdalá Bucaram in Ecuador und Hugo Chávez in Venezuela zustande. Verschont blieb (wenigstens von dieser Facette der Krise) Paraguay: Dort herrschte Anfang 2005 – mit bisweilen unverhohlen autoritären Mitteln seit rund einem halben Jahrhundert – noch immer die Colorado-Partei des früheren Diktators General Alfredo Stroessner. Auch in Bolivien schien das Prestige der meisten Parteien stark angeschlagen; die Stimmberechtigten suchten immerzu nach alternativen Führungspersonen wie etwa jener des früheren Bürgermeisters von Cochabamba, Manfred Reyes Villa, oder des linksradikalen Wortführers der Kokapflanzer und Anführers des ‹Movimiento al Socialismo› (MAS), Evo Morales.

Besonders krass ist das Versagen von zwei großen Parteien, die einst die Hoffnungen von Millionen verkörperten und die Masse ihrer Anhängerschaft doch auf schwerste enttäuscht und auf die Dauer sogar betrogen haben: Argentiniens Peronistenpartei (PJ) und die MNR-Bewegung in Bolivien. Diese beiden politischen Organisationen hatten die besten Möglichkeiten, in ihren Ländern das Ruder herumzuwerfen, ernsthafte Reformen einzuleiten und

Voraussetzungen für echten Fortschritt zu schaffen. Sie haben diese Chance nicht nur verpasst, sie sind sogar direkt für den Niedergang ihrer Nationen mitverantwortlich, indem sie der Bevölkerung schlechte Beispiele gaben: Perón mit der populistischen Verwöhnung breiter Volksteile, Paz Estenssoro und seine Parteigenossen unter anderem mit rein politisch motivierter Ämterverleihung, die in Bolivien nach wie vor auf allen Niveaus des öffentlichen Lebens grassiert.

Die lateinamerikanischen Parteien sind, wie schon erwähnt, im Allgemeinen viel stärker auf Personen als auf Programme ausgerichtet. Auch die Tradition des Caudillismo und die Praxis, Machtwechsel durch Staatsstreiche zu erzwingen, hängen damit zusammen. Gelegentlich verbünden sich vom Volk gewählte Machthaber (z. B. Fujimori) mangels ‹brauchbarer› zivilpolitischer Alternativen überdies mit dem Militär. Die politischen Systeme Lateinamerikas sind über weite Strecken erstarrt und unflexibel. Das erschwert Reformen oder vereitelt sie vollends. Konflikte werden gerne verleugnet und folglich auch ihres innovativen Potentials beraubt (099/S. 146). Die Zeiten, in denen politischer und geistiger Wagemut noch gefragt waren, als große, zum Teil auch idealistische Bewegungen wie der Liberalismus und Sozialismus (in ihren Anfängen) abhoben, sind ferne Vergangenheit. Stattdessen lassen sich die Ratsherren – Frauen sind in den Parlamenten und Exekutiven immer noch untervertreten – gerne mit ‹Honorables› anreden, auch wenn sie damit ziemlich weit von der Realität entfernt bleiben.

Erst recht unglaubwürdig muss ein derartiges politisches System in den Augen der indigenen Völker erscheinen. Bei den ‹Feierlichkeiten› der lateinamerikanischen Demokratie werden die Indios fast immer abseits stehen gelassen. Eine der seltenen Ausnahmen von dieser Regel waren naturgemäß die Zeremonien zum 500. Jahrestag der Entdeckung Amerikas durch Christoph Kolumbus. Die wichtigsten, durchaus berechtigten Forderungen der Ureinwohner (das Recht auf Selbstverwaltung, die Rückerstattung von Ländereien, der Anspruch auf ein eigenes Bildungssystem, eigene Kultur und Religion) stehen in den meisten Ländern zuunterst auf der Prioritätenliste der Politiker. Gegen das Vordringen der Weißen bleibt den Eingeborenen oft nur der Rückzug in ihre eigene geistige Welt oder die Möglichkeit, sich als billigste Arbeitskräfte, oft in sklavenähnlichen Verhältnissen, zu verdingen. Die Vernichtung von Natur und Umwelt durch Kolonisierung und Agrarbusiness (deren Ziel letztlich die Exportsteigerung zwecks Bedienung der Schulden ist) schränkt zudem den Lebensraum der Indios immer mehr ein (121/S. 76–77).

Die Legislative wirkt in fast allen Ländern schwerfällig. Sie verschleppt Gesetzesprojekte oft jahrelang und zwingt die Exekutive damit, ihre Pläne mit Hilfe ‹automatischer Ratifizierung› nach Ablauf einer bestimmten Frist – im Falle Brasiliens unter der Militärregierung, die den Kongress nicht schloss, waren es 90 Tage, in dringenden Fällen 40 Tage – oder mittels ‹provisorischer Maßnahmen› durchzusetzen. Auch vom Gesetzesdekret wird häufig Gebrauch gemacht: unter dem Kommando der brasilianischen Streitkräfte von 1966 bis 1981 fast 2000-mal! (069/S. 29–32) Präsident Menem hat seinerseits Hunderte so genannter Dringlichkeitsdekrete erlassen, obwohl sie laut argentinischem Gesetz eigentlich Ausnahmecharakter haben sollten.

Der Prozess eines schleichenden Zerfalls der politischen Institutionen ist auch in Venezuela weit vorangeschritten, nachdem der Erdölstaat während dreier Jahrzehnte als Modell und Bollwerk der Demokratie gegolten hatte. Nach einer langen Phase, in der Caudillos und Diktatoren nach Belieben gewaltet hatten, war 1958 mit dem ‹Abkommen von Punto Fijo› (einem Ort an der karibischen Küste, wo sich die Unterzeichner, Repräsentanten der wichtigsten Parteien, trafen) der Grundstein zu einer Neugründung des Staates unter demokratischen Vorzeichen gelegt worden. Alle fünf Jahre fanden nun Wahlen zur Erneuerung von Regierung und Parlament statt – ein Prozedere, das in scheinbar gesunder Routine ablief. Mehrmals lösten sich die Sozialdemokraten (AD) und die Christlichsozialen (COPEI) ohne Probleme an der Macht ab. Wer jedoch die Wahlkämpfe in den frühen achtziger Jahren aus der Nähe verfolgen konnte, musste ob deren totaler programmatischer Leere aufhorchen. Jene Kampagnen glichen eher fastnächtlichem Treiben als staatsbürgerlicher Auseinandersetzung.

Das geistige Vakuum, das Venezuelas bürgerliche Parteien dabei zu erkennen gaben, war nur das oberflächliche Symptom einer Krankheit, die tief im gesellschaftlichen Körper steckte. Dank der regelmäßigen Alternierung in Regierung und Staatsverwaltung zwischen zwei politischen Organisationen, die im Wesentlichen dieselben Ziele verfolgten, hatte sich eine Art Komplizenschaft ergeben, welche die öffentliche Moral allmählich zersetzte. Beide wussten voneinander, dass sie Korruption und Vetternwirtschaft in den eigenen Reihen duldeten. Nicht, dass in Venezuela Institutionen zur Bekämpfung der Korruption gefehlt hätten (055 a/p66–68). Aber ihre Kompetenzbereiche überschnitten sich mehrfach. Das konnte beabsichtigt sein. In einem öffentlichen Skandal (Recadi, 1988) saßen Repräsentanten von Importfirmen, Staatsunternehmen, Multis, Parteien und einer der höchsten Institutionen des Landes (der Zentralbank) auf der Anklagebank. Zu viele! Nur ein einziger Staatsbürger, ein naturalisierter Chinese, wurde vorübergehend hinter Gitter gesetzt. Alle andern kamen ungeschoren davon. Als ein Kernproblem erscheint in diesem Zusammenhang die Existenz von Einparteienherrschaften wie in Mexiko und von Zweiparteienregimen wie in Kolumbien, Argentinien, bis vor kurzem auch in Uruguay und eben Venezuela, wo sich die politischen Rivalen nicht gerne gegenseitig wehtun und wo man eben um politische Posten und nicht für programmatische Ideen kämpft.

Ernüchterung und Frustration

Die Desillusion der gewöhnlichen Bürger über die Demokratie, der Ärger über die (scheinbare) Nutzlosigkeit der Parlamente, die Schwächen der Justiz und die geringe Glaubwürdigkeit des ganzen Systems ist schließlich so gewaltig, dass man sich mit Pauschalurteilen Luft verschafft. Generell nimmt der Überdruss mit der Politik zu, die Stimmbeteiligung sinkt, und Angriffe auf das politische Establishment erzeugen Sympathie. Mehrmals in letzter Zeit ist in verschiedenen Ländern Lateinamerikas ein neuer ‹Schlachtruf› ertönt, dessen Motivation man verstehen kann, der aber auch nichts Gutes verheißt: ‹Que se vayan todos!› Sie sollen sich alle zum Teufel scheren!

Auch die Gewerkschaften haben in den vergangenen Jahrzehnten einen Prestige- und Machtverlust erlitten, der mit jenem der Parteien vergleichbar ist. Um die Hintergründe dieses Abstiegs zu verstehen, müssen wir noch einmal zurückgreifen und die Entwicklung der lateinamerikanischen Arbeiterbewegung in ihren wichtigsten Phasen kurz erläutern.

Mit der ersten großen Einwanderungswelle, die gegen Ende des 19. Jahrhunderts über das südliche Amerika hinwegbrandete, hatten in der Region auch anarchistische, sozialistische und kommunistische Einflüsse Einzug gehalten. In der nachfolgenden Phase bis 1929/30 beherrschten Arbeiterführer, die sich zu diesen ideologischen ‹Schulen› bekannten, die Gewerkschaftsbewegung in den meisten Ländern. Doch anlässlich des Börsenkrachs und der hereinbrechenden wirtschaftlichen Depression – Ereignisse, die in allen Bereichen der Gesellschaft einschneidende Veränderungen auslösten – wurde auch die Arbeiterbewegung bis in ihre Grundfesten erschüttert.

Im Zuge der Verstärkung autoritärer Tendenzen in den 1930er Jahren wurden linksradikale Gewerkschaftsführer mit Methoden, die in der Regel gar nicht sanft waren, vor allem in Argentinien und Brasilien angefeindet und verdrängt. In beiden Ländern diente bei der ‹Reorganisation› der Arbeiterbewegung die faschistische Politik Italiens, Spaniens und Portugals als Vorbild. Dieser Wandel vollzog sich in absoluter Konsonanz mit den Bestrebungen nach einer zunehmenden Zentralisierung der politischen und wirtschaftlichen Macht. Nicht eine Demokratisierung der Gewerkschaften schwebte den Herrschern als Ziel vor, sondern eine ‹Bündelung› der einzelnen Organisationsstränge, die mittels vertikaler Kommandostrukturen (und der weitgehenden Blockierung von Querverbindungen zwischen den einzelnen Gewerkschaften und Föderationen) unter strikte staatliche Aufsicht gestellt wurden. Konflikte wurden von den Betrieben weg in die riesige Bürokratie der Arbeitsgerichte und des Arbeitsministeriums verlagert (121/S. 62–64) – und dort in zahllosen Fällen mittels Scheinlösungen oder simpler bürokratischer Diktate ‹beseitigt›.

Dass diese neue Struktur dennoch die Zustimmung breiter Teile der Arbeiterschaft fand, war auf einige wichtige Neuerungen im Interesse der Lohnabhängigen zurückzuführen. Juan Perón schlug einen prinzipiell arbeiterfreundlichen Ton an, der auch (rhetorisch) kapitalkritische Untertöne enthielt. Aus seiner Perspektive bestand die Aufgabe der Arbeitsgerichte einerseits darin, die Rechte der Lohnabhängigen zu wahren. Sie sollten gleichzeitig aber auch die Weiterentwicklung der Gewerkschaftsbewegung mittels legaler Anerkennung neuer Einheiten (bzw. deren Verweigerung) steuern und überwachen, was eindeutig auf Kosten einer demokratischen Orientierung geschah. Beifall fand sodann an der Basis in Argentinien wiederum der Beschluss, den Arbeiterorganisationen bestimmte Aufgaben der sozialen Wohlfahrt zu übertragen, vor allem ein weit ausgelegtes und dichtes Netz von Krankenkassen, das von den Gewerkschaften – zum Teil bis heute – mit obligatorischen Beiträgen aller Mitglieder finanziert wird. Die Verwaltung dieser Mittel zeichnete sich, um es vorsichtig auszudrücken, nicht immer durch Transparenz ab.

In Chile konnten hingegen die Sozialisten und Kommunisten ihre Vormachtstellung in den Gewerkschaften lange beibehalten. Zu ihrer Konsolidierung trugen vor allem die Volksfrontregierung von Aguirre Cerda (1938–1941) sowie die nachfolgende, recht lange Serie von bürgerlichen, teils reformistisch gesinnten Regimen bei, die mit Ausnahme der Regierung González Videla (1952–1958) der Arbeiterbewegung wenigstens keine Steine in den Weg legten. Umso brutaler wurden dann unter der Fuchtel Pinochets fast alle bisherigen sozialen Errungenschaften zerschlagen.

Zu einem zweischneidigen Schwert der Lohnverdiener sind die Gewerkschaften in Bolivien geworden. Ihr oberstes Organ, die Central Obrera Boliviana (COB), wurde seit ihrer Gründung von trotzkistischen Kräften dominiert, als deren authentischster Vertreter zeitlebens Juan Lechín Oquendo galt. Als Anführer der besonders streitbaren Kumpel hatte er seit der turbulenten Phase vor und während der Revolution von 1952 eine Legitimität gewonnen, an der niemand rütteln konnte. Unter seinem Kommando erlangte die COB ein Maß an politischem Einfluss, das mit jenem der argentinischen CGT und der chilenischen Gewerkschaftsdachorganisation CUT in deren besten Jahren vergleichbar war. Mit den Jahren, als ‹Don Juan› aus gesundheitlichen Gründen Präsenz verlor, schwankte die COB immer mehr zwischen ihrer sprichwörtlichen Kampfeslust und dem Missbrauch ihres öffentlichen Einflusses. Als die Mehrheit der Bevölkerung in Ruhe arbeiten und leben wollte, heizte die Central Obrera das Klima mit Aufrufen zu Streiks und Straßenblockaden an. Schlachtrufe, die in Zeiten konservativer Militärdiktaturen durchaus ihre Berechtigung hatten, lösten jetzt mehr und mehr Überdruss aus. Jahr für Jahr legten die Gewerkschaftsführer der Regierung einen Pliego (Katalog von Forderungen) vor, der in Umfang und Inhalt überrissen schien und denn auch jedes Mal zum allergrößten Teil unerfüllt blieb. Mit der Zeit schien die einst mächtige Dachorganisation nur noch zwischen der Verzweiflung ob des unaufhaltsam schwindenden Machtanteils und einer Parodie von Aktivismus hin und her gerissen zu werden. Es wurde immer offenkundiger, dass die bolivianischen Gewerkschafter ihren politischen Einfluss seit langem falsch verstanden und ungeschickt ausgespielt hatten.

Von den achtziger Jahren an wurde die Arbeiterbewegung in mehreren Ländern mit langer gewerkschaftlicher Tradition entscheidend geschwächt: am meisten vermutlich in Bolivien, Chile und Peru, alle drei mit einem wirtschaftlich bedeutenden Bergbausektor. Unter besonders dramatischen Umständen (wegen der chronischen Gewalttätigkeit und massiver Präsenz von Staatsterror) mussten die Gewerkschaften auch in Kolumbien Federn lassen. Die fortschreitende Entmachtung der Arbeiterorganisationen und Erpressung der Belegschaften durch die Unternehmer (118/S. 180–181) ist selbstverständlich im Zusammenhang mit dem Vormarsch des Neoliberalismus zu sehen. Die Flexibilisierung des Arbeitsmarktes, Schlüssel zum ‹Erfolg› dieses Modells, ist in Lateinamerika auf vielfältige Widerstände gestoßen, wurde von ihren Befürwortern zum Schluss jedoch zu einem beträchtlichen Teil durchgesetzt.

Der wichtigste Ansatz zu einer Überwindung der alten, korporatistisch geprägten Strukturen und zu einer Modernisierung der Gewerkschaften wurde gegen Ende der 1970er Jahre in Brasilien eingeleitet. Im Industriegürtel von São Paulo, dem so genannten ABC (den Vororten Santo André, São Bernardo und São Caetano), wo die größten Fahrzeugwerke standen und zum Teil immer noch stehen, startete die Metallarbeitergewerkschaft unter der Führung von Luíz Inácio da Silva, dem mittlerweile weltbekannten ‹Lula›, zu einer Offensive gegen die alten Bosse. Im Volksmund ‹Pelegos› genannt – ‹pelego› heißt auch das Fell zwischen Pferd und Sattel –, hatten diese seit Vargas' Zeiten den Auftrag, Reibungen zwischen der Arbeiterschaft und den Unternehmern sowie dem Staat zu vermeiden. Demgegenüber beanspruchten die neuen Gewerkschaftsführer mehr Autonomie für ihre Organisationen und lehnten die traditionelle Rolle als ‹Vermittler› im Dienste des Staates ab. Mit mehreren Streiks setzten sich Lula und Genossen gegen den repressiven Apparat des Militärregimes durch. Sie konnten 1980 wichtige Mitspracherechte bei Volkswagen do Brasil erobern und schritten im selben Jahr zur Gründung einer eigenen Arbeiterpartei (PT), die mit der alten PTB (Partido Trabalhista Brasileiro) aus Getúlios Zeiten nichts mehr gemein hatte.

Nach Ausbruch der lateinamerikanischen Schuldenkrise (1982) nahmen die sozialen Konflikte auf dem Subkontinent spürbar zu. Inflation und Reallohnverluste schürten die Unzufriedenheit in der Arbeiterschaft. Während in Argentinien, Bolivien, Peru und Venezuela noch und noch Generalstreiks stattfanden, konzentrierten sich die Brasilianer im Zusammenhang mit der Rückkehr zur demokratischen Ordnung auf die Durchführung von politischen Großkundgebungen. In Mexiko blieb es relativ ruhig. Fidel Velásquez, der den Gewerkschaftsdachverband CTM von 1941 bis zu seinem Tod 1997 im Alter von 97 Jahren mit starker Hand dirigierte, sorgte im Auftrag der PRI dafür, dass der soziale Protest nirgends im Land überbordete. Aber auch er konnte nicht verhindern, dass die für Mexiko charakteristische jahrzehntealte Allianz zwischen Regierungspartei und Volk brüchig wurde (113/S. 335–338).

Der Sonderfall Costa Rica

Zwischen dem Rio Grande und Feuerland findet sich ein Flecken Erde, der politisch und sozial nicht richtig in seine lateinamerikanische Umwelt passen will. Costa Rica – ist diese kleine Republik zwischen Panama und Nicaragua ein Sonderfall? Oder schon eher ein historischer Glücksfall?

Wirtschaftlich war dieser Teil Amerikas für die Spanier uninteressant. Ab 1830, während in Südamerika noch Bürgerkriege entbrannten und im übrigen Zentralamerika Caudillos und Diktatoren herrschten, wuchs in Costa Rica dank des Anbaus von Kaffee eine relativ breite Mittelklasse heran, die ihren Wohlstand in bescheidenem Ausmaß, jedoch in stetigem Rhythmus mehren konnte. Die Landoligarchie war hier viel weniger wichtig als in den meisten anderen Ländern der Region. Die Kaffeeproduktion wurde mehrheitlich von Familienbetrieben erbracht. Gegen Ende des 19. Jahrhunderts errichtete dann die US-amerikanische United Fruit Company Bananenplantagen an der südöstlichen Pazifikküste. 1925 waren rund vier Fünftel der Bevölkerung Weiße, 4 Prozent Schwarze (fast alle Plantagenarbeiter), 14 Prozent Mestizen und 1 Prozent Indios (104/S. 331). Konservative und Liberale alternierten unter recht genauer Beachtung des Grundgesetzes an der Macht. In den Plantagen und etwa gleichzeitig in den Städten bildete sich eine Arbeiterbewegung, in der marxistische Kräfte das Wort führten und die mit der Zeit auch ein gewisses politisches Gewicht erlangte.

Im Zweiten Weltkrieg standen antikommunistische Nationalisten unter Führung von Otilio Ulate den Sozialdemokraten des jungen José Figueres gegenüber. Zwei populistische Regierungen (Rafael Calderón Guardia, 1940–1944, und Teodoro Picado, 1944–1948) trieben eine betont sozialreformerische, auf eine gerechtere Verteilung des Reichtums bedachte Politik voran: Neue Arbeitsgesetze wurden eingeführt, der Mindestlohn angehoben, die soziale Fürsorge verbessert, eine staatliche Universität gegründet. Anlässlich der Wahlen von 1948 kam es jedoch in dem kaum eine Million Einwohner zählenden Land wider alle Tradition wegen Wahlmanipulationen zu einer ‹Revolution›. Figueres, von den Einheimischen ‹Don Pepe› genannt, setzte als Chef einer zivilen Junta bedeutsame politische und wirtschaftliche Reformen durch. Das allgemeine Stimm- und Wahlrecht wurde konsolidiert, eine Reichtumssteuer erhoben, die Verstaatlichung von Banken durchgesetzt und – mit einer beträchtlichen Dosis Zivilcourage und politischem Weitblick – die Abschaffung der Armee beschlossen. Man berief eine Verfassunggebende Versammlung ein und verbot die Kommunistische Partei vorübergehend. Ulate konnte ein Jahr danach die Präsidentschaft, die er an den Urnen erobert hatte, übernehmen. 1952 gewann Figueres die Wahlen und vervollständigte sein Programm mit dem Ausbau der Justiz, öffentlichen Erziehung und Gesundheit.

Die sechziger und siebziger Jahre bescherten dem Land unter Führung der Sozialdemokraten, deren Partei sich nunmehr PLN (Partido Liberación Nacional) nannte, ein recht hohes und konstantes Wachstum. Die Armut wurde ungefähr halbiert (113/S. 355–359), die Mittelschicht konnte sich weiter ausbreiten. Unter Rodrigo Carazo (1978–1982), der die christlichsoziale Opposition an die Macht geführt hatte, explodierte – wie in den meisten Staaten des Subkontinents – infolge von Reagans Hochzinspolitik die Außenschuld auf 4 Milliarden Dollar. Die kleine Musterdemokratie schien aus dem Takt zu fallen: Die Inflation erreichte 80 Prozent, die Lokalwährung, der Colón, verlor rund 80 Prozent ihres Werts, und 1983 mussten volle 60 Prozent der Exporterlöse in den Schuldendienst gesteckt werden (S. 360–369). Entscheidende Faktoren waren dabei allerdings auch der Einbruch des Kaffeepreises auf dem Weltmarkt, der erneute Anstieg des Erdölpreises und die vorübergehende Lähmung des Gemeinsamen Marktes in Mittelamerika (MCCA). Die Nachbarschaft mit Nicaragua brachte erhebliche

Komplikationen mit sich. Sandinistische Guerilleros, die den langjährigen Diktator Anastasio Somoza in ihrem Land stürzten wollten, überschritten mit zunehmender Häufigkeit die Grenze zwischen den beiden Republiken. Präsident Oscar Arias kümmerte sich um eine Schlichtung zwischen den Sandinisten, die im Nachbarland unterdessen die Macht erobert hatten, und den US-hörigen ‹Contras›. Das entsprechende Abkommen wurde in Esquipulas (Guatemala) unterzeichnet und Arias dafür mit dem Friedensnobelpreis geehrt. 1990 und 1994 gewannen Söhne von früheren Präsidenten die Wahlen: zuerst Rafael Angel Calderón, dann José María Figueres. Nach den erfolgreich durchgeführten Strukturreformen in der Wirtschaft wählten mehrere transnationale Unternehmen Costa Rica als Produktionsstandort.

Luis Alberto Monje (1982–1986) hatte die Praxis kleiner und mehr oder weniger regelmäßiger Abwertungen eingeführt und versuchte, das Etatdefizit mit Steuer- und Tariferhöhungen unter Kontrolle zu halten. Mit unorthodoxer Beschäftigungs- und Lohnpolitik konnte die Wirtschaft recht rasch wieder angekurbelt werden. Der Kaffeepreis erholte sich, die USA gewährten Costa Rica – wie auch den übrigen Ländern Zentralamerikas – Wirtschafts- und Finanzhilfe. Der Tourismus nahm zu, die Ausfuhren wurden zusehends diversifiziert: Textilien, Fisch und Krevetten, Blumen und Ananas, dann auch ausgeklügeltere Produkte der Elektronikindustrie ergänzten die traditionellen Exportgüter. Die politische und soziale Stabilität sowie das beachtliche Ausbildungsniveau der Arbeitnehmer erwiesen sich für den kleinen demokratischen Staat als entscheidende Vorteile. Die meisten Staatsbetriebe wurden privatisiert, mehrere Banken blieben hingegen bis auf Weiteres in öffentlichen Händen.

Mitte der neunziger Jahre explodierte das Haushaltsdefizit plötzlich auf 8 Prozent des BIP, die US-Hilfe versiegte, die Inflation stieg erneut bedrohlich an, eine weitere Rezession ließ sich nicht vermeiden (S. 370–379). Unter Figueres (dem Sohn) einigten sich Regierung und Opposition mit dem IWF auf ein ‹Anpassungsprogramm›. Diesmal wurden auch der Bankensektor liberalisiert und die verbleibenden Staatsmonopole in einigen Bereichen abgebaut. Beschäftigung und Löhne erholten sich auch nach dieser Krise wiederum rasch. Ins Gewicht fiel dabei, dass Costa Rica über ein gut ausgebautes Sozialversicherungssystem verfügte: 84 Prozent der Bevölkerung waren einer Krankenversicherung, 50 Prozent der Altersfürsorge angeschlossen. Selbst wenn dabei zu berücksichtigen ist, dass ganz Costa Rica viel weniger Einwohner als ein brasilianischer oder mexikanischer Bundesstaat mittlerer Größe hat, war die weitgehende soziale Absicherung von entscheidender Bedeutung für die wirtschaftliche Genesung und für die Wahrung der demokratischen Verhältnisse.

Dank Abschaffung der Armee konnte das kleine Land am Isthmus im vergangenen halben Jahrhundert proportional mehr Geldmittel in die Gerichtsbarkeit, Volkserziehung, öffentliche Gesundheit und Sicherheit (Letztere wird durch eine Zivilgarde gewährleistet) kanalisieren als jede andere Nation Lateinamerikas. Diese sozialen Investitionen haben sich in jeder Hinsicht ausgezahlt. Die Justiz und Wahlgerichte sind wirklich unabhängig, die Machtbefugnisse der Exekutive beschränkt, die Parlamentarier (auch gegenüber der eigenen Partei) weitgehend autonom.

Costa Rica hat Lateinamerika gezeigt, dass Demokratie mit wirtschaftlichem Wachstum durchaus vereinbar ist. Rechtssicherheit sowie eine glaubwürdige und effiziente Regierungsführung, die Korruption und Vetternwirtschaft in größerem Umfang ausschließt, sind dabei die Schlüssel zum Erfolg. Einige Fälle von (angeblicher) Bestechung, die in den letzten Jahren Staub aufgewirbelt haben und in die verschiedene Expräsidenten (Miguel Angel Rodríguez, Calderón und Figueres, der Sohn) verwickelt waren, dürften das Image der kleinen zentralamerikanischen Republik schon angekratzt haben. Die Demokratie der ‹Ticos› (Costaricaner) wird aber durch nachhaltige Maßnahmen zu einer sozialen, wirtschaftlichen und kulturellen Integration der verschiedenen Bevölkerungsklassen entscheidend gestärkt. Würde dieses Beispiel in seinen vielfältigen Aspekten von den Herrschern und Eliten in der Region zur Kenntnis genommen, beherzigt und nachgeahmt, könnte sich Lateinamerika innerhalb von einigen Jahrzehnten vielleicht zu einer wirtschaftlich blühenden, politisch stabilen und sozial entschieden gerechteren Region entwickeln.

Siege und Niederlagen der Demokratie

Auch wenn die lateinamerikanischen Demokraten nach wie vor mit vielen Unzulänglichkeiten befrachtet sind: Aus der Vogelperspektive kann man im Kleinen wie im Großen doch Fortschritte ausmachen. Der Anteil der Leute, die an Wahlen teilnehmen (können), stieg im 20. Jahrhundert zuerst von wenigen Prozent auf etwa ein Drittel. Eine zweite Welle der Wahlrechtsausweitung erfolgte – dank der Rückkehr zur (formalen) Demokratie nach dem Zweiten Weltkrieg sowie mittels sozialer Mobilisierung und Einführung des Frauenstimmrechts – zwischen 1940 und 1960 und eine dritte nach dem Zusammenbruch der Militärdiktaturen ab 1978.

Ob auch eine qualitative Entwicklung der Demokratie stattgefunden hat, ist viel schwieriger zu beurteilen. Festzustellen ist einmal, dass Demokratisierung und Verbesserung der Menschenrechtssituation nicht immer parallel verlaufen (113/S. 245–250). Die Rechtsstaatlichkeit wurde vor allem wegen mangelhafter Kontrolle der Militärs durch die zivilen Behörden und wegen der Straffreiheit von Uniformierten und Geheimdiensten, die sich daraus ergibt, verzögert. Hemmend wirkten auch die Ausrufung des Notstands in einigen Ländern und die Existenz von Militärgerichten, die eigenmächtig handeln. Wie Bernard Shaw bemerkte, ist die Militärjustiz der Justiz ohnehin etwa dasselbe was die Militärmusik der Musik. Ein hoher Demokratiegehalt und gleichzeitig eine genaue Beachtung der Menschenrechte ist vor allem in Costa Rica, laut Suter auch in Trinidad-Tobago, Jamaika und Uruguay (hier allerdings, was einschränkend gesagt werden muss, erst ab 1985 wieder und auch dann noch mit Restriktionen) zu beobachten. In Chile und Honduras hinkte die Beachtung der Bürgerrechte noch recht lange hinter der formalen Demokratisierung her.

Durch diplomatischen Druck verschiedener OECD-Staaten und die Entsendung von Wahlbeobachtern der Organisation Amerikanischer Staaten (OEA) wie auch der UNO wurden die Chancen eines fairen demokratischen Wettbewerbs in mehreren Ländern der Region erhöht (126a/S. 65–69). Putschisten gerieten unter zunehmenden Druck (in Panama unter General Noriega, Venezuela, Haiti, Paraguay). 1992 wurde die Charta der OEA geändert: Bei einem Staatsstreich kann von da an die Mitgliedschaft des betreffenden Landes suspendiert werden (was im Fall Guatemalas anlässlich der skandalumwitterten Präsidentenwahl von Jorge Serrano Elías im Jahr 1993 erstmals geschah). Viele neu entstandene Nichtregierungsorganisationen und verschiedenste Selbsthilfeorganisationen stoßen seit längerem in dieselbe Richtung.

Ein wichtiger Schritt wurde 1996 in Mexiko mit dem Inkrafttreten einer Wahlrechtsreform – Zulassung unabhängiger Kandidaten, mehr Autonomie der obersten Wahlbehörde (Instituto Federal Electoral), verbindliche Grenzen für das Budget der Wahlkampagnen, gleicher Zugang der Kandidaten zu Radio und Fernsehen – unternommen. Rasch bildete sich ein Dreiparteiensystem heraus, bestehend aus der bisher allmächtigen PRI, der konservativen PAN und der PRD, einer 1989 gegründeten, auf glaubwürdigere Demokratie bedachten Abspaltung der PRI. Schon bei den ersten Gouverneurswahlen, die nach dieser Reform stattfanden, gewann PRD-Kandidat Cuauthémoc Cárdenas, ein Nachfahre des berühmten Generals, der in den 1930ern regiert hatte, die Bürgermeisterwahl in Mexiko-Stadt. Langsam löste sich der Revolutionsmythos als Grundlage der Herrschaftsideologie von Staatspartei und Regierung auf (113/S. 347). Entscheidend trugen hier die neoliberale Wirtschaftspolitik und deren endlose ‹Anpassungsmaßnahmen› gegen Ende der PRI-Epoche zum Umschwung bei. Der Opposition fiel es leicht, die Kluft zwischen Mythos und Realität aufzuzeigen und den ‹Verrat an der Revolution› anzuprangern. Mexiko hat damit als eines der letzten Länder Lateinamerikas «den Übergang vom autoritären Regime zur defekten Demokratie bewältigt» (063 b/S. 40).

Die Trophäen von kleineren und größeren Siegen der demokratischen Kräfte Lateinamerikas seit dem Kollaps der Diktaturen füllen schon ein ganzes Regal: der Triumph der bolivianischen Minenarbeiter und ihrer Frauen gegen die Herrschaft von General Banzer (1978); mächtige Kundgebungen der Uruguayer und Brasilianer Mitte der achtziger Jahre mit demselben Ziel, die Militärs zum Rückzug in die Kasernen zu zwingen; die phantasie- und humorvolle Kampagne der Chilenen im entscheidenden Plebiszit von 1988; das erfolgreiche Impeachment-Verfahren gegen Collor de Mello, Ausgangspunkt für die nachfolgende Konsolidierung der demokratischen Ordnung in Brasilien; der Widerstand gegen General Oviedos Machtgelüste in Paraguay und gegen die Perpetuierung Fujimoris in Peru (2000), in Nicaragua gegen die autoritäre Herrschaft unter Somoza, dann aber auch gegen bestimmte Fehlentwicklungen unter den Sandinisten; die Bemühungen um Dezentralisierung und vermehrte Mitbestimmung auf regionaler Ebene in Peru und auf kommunaler Ebene in Bolivien; die auf basisdemokratischen Fortschritt erpichte, aber weitgehend gewaltfrei agierende ‹Guerilla› der Zapatisten (EZLN) im mexikanischen Bundesstaat Chiapas; die unbeugsame Opposition gegen allzu weit gehende

Privatisierungen (Wasserversorgung und Gasexport in Bolivien, Luftfahrtgesellschaften in Argentinien, Erdölkommerzialisierung in Uruguay), Massenaufmärsche und Volksaufstände gegen unfähige, untragbare Regierungen in Ecuador, Argentinien, Venezuela ...

Lang, allzu lang ist aber auch die Serie von Niederlagen. Die Entwicklung des vergangenen Vierteljahrhunderts weist in allen Ländern des Erdteils einen gemeinsamen Nenner auf: Für die große Masse der Bevölkerung hat die Demokratie, wie sie im Rahmen der Globalisierung funktioniert, wenig oder überhaupt keine Besserung gebracht. Der Arbeitsmangel hat ein erschreckendes Ausmaß angenommen. Die Löhne der Glücklichen, denen ein halbwegs geregelter Job gegönnt ist, werden auf dem liberalisierten Arbeitsmarkt oft gnadenlos gedrückt. Nur eine Minderheit, zu der sich kaum ein Fünftel der 500 Millionen Latinos zählen kann, hat es verstanden, von diesem wirtschaftlichen Modell zu profitieren. Und selbst für sie sind die Früchte der Globalisierung teilweise bitter. Werden sie nicht auf Schritt und Tritt mit den Unappetitlichkeiten einer Gesellschaft konfrontiert, die allzu stark zwischen Reichen und Armen polarisiert ist? Heere von Bettlern und Delinquenten zwingen sie zum Rückzug in scharf bewachte Ghettos, in denen nicht nur Wohlstand, sondern oft auch sinnloser Luxus herrscht. Erziehung, Gesundheits- und Altersfürsorge werden heutzutage in Lateinamerika de facto weitgehend vom Geiste sozialer Apartheid geprägt: extreme Privilegien für wenige in einem Umfeld voller Elend und Not.

Dass unter solchen Vorzeichen eine demokratische Ordnung nicht sehr tief verankert sein kann, versteht sich von selbst. Überall in Süd- und Mittelamerika funktionieren zwar die Parlamente, Parteien, Presseorgane und Verbände einigermaßen frei. Aber der wichtigste Teil, die Erziehung zur aktiven Teilnahme an der Demokratie jenseits der periodischen, mechanischen Stimmabgabe und die Bildung soliden politischen Bewusstseins, wird sträflich vernachlässigt. Ebenso wenig wird der demokratische Gedanke auf die Wirtschaft übertragen. Darüber nachzudenken, wie sich die ungerechten und in der Essenz höchst undemokratischen Verhältnisse korrigieren ließen, ist in Lateinamerika völlig aus der Mode gekommen. Die geistige Elite des Subkontinents, die früher einmal eine Dependenztheorie und eine Befreiungstheologie begründen konnte, ist entweder ‹bekehrt› und in das bestehende Herrschaftssystem integriert oder aber gewaltsam zum Schweigen gebracht worden. In den Jahren, als die Doktrin der Nationalen Sicherheit als der Weisheit letzter Schluss galt, wurden die Intellektuellen in manchen Ländern als angebliche Urheber der Subversion verfolgt, umgebracht oder ins Exil gejagt. Jetzt merkt man da und dort, dass geistige Friedhofruhe den politischen Frieden nicht garantiert.

Oftmals sind Sieg und Niederlage der Demokratie so nahe beieinander, dass man die Orientierung verlieren und verzweifeln könnte. Die Regierung von Arturo Illia (1963–1966) war eine der erfreulichsten Episoden in der argentinischen Geschichte: flottes Wachstum, geringe Arbeitslosigkeit, minimale Inflation, Reallohngewinne, voller Respekt der Menschenrechte, eine dezente und diskrete Herrschaft nach den Regeln des Grundgesetzes – und doch wurde sie von den peronistischen Gewerkschaften, einer leichtfertigen, damals vom bekannten Publizisten Jacobo Timerman dirigierten Presse und den Streitkräften unter Anführung von General Juan Carlos Onganía mutwillig zertrümmert. Ein Jahrzehnt danach geriet derselbe Pressemann dann selber in den Hexenkessel der Repression ...

Von 1968 bis 1975 versuchten linksnationalistische Uniformierte in Peru, die materielle Lage der Mehrheit ihrer Nation durch recht tiefgreifende Reformen in Politik und Wirtschaft zu verbessern. Zum ersten Mal wurden die unteren Volksschichten aufgerufen, politisch aktiv zu werden, sich zu organisieren und staatliche Hilfe zur Selbsthilfe anzunehmen. Die sogleich in Angriff genommene Landreform verfolgte das machtpolitisch wichtige Ziel der Beseitigung des Latifundiums. Dieses wurde tatsächlich erreicht – doch um den hohen Preis einer fast kompletten Entkapitalisierung des Sektors. Die Reform erfasste zudem aus zeitlichen, finanziellen und technisch-administrativen Gründen (die fast alle Landreformversuche in Lateinamerika früher oder später bremsten) ‹nur› eine Minderheit der Landbevölkerung. Der alte Agrarverband wurde aufgelöst und – was sich als für dieses Regime typisch erwies und sein Scheitern zu einem guten Teil erklärt – von oben herab durch eine (korporatistisch konzipierte) Bauernorganisation ersetzt.

Ähnliche Vorgänge spielten sich im industriellen Bereich ab. Die Militärs versuchten sich vorerst auf die 1968 gegründete kommunistische Gewerkschaftsdachorganisation CGTP zu stützen, bauten dann aber eine eigene Konföderation (CTRP) auf. Trotzdem nahmen die Arbeitskonflikte ab 1973 zu. Mittels Errichtung eines ‹sozialen Produktionszweiges› und ‹industrieller Gemeinschaften› (CI), durch die eine finanzielle Beteiligung der Belegschaften kanalisiert werden sollte, schuf das Regime (offenbar zu spät) Formen der Mitbestimmung von Arbeitern und Angestellten in den Betrieben. Landesweit profitierten etwa 8 Prozent der Arbeitnehmer davon – und diese formulierten ihre Interessen mit zunehmender Autonomie. Mit nachhaltigerem Erfolg wurden die Slumbewohner mobilisiert: durch Vergabe von Eigentumstiteln in hoher Zahl, wobei sich freilich auch bald wieder Mechanismen eines bürokratischen Klientelismus einspielten. Um die zunehmende Mobilisierung unter Kontrolle zu halten, wurde eine spezielle Amtsstelle (SINAMOS) gegründet (113/S. 146–160).

General Juan Velasco beanspruchte die Oberhoheit des Staats über die Ressourcen und nationalisierte Fremdunternehmen, die seines Erachtens zu viel Gewinne außer Landes geschafft hatten. Die Industriellen (SNI) waren der Regierung, die auf ISI-Politik setzte, anfänglich günstig gesinnt. Nach der Einführung der ‹industriellen Gemeinschaften›, die auch als Organe zur Mitbestimmung der Belegschaften dienen sollten, kam es aber zum Bruch. Die gleichzeitige Integration der Unternehmer und der Arbeiterschaft in die Allianz der Regierungskräfte erwies sich als Ding der Unmöglichkeit. Die Regierung brachte in keinem Moment eine machtvolle Mobilisierung, weder der unteren Volksschichten noch der Unternehmer, zustande. Zudem schlitterte sie in eine Wirtschaftskrise, die weit über ihre eigene Herrschaft hinaus bis 1990 andauern sollte. Am Ende dieser Durststrecke lag das Pro-Kopf-Einkommen laut Weltbankdaten 27 Prozent unter dem Stand von 1975 (S. 161–166). Das ‹peruanische Modell› war, den besten Absichten der linksnationalistischen, sozial besorgten Offiziere zum Trotz, gescheitert. War eine letztlich doch wieder unbefriedigte ‹Inflation der Erwartungen› daran schuld? Wirtschaftspolitische Ignoranz oder Ineffizienz der Militärs? Das Auseinanderbrechen des Konsenses in den Reihen der Streitkräfte? Oder die ISI-Politik ganz allgemein?

Raúl Alfonsín hatte mit der Prozessierung und Verurteilung der Junta-Generäle (1985) den Applaus fast der ganzen Nation und weiter Teile des Auslands geerntet. Kaum ein Jahr danach, beim ersten ernsthaften Symptom von Unruhe in Armee und Marine, krebste er zurück. Mit dem Gesetz über Befehlsnotstand (Gehorsamspflicht für Uniformierte) und dem Setzen eines ‹Schlusspunkts›, bald aber auch mit seiner ‹heterodoxen› Wirtschaftspolitik, die Argentinien an den Rand des Abgrunds führte, verspielte der bürgerlich-radikale Staatschef sein gesamtes politisches Kapital. Sein Ruf als couragierter Staatsmann zerbrach inmitten hilfloser Versuche, die ‹aufgebrachten› Exdiktatoren und ihre Schergen mit moralisch unhaltbaren Konzessionen zu besänftigen. Dabei hatte der Präsident die überwiegende Mehrheit der Bevölkerung hinter sich, als der Aufruhr der ‹Carapintada›-Bewegung unter den Uniformierten begann. Er riskierte es aber nicht, die praktisch einhellige Unterstützung des In- und Auslandes in konkrete politische Maßnahmen gegen die Rebellen umzumünzen. Sein berühmt gewordener Ausruf ‹La casa está en orden!› (dass also alles in bester Ordnung sei), mit dem er die gewaltige, vor dem Regierungsgebäude an der Plaza de Mayo in Buenos Aires versammelte Volksmenge zu beruhigen versuchte und nach Hause schickte, war in Wirklichkeit eine Kapitulation gegenüber den ruchlosesten Elementen der Streitkräfte.

Insgesamt scheint die politische Entwicklung in jüngster Zeit zu zeigen, dass Lateinamerikas Demokratien nicht nur ‹bei schönem Wetter› Bestand haben, sondern bisher auch unter schwierigen Bedingungen (Schuldenkrise, soziale Polarisierung, zunehmende Gewaltbereitschaft, Bedrohung durch Rauschgiftmafia und andere Arten des organisierten Verbrechens). Daraus eine ‹zunehmende Akzeptanz demokratischer Normen› und ‹wachsendes Vertrauen der Bevölkerung in demokratische Institutionen› abzuleiten, wie Detlef Nolte es tut (116d/S. 339–345), klingt indes voreilig und reichlich optimistisch. Die Enttäuschung breiter Teile der Bevölkerung über die konkreten Ergebnisse verfassungsmäßiger Regime ist in vielen Ländern der Region groß und gefährlich. Letzten Endes ist jenen 40 Prozent (oder mehr), die laut Angaben der CEPAL in Armut oder extremer Armut leben, mit schönen Worten und theoretischen Werten nicht gedient. Derselbe Autor, der sich seit langem intensiv mit Lateinamerika befasst, zitiert denn ebenfalls jene 1998 auf dem Subkontinent durchgeführte Umfrage, wonach 61 Prozent der Leute der Meinung waren, dass ihre Väter besser gelebt hätten als sie selbst (S. 348).

Die zentrale Frage, die auch Nolte stellt, ist also viel eher: Wie viel soziale Ungleichheit, wie viel Austeritätspolitik und wie viel Elend kann ein demokratisches System auf die Dauer ertragen? Wie lange kann eine Marktwirtschaft, die auf Grund ihrer inneren Logik soziale Gegensätze erzeugt und den gesellschaftlichen Zusammenhang schwächt, ohne ein soziales Sicherungsnetz geflochten zu haben, mit einem demokratischen System kompatibel sein? (S. 350–352) In der Tat scheint nichts sicherer, als dass ein ungezügelter Kapitalismus ohne soziale Verantwortung die Demokratie langfristig aushöhlen wird.

VI. Die Uniformierten zwischen Hörigkeit und Autonomie

«Sicherheit ist gleichbedeutend mit Entwicklung, denn ohne Entwicklung kann es keine Sicherheit geben.»

Robert McNamara

In Lateinamerika verstehen sich die Militärs gerne als ‹ordnende Kraft›, die einen notwendigen Gegenpol zu den ‹zivilpolitischen Chaoten› bilde. Wenigstens teilweise mag das zutreffen. Zivile Regierungen haben ihre Länder oft genug in Situationen hineinmanövriert, wo Anarchie herrschte und die Wirtschaft vor dem Zusammenbruch – oder schon mittendrin – stand. Früher oder später sind aber auch die meisten autoritären Regime bei ihren Versuchen, für Ordnung zu sorgen oder gar strukturelle Probleme zu lösen (wo sie sich so viel zugemutet hatten), gescheitert. Letzten Endes stießen sie, von ganz wenigen Ausnahmefällen abgesehen, genauso unvermeidlich an dieselben Grenzen wie die Zivilpolitiker. Und nicht selten war das Desaster dann noch viel größer. Weil die ‹ordnende Kraft› nur von oben herab wirkte, weil fast immer nur Diktate durchgesetzt und Ansätze zum Dialog unterdrückt wurden, konnten solche Versuche eigentlich nur in Sackgassen enden.

Nach ihrem erfolgreichen Kampf um die Unabhängigkeit fühlten sich die Uniformierten in den ehemals von Spanien beherrschten Teilen Lateinamerikas von der Pflicht des Gehorsams und der Verehrung gegenüber der einzigen Instanz befreit, die ihnen bisher als unantastbar gegolten hatte: der Krone. Von da an gab es für sie kaum noch Zweifel, dass sie letztlich nur sich selbst gehorchen würden. Diesem Machtbewusstsein entsprangen rasch allerlei Vorrechte und Ansprüche auf ‹Honores› (Ehrbezeugungen aller Art). Mochten diese ursprünglich eine gewisse Berechtigung haben, so wurden sie von den Militärs rasch als Selbstverständlichkeiten aufgefasst, die ihnen Staat und Gesellschaft angeblich schuldig waren. Mit martialischem Gehaben drangen sie ihrerseits in alle möglichen Bereiche des republikanischen Lebens ein – und fanden dabei noch mehr Bewunderung als ohnehin seitens der naiven Zivilgesellschaft.

Es sollte nicht lange dauern, bis sich die Angehörigen der Armee in der Überzeugung, dass sie allmächtig, unersetzlich und unantastbar seien, zu Überheblichkeit und alsbald auch zu Grausamkeit gegenüber dem eigenen Volk hinreißen ließen. Aus kolonialer Zeit an die Normen der Unterwerfung gewöhnt, nahm die Bevölkerung die Exzesse der Uniformierten mit einer Mischung aus Angst und Stoizismus hin. Das Militär war im Leben der Republik einfach zu wichtig, zu allgegenwärtig und in den Augen der gewöhnlichen Menschen zu verdienstvoll, als dass man es aus irgendwelchen Gründen in Frage stellen könnte. Im Gegenteil: Die Generäle verstanden es, für sich und ihre Institution auch einen juristischen Sonderstatus zu erlangen, dessen Einflussbereich in Lateinamerika indes weit über die Tribunale hinausreichen sollte.

In fast allen Ländern des Erdteils wendeten die militärischen Machthaber, die meistens spanischer Herkunft waren, strikt ethnische Kriterien bei der Selektion des Offizierskorps an. Damit sicherten sich die Weißen mit Rang und Namen die Kontrolle über Armee und Marine. In einigen Ländern (Argentinien, Uruguay, Chile) wurde das Kastenprinzip im Militär besonders konsequent durchgesetzt, während es in anderen, rassisch stärker durchmischten Nationen wie Peru, Bolivien oder Mexiko etwas mildere Formen annahm. In Brasilien wiederum konnten auch Leute aus bescheidenen sozialen Verhältnissen – wie die Brüder Ernesto und Orlando Geisel – bis in die obersten Ränge der Armeehierarchie aufsteigen. Der (eingebildete) elitäre Geist wurde in Argentinien andererseits immer wieder durch die Existenz rivalisierender Offiziersgruppen geschwächt (Peronisten – Antiperonisten, Azules – Colorados, unter der letzten Militärdiktatur Machtkämpfe zwischen Landarmee und Marine). Wieder anders in Ländern wie Peru, Ecuador und teilweise Bolivien, wo die Existenz von militärischen Ingenieurschulen, die auch in der zivilen Gesellschaft einiges Ansehen genießen, das Kastendenken auflockert. In solchen Institutionen wird, dem Vorbild der ‹Escola Superior de Guerra› in Brasilien folgend, auch über Fragen der Entwicklungspolitik nachgedacht und dadurch der bei den Uniformierten oft besonders enge geistige Horizont erweitert. Solchen Think-Tanks sind immer wieder Figuren entsprungen, die sich über das Wirken imperialistischer Kräfte in ihren Ländern, in letzter Zeit auch über den Ausverkauf einheimischer (staatlicher wie privater) Unternehmen Sorge machten.

Daher waren Staatsstreiche nicht immer Ausgeburten des Machismo oder puren Machthungers. Weil sie schon in den ersten Stunden der Republik vielerorts die einzige halbwegs organisierte Instanz waren, weil die Demokratie fast immer und überall in der Region auf wackligen Fundamenten stand und weil auf die Zivilen ‹sowieso kein Verlass› war, dachten und denken Angehörige der Streitkräfte in Lateinamerika vermutlich mehr über die innenpolitischen und wirtschaftlichen Entwicklungen nach als anderswo. In Brasilien etwa waren Armee und Marine in manchen entscheidenden Momenten präsent. Sie sorgten für eine ruhige Geburt der Republik; sie halfen Vargas in den Sattel und zwangen ihn 15 Jahre danach zum Rücktritt, als die internationale Lage am Ende des Zweiten Weltkriegs eine politische Erneuerung verlangte; sie griffen ein, als die Regierung Goulart auseinander brach, sie bauten mit relativ klaren programmatischen Vorstellungen ein eigenes Regime auf und vollzogen zwei Jahrzehnte später einen geordneten Rückzug.

Am meisten Auftrieb erhielten die Streitkräfte in den Phasen schwerster wirtschaftlicher, politischer und sozialer Krisen: 1929/30 und dann wieder, als sich die Erschöpfung der ISI-Politik deutlicher abzeichnete (etwa ab Mitte der sechziger Jahre). Nach Ausbruch der weltweiten Depression schien es keine einheitliche Doktrin zur Begründung von Militärregierungen zu geben. Wie konnte es auch! War doch auch die zivile Gesellschaft hinsichtlich der Frage, wo das Heil in dieser extrem schwierigen Phase zu suchen sei, tief gespalten. In vielen Ländern lagen sich in jener Zeit die Bewunderer der Achsenmächte und die Anhänger sozialistischer und kommunistischer Ideale in den Haaren. Von São Paulo bis Santiago und von San Salvador bis nach Lima und La Paz verkeilten sich Militante beider Lager auf der Straße ineinander.

Je nach den lokalen Begebenheiten wurde dieser Meinungsstreit auch in den Reihen der Armee mit unterschiedlichen Resultaten ausgetragen. Die brasilianischen Streitkräfte setzten auf den faschistenfreundlich gesinnten Zivilisten Vargas. In Argentinien bemühten sie sich vorerst um eine Neuausgabe der wirtschaftlichen ‹Allianz› mit den Briten, um dann aber ebenfalls auf einen nach Rom und Berlin orientierten Kurs abzuschwenken. Bolivien und Paraguay ließen sich zu einer bewaffneten Auseinandersetzung, den Chacokrieg (1932–1935) mit traumatischen Folgen für beide Länder, verleiten. Auf bolivianischer Seite gewannen im Militär nach der Niederlage sozialistische Tendenzen die Oberhand, die mit den Obersten David Toro und Germán Busch vorübergehend die politische Macht ergreifen konnten. Linksgerichtete Einflüsse auch in der chilenischen Armee: Dort kam im Zuge einer Militärrevolte Oberst Marmaduke Grove ans Ruder (1932). Er vermochte sich zwar nur ein paar Tage als Staatsoberhaupt zu halten, erwies sich jedoch als Vorläufer der ersten Volksfrontregierung, die sechs Jahre danach mit Präsident Pedro Aguirre Cerda in den Moneda-Palast einzog. In Peru glaubten die durch den Aufstandsversuch der antiimperialistischen APRA aufgeschreckten Militärs unter der Führung ihres ‹starken Mannes›, General Oscar Benavides, wiederum eher an konservativ-autoritäre Rezepte, in denen gewisse faschistoide Tendenzen nicht fehlten.

Die Militärdiktaturen der sechziger und siebziger Jahre entstanden vor einem ganz anderen politisch-ideologischen Hintergrund. Sie waren zur Hauptsache Früchte des Kalten Kriegs und der in Washington formulierten Doktrin der ‹Nationalen Sicherheit›. Ein erster Schritt in diese Richtung war schon 1947 unternommen worden, als US-Präsident Truman die Latinos zur Gründung eines «interamerikanischen Heeres unter dem Kommando von Generälen der Vereinigten Staaten von Nordamerika» einlud (125/S. 116–117). Der erste Schritt, um dieses Projekt in die Tat umzusetzen, erfolgte 1965 anlässlich der Invasion in der Dominikanischen Republik, wo zu jenem Zeitpunkt zwei Fraktionen der Streitkräfte um die Macht kämpften. Die eine von ihnen unter Anführung von Oberst Francisco Caamaño bekundete gewisse Sympathien für den gemäßigt linken Expräsidenten Juan Bosch, der 1961 (nach der Ermordung von Diktator Rafael Trujillo) die Wahlen gewonnen hatte und nach nur siebenmonatiger Regierung von konservativen Militärs gestürzt worden war. Dem Aufgebot der Amerikaner, mit vereinten Kräften die «Installation eines weiteren revolutionären Regimes» (nach demjenigen Kubas) zu verhindern, folgten Brasilien mit rund tausend Mann, Honduras, Nicaragua und Paraguay mit mehreren hundert sowie El Salvador und Costa Rica mit der symbolischen Präsenz von einigen Angehörigen der Zivilgarde (S. 120–121). Demokratische Kreise in Lateinamerika schlugen jedoch in den folgenden Jahren Alarm. Die Zugehörigkeit zu einer derartigen interamerikanischen Interventionstruppe, so warnten sie, würde verschiedene

Prinzipien und Verträge verletzen und nur den Interessen der USA dienen (S. 150–153).

Washington pflegte zudem seit längerem eigene Militärmissionen in die verschiedenen Länder Mittel- und Südamerikas zu entsenden, die den dortigen Waffenbrüdern beibringen sollten, welches die Vorstellungen der USA in Sachen regionaler Sicherheit waren. Ab 1960 wurde jedes Jahr eine ‹Konferenz der amerikanischen Armeen› abgehalten, deren Zweck 1968 in Rio de Janeiro am deutlichsten formuliert wurde. Dort einigten sich die Generäle – ohne Rücksicht auf die Bedenken von ziviler Seite – darauf, Verbindungslinien zwischen ihrer Konferenz, der Interamerikanischen Verteidigungsjunta und der Organisation Amerikanischer Staaten (OEA) mit dem Ziel zu schaffen, diese Institutionen an das ‹Interamerikanische Militärsystem› zu binden (S. 137). Ein Jahr danach vereinbarten sie in Fort Bragg die Formulierung einer gemeinsamen Doktrin zur Bekämpfung der «subversiven Umtriebe des internationalen Kommunismus in der westlichen Hemisphäre» (S. 138).

Der Wahn der ‹Nationalen Sicherheit›

Damit waren die Voraussetzungen und Grundlagen zur ‹Doktrin der Nationalen Sicherheit› gegeben. Die USA hatten sich seit dem Ersten Weltkrieg immer wieder als **die** Ordnungsmacht in der Region präsentiert. Anfänglich war ihnen in erster Linie an der Gewährleistung von ‹Ruhe und Ordnung› in ihrem Hinterhof und der Wahrung nordamerikanischer Wirtschaftsinteressen gelegen. Jetzt rückten – ohne jene prinzipiellen Anliegen an Wichtigkeit einbüßen zu lassen – neue Imperative in den Vordergrund: erstens die Guerilla, die sich nach dem Triumph von Fidel Castro in einigen Ländern ausbreitete und in den ersten Jahren von Havanna mehr oder weniger offen unterstützt wurde, einzudämmen und zweitens die Volksbewegung, die mit den Rebellen in den meisten Fällen zwar wenig gemeinsam hatte, von den oligarchischen und militärischen Machthabern jedoch prinzipiell als subversiv gebrandmarkt wurde, unter Kontrolle zu halten. Die scharf antikommunistische Doktrin der Nationalen Sicherheit hatte außerdem den Zweck, linksnationalistisch gesinnte Offiziere in den Reihen der Streit- und Sicherheitskräfte zu isolieren und als Machtfaktoren auszuschalten.

Das Werk der Indoktrinierung, der sich in der Folge Zehntausende von höheren Offizieren aus ganz Lateinamerika unterziehen sollten, wurde der ‹School of the Americas› übertragen. Die US-Militärführung eröffnete sie – eine ostentative, sogar provokative Geste – in der Kanalzone von Panama, unmittelbar nachdem in der Republik Panama (die damals noch durch die Zone zweigeteilt wurde) General Omar Torrijos, Chef der Nationalgarde und Wortführer der Linksnationalisten, mit einem unblutigen Staatsstreich an die Macht gekommen war. Dort lernten die zukünftigen Diktatoren des Subkontinents alles Notwendige über Geheimdienstarbeit, Foltermethoden, Techniken der Unterwanderung revolutionärer Bewegungen und Gewerkschaften, Kriegsführung ‹niedriger Intensität›, psychologische Kriegsführung und ‹innere Sicherheit›. Die Organisatoren verstanden es, die ‹harten Aufgaben der Ausbildung› mit der Pflege kontinentaler Kameradschaft zu kombinieren und sich bei den Absolventen mit allerlei Gefälligkeiten die Bewunderung für das amerikanische Imperium zu erkaufen. Was aber in der Geschichte Lateinamerikas viel schwerer wog, war die Tatsache, dass an der ‹Schule Amerikas› die Keimzellen eines repressiven Geistes unter den führenden Offizieren der Region eingepflanzt wurden. Diese Saat ist vom ersten Moment an aufgegangen. Unter Berufung auf die ‹Nationale Sicherheit› wurde nach und nach fast der ganze Erdteil unter das Joch von Militärdiktaturen gezwungen, die sich zum Teil durch extreme Grausamkeit und damit in den Augen ihrer Lehrmeister als ‹Musterschüler› auszeichneten.

Kernstück der ‹Doktrin› ist ohne jeden Zweifel die Repression. Bewaffnete wie unbewaffnete Kundgebungen von Menschen, für die Worte wie Demokratie, Freiheit, Gleichheit oder Menschenrechte aufgrund ihrer tagtäglichen Erfahrung inhalts- und gegenstandslos waren, mussten unterdrückt werden, ohne dass Fragen nach den Ursachen der Unzufriedenheit und Rebellion überhaupt zulässig waren. Die Streit- und Sicherheitskräfte wurden damit zu Besatzungstruppen im eigenen Land degradiert. Indem man jede Opposition gegen das herrschende System, egal, wie begründet sie auch war, als Kommunismus abkanzelte und mit aller möglichen Brutalität aus der Welt zu schaffen versuchte, wurde der heillosen Simplifizierung einer komplexen Wirklichkeit Vorschub geleistet.

Überzeugt davon, dass ein enger Kausalzusammenhang zwischen Gewalttätigkeit und Armut besteht, warnte Robert McNamara seine Landsleute 1970: «Die Vereinigten Staaten haben kein Mandat, um den Weltpolizisten zu spielen, und sie fühlen sich auch nicht berufen, eine solche Rolle zu übernehmen ... Nichts berechtigt uns, danach zu trachten, schwankende Regime zu retten, welche Gewalttätigkeit erzeugt haben, indem sie sich weigerten, die berechtigten Hoffnungen ihrer Bürger zu erfüllen.» (125/S. 176–179) Doch das waren nur die Worte eines Mannes, der aus seinen Erfahrungen in hohen öffentlichen Ämtern und multilateralen Organismen gelernt hatte, über die eigene Nasenspitze hinauszuschauen. Sie wurden von US-Präsident Nixon, an den sie eigentlich gerichtet waren, durch den Beschluss in den Wind geschlagen, mit allen nichtmilitärischen Mitteln gegen die Regierung des soeben zum Staatschef gewählten Salvador Allende in Chile vorzugehen. Just eine Regierung, deren wichtigstes Ziel darin bestand, ebenjene besagten Hoffnungen von Millionen Staatsbürgern mit legalen und verfassungsmäßigen Mitteln zu befriedigen.

Während schon in den fünfziger und sechziger Jahren hinter den Kulissen die Fäden gezogen wurden, die ein ‹Netz von Sicherheit› in ganz Amerika ergeben sollten, während militärische Delegationen aus den USA alle Länder südlich des Rio Grande visitierten, um sich über die ‹Fortschritte› in der Materie zu vergewissern, und während die doktrinären Grundlagen für den ‹Kampf gegen die Subversion› mit den lokalen Alliierten ‹vereinbart› wurden, entwarf Washington gleichzeitig Militärhilfeprogramme, die wiederum kontinentale Dimensionen haben sollten. Damit sicherten sich die Amerikaner einen – wie sich vor allem in diktatorialen Zeiten erweisen sollte – wichtigen Absatzmarkt für ihre eigene Rüstungsindustrie. Lateinamerika wurde damit auch bis auf Weiteres im Zustand der militärischen und technologischen Abhängigkeit gehalten. Und im gleichen Zuge sollten Waffenlieferanten aus Europa, der Sowjetunion und ihren Satelliten ausgesperrt und die Streitkräfte des Subkontinents materiell und ideologisch an die große Nation im Norden gebunden werden (S. 23–33, 49–53, 84–89).

Im Gegensatz zu den Militärdiktaturen der Caudillo-Zeit erhielt nun die Machtergreifung der Uniformierten im letzten Drittel des 20. Jahrhunderts in mehreren Ländern einen neuen Stellenwert: Sie griffen nunmehr häufiger als Institution in das politische Geschehen ein, während bis dahin fast immer – als wichtigste Ausnahme wäre die Militärregierung von Oberst Carlos Ibáñez del Campo Mitte der 1920er Jahre in Chile zu erwähnen (121/S. 65–69) – eine einzelne Figur oder allenfalls eine mehr oder weniger zufällig zusammengewürfelte Junta im Vordergrund gestanden hatte. Ein notorisches Beispiel für diese neue Modalität ist sicher die 21-jährige Herrschaft der brasilianischen Streitkräfte (1964–1985).

Zur Überraschung der Architekten des neuen militärpolitischen Modells misslang indessen nach dem modellhaften Umsturz in Brasilien ein weiterer Versuch in dieser Richtung, der ab 1966 in Argentinien stattfand. Die Diktatur von General Onganía dauerte kaum drei Jahre, weil sich die beiden erwähnten armeeinternen Fraktionen (Colorados und Azules, also Rote und Blaue, eine Unterscheidung, die sich in der Tat weitgehend in farblichen Gegensätzen erschöpfte) scharf bekämpften. Noch bedeutsamer war aber, dass die anfänglich entschlossenen Versuche, die Wirtschaft des Platastaates gründlich zu liberalisieren, schon nach kurzer Zeit die virulente Opposition von Peronisten und Linken hervorrief. Dieses Mal zogen die Vertreter dieser beiden politischen Strömungen – was sonst nur selten vorkam – am gleichen Strick und brachten die Herrschaft des ultrakatholisch-konservativen Generals mit einer dramatischen Serie von Volksaufständen zum Einsturz.

Linksnationalisten als Spielverderber

In derselben Phase (1968/69) erreichte unter den Lateinamerikanern die Bewunderung für Kuba, Castro und Ernesto ‹Che› Guevara einen Höhepunkt. Zahlenmäßig bedeutsame Sektoren der Arbeiter- und Studentenbewegung traten in vielen Ländern für eine Hinwendung zum Sozialismus unter marxistischen Vorzeichen ein. Die Schar von Geistlichen, die bereit waren, sich sozial stärker zu engagieren und für eine konkretere Befreiung der Völker in Wort und Tat zu kämpfen, gewann ebenfalls an Bedeutung. Die entwicklungspolitischen Limits der bürgerlichen Herrschaft schienen sich überall auf dem Subkontinent mit hinreichender Deutlichkeit abzuzeichnen. Dieser Trend zu radikaleren Lösungsversuchen gewann, wie schon erwähnt, da und dort auch in den Streitkräften an Schwung und Kraft.

Das Beispiel der peruanischen Militärs, die 1968 unter dem Kommando von General Juan Velasco Alvarado den konstitutionellen Präsidenten Fernando Belaúnde ohne Blutvergießen abgesetzt hatten, machte zum Entsetzen der US-Administration rasch Schule. Wie es jene verlangt hatten, griffen die Putschisten nun nicht mehr mit caudillesken Absichten, sondern als geeinte und geschlossene, bewaffnete Institution ein – nur eben nicht mit der gewünschten antikommunistischen und repressiven Orientierung, sondern mit dem Banner des Linksnationalismus. Omar Torrijos als unangefochtener Chef der Nationalgarde und auch in der Bevölkerung beliebte Figur folgte als Erster dem neuen Kurs. Ein Jahr später General Alfredo Ovando in Bolivien, der allerdings weniger angesehen und wegen des ungeklärten Todes seines Vorgängers, Luftwaffenchef René Barrientos, bei einem Flugzeugabsturz mit einem gewissen Makel behaftet war. Er bildete ein mehrheitlich ziviles Regierungskabinett, in dem linke Intellektuelle das Sagen hatten. Nach Ovandos Sturz kam unter konfusen Umständen mit Juan José Torres ein weiterer General mit ähnlichen, eher noch radikaleren politischen Überzeugungen ans Ruder. 1972 fand sodann der letzte Putsch dieser Serie in Ecuador statt: eine Machtergreifung, die klarer als in Bolivien institutionelle Züge aufwies und deren formaler Chef, General Guillermo Rodríguez Lara, blass wirkte – geradezu wie ein Anticaudillo, und das just in einem Land, wo der Populismus mit Velasco Ibarra wiederholt geherrscht hatte! Diese Militärregierung bemühte sich um Nutzung des neuentdeckten Erdölreichtums im Interesse der Nation und erwirkte den Beitritt Ecuadors zur OPEC. Wie die linksnationalistischen Regime in den anderen Ländern gab sich auch dasjenige in Quito volksnah. Es ließ sich kaum Menschenrechtsverletzungen zu Schulden kommen (es hätte auch keinerlei Anlass dazu gehabt) und leitete 1978 als Erstes in dieser Phase der lateinamerikanischen Geschichte den Rückzug der Streitkräfte in die Kasernen ein.

Da sich auch in den Armeen anderer Länder Gruppen von Offizieren bildeten, die bald als Linksnationalisten, bald als ‹Fortschrittliche›, andere wiederum als ‹Professionelle› und gelegentlich auch als ‹Verfassungstreue› gekennzeichnet wurden, machte man sich in Washington immer mehr Sorgen über die Entwicklung unter den Militärs im Hinterhof. In Chile hielt ein Sektor der Landarmee unter dem Befehl von General Carlos Prats – bis zu dessen erzwungenem Rückzug wenige Wochen vor dem Umsturz – zur Regierung Allende, obwohl er deswegen von den Konservativen und Rechtsradikalen selber unter Beschuss genommen wurde. Im Kampf um die Nachfolge von General Geisel in Brasilien bewarb sich General Euler Bentes als Repräsentant des progressistisch gesinnten Flügels der Armee, zog jedoch gegen den mehrheitlichen Willen des Oberkommandos, das General João Figueiredo den Vorzug gab, den Kürzeren. Richtungskämpfe von einiger Bedeutung mit Machtergreifungen gegensätzlicher Fraktionen wurden in Honduras und El Salvador ausgetragen. Demgegenüber galten die Militärs in anderen Ländern entweder lange als apolitisch (Venezuela, Kolumbien), oder sie wurden von der zivilen Herrschaft stets an kurzer Leine gehalten wie in Mexiko, wo sie nur einmal – dann aber mit fatalen Folgen, nämlich bei der Niederschlagung von Studentenunruhen im Vorfeld der Olympischen Spiele von 1968 – gegen rein zivile Oppositionsgruppen eingesetzt wurden.

Homogen und monolithisch konservativ wirkten zu einem gewissen Zeitpunkt (Mitte der Siebziger) fast nur noch die paraguayischen Streitkräfte. Sie standen unter dem unangefochtenen Kommando ‹auf Lebenszeit› von General Alfredo Stroessner, der genau wusste, wie er seine Männer bei der Stange halten musste: mit saftigen Pfründen im schier unerschöpflichen Geschäft des Handels mit Waffen, Rauschgift, in den Nachbarländern gestohlenen Fahrzeugen und mit geschmuggelten Luxusgütern aller Art.

Staatsterror im Auftrag der Herrschenden

Das Kräfteverhältnis begann sich im Jahr der Wende in Lateinamerika, 1973, entscheidend zu verändern. Was sich an jenem 11. September in Santiago de Chile ereignete, das war nicht irgendein operettenhafter Putsch, sondern ein totaler Umsturz im Schattenkegel der USA. Nun wurde die Doktrin der Nationalen Sicherheit auch hier und etwa zur gleichen Zeit in Bolivien und Uruguay verwirklicht. Die ersten kohärenten Experimente mit neoliberaler Wirtschaftspolitik wurden eingeleitet; halbwegs überzeugende Ergebnisse ließen allerdings noch einige Zeit auf sich warten. Drei Jahre später brach die konstitutionelle Ordnung auch in Argentinien zusammen. Brasiliens Militärregime hatte die repressive Innenpolitik schon eine Dekade früher eingeleitet, driftete nun aber wirtschaftspolitisch allmählich vom liberalen auf einen staatskapitalistischen Kurs ab.

General Augusto Pinochet strebte in jeder Hinsicht einen radikalen Wandel an. Er verbot den Chilenen (oder sagen wir eher: der großen Masse seiner Landsleute) das Politisieren. Die Macht wurde in einer Weise zentralisiert, die zur Folge hatte, dass die in Regionen zusammengefassten Provinzen über keine echte Interessenvertretung mehr verfügten (113/S. 139–141). Der Versuchung, seine eigene Herrschaft zu verabsolutieren, konnte er ebenso wenig widerstehen wie seine Amtskollegen in den übrigen Staaten des Südzipfels. Rasche erste Erfolge im Kampf gegen die Aufständischen und gegen die ‹Subversiven› in den Gewerkschaften, Volksorganisationen, Schulen und Universitäten bestärkten sie im Gefühl der Allmacht. Von den Amerikanern ermutigt, fingen sie 1975 an, untereinander Informationen und Gefangene auszutauschen (‹Operación Condor›), um das vermeintlich schlimmste Übel – ‹den Kommunismus› – in der ganzen Region ‹ein für alle Mal auszurotten›. Die Initiative ergriffen dabei offensichtlich die Chilenen. Im Auftrag der Junta von Santiago wurde der letzte verfassungstreue Chefkommandant der chilenischen Landarmee, General Prats, in Buenos Aires ermordet. Etwa zur gleichen Zeit wurde der bolivianische Expräsident Torres, ebenfalls im Rahmen der Operación Condor, umgebracht. Argentiniens Militär wollte in dieser Hetzjagd auf Subversive und Rivalen keinesfalls abseits stehen. Auf eigene Faust intervenierte die Junta von Buenos Aires später, Anfang der Achtziger, sowohl im benachbarten Bolivien, um dort den berüchtigten, ideologisch jedoch mit ihnen verwandten ‹Drogengeneral› Luis García Meza in den Sattel zu heben, als auch in mehreren Ländern Zentralamerikas. Mit ihren brutalen, überheblichen und zugleich tölpelhaften Auftritten haben die Emissäre aus Argentinien überall einen denkbar schlechten Eindruck hinterlassen.

In dieser finsteren Epoche breitete sich der Staatsterror wie eine Epidemie aus. Einige Formen von paramilitärischen Umtrieben waren aber in manchen Ländern schon lange vorher aufgekommen. Sobald in der feuchten Pampa Argentiniens und in Uruguay die ersten Drahtzäune über die endlosen Weiden gezogen wurden, also mitten im 19. Jahrhundert, entstanden auch die ersten privaten Polizeiorgane. So versuchten sich die reichen Estancieros (Viehzüchter) gegen die alsbald weit verbreitete Praxis des Viehdiebstahls schadlos zu halten. Später wurden auch in Peru und Kolumbien derartige ‹Selbstverteidigungsorganisationen› gebildet. Nach 1930 traten dann in einigen der größten Städte Südamerikas Schlägertrupps nach faschistischem Vorbild in Aktion, um revoltierenden Arbeitern «und anderen asozialen Elementen» den Garaus zu machen. Massivere Einsätze, nunmehr in der Form von Todesschwadronen, waren von den sechziger Jahren an vor allem in Brasilien und Guatemala gang und gäbe. Ihre hauptsächlichen Ziele waren wiederum Oppositionspolitiker, Gewerkschafter, aufbegehrende Studenten und die allmählich überhand nehmende ‹gewöhnliche› – vorderhand zur Hauptsache sozial bedingte – Delinquenz.

Paramilitarismus und Staatsterror nahmen vor allem in Chile, Uruguay, Paraguay, Argentinien, Kolumbien, El Salvador, Guatemala und Haiti ein Ausmaß an, das die Grausamkeiten nicht mehr als simple Auswüchse, sondern als System gewordene Perversität erscheinen ließ. Die Streit- und Sicherheitskräfte koordinierten ihre Aktionen immer genauer und effizienter. Ausgeführt wurde die schmutzige Arbeit entweder von Kommandos der Geheimdienste (Chile, Paraguay) oder von paramilitärischen Banden wie der AAA in Argentinien, die ihre selektive Mordtätigkeit 1973 – also gleich zu Beginn der zweiten Regierungsperiode der Peronisten – aufnahm. Nach dem Umsturz von 1976 traten hier Armee, Marine, Luftwaffe und Polizei als direkte Akteure der Repression auf. In Kolumbien ließen Armee und Polizei den Paramilitärs hingegen von den achtziger Jahren an, als der Rest des Erdteils zum formal demokratischen Regime zurückkehrte, immer mehr Spielraum bei der Bekämpfung der kommunistischen Guerilla. Dabei gab es dort unzählige Indizien für eine enge illegale, aber niemals geahndete Zusammenarbeit zwischen offiziellen und inoffiziellen Instanzen. Zu leiden hatte unter den Umtrieben dieser Banden, wie immer und überall, in erster Linie die wehrlose Zivilbevölkerung.

In Uruguay hatte das Abgleiten in Terror und Gegenterror besonders tragische Auswirkungen – sowohl wegen der Opfer, welche die Auseinandersetzung zwischen den Tupamaros und den durch Todesschwadronen verstärkten Sicherheitskräften verursachte (einige hundert Tote), als auch wegen der politischen und sozialen Zerstörung, die das Geschehen nach sich zog. Die sieben Jahrzehnte einer relativ friedlichen Entwicklung ohne Bürgerkriege, die nur 1933–1938 von der Diktatur Terras unterbrochene demokratische Lebensweise, hatte in der Mehrheit der Bevölkerung eine Mentalität erzeugt, die der Gewalttätigkeit – egal, von wem sie auch ausging – prinzipiell ablehnend gegenüberstand (067/S. 73). Als nun die Stadtguerilla Mitte der Sechziger mit ihren vorerst Robin-Hood-artigen Aktionen losschlug, mochten das gewisse Bevölkerungsteile anfänglich noch recht unterhaltsam finden. Doch diese ‹romantische Phase› dauerte nicht lange. Der damalige Präsident Jorge Pacheco Areco, ein Vertreter des rechten Flügels der Colorado-Partei, nützte die alsbald einsetzende Ernüchterung skrupellos aus. Schleunigst wurden ausgediente Polizisten und Militärs angeheuert, um als Söldner der Todesschwadronen mitzuhelfen, die ‹Ordnung im Staat› wiederherzustellen, koste es, was es wolle. Die Führung der paramilitärischen Banden lag in den Händen bewährter Geheimdienstoffiziere, die ihrerseits in ständigem Kontakt mit den höchsten Stellen der ‹Vereinten Kräfte› standen (zu denen offiziell natürlich nur Militär und Polizei gezählt wurden). Rasch zur Stelle war auch die CIA, die mehrere Experten in Sachen antisubversiver Kriegsführung und Foltertechniken nach Montevideo schickte.

Die Konfrontation zwischen den Stadtguerilleros und der Armee mit ihren Helfern dauerte in ihrer akuten Phase etwa drei Jahre. Die Streitkräfte selbst sagten es jedem, der es hören wollte: Die Tupamaros waren 1972 erledigt (S. 177). Ein Jahr danach begann jedoch mit der Machtergreifung des Militärs, die Pachecos Nachfolger, den 1971 gewählten Großgrundbesitzer und Colorado-Politiker José María Bordaberry, vorderhand im Amt beließen, eine Phase des Staatsterrorismus gegen die wehrlose, wirtschaftlich schon schwer mitgenommene, gewerkschaftlich jedoch nach wie vor aktive und politisch bewusste Bevölkerung. Man wollte der ‹geistigen Urheber und Helfer der Subversion› habhaft werden und sie ein für alle Mal ausschalten. Zahllose Verhaftungswellen brandeten über das flache Land, Tausende von Aktivisten der Gewerkschaften und Hochschulen wurden verhaftet und aufs schwerste misshandelt.

Als man allgemein das Schlimmste überwunden glaubte, wurde im Oktober 1975 plötzlich und mit unerwarteter Heftigkeit auf Anregung von US-Botschafter Siracusa – vermutlich im Zusammenhang mit der Operación Condor – ein ‹Blitzkrieg› mit direkter Unterstützung der CIA entfesselt (S. 114–117). Erneut wurden Tausende festgenommen: in den Wohnungen, in den Betrieben, auf der Straße entführt, alle Verhafteten monatelang mit der Kapuze über dem Kopf oder einer Binde vor den Augen festgehalten und alle ausnahmslos entsetzlichen Folterungen unterworfen: dem ‹Unterseeboot› mit dem Kopf im Jauchekübel oder im ‹trockenen Unterseeboot›, im zugeschnürten Nylonbeutel bis Sekunden vor dem Ersticken. Sekunden, die, vom beistehenden Arzt falsch eingeschätzt, nicht selten mit dem Tod endeten. Das Aufhängen an gefesselten Händen oder bei Frauen am Haarschopf wenige Zentimeter über dem Fußboden, dazu die wild bellenden Hunde, das Ausreißen von Zehen- und Fingernägeln, Schläge, welche die Nieren oder Leber zerfetzten oder Knochen brachen, Elektroschocks an der Zunge, den Brustwarzen, den Genitalien, Vergewaltigung der Frauen und Mädchen. Psychische Folter auch: auf Tonband die Schreie der eigenen Kinder, das Verhör mit einem die Augen blendenden Scheinwerfer, Tag und Nacht ein Radio mit gellender Lautstärke in der Zelle ... alles, was sich faschistische Gehirne an Grauen ausdenken können. Und trotzdem ist es ihnen und ihren US-amerikanischen Hintermännern nicht gelungen, Uruguays Gewerkschaften zu zerschlagen und den Widerstand gegen die Diktatur zu brechen.

In Buenos Aires ermordeten uruguayische Militärkommandos, unterstützt von der argentinischen Polizei, zahlreiche Landsleute im Exil. Oder sie brachten sie in Flugzeugen über den Rio de la Plata und stellten sie den Einheimischen als ‹Subversive› vor, die angeblich ins Land eingedrungen seien, um einen neuen bewaffneten Aufstand anzuzetteln. Das sollte in der damals herrschenden Friedhofruhe den Uruguayern die Gefahr einer angeblich ‹neuen Ära der Gewalttätigkeiten› und die Notwendigkeit einer wachsamen Militärdiktatur vor Augen führen. 1979 wurde General Liber Seregni, der bei den Wahlen von 1971 als Präsidentschaftskandidat der neu gegründeten Linkskoalition ‹Frente Amplio› angetreten war, zum zweiten Mal verhaftet und blieb als bedeutendster politischer Gefangener Lateinamerikas insgesamt fast zehn Jahre in Haft. Etwa zwei Dutzend hohe Offiziere kamen ebenfalls ins Gefängnis, Vertreter der demokratisch gesinnten Fraktion (der so genannten Konstitutionalisten) wie auch jenes Armeesektors, der Sympathien mit den peruanischen Linksnationalisten bekundete. Einige der verhafteten Uniformierten hatten sich geweigert, an Folterungen teilzunehmen, und damit den Zorn oder Verdacht der herrschenden Kamarilla geweckt.

Den ‹Peruanern› schwebte eine neue Führungsrolle der Armee als Ziel vor. Sie wollten nicht mehr der verlängerte, ‹bewaffnete Arm der Oligarchie› sein (S. 97–99). Nachdem einmal die Verschwörung der ‹Marxisten› (Tupamaros) niedergeschlagen war, versuchten sie, die Konservativen aus der Regierung und Wirtschaftsführung zu verdrängen, um selbst nach dem Vorbild Velasco Alvarados das

Ruder in die Hände zu nehmen. Sie betrachteten Uruguays ungerechte Gesellschaftsstrukturen als die tieferen Ursachen des Aufruhrs, bei dessen Niederwerfung sie selbst mitgeholfen hatten. Als Militärs, die von der Arbeiterbewegung und ihren Problemen isoliert waren, konnten sie deren Kämpfe und Strategie jedoch nicht verstehen und noch viel weniger gutheißen. Für sie bedeutete die Guerilla wie der Massenstreik Anarchie und Chaos. Mit eiserner Hand wollten sie, fern aller politischen Intrigen und egoistischen Bereicherung, eine wahre nationale Volksgemeinschaft schaffen... Die unausgereift, fast volkstümlich anmutenden Thesen der ‹Peruaner› fanden ihren Ausdruck in den Communiques Nr. 4 und 7 vom Februar 1973. Als ‹Ideologe› jener Verlautbarungen wurde der Chef des militärischen Geheimdienstes (!), Oberst Ramón Trabal, identifiziert, der deswegen rasch als Botschafter nach Paris abgeschoben und dort nach einiger Zeit von ‹Unbekannten› ermordet wurde.

Mit dieser Art von Diktaturen haben sich die Uniformierten in Uruguay und den übrigen oben genannten Ländern ein Erbe aufgeladen, das sie über Jahrzehnte hinweg belasten wird. Der Unterschied zwischen dieser Art von volksfeindlicher Herrschaft und den linksnationalistischen Militärregimen in Peru, Panama, Bolivien und Ecuador ist frappant – ein Unterschied, der einer ebenso klaren wie unvermeidlichen Logik entspricht. In diesen vier Staaten bemühten sich (wie einst Grove in Chile) Gruppen von hohen Offizieren um Lösungen für brennende Probleme, unter denen ihre Völker seit langem litten (und nach dem Scheitern und Sturz jener sozialreformistisch gesinnten Regierungen immer noch leiden). Sie hatten keinen Grund, ihre Wut an Gewerkschaftern, Studenten- und Volksführern, Anwälten und Linkspolitikern auszulassen. Im Gegenteil: Diese waren ihre natürlichen Alliierten. Ganz anders ist die politische, soziale und psychologische Ausgangslage für Diktaturen, die von minderheitlichen, vom Verlust ihrer Privilegien bedrohten Klassen beauftragt sind, das Ancien Régime (und sei es in modernisierter Form wie etwa unter einem Pinochet) zu restaurieren. Sie müssen sich mit roher Gewalt durchsetzen, um das Mandat der wahrhaft Mächtigen im Staate zu erfüllen.

Das Argument, dass die etablierte ‹Ordnung› durch subversive Kräfte wie Guerillas, übermächtig oder wild gewordene Gewerkschaften und ebenfalls von Linken angeführte Volksorganisationen durcheinander gebracht worden sei, was ein energisches, sogar hartes Eingreifen der Streit- und Sicherheitskräfte erforderlich mache, ist schwach, widersprüchlich und durch konkrete Erfahrungen vielfach widerlegt worden. Die peruanischen Linksnationalisten haben ebenfalls eine Aufstandsbewegung (die vom Trotzkisten Hugo Blanco angeführt wurde) unterdrückt, jedoch ohne dabei wie blindwütige Stiere auf die Zivilbevölkerung loszugehen. Ein weiterer fundamentaler Unterschied: Sie analysierten an ihrer Offiziersschule (CAEM) – noch während sie ihre militärische Mission ausführten – die Ursachen jener Bauernrevolte in der Region von Cuzco, erkannten dabei das Fehlen einer umfassenden Landreform als wichtigste Ursache und versuchten diesen Missstand nach ihrer eigenen Machtübernahme auszumerzen. Unter ähnlichen Umständen wurde 1970 in Bolivien ein Guerillafokus neutralisiert. Auch Venezuelas Militär hatte es kurz zuvor fertig gebracht, die von Havanna ziemlich offen unterstützten Rebellen zu schlagen, ohne das Land in eine blutige Diktatur zu stürzen.

Staatsterrorismus, wie ihn die lateinamerikanischen Diktaturen der sechziger und siebziger Jahre praktizierten, die oligarchischen Interessen dienten, ist «eine Angelegenheit höchster Geheimhaltung» (120f/S. 323). Untergründig, unberechenbar und diffus wird rohe Gewalt angewendet, und zwar nicht nur gegen offenkundige Gegner, sondern ebenso gezielt gegen Unschuldige. Man will damit möglichst große Bevölkerungsteile in den Zustand von Angst und Panik versetzen, um sie gefügig zu machen. Dasselbe Ziel verfolgt die Behinderung oder Ausschaltung der Justiz, indem man bei Strafprozessen keine Verteidigung zulässt, die Isolierhaft beinahe endlos verlängert und restriktive sowie repressive Sondernormen im Rahmen der Notstands- und Ausnahmegesetze erlässt (120a/S. 37). Letztlich untergräbt Staatsterrorismus die Grundlagen für jede Rechtfertigung der politischen Organisation und trägt damit zu deren Instabilität bei (120f/S. 344). Ein schlagendes Beispiel dafür ist Kolumbien, das seit Jahren und Jahrzehnten in dieser Sackgasse steckt und sich dabei als Nation selbst aufreibt.

Brasiliens Militärregime als ‹Wegweiser›

Ein Schulbeispiel dafür, was autoritäre Regime an Möglichkeiten und Mängeln, Schwächen und Perspektiven mit sich bringen, ist Brasiliens letzte Militärregierung. Es war die längste und einzige langfristig geplante Herrschaft der Streitkräfte dieses Landes, in deren Verlauf einschneidende Transformationen stattfanden. Diese sind – wie der Ausbau einer eigenen Schwerindustrie und eines auch im globalen Wettbewerb erfolgreichen Flugzeugwerks (Embraer), die Verminderung der Abhängigkeit vom importierten Erdöl durch die Herstellung von Äthylalkohol als Alternativtreibstoff oder die Formulierung einer weitgehend autonomen Außenpolitik – zum Teil mit beachtlichen Resultaten durchgeführt worden. Zu einem anderen Teil – etwa die ‹Erschließung› Amazoniens oder der Aufbau eines Kernenergiesektors mitsamt einer Anlage für Urananreicherung – sind ihre Bemühungen aber misslungen, obwohl Brasilien an sich über ein Potential von Akademikern und Technikern verfügt hätte, um auch diese Aufgaben erfolgreich, wenn auch mit einer anderen prinzipiellen Orientierung zu lösen.

Doch gerade da fing es mit den Problemen an. Zwar identifizierten sich die brasilianischen Militärs, wie Faoro betont (035/S. 550), stets in erster Linie mit der Mission, die Einheit und Homogenität der riesigen Nation zu gewährleisten. In den ersten Jahren nach dem Putsch von 1964 ließen sie sich jedoch unter dem Eindruck der chaotischen Mobilisierung von Gewerkschaften und Volksorganisationen unter Präsident João Goulart einerseits und unter den zunehmenden Pressionen Washingtons im Zeichen des Kalten Kriegs und der Doktrin der Nationalen Sicherheit andererseits vorübergehend auf eine reaktionäre Linie drängen. Dabei hatte man in der ersten Phase unter Führung des liberal gesinnten Generals Humberto Castello Branco noch die Hoffnung hegen können, dass eine rasche wirtschaftliche und politische Normalisierung möglich wäre. Als aber bei den Gouverneurswahlen des folgenden Jahres die von den Militärs unterstützte konservative UDN-Partei Niederlagen einstecken musste, schienen jene rasch die Nerven zu verlieren. Castello, der um eine Legitimierung des neuen Regimes bemüht war, musste seinen Platz 1967 einem Vertreter der ‹Falken›, General Arthur de Costa e Silva, überlassen, während die Volksmobilisierung gegen die Diktatur nun rasch massivere Formen annahm und parallel dazu Guerillaherde im Araguaia-Gebiet bei Marabá (am südöstlichen Rand des Amazonasbeckens) sowie in den größten Städten Unruhe stifteten. Nachdem Costa e Silva aus gesundheitlichen Gründen vorzeitig hatte zurücktreten müssen, verschärfte sich unter dessen Nachfolger, General Emilio Garrastazu Médici, die Repression weiter.

In der ersten Hälfte des Militärregimes (bis 1974) wurden ungefähr 20 000 Brasilianer gefoltert und dabei rund 300 getötet (120c/S. 118). Diese gewalttätigste Phase der republikanischen Geschichte des Landes diente zahllosen Uniformierten auf dem Subkontinent als ‹Vorbild›, wie man mit politischen Gegnern und linksradikalen Rebellen umzuspringen habe. Was den fatalen Beispieleffekt noch verstärkte, war die Tatsache, dass es den brasilianischen Militärs und den mit ihnen verbündeten Technokraten gelang, die wirtschaftliche Wachstumsrate ab 1968 dank massiv verstärkter Präsenz des Fremdkapitals (und dank explosiver Zunahme der Außenschuld) zu beschleunigen und damit die Illusion eines Wirtschaftswunders herzuzaubern. Eigentlicher Zweck der repressiven Politik schien die Durchsetzung einer liberalen Wirtschaftspolitik zu sein (der Neoliberalismus war damals noch nicht ‹geboren›).

Wie in den übrigen Staaten Lateinamerikas unternahmen die Mächtigen auch in Brasilien alles, um die wahren Hintergründe ihrer Herrschaft geheim zu halten. Unzählige Regierungsdekrete, die vor allem wirtschaftspolitische Entscheide von grundlegender Bedeutung betrafen, kamen jahrelang nicht an die Öffentlichkeit. Um die Geheimhaltung durchzusetzen, griff man zu direkter Pressezensur. Brasilien hat für diese Phase des Obskurantismus einen hohen Preis entrichten müssen. Über die rasch wachsende Überfremdung der Wirtschaft wusste die Allgemeinheit erst Bescheid, als jene schon bedenklich weit fortgeschritten war und die dynamischsten Sektoren bereits fest unter Kontrolle multinationaler Konzerne geraten waren (080/S. 168–171). Ein nicht weniger ärgerlicher Nebeneffekt der Geheimhaltungspraktiken war die Ausbreitung der Korruption. Die Generäle pflegten bei der Vergabe von öffentlichen Bauten regelmäßig saftige Kommissionen einzustecken und standen damit in keiner Weise hinter den bestechlichsten Elementen der zivilen Politik zurück, deren Übel sie auszumerzen versprochen hatten.

Nach der Machtübergabe von Médici an Ernesto Geisel fing der für politische Strategie zuständige Teil des Oberkommandos der Streitkräfte unter Führung von General Golbery do Couto e Silva Mitte der siebziger Jahre an, das repressive Regime zu lockern und einen geordneten Rückzug in den folgenden zehn Jahren zu planen. Die makroökonomische und soziale Situation verdüsterte sich nach dem ersten Coup der OPEC rapide, die außerparlamentarische Opposition erstarkte zusehends mit Streiks, der Gründung Tausender von christlichen Basisgemeinschaften und dem Ruf nach einer Amnestie, Rechtsstaatlichkeit und einer beschleunigten Rückkehr zur Demokratie. Davon zeugte auch ein offener Brief von acht führenden Unternehmern, der Mitte 1978 lanciert wurde. Die Pressezensur wurde allmählich gelockert, die berüchtigte Institutionelle Akte Nummer 5 im Jahr 1978 begraben, ‹illegale› Streiks nahmen überhand, und 1979 dekretierte Brasilia schließlich eine Teilamnestie für politisch Verfolgte. Das eigentliche Ziel der Konzessionen bestand offenbar darin, die bürgerlichen Kräfte in das Regime einzubinden (072 a/S. 35–38). Trotz wiederholter virulenter Reaktionen der ‹Falken› unter den hohen Offizieren konnte das Chronogramm der Rückkehr zur Demokratie eingehalten werden. Den Streitkräften als Ganzes blieb auch kaum etwas anderes übrig, wenn sie den Ruf ihrer Institutionen nicht schwer und dauerhaft schädigen wollten: Ihre Wirtschaftspolitik war arg ins Stottern geraten, die Inflation galoppierte mit über 200 Prozent im Jahr daher, der Schuldenberg drohte den Staat zu erdrosseln, und der soziale wie auch politische Druck gegen die Herrschaft des Militärs war übermächtig geworden.

Zu ihren Gunsten konnten die Generäle verbuchen, dass die Industrialisierung Brasiliens unter ihrer Herrschaft entschlossen fortgesetzt wurde, dass aller wirtschaftlichen und finanziellen Fremdabhängigkeit zum Trotz auf der Suche nach eigenen technologischen Fähigkeiten beachtliche Fortschritte erzielt worden sind (010/S. 144–145) und dass ihre Nation den außenpolitischen Riesenschritt vom US-abhängigen Vasallen, der sie in den Anfängen des Militärregimes in Wirklichkeit war, zum selbstbewussten Schwellenland vollzogen hat (S. 270–279). Anzukreiden ist ihnen – neben Korruption und Überschuldung – die Unfähigkeit, aus dem Mechanismus der ‹monetären Indexierung› (der automatischen, periodischen Anpassung von gewissen Preisen, Mieten und öffentlichen Tarifen) auszusteigen, als der Moment dazu günstig war. Solange die Inflation dank des erzwungenen Stillhaltens der Lohnabhängigen bis 1973 eine sinkende Tendenz aufwies, mochte sich die Indexierung für die Wirtschaft als Pluspunkt erwiesen haben. Als sich der Preisauftrieb infolge der Explosion des Erdölpreises und der Verschuldung dann aber wieder beschleunigte und die repressive Macht des Regimes schwand, konnte sie nur alle Übel verschlimmern (103/S. 164).

VII. Versuche der Integration

«Lateinamerika wird im Jahr 2000 entweder geeint oder aber unterdrückt sein.» *Juan Domingo Perón*

Der Zusammenschluss zu den ‹Vereinigten Staaten von Lateinamerika› ist für viele Intellektuelle, Politiker, Wirtschaftswissenschaftler und gewöhnliche Bewohner des Erdteils ein Traum, der so alt ist wie die Republik. Als Begründer dieses Ideals wird denn auch Simón Bolívar betrachtet, der den nördlichen Teil Südamerikas aus der Herrschaft Spaniens befreite. Er musste die realen Grenzen seines Projekts aber schon wenige Jahre nach Erlangung der Unabhängigkeit erkennen. Das von ihm gegründete ‹Groß-Kolumbien›, das die heutigen Nationen Venezuela, Kolumbien, Panama und Ecuador umfasste und den Kern eines subkontinentalen Staatenbundes bilden sollte, zerbrach nach kurzer Zeit an den Ambitionen lokaler militärischer und ziviler Caudillos. Kurz vor seinem Tod schrieb Bolívar einem Freund völlig entmutigt, Lateinamerika sei unregierbar. «Jene, die der Revolution dienen, pflügen das Meer.»

Spanien und Portugal hatten in der Kolonialzeit den gesamten Handel der Region monopolisiert. Es gab innerhalb des Erdteils praktisch keinen Austausch. Das verzerrte dessen gesamte Entwicklung, denn die Kolonien blieben vom übrigen Europa wirtschaftlich – und übrigens auch religiös – abgeschottet (104/S. 356–358). Demgegenüber übte Afrika durch die Ankunft von Sklaven in der Karibik, Zentralamerika, Kolumbien, Brasilien und Uruguay starken kulturellen Einfluss aus. Nach den Unabhängigkeitskriegen füllte England das entstandene Vakuum wirtschafts- und machtpolitisch teilweise auf. Es war dazu mit seiner Flotte und seinen Banken am ehesten befähigt – und das, recht ungewöhnlich, ohne wichtige territoriale Ansprüche zu erheben. Eine Art informeller Imperialismus also, wie Skidmore und Smith bemerken. Die USA, zu dem Zeitpunkt noch keine wirtschaftliche und militärische Macht, gaben mit der Monroe-Doktrin, die ursprünglich gegen den russischen Anspruch auf Alaska gerichtet war, jedoch schon frühzeitig die Meinung bekannt, dass der amerikanische Kontinent ‹den

Amerikanern› allein gehören sollte. Was immer man damals darunter genau verstanden haben mochte.

Da sich der Traum von der Einheit nicht verwirklichen ließ, blieben die Verwaltungseinheiten aus der Kolonialzeit weitgehend erhalten. Frankreich versuchte, in Mexiko und am La Plata Präsenz zu zeigen, hatte aber gegen die britische Übermacht wenig auszurichten. Die Lateinamerikaner schienen ihrerseits den Status quo teils aus Trägheit oder nationalem Eigensinn, teils aus Ohnmacht und teils aus der Gewohnheit, von einem fernen Machtzentrum – einer Metropole – abzuhängen, im weiteren Verlauf des 19. und frühen 20. Jahrhunderts ohne größere Bedenken hinzunehmen.

Seit dem Zweiten Weltkrieg hat es hingegen diverse Projekte zu einer wirtschaftlichen und politischen Integration Lateinamerikas gegeben. In den meisten Fällen erwies sich bald, dass sie entweder mangelhaft durchdacht waren oder dass die Verwirklichung zu zögernd erfolgte und die Initiative nach wenigen Jahren einschlief. In den Fünfzigern schmiedeten die Präsidenten von Argentinien, Brasilien und Chile (Perón, Vargas und Ibáñez) Pläne zu einem supranationalen Schulterschluss, den sie kurz und bündig ‹ABC› tauften. Dabei schaute nur wenig heraus, unter anderem weil Vargas 1954 Selbstmord verübte, Perón ein Jahr danach gestürzt wurde und beide Herrscher durch ganz anders gesinnte Staatsmänner ersetzt wurden.

Die UNO-Wirtschaftskommission für Lateinamerika (CEPAL) befürwortete ihrerseits die Integration des Subkontinents schon in den fünfziger Jahren aus der Überlegung heraus, dass die bisherige, nach innen gerichtete Entwicklung im Rahmen der ISI sehr bald an die Grenzen ihrer Möglichkeiten stoßen werde. Die Entwicklungsdynamik sei nur aufrechtzuerhalten, wenn in der Region ein kollektiver Protektionismus praktiziert werde, der eine regional abgestimmte Importsubstitution ermögliche (072 i/S. 218–220). Die 1960 gegründete ALALC (Lateinamerikanische Freihandelsvereinigung), die dieser Überzeugung entsprang und der die zehn südamerikanischen Länder spanischer und portugiesischer Sprache sowie Mexiko beitraten, brachte indessen keine großen Fortschritte. Sie war ohnehin als Minimallösung für ein integratives Vorhaben gedacht und wurde 1980 mit ihrer Überführung in die Nachfolgeorganisation ALADI noch mehr verwässert. In Wirklichkeit profitierten von diesen Vereinbarungen vor allem die transnationalen Unternehmen. Abseits davon wurde ebenfalls 1960 der Gemeinsame Markt Mittelamerikas (MCCA, mit fünf Mitgliedern ohne das besonders stark an die USA gebundene Panama) geschaffen. Diese Organisation setzte sich die Liberalisierung des regionalen Handels, Festlegung gemeinsamer Zölle gegenüber Drittländern und Verstärkung der Industrialisierungsbemühungen zum Ziel. Der Austausch innerhalb der Zone nahm in den ersten Jahren tatsächlich steil zu, wurde dann aber durch den ‹Fußballkrieg› von 1969 zwischen El Salvador und Honduras wie auch durch die in vier der fünf Mitgliedstaaten wütende Guerilla und Contra-Guerilla stark beeinträchtigt. Nach außen erwiesen sich die dort angesiedelten Industriebetriebe als nur beschränkt konkurrenzfähig.

Auch in der Karibik, die aus nahe liegenden Gründen wirtschaftlich ziemlich einseitig auf den US-Markt ausgerichtet war, wollte man nun vermehrt auf Integration setzen. 1967 entstand die Karibische Freihandelszone (CARIFTA), die 1973 in die CARICOM umgewandelt wurde. Sie umfasste im Moment der Gründung allerdings nur etwa fünf Millionen Einwohner, die zudem über ein ausgedehntes Gebiet zerstreut lebten. Unter dem Einfluss von Linksnationalisten wurde gegen Ende der Sechziger das subregionale Projekt des Andenpakts lanciert. Ihm gehörten anfänglich alle sechs Nationen von Venezuela bis Chile an, die von der rund 8500 Kilometer langen Gebirgskette, dem ‹Rückgrat Südamerikas›, durchzogen werden. Argentinien, das, geographisch gesehen, eigentlich auch dazugehörte, blieb dem Pakt fern, beteiligte sich seinerseits an einem Abkommen der Anrainerstaaten des Plata-Beckens (mit Bolivien, Paraguay und Uruguay). Dieses beschränkte sich allerdings im Wesentlichen auf Finanzhilfe an die ärmeren Mitgliedstaaten. Der Andenpakt begann vielversprechend, wurde dann durch ein Ausscheren Chiles unter Pinochet spürbar geschwächt, konnte sich aber trotzdem durch langsame, aber stetige Fortschritte bis in die Gegenwart als recht nützliches Instrument für lokale Unternehmer halten. 1975 rafften sich sämtliche Länder des Subkontinents zur Gründung des Lateinamerikanischen Wirtschaftssystems (SELA) auf. Ursprüngliches Ziel dieses in Caracas ansässigen Organismus war die Förderung des Dialogs über eine ‹neue Weltwirtschaftsordnung›. Die Ergebnisse blieben bescheiden, doch als Think-Tank und Forum mochte das ‹System› immerhin eine gewisse Bedeutung erlangen. Ende 2004 gründeten alle 12 Staaten Südamerikas – auch die formal ebenfalls unabhängigen Guayana und Surinam, nicht aber Französisch-Guayana, das nach wie vor eine Kolonie ist – auf Grund einer Initiative des peruanischen Präsidenten Alejandro Toledo die ‹Südamerikanische Union›. Der Verdacht, dass es sich dabei um einen (weiteren) rein deklamatorischen Akt in der Geschichte des Subkontinents handelte, war vorerst allerdings nicht von der Hand zu weisen.

Der bisher ernsthafteste Anlauf zu einer wirtschaftlichen Integration war ohne Zweifel das Mercosur-Abkommen, das 1991 mit dem ‹Vertrag von Asunción› in Kraft gesetzt wurde. Wichtige Vorarbeit hatten in erster Linie die Regierungen Alfonsín in Argentinien und Sarney in Brasilien geleistet. Ungeachtet der vielen strukturellen und konjunkturellen Hindernisse, die das Einigungsprojekt erschwerten, trotz eines momentanen Extrazugs von Brasilien (das unter Präsident Cardoso auf eigene Faust einen bilateralen Handelsvertrag mit Mexiko unterschrieb und generell dazu neigt, als Schwergewicht in der Region eigenmächtig zu handeln) und obwohl das Abkommen durch die unsinnige Wechselkurspolitik der Regierung Menem und erst recht durch den darauf folgenden argentinischen Staatsbankrott von 2001 arg strapaziert wurde, ermöglichte es eine massive Steigerung des Austausches unter den Mitgliedstaaten. In zahllosen Fällen spannten Unternehmer aus den vier Ländern zusammen, um das Potenzial des erweiterten Marktes zu nutzen. Dabei wurden insbesondere zwischen Angehörigen der beiden großen Staaten viele Vorurteile und Rivalitäten überwunden. Bis 2003 schlossen sich der Reihe nach Chile, Bolivien und Peru als ‹assoziierte Mitglieder› dem Mercosur an.

Bei Bestrebungen um regionale Integration sind im Prinzip sechs Stufen zu unterscheiden (004/S. 411): Zuerst werden lockere Abkommen über eine Bevorzugung des gegenseitigen Handels (Preferential Trade Agreements) vereinbart, dann die Bildung einer Freihandelszone angestrebt, die später zu einer Zollunion und in der folgenden Etappe zu einem Gemeinsamen Markt ausgebaut wird. Die Krönung des Prozesses besteht in der Einführung der Währungsunion und schließlich der politischen Union.

Der große Bruder im Norden

Für die USA wäre ein wirtschaftspolitischer Zusammenschluss Lateinamerikas nur nützlich und akzeptierbar, wenn er unter ihrer eigenen Führung und Oberaufsicht vollzogen würde. Etwas anderes ist im Hinblick auf ihren seit mindestens 150 Jahren unverhohlenen und unbestreitbaren Hegemonieanspruch kaum denkbar.

Einer der Katalysatoren der Monroe-Doktrin von 1823 scheint das Bestreben Spaniens gewesen zu sein, seine Kolonialherrschaft in Südamerika nach den ersten Unabhängigkeitserklärungen – und dem Rückzug von Napoleons Truppen von der Iberischen Halbinsel – wiederherzustellen. Madrids Bemühungen um eine ‹Reconquista (Wiedereroberung) Lateinamerikas› scheiterten jedoch in der Schlacht von Ayacucho (1824) endgültig. Als letzte koloniale Besitzungen verblieben den Spaniern nur noch Kuba und Puerto Rico. Die Nordamerikaner wollten nun unter der Führung von James Monroe alle europäischen Mächte – insbesondere die Briten, die zu jenem Zeitpunkt auf den Weltenmeeren praktisch nach Belieben herrschten – von neuen und alten Kolonialisierungsplänen abhalten. Das Prinzip ‹Amerika den Amerikanern› sollte die Grundlage eines freien Kontinents bilden. In ihrem Ursprung war also die Monroe-Doktrin (möglicherweise) nicht als erste Legitimierung US-amerikanischer Hegemonialpolitik gedacht (099/S. 131–133). Sie sollte nach dieser Lesart eher eine gegenseitige Hilfestellung zum Ausdruck bringen. Eine Umdeutung der Doktrin hätte demzufolge erst ab Mitte des 19. Jahrhunderts eingesetzt, als der Subkontinent mit seinem Potenzial als Rohstofflieferant und Absatzmarkt für Washington allmählich interessant wurde.

Nachdem US-amerikanische Truppen den Mexikanern schon 1846–1848 rund die Hälfte ihres Territoriums (die heutigen US-Bundesstaaten Kalifornien, Arizona, New Mexico und Texas) entrissen hatten, intervenierte die erwachende Weltmacht in der Hochphase des Imperialismus (dem Amtsantritt von Theodore Roosevelt 1901 bis in die Zeit der Regierung Franklin Delano Roosevelt, 1933) nicht weniger als zwei Dutzend Male in Mittelamerika und der Karibik und berief sich dabei regelmäßig auf die Monroe-Doktrin. Besonders augenfällig der Eingriff am Isthmus, der schmalen Landbrücke zwischen Mittel- und Südamerika: In Kolumbien war ein ‹Krieg der tausend Tage› (1899–1902) entbrannt, der über 100 000 Tote forderte und in dem sich das Heer des Zentralstaates und eine Vielzahl liberaler Guerillagruppen gegenseitig niedermetzelten, ohne dass die Vorherrschaft der Konservativen entscheidend erschüttert worden wäre. Die USA nutzten die innenpolitische

Schwäche 1903 aus, um die Unabhängigkeit Panamas herbeizuführen, indem sie die dortige Separatistenbewegung unterstützten. So sicherten sie sich die Kontrolle über den geplanten Panamakanal, der 1914 fertig gestellt wurde.

Mit wiederholten Interventionen verstärkten die USA einerseits ihren politischen und wirtschaftlichen Einfluss in der Region. Gleichzeitig weckten sie aber als ‹Polizist› der neokolonialen Herrschaft südlich des Rio Grande auch immer mehr Misstrauen und Ressentiments. Erst recht, als Washington immer häufiger und ungenierter eine ‹Diplomatie› des Big Stick (Interventionen mit dem ‹großen Stock›) praktizierte. Die Monroe-Doktrin wurde 1904/05 durch das so genannte (Theodore) Roosevelt Corollary verstärkt, mit dem sich die USA nunmehr hochoffiziell ein polizeiliches Interventionsrecht gegen karibische und zentralamerikanische Staaten anmaßten (121/S. 96–97). Damit gingen sie allerdings auf Kollisionskurs mit diversen Staaten und Politikern in Lateinamerika. Nach dem bewaffneten Aufmarsch europäischer Mächte in Venezuela (1902) – der Entsendung von Kanonenbooten, welche die Eintreibung von Schulden erzwingen sollten – war im Süden eine nach dem damaligen argentinischen Außenminister Luis Drago benannte Doktrin verkündet worden, die insbesondere im Falle von Zahlungsunfähigkeit verschuldeter Länder zur Anwendung kommen sollte. Die US-Regierung lancierte nun ihrerseits die unter Präsident William Taft formulierte ‹Dollar Diplomacy› vor allem in der Absicht, europäische Anleihen und Investitionen vom Subkontinent fern zu halten.

Nach dem Ersten Weltkrieg führten die USA ihre Dollar-Diplomatie verstärkt fort (S. 98–101). In zehn Ländern Lateinamerikas verwalteten sie die Finanzen und besetzten die Dominikanische Republik (1916–1924) sowie Haiti (1915–1934). In Nicaragua hielten sie eine Minderheitsregierung im Amt, womit prompt eine Aufstandsbewegung unter der Führung von Augusto César Sandino auf den Plan gerufen wurde. Nach einer besonders spitzen Formulierung des Linguisten Noam Chomsky ‹mussten› die USA in diesem mittelamerikanischen Staat einmarschieren, um ihn vor dem (angeblich) bolschewistischen Mexiko zu schützen, während sie 50 Jahre später Nicaragua erneut angreifen ‹mussten›, um Mexiko vor den nicaraguanischen Bolschewisten zu bewahren. «Der geschmeidige Charakter der Ideologie lässt einen immer wieder zutiefst erstaunen», schließt der immer US-kritische Sprachwissenschaftler voller Ironie (021/S. 118).

Mehrere Länder wurden in jener Zeit zu ‹Finanzprotektoraten› degradiert. Zur Wahrung ihrer Interessen schmiedete die Herrschaft in Washington Koalitionen mit reaktionären Kräften und Diktatoren. 1914–1929 stiegen die US-amerikanischen Direktinvestitionen in Zentralamerika und der Karibik auf rund das Dreifache. Präsident Herbert Hoover nahm den Zusatz (Corollary), mit dem der erste Roosevelt Big Stick und Kanonenbootdiplomatie begründet hatte, 1930 zurück. Zum selben Zeitpunkt verkündete Mexikos Außenminister Genaro Estrada den Grundsatz, wonach ausländische Mächte kein Recht hätten, die Legitimität von Regierungen anderer Staaten zu überprüfen, da dies deren Souveränität verletze. Der zweite Roosevelt legte 1933 mit seiner ‹Politik der guten Nachbarschaft› nach. Allerdings gaben die USA ihren Anspruch auf Führung und Einflussnahme damit nicht auf. Lateinamerika war als Rohstofflieferant und Abnehmer von Fertigprodukten mittlerweile schon zu wichtig geworden, als dass man es sich selbst hätte überlassen können.

Die zahlreichen offenen Aggressionen Washingtons in der Region waren fast immer gegen kleine Republiken gerichtet und wurden der Öffentlichkeit gegenüber jedes Mal als ‹Ordnungsmissionen› dargestellt. Nach dem Zweiten Weltkrieg setzten sich die USA vermehrt für eine Institutionalisierung ihres Herrschaftsanspruchs über Lateinamerika ein. Was sie sicherstellen wollten, waren nunmehr nicht nur Rohstofflieferungen und Absatzmärkte, sondern auch Alliierte für den Kalten Krieg, die Kontrolle über militärische Stützpunkte (die sie zum Teil schon während des Krieges errichtet hatten) und vor allem politische Stabilität in ihrem ‹Hinterhof›.

Wichtigstes Instrument zur Durchsetzung und Festigung der US-amerikanischen Hegemonieansprüche sollte die Organisation Amerikanischer Staaten (OEA) sein. Ihre Vorgeschichte hatte eigentlich mit der Ersten Panamerikanischen Konferenz begonnen, die 1889 in Washington abgehalten wurde. Später kam es – auch das unter Führung der USA – zur Bildung einer Panamerikanischen Union, und 1948 fand die Gründungskonferenz der OEA in der kolumbianischen Hauptstadt Bogotá statt. Im Pakt von Rio war ein Jahr zuvor vereinbart worden, dass «jegliche Aggression gegen ein Land als Aggression gegen ganz Amerika» aufgefasst und dementsprechend behandelt werden sollte (104/S. 369–371). Demokratie, wirtschaftliche Zusammenarbeit, soziale Gerechtigkeit und die Beachtung der Menschenrechte wurden als oberste Ziele der neuen Organisation verkündet. Noch ehe diese hehren Worte in den festlichen Ansprachen verklungen waren, brachen vor den Augen der Versammelten aus ganz Amerika die schlimmsten Unruhen aus, deren man sich erinnern konnte: der ‹Bogotazo›.

Die Charta der OEA enthält als Kern- und Angelpunkt das Prinzip der Nichtintervention. Kein Staat habe das Recht, in die inneren und äußeren Angelegenheiten eines anderen Staates einzugreifen, wurde damals feierlich deklariert. Faktisch stellte die OEA jedoch den Kern eines Militärblocks dar, dessen oberstes Ziel die Gewährleistung der ‹inneren Sicherheit› war (121/S. 119, 122–125). Mit ihren wiederholten Interventionen in der Region – bald unverschämte Geheimdienstarbeit wie in Guatemala (1954), bald offene militärische Eingriffe wie in Kuba (Schweinebucht), in der Dominikanischen Republik (1965), auf Grenada und in Panama, bald ‹Low profile›-Aktionen wie gegen Chiles Volksfrontregierung (1970–1973) und dann wieder aktive Unterstützung von konterrevolutionären Kräften (Nicaragua, El Salvador) – setzten sich die USA jederzeit bedenkenlos über die OEA-Charta hinweg. Sie glaubten sich im Namen der Monroe-Doktrin stets im Recht, in eigenem Interesse bestimmte Entwicklungen in Lateinamerika zu unterbinden.

Nach dem Vietnamdebakel delegierte Richard Nixon Wachtfunktionen an US-freundliche Regionalmächte: Im Falle des Subkontinents war Brasilien dazu ausersehen. Der Riesenstaat kam seiner Pflicht aber nur teilweise nach, und trotz aller Oberaufsicht konnte Lateinamerika seinen außenpolitischen Spielraum nach und nach erweitern. Mexiko erlaubte sich, durchaus freundschaftliche Beziehungen zum kommunistischen Kuba zu unterhalten. Brasilien näherte sich auf eigene Faust aus historischen, kulturellen und wirtschaftlichen Überlegungen Schwarzafrika. Peru strebte unter dem linksnationalistischen Militärregime eine Intensivierung der Handels- und Rüstungsbeziehungen mit der Sowjetunion an. Verschiedene Länder wirkten ungeachtet der Missbilligung Washingtons aktiv und lautstark in der Blockfreien-Bewegung mit, der damals die meisten Entwicklungs- und Schwellenländer angehörten.

Unter Jimmy Carter schlug die US-Administration ab 1976 eine andere Richtung ein. Zum ersten Mal überhaupt orientierte sich die führende Weltmacht jetzt explizit an den Menschenrechten und entzog brutalen Regimen die Unterstützung. Obwohl längst klar geworden war, dass in Südamerika keine Gefahr eines ‹zweiten Kuba› bestand – schon deswegen nicht, weil die UdSSR nicht bereit war, noch einmal so tief in die Tasche zu greifen wie zur Stützung des Castro-Regimes (099/S. 135–136) –, lebte der alte Antikommunismus mit Ronald Reagan und George Bush (Vater) noch einmal auf. Er wurde indessen durch Initiativen der Lateinamerikaner teilweise abgefangen. 1985 wurde auf der Vollversammlung der OEA in Cartagena beschlossen, die Charta der Organisation zu reformieren. Der neue Wortlaut trat 1988 in Kraft. Seither steht in der Präambel: «Die repräsentative Demokratie ist eine unentbehrliche Bedingung für Stabilität, Frieden und Entwicklung in der Region.» Was in der ursprünglichen Fassung offenbar nicht klar genug war, wurde diesmal noch unmissverständlicher festgehalten: dass es nämlich Aufgabe der OEA sei, «die repräsentative Demokratie mit dem notwendigen Respekt gegenüber dem Prinzip der Nichtintervention zu fördern und zu festigen» (116d/S. 338). Das Ende des Kalten Krieges brachte weitere Entspannung. Der ‹Amerika-Gipfel› unter Bill Clintons Führung (Miami 1994) propagierte die Losung ‹Partnerschaft für einen Neubeginn› und sah die Errichtung einer gesamtamerikanischen Freihandelszone bis 2005 vor.

Die im September 2002 verkündete ‹Nationale Sicherheitsstrategie der Vereinigten Staaten› legte schließlich die Grundsätze fest, nach denen Washington die Ordnung im neuen Jahrhundert weltweit festzulegen und zu überwachen gedenkt: «Die Hoffnung auf Demokratie, Entwicklung, freie Märkte und freien Handel in jeden Winkel der Erde zu tragen» … «Schurkenstaaten mit präventiven Handlungen» entgegenzutreten usw. Im Kern ging es George W. Bush (dem Sohn) um eine nunmehr ohne jegliche Rücksichtnahme auf andere Akteure expansiv ausgelegte, globale Pax Americana mit dem Ziel, eine internationale Struktur zu schaffen, in der amerikanische Normen universell gelten und zu deren Durchsetzung nötigenfalls sogar ein Verstoß gegen das Völkerrecht und die Prinzipien der Vereinten Nationen in Kauf genommen würde (013f/S. 152). Der ‹Krieg gegen den Terrorismus› hatte die Aufmerksamkeit der USA zwar momentan von Lateinamerika abgelenkt. Der auf eine wirksame Eindämmung der linksradikalen Guerilla abzielende ‹Plan Colombia› und die Antidrogenpolitik Washingtons in den

Andenstaaten schienen beispielsweise in der Versenkung zu verschwinden. Auch die ‹Zertifizierung› über das Verhalten der Länder des Erdteils in Sachen Drogenbekämpfung schien an Bedeutung zu verlieren. Doch nichts läge der Wirklichkeit ferner als die Annahme, dass Washington seine Ansprüche auf Hegemonie in der Region mit solchen Akzentverschiebungen begraben hätte.

Eine immer wiederkehrende Ernüchterung

1961 hatte John F. Kennedy in Ergänzung zur OEA die ‹Allianz für den Fortschritt› ausgerufen. Sie sollte mit Hilfe von Strukturreformen die wirtschaftliche und soziale Entwicklung in Lateinamerika vorantreiben. In Wirklichkeit aber lief die Orientierung dieses Projekts darauf hinaus, nach dem Umsturz auf Kuba vor allem die Revolution im übrigen Lateinamerika zu verhindern. Ein großer Teil der finanziellen Mittel, die Washington für die ‹Allianz› bereitstellte, floss denn in der Folge den Militärs in den am meisten «vom Kommunismus bedrohten» Ländern zu (051/S. 591–594). Vom Sieg der kubanischen Revolutionäre aufgeschreckt, forderte die US-Regierung ihre regionalen Verbündeten plötzlich auf, «demokratische Reformen» einzuleiten – im selben Zug aber auch, am antisubversiven Feldzug (Counterinsurgency) teilzunehmen. Die ‹Allianz für den Fortschritt› wurde denn mit einer ‹Erklärung an die Völker Amerikas› proklamiert. Diese zielte in erster Linie auf die politische, diplomatische und wirtschaftliche Isolierung Havannas ab. Das Pro-Kopf-Einkommen des Erdteils sollte markant gesteigert, eine gerechtere Einkommensverteilung erreicht, die Sozialpolitik verstärkt, der Grundbesitz mittels einer Landreform breiter gestreut und die Wirtschaft der einzelnen Länder durch eine Überwindung der Monoexportstrukturen (der einseitigen Abhängigkeit von einem oder wenigen Ausfuhrgütern) dynamisiert werden. Also theoretisch: durch schrittweise Reformen sozioökonomische Probleme der Region lösen und die politischen Strukturen zu einer liberalen Demokratie weiterentwickeln (099/S. 134).

In der Praxis erlahmte die Lust an Reformen rasch. Dass diese nicht vom Fleck kamen, war zur Hauptsache den US-Amerikanern selbst anzulasten. Während sie nämlich Demokratie predigten, setzten sie ihren eigenen Willen immer wieder mit Diktaten durch. Schon an der OEA-Konferenz in Punta del Este (1962) herrschte unter den Lateinamerikanern Bestürzung und Verwirrung. Mehrere Außenminister beklagten sich, dass ihnen die USA eine Streichung aller Hilfe angedroht hätten, wenn sie nicht für den Ausschluss Kubas aus der Organisation stimmten (102b/S. 175). Mit kaum kaschierter US-Hilfe erfolgte 1964 in Brasilien der Umsturz gegen Goulart und ein Jahr später die Invasion ‹panamerikanischer› Truppen in der Dominikanischen Republik. Damit war das Image der ‹Allianz für den Fortschritt› schon ziemlich angeschlagen. Viele Lateinamerikaner sahen die USA nur noch als imperialistische Macht, an deren wohlmeinende Absichten man angesichts der harten Fakten kaum mehr glauben konnte. Schon nach wenigen Jahren existierte das Reformprogramm nur noch als propagandistische Formel. Es muss irgendwann in den siebziger Jahren, als auf dem Subkontinent die Diktaturen blühten, in aller Stille zu Grabe getragen worden sein.

Nach dem Platzen der Eiterbeule der Überschuldung Lateinamerikas schien man sich in Washington vorübergehend nicht näher mit dem Thema der Integration des amerikanischen Kontinents befassen zu wollen. Der Schuldenberg stand ab 1982 für längere Zeit im Vordergrund. Erst Anfang der Neunziger hatte man wieder genug Luft, um über Projekte zu einer verstärkten wirtschaftlichen Einbindung des Subkontinents in das hegemoniale System der USA zu brüten. Zwei Initiativen entsprangen dieser Phase: die Einbeziehung Mexikos in die ‹Nordamerikanische Freihandelsassoziation› (NAFTA) mit den USA und Kanada und die Ausdehnung der Freihandelsherrschaft auf den ganzen amerikanischen Kontinent ‹von Alaska bis nach Feuerland› (FTAA, auf Spanisch und Portugiesisch: ALCA). Die Erstgenannte trat Anfang 1994 vollumfänglich in Kraft, die zweite sollte 2005 funktionsbereit sein (war es aber nicht).

Die geographische Nähe der drei beteiligten Staaten erklärt das NAFTA-Abkommen gewiss nur teilweise. Auch politische, soziale und ökologische Argumente haben Gewicht. Den USA ist daran gelegen, Mexiko mittels neoliberaler Reformen, die unter Präsident Miguel de la Madrid eingeleitet und unter Carlos Salinas de Gortari vertieft wurden, wirtschaftlich und politisch zu stabilisieren. Gleichzeitig sind sie an einer wirksameren Kontrolle der Einwanderung und einem direkteren Zugriff auf billige Arbeitskräfte südlich des Rio Grande interessiert. (Die ‹Hispanics›, also legale und illegale Immigranten aus dem mittleren und südlichen Amerika, sind in den Vereinigten Staaten mittlerweile bekanntlich schon zahlreicher als die Schwarzen.) Mexiko ist insofern ein begehrter Partner, als es über ausgedehnte Erdölfelder verfügt und von Washington als Brückenkopf zum restlichen Lateinamerika betrachtet wird. Seitens der Mexikaner zählt als Argument für die NAFTA vor allem ein verbesserter Zugang zum riesigen Absatzmarkt im Norden (wohin bisher ohnehin schon mehr als drei Viertel der lokalen Exporte geflossen waren) sowie die Hoffnung auf ein Entgegenkommen der Weltmacht in der Schuldenfrage (004/S. 477–483).

Die NAFTA hat Mexiko nach Ansicht neutraler Beobachter einige Vorteile gebracht. Die Exporte sind in wenigen Jahren etwa auf das Dreifache, die Importe auf das Doppelte gestiegen. Allerdings hat dabei die Abhängigkeit von den USA, die in manchen Jahren (z. B. 2000) fast neun Zehntel der Exporte absorbierten (013 a/S. 31–32), weiter zugenommen. 1994–1996 gingen im Schwellenland vorerst einmal rund zwei Millionen Arbeitsplätze verloren, die Löhne büßten 40 Prozent ihres Kaufwertes ein, das Lohnniveau lag 2000 immer noch unter dem Stand von 1994, das soziale Klima verschlechterte sich. Zudem waren die Ausfuhren mindestens zur Hälfte Produkt der Maquilas (Fertigungsstätten im Grenzgebiet, in denen billige Arbeitskräfte zum Einsatz kommen), also Reexport. Davon, so muss man schließen, wird Mexikos Wirtschaft im Endeffekt nur wenig berührt (014/S. 138). Zu den Schattenseiten der Kooperation gehört auch, dass das Fremdkapital zur Hauptsache aus spekulativen Gründen ins Land gekommen ist und sich, wie man nach Ausbruch der zweiten Schuldenkrise (Ende 1994) beobachten konnte, dementsprechend volatil verhält. Das und die Hochzinspolitik, die Mexiko betreiben musste, um die fremden Anleger bei der Stange zu halten, verstärkte die Tendenz zur erneuten Überbewertung des Pesos. Mexiko musste überdies sein Ejido-System (den genossenschaftlich organisierten Sektor in der Landwirtschaft) dem Neoliberalismus mittels Abänderung seiner Staatsverfassung opfern. Erst nach dieser Reform konnte Land überhaupt verkauft und der Übergang zu einer großflächigen und technisierten Agrarwirtschaft systematisch ermöglicht werden.

Zehn Jahre nach Inkrafttreten der NAFTA waren Sachverständige der OECD (NZZ, 25.11.2003) der Meinung, dass die mexikanische Wirtschaft trotz jenes Abkommens nicht entscheidend vorangekommen sei. Mit einer Wachstumsrate des Bruttoinlandprodukts, die kaum jene der Bevölkerungszunahme erreicht, kann das Land seinen enormen Arbeitsmangel in der Tat nicht beheben. Darüber vermag auch die rasante Steigerung des Außenhandels nicht hinwegzutäuschen. Dank NAFTA – und auch dank der Verpfändung des Erdöls – konnte Mexikos (bisher) letzte Finanzkrise zwar relativ rasch überwunden werden. Doch die positiven Impulse, die anfänglich von dem Abkommen ausgingen, sind mittlerweile weitgehend verpufft. Den US-Konzernen hat es hingegen erlaubt, Kosten einzusparen, höhere Gewinne zu schreiben und im Bereich des Umwelt- und Arbeitsrechts gesetzliche Restriktionen zu umgehen. Bereits zeichnet sich im Übrigen der Trend ab, Arbeitsprozesse aus Mexiko nach China zu verlagern, weil dort noch geringere Löhne zu bezahlen sind. Schon Ende 2003 sollen damit eine Viertelmillion Mexikaner ihren Job in den Maquilas verloren haben. Noch viel herbere Verluste musste die mexikanische Landwirtschaft einstecken. Dort wurden von der Flut massiv subventionierter Agrarimporte aus den USA 1,3 Millionen Arbeitsplätze weggeschwemmt und neue Formen der Abhängigkeit geschaffen, welche sogar die Versorgung eines für die Einheimischen so wichtigen Lebensmittels wie Mais betreffen (Tages-Anzeiger, 22.11.2003 und 10.02.2005). Aber selbst auf nordamerikanischer Seite fällt die Bilanz nicht nur positiv aus: Die Zahl der illegal in den USA lebenden Mexikaner hat gemäß offizieller Statistik seit 1989 von rund 2 auf fast 5 Millionen zugenommen (Finanz und Wirtschaft, 07.01.2004).

Nach Ansicht von Thurow (118/S. 125, 132) leidet die NAFTA jedenfalls an einem Geburtsfehler: Das politische und wirtschaftliche Kräfteverhältnis zwischen den drei Mitgliedstaaten sei unheilbar einseitig. Nicht einmal Kanada könne als ebenbürtiger Partner angesehen werden. Als Washington die Aufnahme von Mexiko beschloss, habe es Ottawa nicht um Rat gefragt, sondern alles eigenmächtig entschieden. Von einer politischen Union unter den Dreien als Fernziel des Abkommens sei denn auch keine Spur zu entdecken.

Suche nach Alternativen und Selbstbewusstsein

Lateinamerikas traditionelle Eliten haben sich unter dem Schutzschirm hegemonialer Mächte und als Angehörige einer von den USA angeführten Allianz wie der OEA in der Regel ganz wohl gefühlt. Politikwissenschaftler haben diese Haltung als ‹dependencia consentida› (Einwilligung in die Abhängigkeit) gekennzeichnet. Als Paradebeispiel für diese Art von Unterwerfung kann der Roca-

Runciman-Pakt gelten, mit dem das diktatorisch und oligarchisch regierte Argentinien der 1930er Jahre versuchte, eine ‹Partnerschaft› mit Großbritannien zu verlängern, von der in Wirklichkeit aber vor allem die angeschlagene Weltmacht noch einmal tüchtig profitierte. Die ausgeprägte Fremdhörigkeit der herrschenden Klasse mochte nicht unmaßgeblich zu der nachfolgenden Übersteigerung nationalistischer Gefühle unter Perón beigetragen haben.

Seit Beginn des 20. Jahrhunderts war im Übrigen die Auffassung, dass die Haltung der USA entscheidend für die Überlebensfähigkeit einer bestimmten Regierung sei, auf dem Subkontinent weit verbreitet. Allerdings wurde dieses Credo gelegentlich von Regimen unterschiedlichsten Kalibers und ideologischer Richtung durchbrochen. Besonders ab Ende der Sechziger, wenn auch meistens nur für kurze Zeit. Die Linksnationalisten in Peru und Panama, Mexikos PRI, Chile unter Allende, die brasilianischen Militärs und später auch zivile Regierungen in ihrem Land haben zumindest in Sachen Außenpolitik (sowie teilweise in Rüstungsfragen) versucht, einen eigenen Weg zu gehen. Trotzdem kann man sagen, dass die Verinnerlichung der ‹special relationship› mit Washington im Allgemeinen dazu geführt hat, dass der eigene Spielraum manchmal unterschätzt wurde (072 k/S. 247).

Seit vielen Jahrzehnten schon – in Mittelamerika und der Karibik noch früher als im südlichen Teil des Kontinents – wurde den Einheimischen beigebracht, dass die USA für sie das alles überstrahlende Vorbild seien. Diese Beeinflussung vollzieht sich durch eine immer massivere Präsenz US-amerikanischer Firmen sowie deren Produkte und Marken, durch eine allgegenwärtige Werbung, eine praktisch monopolartige Vorherrschaft Hollywoods in den Kinos der ganzen Region, durch eine ausgeprägte US-Freundlichkeit der meisten Medien, indirekt auch durch die Indoktrinierung der Uniformierten in den ‹Schulen› und ‹Akademien› von Panama bis Fort Bragg wie auch durch das phasen- und gebietsweise aufdringliche Agieren von Washingtons Diplomaten – und nicht zuletzt durch die Gutgläubigkeit der Latinos. Nur gerade von Linken und den von ihnen beeinflussten akademischen Kreisen wird danach gefragt, wie weit ‹Yanquilandia› als Gesellschaft und Demokratie überhaupt glaubwürdig, beispielhaft und nachahmenswürdig sind.

Als Traum von Freiheit und Reichtum, als fieberhafter Wille zum Erfolg – der womöglich ‹selfmade› sein soll – übt das amerikanische

Modell auf Lateinamerika ebenso unausweichlich Faszination aus wie auf viele andere Völker. Dass die nordamerikanische Gesellschaft gewisse demokratische Züge aufweist, die durch keine aristokratischen Werte relativiert werden, wie das in Europa und Japan lange der Fall war (003/S. 158), mag stimmen. Dass rassische Durchmischung und Integration in den USA möglicherweise rascher vollzogen werden als in der Alten Welt, bringt den ‹großen Bruder› im Norden den Lateinamerikanern vielleicht auch ein Stück weit näher. Doch werden solche positiven, sogar sympathischen Züge durch die knallharte Wirkung imperialistischer Präsenz bei weitem aufgewogen. Es ist denn nicht zu übersehen, dass der US-Amerikaner als Mensch, der allzu häufig rein materialistischen Werten nachhetzt, unter den ‹gewöhnlichen› (nicht zu irgendwelcher Elite gehörenden) Lateinamerikanern mehrheitlich Gefühle der Verachtung, Abscheu und sogar Spott erregt. Dass sich diese Einschätzung auch in heftigen Anti-Yankee-Kundgebungen äußern kann, wie sie Nixon auf seiner schon fast legendären Lateinamerika-Tournee im Jahr 1958 und Nelson Rockefeller eine Dekade danach erfuhren, liegt auf der Hand.

Immerhin kann man auf der Seite Lateinamerikas Ansätze zu vermehrtem Selbstbewusstsein und Selbstvertrauen erkennen. Die 1948 von der UNO gegründete, aber immer von Lateinamerikanern geführte regionale Wirtschaftskommission (CEPAL) hat im Verlauf dieses ersten halben Jahrhunderts ihres Bestehens Unabhängigkeit und Unbestechlichkeit bewiesen. Anfänglich entwickelte sie eine Reformstrategie, welche die ISI-Politik vertiefen und eine Erweiterung des Binnenmarktes ermöglichen sollte. Protektionismus, staatliche Intervention und gesteuerte Industrialisierung waren dabei, wie wir gesehen haben, die hauptsächlichen Instrumente. Den USA, die immer auf ‹Liberalismus› und Neoliberalismus pochten, passte das von allem Anfang an nicht in den Kram. Sie verdächtigten die CEPAL ‹nationalistischer Neigungen› und standen ihr skeptisch gegenüber. Die regionale Institution folgte nach dem Umschwung den neoliberalen Konzepten zwar ein Stück weit, doch die Mehrzahl ihrer Funktionäre beobachtete nun ihrerseits die Entwicklung Lateinamerikas mit Argusaugen und hielt sich mit Kritik nicht zurück. Als im Verlauf der neunziger Jahre die Lücken und Tücken dieser von Washington propagierten Politik sichtbar wurden, zögerten sie nicht, ihr altes Modell wieder auszupacken und zu überdenken, die nötigen Konsequenzen daraus zu ziehen und eine modifizierte Version der ISI zu entwerfen, welche deren bisherige Mängel ausbügeln sollte.

Nachdem die Schuldenblase in diesem Erdteil 1982 zum ersten Mal geborsten war, schien es einen Moment lang, als wollten sich die Lateinamerikaner zu einem Schulterschluss aufraffen. Vor allem in Mexiko, aber auch in einigen Andenstaaten war damals die Rede davon, dass die über weite Strecken zahlungsunfähige Region den bestens organisierten Gläubigern mit der Gründung eines ‹Schuldnerkartells› entgegentreten solle. Keine Regierung wollte sich aber aus Angst vor Repressalien entschlossen für diesen Vorschlag engagieren. Die Geldgeber – das waren zu jenem Zeitpunkt neben dem IWF, der Weltbank und dem ‹Club von Paris› (in dem die wichtigsten Gläubigerstaaten vertreten sind) auch ein paar Dutzend Großbanken aus den USA und Europa – waren zu stark und außerdem geschickt genug, sich die ‹Patienten› einen nach dem anderen vorzunehmen und mit einer Mischung von Pragmatismus und Drohungen einzeln an den Verhandlungstisch zu bringen. Der Subkontinent befand sich seinerseits mitten in einer Übergangsphase zwischen den Militärdiktaturen und der demokratischen Herrschaft. Ihm fehlte eine überragende Autorität, welche die immer vorhandene Tendenz zur Fragmentierung überwinden und die gemeinsame Suche nach einer gerechten und dauerhaften Lösung des Problems kommandieren könnte. Als Einziger schien Fidel Castro erkannt zu haben, wie gravierend die Situation für die Völker Lateinamerikas in Wirklichkeit war. Doch für die bürgerlichen Staatsmänner des Erdteils blieb der Gedanke, dem Revolutionschef in seiner radikalen Predigt Folge zu leisten, jederzeit absolut tabu.

Eine gewisse Kooperation ergab sich dennoch unter einigen der wichtigsten Länder der Region, wenn auch nicht zwecks einer Lösung des Schuldenproblems, sondern auf dem Gebiet der Außenpolitik. Als zu derselben Zeit die Kämpfe zwischen revolutionären und konterrevolutionären Kräften in Zentralamerika ihren Höhepunkt erreichten, spannten sich Venezuela, Kolumbien, Panama und Mexiko zusammen und gründeten 1983 die nach dem ersten Versammlungsort – einer Insel vor den Gestaden des Isthmus – benannte ‹Contadora-Gruppe›. Die vier bemühten sich intensiv um eine Beilegung der Konflikte in Nicaragua, El Salvador und Guatemala und konnten dabei in der Tat beachtliche Erfolge erzielen. Ihre

Organisation wurde drei Jahre später zur ‹Rio-Gruppe› erweitert, der alle übrigen Staaten Südamerikas beitraten. Diese übernahm in der Folge die Funktionen eines offiziellen regionalen Forums auf höchster Ebene, das seither immer dann zu Beratungen zusammentrat, wenn neue schwerwiegende Konflikte entstanden. Im Gegensatz zur OEA ist Washington in diesem Gremium nicht präsent und übt höchstens indirekt über bilaterale diplomatische Kanäle Einfluss aus.

In der jüngeren Vergangenheit haben immer wieder Regierungen (Perón in Argentinien, Manuel Prado in Peru, Frei Montalva in Chile) versucht, sich stärker an Europa zu orientieren. Der Kalte Krieg, die militärische Hegemonie der USA in Lateinamerika und die damals noch starke handelspolitische Abhängigkeit von der Supermacht erschwerten jedoch eine gegenseitige Annäherung (121 /S. 121–125). Auch die Gründung der EWG brachte keine wesentlichen Fortschritte. Zwar erblickten sozialdemokratische Politiker der Alten Welt wie Willy Brandt in Lateinamerika Möglichkeiten, ihren eigenen Einfluss zu verstärken. Sie halfen insbesondere bei der Demokratisierung in Mittel- und Südamerika mit. 1989 wurden Haiti und die Dominikanische Republik als gleichberechtigte Signatarstaaten in das Lomé-Abkommen aufgenommen, mit dem Europa danach strebt, seine Wirtschafts- und Handelsbeziehungen zu Afrika und der Karibik noch etwas enger zu knüpfen. Später konnte die Europäische Union in einigen Staaten Lateinamerikas diplomatische Vertretungen eröffnen. Entwicklungszusammenarbeit, Konsolidierung der Demokratie und Respektierung der Menschenrechte standen und stehen dabei im Vordergrund. Allmählich gewannen dann für die Alte Welt auch Fragen des Drogenhandels, Umweltschutzes und der wirtschaftlichen Strukturreformen an Bedeutung.

Die Alte Welt könnte und sollte Lateinamerika als Vorbild aus verschiedenen Gründen eigentlich näher liegen als die Vereinigten Staaten von Nordamerika. Vorerst einmal ist die Verwandtschaft mit Europa, historisch gesehen, eindeutig. Auch der wachsende kulturelle Einfluss aus den USA mag daran nur wenig ändern. Darüber hinaus steht aber heute die EU für die Bewahrung eines sozioökonomischen Modells, das allen transatlantischen Einflüssen der neuesten Zeit zum Trotz wenigstens partiell immer noch auf der Umverteilung von Reichtum und Ressourcen zwischen Regionen,

Ländern und sozialen Gruppen beruht – ein fundamentaler Unterschied zum rein neoliberalen US-amerikanischen Wirtschaftsmodell. In Lateinamerika scheint sich denn in der öffentlichen Meinung eine Abkehr vom neoliberalen Modell des ‹Washingtoner Konsensus› abzuzeichnen. Das legen nicht zuletzt die Wahlen des Jahres 2002 in Brasilien und Ecuador wie auch die politische Entwicklung in Venezuela, Argentinien, Bolivien und Uruguay nahe.

In wesentlichen Aspekten des Lebens nimmt Europa – und dazu gehören auch die von der EU unabhängigen Staaten – eine verantwortungsbewusstere Haltung ein als die US-Amerikaner. Während sich die Alte Welt aktiv für so wichtige Anliegen wie das Kyoto-Protokoll zum Schutz des weltweiten Klimas, die Biowaffenkonvention und den Internationalen Strafgerichtshof einsetzt, bleibt Washington stur abseits und verfolgt als einzig verbleibende militärische Supermacht eine Pax Americana mit eigener Vormachtstellung (013 g/S. 181–184). Die Europäer selbst sehen ihre Regierungssysteme und Vorstellungen von gesellschaftlichem Wohlergehen als Vorbilder für die Lateinamerikaner und trachten demzufolge danach, ihre eigenen Normen, Werte und Institutionen nach Süden zu ‹exportieren›. Damit wir aber nicht etwa idealistischen Vorstellungen erliegen, müssen wir uns gleichzeitig vor Augen halten, dass die entsprechenden Verhandlungen (zwischen der EU und dem Mercosur) «zur Erleichterung von Geschäftsbeziehungen (Business Facilitation Measures), zur Liberalisierung von Dienstleistungen und zum Schutz des geistigen Eigentums im Rahmen der Assoziationsverhandlungen mit dem Mercosur insbesondere dem Erhalt, Schutz und Ausbau der Marktposition der europäischen Firmen» dienen sollen, wie laut der hier zitierten Quelle ohne irgendwelche Beschönigung ausgeführt wird (S. 189–190).

Lateinamerika musste immer wieder konstatieren, dass es für die EU in Wirklichkeit einen relativ geringen Stellenwert hat. Die radikale Umgestaltung des ehemaligen ‹sozialistischen Lagers› hat vor allem Deutschland allzu mächtig in Beschlag genommen. Wenn der Subkontinent jemals die Hoffnung hegte, seine Abhängigkeit von den USA mit Hilfe einer Diversifizierung seiner Außenbeziehungen in Richtung auf Europa abbauen zu können, so musste er in diesem Bestreben an mehr oder weniger enge Grenzen stoßen. Zwar bekundet Brüssel den Lateinamerikanern gegenüber immer wieder ‹Solidarität› und ‹guten Willen›, ignoriert aber beharrlich, dass seine

Subventions-, Präferenz- und Assoziierungspolitik jene notorisch benachteiligt. Dazu kommt, dass keines der Exportgüter Lateinamerikas auf dem europäischen Markt eine strategische Position oder einen strategischen Anteil hat. Der Hauptgrund für das beschriebene Ungleichgewicht liegt in der nach wie vor protektionistischen Agrarpolitik der EU. Die Wirtschaftsbeziehungen zwischen dieser und den lateinamerikanischen Partnern werden von Europas nationalen Industrien forciert – und von den starken nationalen Agrarlobbys wirksam blockiert. Die EU bestimmt als ein Hauptakteur der Weltwirtschaft außerdem die Prinzipien, Regeln und Normen für die interregionale Wirtschaftskooperation, die den Eintritt in den lateinamerikanischen Markt erleichtern oder eröffnen, während sie auf der anderen Seite eigene sensible Wirtschaftssektoren abschottet und den Zutritt zu eigenen Märkten wie dem Agrarmarkt erschwert. Letztlich also derselbe Eigennutz wie bei den USA! Für die Südländer sind das bittere Erkenntnisse. Sie spüren, dass sie von den Europäern nicht ernst genommen (und womöglich mit immer wiederkehrenden Versprechungen gar an der Nase herumgeführt) werden. Und dass andererseits die USA ihnen gegenüber eine konsequente und in letzter Instanz effiziente Politik betreiben: entweder divide et impera oder Integration unter der hegemonialen Führung der Weltmacht.

Träume und Tücken der Integration Lateinamerikas

Regionale Integration ist kein Kinderspiel. Sie verlangt von den politischen und wirtschaftlichen Repräsentanten der beteiligten Nationen Weitsicht, Ausdauer, Ernsthaftigkeit und eine ausgeprägte Fähigkeit zum Dialog – lauter Fähigkeiten, mit denen sich Lateinamerikas Eliten seit jeher schwer tun. Ihre Tendenz zum Formalismus auf Kosten der Inhalte und ihre blumige Rhetorik mit unscharfer Zielsetzung sind unübersehbar. Die geographische Nähe allein genügt andererseits bei weitem nicht. Viel wichtiger sind kulturelle Gemeinsamkeiten, die sich nicht in einer litaneiartigen Berufung auf die ‹Madre Patria› (Spanien, Portugal) erschöpfen dürfen. Sie setzt Einigung auf gemeinsame Werte, Ideale und Interessen voraus.

Als bisher konkretester und glaubwürdigster Ansatz zu einer regionalen Integration Lateinamerikas kann am ehesten das Mercosur-Abkommen gelten. Gewiss ist das wirtschaftliche Gewicht zwischen den vier als vollwertige Mitglieder beteiligten Ländern (wie bei der NAFTA) auch hier extrem einseitig verteilt. Argentinien und Brasilien nahmen zudem im Bemühen, die Inflation auszurotten und fremdes Kapital anzulocken, jahrelang eine krasse Überbewertung ihrer Währungen in Kauf, die an den Dollar gebunden waren. Dadurch wurde das Abkommen weit über Gebühr gestresst. Streitigkeiten über die Wechselkurse machten immer wieder ‹Feuerwehraktionen› nötig, bei denen die Präsidenten der beiden Länder (Menem und Cardoso, Kirchner und Lula) mangels brauchbarer institutioneller Schlichtungsmechanismen fast jedes Mal persönlich eingreifen mussten.

Auch der Mercosur ist im Wesentlichen immer noch eine unvollständige, von vielen Ausnahmeregelungen durchsetzte Zollunion. Doch der Handel unter den vieren und ihren vorderhand lose ‹assoziierten› Nachbarn hat seit 1991 mächtig zugenommen und damit ein erstes, wichtiges Ziel des Abkommens erreicht. Brasilien wird mit seinen über 180 Millionen Einwohnern den Produzenten in Argentinien, Paraguay und Uruguay auch in Zukunft weitere interessante Perspektiven als Absatzmarkt eröffnen. Der Riesenstaat sieht seinerseits im Mercosur eine Gelegenheit, um seine regionale Führungsrolle auszubauen. Dabei muss nicht unbedingt blankes Machtdenken im Vordergrund stehen. Wichtiger ist für Südamerika die Möglichkeit, auf internationaler Ebene unter der Führung Brasiliens mit erhöhtem Gewicht auftreten zu können.

Mit ihrem Plan, die amerikanische Freihandelszone ‹von Alaska bis nach Feuerland› (ALCA) bis 2005 zu etablieren, stießen die USA vor allem bei brasilianischen Diplomaten und Unternehmern auf Widerstand. Das Misstrauen im Süden ist zu einem guten Teil begründet. Der seit über anderthalb Jahrhunderten unmissverständlich erhobene Hegemonieanspruch der Weltmacht gibt ihnen Recht. Noch mehr in einer Gegenwart, die im Zeichen zügelloser Globalisierung der Wirtschafts- und Finanzinteressen steht. Die Brasilianer – aber auch viele andere auf dem Subkontinent – wissen zu genau, wie viel Unheil eine unkontrollierte, unbegrenzte Liberalisierung in ihrer Volkswirtschaft anrichten kann. Warum, so fragen sie sich außerdem, sollten sie alle Zollschranken niederreißen, um einem übermächtigen ‹Partner›, der ihr wichtigstes eigenes handelspolitisches Anliegen – die Liberalisierung der Agrarmärkte durch Abbau der megaschweren Subventionen – beharrlich ignoriert, einfach das Feld überlassen (wie es, mit insgesamt zwiespältigen Ergebnissen, die Mexikaner im Rahmen der NAFTA tun)?

Den Lateinamerikanern wird nicht entgangen sein, dass die Realisierung des ALCA-Projekts wegen ihrer Opposition nicht richtig vorankommt. Es ist aber möglich, dass sie sich der Abgeschlagenheit des ‹Großen Bruders› trotz allem nicht voll bewusst sind. Washington hat in den letzten Jahren seine Angebote auf ‹Partnerschaft› erneuert und diversen Ländern zumindest vorübergehend aus der Patsche geholfen. In aller Stille, aber auch ohne Verzug sind im Norden die Grundzüge zu einem ‹Zentralamerikanischen Freihandelsabkommen› (CAFTA, womit schon vom Namen her angedeutet wird, dass es sich um ein Appendix der NAFTA handelt) entworfen worden. Am ehesten werden davon voraussichtlich wiederum die US-Exporteure, also auch hier wieder transnationale Giganten, profitieren (NZZ, 17.12.2003).

Symptomatisch ist in diesem Zusammenhang auch das Taktieren der US-Administration gegenüber Costa Rica, das sich vorerst gegen eine Teilnahme an der CAFTA sperrte. Verhandlungen hinter hermetisch verschlossenen Türen brachten die ‹Ticos› jedoch dazu, in Fragen, die für sie von vitaler Bedeutung waren (‹Öffnung› der Sektoren Telekom und Versicherungen), nachzugeben. Die USA, so ließ Washington verlauten, seien an der Mitgliedschaft dieses Staates ‹in besonderem Maße interessiert›. Man mochte sich auch fragen, ob es reiner Zufall war, dass das bettelarme Nicaragua just in der entscheidenden Verhandlungsphase über die CAFTA in den Genuss eines massiven zusätzlichen Schuldenerlasses kam. Mit derselben ‹Salamitaktik› wird die US-Regierung in absehbarer Zukunft wahrscheinlich versuchen, auch verschiedene Andenstaaten in ihren Bann zu ziehen.

Dass alle drei Großen (USA, EU, Japan) an Lateinamerika interessiert sind, leuchtet angesichts der nach wie vor gewaltigen Ressourcen dieses Erdteils ein. Geopolitisch ist Washington gewiss im Vorteil. Bei den Privatisierungen in der Region haben aber auch die Europäer herzhaft und zum Teil recht ungeniert zugegriffen. Die Kontrolle über Rohstoffe, vor allem Erdöl, und Dienstleistungen (die jetzt von den Einheimischen teuer bezahlt werden müssen) ist von den Stärksten der Weltwirtschaft ‹sichergestellt› worden. Die Folge der Besitzergreifung durch fremde Kapitalgruppen sind für die Mehrheit der Bevölkerung des Erdteils im Endeffekt aber noch mehr Arbeitslosigkeit und noch mehr Armut.

Während asiatische Staaten (neben Japan in zunehmendem Maße auch China) bei der Besetzung von Marktpositionen auf dem Subkontinent eher diskret vorgehen, während die EU noch immer zur Hauptsache mit sich selbst und ihrer Osterweiterung beschäftigt ist, kämpfen die USA viel offener um eine Konsolidierung von Macht und Einfluss. Sie wollen mit ihrem Sirenengesang über den ‹Freihandel› den Hinterhof endgültig in den Griff bekommen (FR, 06.09.2003). Es dürfte niemanden erstaunen, wenn sie es fertig brächten, Lateinamerika in zwei gegensätzliche Wirtschaftsräume zu spalten: Zentralamerika und die Karibik, womöglich auch der nördliche Teil der Andenregion samt Chile als Partner einer ‹amerikanischen Freihandelszone› – und der südliche Teil des Kontinents unter der Führung von Brasilien, ein größerer Rest, der sich verzweifelt an seinen Mercosur klammert und der Freihandelsphilosophie weiterhin misstrauisch gegenübersteht.

VIII. Das iberische Erbe

> «Vielleicht Naturforscher, Schriftsteller, Archäologe, Bankier, Politiker oder sogar Bischof? Wenn es nur ein Amt war, ein hervorragendes, angesehenes, ganz gehobenes Amt.»
>
> *Machado de Assis*

Während unzähliger Generationen waren die Spanier und Portugiesen zum Gehorsam gegenüber ihren Monarchen erzogen worden. Das Interesse für öffentliche Angelegenheiten konnte sich in dieser endlos langen Phase bis in die jüngste Vergangenheit – über ein Jahrtausend! – nicht entfalten (098/S. 34). Die lokalen Oberschichten organisierten sich, so gut sie eben konnten, in Ständen, die finanziell stark von der Gunst des Königs abhängig waren. Vorkapitalistischer Geist und ein starker Hang zur Bürokratie prägten die gesellschaftlichen Strukturen (035/S. 48). Das Staatsoberhaupt, sei es der König, der Kaiser oder später in Lateinamerika der Präsident, wachte über den Interessen der Untertanen und gestand diesen da und dort gewisse Privilegien oder Anreize zu. Die Angehörigen der Stände wiederum erwarteten von ihm, dass er Ämter an sie verteilte und bei Streitfällen in letzter Instanz nach eigenem Ermessen – und nicht etwa aufgrund objektiver juristischer Normen – Recht sprach (S. 739). Erst nach einer langen Phase der Konsolidierung des republikanischen Systems wurden auf dem Subkontinent allmählich Ansätze zu einer Demokratisierung im Sinne der Gewaltentrennung sichtbar. Doch sie blieben lückenhaft, widersprüchlich und wurden durch immer wiederkehrende Rückfälle in die alte, feudale Praxis durchbrochen.

Mit seinen Kolonialherren war Lateinamerika ausgesprochen schlecht bedient. Das Schauspiel von höchster Instanz, das diese den jungen Völkern jenseits des Atlantiks darboten, war negativ und schädlich. Am portugiesischen Hof wurde der immense Reichtum, den Brasilien im 18. Jahrhundert lieferte (Gold und Diamanten im Überfluss), bedenkenlos in Luxus und Kriegen verprasst (105/S. 50). Als man merkte, dass solche Herrlichkeit nicht endlos sein konnte, als nämlich erste Anzeichen einer Erschöpfung der Bergwerke in Minas Geras sichtbar wurden, war es schon zu spät. Der Niedergang des ‹Mutterlandes› war nicht mehr aufzuhalten.

Er hatte sich im Übrigen schon lange vorher abgezeichnet. Obwohl Portugal damals eine der führenden Seefahrernationen war, leistete es kaum Beiträge zur nautischen Wissenschaft, und dasselbe gedankenlose Verhalten traf auf den Bergbau zu. Das intellektuelle Leben beschränkte sich darauf, ‹Kommentare› über alte Schriften zu verfassen und dabei illusorische Wortspielereien zu betreiben (035/S. 63–64). Die industrielle Revolution, die in der Folge weite Teile Europas durchschüttelte, berührte Portugal nicht, weil dort nur die leichten Gewinne des Kolonialhandels Interesse weckten. Die Monarchen und ihre Bürokraten freuten sich, dass sie feine Stoffe und fertige Kleider aus England erwerben konnten; die Frauen der Reichen ergötzten sich an Schmuck, den fleißige Hände in den Niederlanden angefertigt hatten. Und was dabei noch bedenklicher war: Diese Mentalität verstümmelte den Geist der Freiheit und zerbrach den unternehmerischen Willen im Keim.

Die iberische Herrschaft war eigentlich ein Paradox, denn beide Länder befanden sich ihrerseits in einem Zustand markanter Abhängigkeit von anderen Mächten: Spanien von Frankreich und Portugal von Großbritannien. Und beide lebten, wahre Parasiten, volle drei Jahrhunderte lang auf Kosten des von ihnen unterworfenen und mittels monopolistischer Handelspraktiken geplünderten Subkontinents. Dabei übten sie bei vielen Produkten einfach die Rolle von Zwischenhändlern aus. Wie in jeder anderen Kolonie wurde die Wirtschaft nicht so organisiert, dass sie den Entwicklungsinteressen der dort ansässigen Bevölkerung, sondern letztlich immer fremden Herren diente (094/S. 123–126). Noch vor wenigen Dekaden konnte einer der namhaftesten Iberer, Miguel de Unamuno, voller Hochmut ausrufen: «Que ellos inventen!» (Überlassen wir das Erfinden den anderen!) (NZZ, 22.11.2003).

Maurische Besetzer hinterlassen ihre Spuren

Rund 780 Jahre lang wurde gut die Hälfte der Iberischen Halbinsel von Arabern beherrscht. Die Invasoren nannten die von ihnen kontrollierte Region «al-Andalus». Die Reconquista (Rückeroberung durch die Spanier) begann Mitte des 11. Jahrhunderts, kam aber von 1086 bis 1212 zum Stillstand. Die in Granada etablierten Muslime führten einen zähen Kampf zur Behauptung ihrer Herrschaft. 1340 mussten sie schließlich in der Schlacht von Rio Salado eine entscheidende Niederlage einstecken. Die letzten maurischen Machthaber wurden aber erst 1492 (also im selben Jahr der Entdeckung Amerikas durch Kolumbus) besiegt und zur Emigration nach Marokko gezwungen. Zahllose und endlose Streitigkeiten zwischen spanischen Fürsten hatten die Rückeroberung der Halbinsel über Gebühr verzögert (053/S. 19, 22–27). Im Norden der Halbinsel konnten sich ‹Christen› und ‹Franken› indessen während nahezu acht Jahrhunderten erfolgreich gegen ein weiteres Vordringen der Sarazenen zur Wehr setzen.

Der jahrhundertelange Kampf gegen den Islam brachte eine ganz spezielle Prägung des Lebensstils und der Lebensideale der Iberer mit sich (S. 383–385). Gegen die Eindringlinge Krieg zu führen, wurde Lebensaufgabe und Lebenszweck für eine bestimmte Kaste, die sich ganz dieser einen Aufgabe widmete und in ihr Erfüllung suchte. Im gleichen Zug strebte sie aber auch nach weltlichem Erfolg, nach ‹Ehre, Gold und Land›. Die errungenen Siege im Verlauf der Reconquista führten dazu, diese Spezialisierung der Kasten weiter festzuschreiben. Nun hatte man die zurückgebliebenen Muslime auf dem Land und in den Städten! Ihnen überließen die Sieger, die sich jetzt erst recht als ‹Hidalgos›, als Ritter im Kampf um die Rückeroberung ihres Landes (und später in den Kolonien um die Eroberung von Neuland), fühlten, noch so gerne die Land- und Handwerksarbeit. Die Juden wurden ihrerseits als tüchtige Verwalter von Geld und Gut, als Ärzte, Steuereinzieher und Finanzfachleute, als Kenner und Übermittler arabischer Wissenschaften herangezogen.

Für den Hidalgo wäre es eine Schande gewesen, eine andere Arbeit als das Waffenhandwerk zu verrichten. Was ein rechter Kämpfer für das Vaterland war, der hielt es für seiner selbst unwürdig, sich die Hände zu beschmutzen – es sei denn mit dem Blut von Mauren. In keinem europäischen Land, betont Arnold Hottinger, sei das Standesbewusstsein so ausgeprägt und so ängstlich bewahrt worden wie in Spanien. Wer zu den ‹dienenden› Klassen der Muslime und Juden gehörte oder auch nur der Abstammung von ihnen verdächtig war, galt den Angehörigen des kleinen und großen Adels als ‹ehrlos›. Demzufolge mussten angesehene Berufe den Angehörigen der minderen Kasten verschlossen bleiben: der Staats- und Waffendienst, kirchliche Positionen, der Besitz von Gütern, deren Bebauung ein Hidalgo beaufsichtigen – oder noch besser durch Drittpersonen beaufsichtigen lassen – konnte.

Die Besetzung der Iberischen Halbinsel durch die Mauren war in den Augen eines prominenten spanischen Geschichtsforschers (098/S. 17–18) «ein tragischer Moment in der Weltgeschichte». Ohne den Islam hätte Spanien seiner Meinung nach den Weg von Frankreich, Deutschland und England befolgt. Anfänglich, präzisiert Sánchez-Albornoz, blieben Kultur und Wirtschaft zwar in den Händen der besiegten Spanier. Die Muslime brauchten fast ein Jahrhundert, um sich zu organisieren und untereinander einig zu werden. Denn die Invasoren waren ein Mosaik von Völkern, die nur durch die gemeinsame Religion und teilweise durch die mediterrane Tradition miteinander verbunden waren. So oder so zerbrach aber Spanien unter der Herrschaft der Sarazenen in viele kleine Monarchien. Die Folgen dieser Zersplitterung waren «fatal» (S. 23–24).

Neben Zwist und einer Hidalgo-Mentalität mit schwerwiegenden Auswirkungen hinterließ die Herrschaft der Mauren unter den Iberern aber auch wertvolle Erbteile. Naturwissenschaften, Astronomie und Astrologie, Mathematik und Medizin, Musik und Lyrik sowie die Kunsthandwerke blühten auf. Unzählige Wörter aus den Wissenschaften und dem alltäglichen Vokabular wurden aus dem Arabischen übernommen. Die Invasoren wussten ihre Schifffahrt auf Grund von Techniken und Erfahrungen zu verbessern, die sie aus dem Indischen Ozean übernommen hatten und die in vielen Fällen ursprünglich von China dorthin gelangt waren (053/S. 424, 428, 430–431). Ohne Überlieferung dieser Kenntnisse wären die Entdeckungsreisen der Iberer kaum möglich gewesen. Aus China kam auch das Schießpulver, und auch das brachten die Araber in den Mittelmeerraum. Seide und Papier waren chinesische Erfindungen, in der arabischen Welt jedoch seit dem 8. Jahrhundert bekannt. Andererseits kannten die islamischen Völker im Mittelalter den Sinn der politischen Freiheit, wie er von den Abendländern allmählich entwickelt wurde, nicht. Die Städte der Mauren und Andalusier haben nie davon geträumt, sich als freie Gemeinden zu organisieren (098/S. 79).

Die langwierige Reconquista hatte noch andere Folgen: zum einen den Hang zum Kriegführen und zur Übertreibung religiöser Gefühle, nach jahrhundertelangem Zusammenleben aber doch auch eine seltene Toleranz zwischen den Rassen und Religionen. Den Handel besorgten im Süden Moslems und Juden, im Norden Franken und Juden. Letztere spielten eine entscheidende Rolle als Übersetzer vom Arabischen ins Spanische und damit in der kulturellen Prägung Iberiens. Diverse arabische Herrscher misstrauten ihnen jedoch und vertrieben sie aus al-Andalus. Dies führte dazu, dass wohlhabende und gebildete Juden und Mozaraber (Christen, die kulturell den Arabern nahe standen) nach Norden flohen und sich in Toledo, zu jener Zeit Hauptstadt des nördlichen Iberien, niederließen. Sie waren den kastilischen Herrschern vom späten 11. bis ins 13. Jahrhundert als tüchtige Fachleute willkommen (053/S. 393–396). Im Norden wie im Süden der Halbinsel wurde konsumiert; von Industrialisierung kaum eine Spur. Die Rückeroberung in langsamen, mühsamen Schritten schien alle Kräfte in Anspruch zu nehmen. Eigentlich war es schon Mitte des 13. Jahrhunderts zu spät, um mit der kommerziellen und industriellen Entwicklung der Niederlande und Italiens, später auch Frankreichs und Deutschlands mitzuhalten. Genua, Pisa, Venedig und im Norden Flandern beherrschten den europäischen Handel bereits weitgehend (098/S. 28–29). Auch wenn die Reichtümer aus den neu entdeckten Gebieten bald hereinströmen sollten, war Iberien industriell schon hoffnungslos ins Hintertreffen geraten.

Die Erbsünden der ‹Mutterländer›

Obwohl Spanien und Portugal den amerikanischen Kontinent dank ihrer militärischen Übermacht nach Lust und Laune plündern konnten, waren sie selbst also wirtschaftlich und politisch zur Rückständigkeit verurteilt. Das mittlere und südliche Amerika musste nun seinerseits ohnmächtig zuschauen, wie die Schwächen und Laster der beiden ‹Mutterländer› in die Neue Welt transportiert wurden.

Der schwache Ständestaat iberischer Prägung, der den Bürokraten alle Macht einräumte (solange sie sich der Krone gegenüber loyal verhielten) – ein Staat, welcher der Klientelwirtschaft und dem ‹Amiguismo› Vorschub leistete –, wurde zuerst von den kolonialen Regierungen und später von der republikanischen Herrschaft kritiklos übernommen und weiter «kultiviert» (027a/S. 43–44). Der Einfluss von Gesellschaften mit derart geringer Modernisierungsdynamik ist denn in fast allen Ländern Lateinamerika bis auf den heutigen Tag nicht zu übersehen. Die Schaffung eines Staatsapparates, der mit Hilfe extremer Zentralisierung der Macht die Initiativkraft der Individuen nicht stimulieren, sondern vielmehr bremsen und blockieren wollte (um die Ausbeutung der Ressourcen jederzeit in ureigenstem Interesse mittels Steuereintreibung zu monopolisieren oder allenfalls durch die Vergabe von Konzessionen zu kontrollieren), diente dabei als wichtigstes Instrument zur Ausübung der Herrschaft. Der Bürokratenstatus verlieh seinem Inhaber im Prinzip auch immer die Aura eines Hidalgo, der über dem gemeinen Volk stand, und legitimierte ihn zugleich, auf den eigenen Vorteil bedacht zu sein (035/S. 82). Juristische Spitzfindigkeit war (und ist) dabei jederzeit wichtiger als die Orientierung an den langfristigen Interessen der Nation, denn diese bescherten den Staatsdienern im Gegensatz zu jener nie unmittelbaren Nutzen.

In diesem von Kurzsichtigkeit geprägten System waren Macht und Beziehungen schon immer wichtiger als Bildung und Leistung. Sparen, Investieren und Vertrauen in die Zukunft sind, wie Esser bemerkt (032 a/S. 40–41), bei derart rechtsarmer Praxis, manipulierbaren Spielregeln, übermächtigen partikulären Interessen und Institutionen, welche die Korruption begünstigen, gewiss fragwürdige Ziele. Der iberisch infizierte Bürokrat gibt sich zwar stets offen, freundlich und unverbindlich, er vermeidet Widerrede und Widerstand, befolgt Anweisungen jedoch nur teilweise und unterläuft Vereinbarungen, wo immer möglich, im eigenen Interesse. Denken und Handeln werden notorisch durch vermögende Schichten geprägt, die negative Vorbilder sind. Sie verbreiten Misstrauen, Gewalt, Konsumsucht, Mangel an Bildungseifer und Sparsamkeit. Gesellschaftliche Kompromissbildung und politischer Konsens werden unter solchen Voraussetzungen selbstverständlich nicht eingeübt.

Ebenso unvermeidlich verderben derartige Herrschaftsnormen das private Unternehmertum schon im Keim. In Lateinamerika fehlt demzufolge auch heute noch über weite Strecken ein aufstrebendes Bürgertum, das in der Lage wäre, die alteingesessenen Kräfte zu verdrängen, einen neuen Stil und ein neues Profil zu bilden. In den Betrieben bemüht man sich im Allgemeinen zu wenig, Kontrollen und Evaluierung durchzuführen, um deren Ergebnisse zur Grundlage neuer Entscheidungsprozesse zu machen. Ebenso wenig ist man an klaren, dauerhaften Spielregeln interessiert, welche die Unternehmen als treibende Kraft kapitalistischer Modernisierung etablieren könnten (116b/S. 270–273).

Unterentwickelt, wenn nicht gar völlig verkümmert muss denn unter solchen Voraussetzungen auch das Arbeitsethos sein. Handwerk fast jeder Art wird in Lateinamerika notorisch unterschätzt und sträflich verachtet. Den vor allem in den germanischen Ländern weit verbreiteten Modus der Berufslehre findet man hier höchstens in einigen multinationalen Firmen mit Sitz und Wurzeln in Deutschland oder der Schweiz. Wenn handwerkliche Fertigkeiten gelehrt werden, dann allenfalls in technischen Schulen, die aber nur geringen Kontakt zur beruflichen Praxis pflegen. Buarque de Holanda glaubt unter seinen Landsleuten und Vorfahren einen unüberwindlichen Widerwillen gegen jede Moral zu erkennen, die auf dem Kult der Arbeit beruht. Würdiges Nichtstun sei dem Iberer doch schon immer erstrebenswerter gewesen als der undankbare Kampf um das tägliche Brot (016/S. 9–10). Eine Fabrik, eine Werkstatt, ein landwirtschaftliches Gut oder ein Bergwerk sei der ‹Hidalguía› eines Latino offenbar nicht würdig, stellt auch Faoro fest. Darum befänden sich die besten Industriebetriebe der Nation in den Händen von Fremden, die sich daran bereichern «und sich über unsere Ansprüche lustig machen» (035/S. 87).

Die Tugenden der Genuesen – Durchhaltevermögen, Besonnenheit, Zuverlässigkeit, soziale Solidarität – hätten bei den Portugiesen nie richtig Anklang gefunden, bedauert daher Buarque (016/S. 78). In diesem Zusammenhang ist denn auch das am Anfang dieses Kapitels stehende Zitat aus dem 1880 veröffentlichten Roman ‹Nachträgliche Erinnerungen von Bras Cubas› des brasilianischen Autors Machado de Assis zu verstehen, der seinen Helden über die Frage der Berufswahl grübeln lässt: «Vielleicht Naturforscher, Schriftsteller, Archäologe, Bankier, Politiker oder sogar Bischof? Wenn es nur ein Amt war, ein hervorragendes, angesehenes, ganz gehobenes Amt.»

Weil die iberischen Konquistadoren mit einem ganz besonderen kulturellen Hintergrund befrachtet waren, hatten sie andere Ziele vor Augen als etwa die aus Irland kommenden ersten Einwanderer in Nordamerika. Die Spanier und Portugiesen sind ausgefahren, um Gewürze und Gold zu finden. Die Iren suchten hingegen aus Gründen des wirtschaftlichen und religiösen Überlebens eine neue Heimat. König Ferdinand, Königin Isabella und ihre Nachfolger glaubten, dass der Reichtum aus der Neuen Welt ihren Einfluss in Europa stärken würde. Nun waren aber die Mannschaften, die sie mit dieser Mission beauftragten, vorwiegend Leute aus den unteren Volksschichten (104/S. 13–19). Der erste ‹Fund› von Gold (in Cuzco, wo sie den Inka namens Atahualpa zwangen, einen ganzen Raum damit zu füllen und ihnen den gesamten Schatz zu vermachen, und ihn zum Dank dennoch umbrachten) weckte die Illusion eines Eldorados. Nicht nur das: Er weckte unbändige Habgier, übrigens auch beim spanischen Staat, der die Edelmetalle als Basis seiner Macht betrachtete – und damit seine eigene Dekadenz begründete.

Das frevelhafte Treiben gehorchte dem Drang nach Wohlstand ohne Anstrengung. Die Kolonialherren behandelten nicht nur die Eingeborenen, sondern auch die Natur brutal. Stets waren sie bemüht, möglichst viel Nutzen mit geringstem Aufwand zu erzielen (016/S. 15, 18, 21). In den ersten Jahrzehnten nach der ‹Entdeckung› Amerikas zogen beinahe Jahr um Jahr neue Kontingente von Eroberern aus, um ihr Glück zu suchen. ‹Valer más›, mehr wert zu sein, Rang, Reichtum und Ansehen zu erlangen, war das Ziel der Anführer und ihrer Soldaten. Sie alle fühlten sich als Hidalgos. So wie ihre Vorfahren Andalusien zurückerobert und sich dort herrschaftliche Positionen aufgebaut hatten, wollten sie in Amerika Herren mit Stand und Land werden. Beute war wie zuvor auf der heimatlichen Halbinsel auch auf dem neuen Kontinent ein wichtiger Grund, wenn nicht der Hauptgrund schlechthin, um in den ‹Krieg› zu ziehen. Im Verlaufe der Jahrhunderte dauernden Reconquista hatten sich politische wie auch militärische Konventionen herausgebildet, die man laut Hottinger übrigens schon im mittelalterlichen ‹Cantar de mío Cid› erkennen kann und die unweigerlich auf den neuen Kontinent hinübergebracht wurden (053/S. 458–461). Eines dieser ‹alten Sonderprivilegien› (‹Fueros viejos›, von den spanischen Königen erlassene Freibriefe) beinhaltete, dass der «Herr über die Person des Leibeigenen verfügen kann sowie über alles, was dieser besitzt, und dass der Leibeigene dagegen bei keiner Person irgendwelchen rechtlichen Rekurs besäße». Die Konquistadoren suchten die besiegten Indios, wo immer möglich, zu solchen Leibeigenen zu erniedrigen. Man erfand zu diesem Zweck den Begriff der ‹encomienda› (Empfehlung). Theoretisch sollten die Eroberer als Schutzherren auftreten und darum besorgt sein, dass die

‹Empfohlenen› (die Indios) gute Christen würden. Als ‹Gegenleistung› hatten diese dem ‹Herrn› Arbeit zu leisten ...

Der brasilianische Befreiungstheologe Leonardo Boff sieht diesen Prozess folgendermaßen: «Europäische Christen überfielen den Kontinent und verursachten den größten Völkermord aller Zeiten, der die (eingeborene) Bevölkerung auf ein Fünfundzwanzigstel zurückgehen ließ. Sie eigneten sich das Land widerrechtlich an, zerstörten die soziale und politische Ordnung der Völker, sie unterdrückten die einheimischen Religionen und zerbrachen die interne Logik eines natürlichen Wachstums der eigenständigen Kulturen.» (048/S. 3)

Was hingegen als wirtschaftliches Werk der Kolonisierung durch Iren und Briten in Nordamerika entstand, war in der Regel nicht vorrangig die Frucht kriegerischer Umtriebe, sondern harter Arbeit. Sie waren nicht Bestandteil eines weltweiten Netzes von Eroberungen im Dienst ranziger Monarchien und gieriger Krämer, welch Letztere ihrerseits durch Schwärme von Militärs und Bürokraten überwacht wurden (035/S. 121–122). Die Protagonisten kamen im nördlichen Amerika in den Genuss ihrer eigenen Anstrengungen und konnten sich selbständig organisieren, um die erzielten Fortschritte im wirtschaftlichen und sozialen Sinn abzusichern. Die Enthaltsamkeit im Leben der Quäker und Puritaner, die unter den ersten Industrieunternehmern Englands zahlreich vertreten waren und dabei eine ähnliche Funktion wie die Protestanten in Frankreich innehatten, wirkte auch in den jungen USA als Triebfeder der Industrialisierung. Hinzu kam, wie Hans-Jürgen Puhle betont, dass die Entwicklung in Nordamerika – im Gegensatz zu Lateinamerika – von Anfang an auf eindeutig kapitalistischen Besitzverhältnissen und Produktionsformen ohne nennenswerte vorkapitalistische Relikte und ohne feudale, ständische, absolutistische, obrigkeitliche und bürokratische Züge beruhte (030 a/S. 17).

Einflüsse von Glauben und Moral

Dass solch abgründige Unterschiede auch mit der religiösen Orientierung der Menschen zusammenhängen, ist unübersehbar. Es würde den Rahmen dieser Abhandlung sprengen, sich an dieser Stelle auf einen Disput über die Richtigkeit der Thesen von Max Weber einzulassen, der sich mit den Einflüssen des Protestantismus und Katholizismus in der wirtschaftlichen Entwicklung befasste.

Wenn aber Lateinamerika, der ‹katholische Kontinent›, Gegenstand der Debatte ist, kommt man zumindest um eine Berührung dieses Themenkreises nicht herum.

Im Katholizismus darf der Mensch seit jeher unperfekt sein. Er darf scheitern, Gott um Verzeihung bitten und dank Ablass wieder von vorne anfangen. Der Protestant ist hingegen aufgerufen, durch unermüdliche, angestrengte Arbeit und weltlichen Erfolg ein gottgefälliges Leben zu führen. Ihm gilt die Lebensweise eines kapitalistischen Unternehmers als tugendhaft, vor allem wenn die Kapitalbildung durch asketische Spar- und Enthaltsamkeit zustande kommt. In der Beobachtung von Weber sind dabei Geldgewinn und Besitz nicht als Selbstzweck, sondern als Maßstab der eigenen Tüchtigkeit aufzufassen (123/S. 134–135). Gegen allfällige Gewissensbisse des Unternehmers, der seinen eigenen Erfolg unbeirrt maximiert, hilft die religiös verbürgte «beruhigende Versicherung, dass die ungleiche Verteilung der Güter dieser Welt ganz spezielles Werk von Gottes Vorsehung sei» (Weber).

Dieselbe moralische Enthemmung und notorische soziale Härte gegenüber den Erfolglosen und Hilfebedürftigen, die der berühmte Soziologe im Wirtschaftsliberalismus des 19. Jahrhunderts mit seinem ausgeprägten Laisser-faire-Denken beobachtete (S. 175), kommen nach der neoliberalen Wende der 1980er Jahre sowohl in den reichen Ländern wie auch an der Peripherie – und gerade in Lateinamerika – wieder mit kruder Deutlichkeit zum Schwingen. Die wahre ‹Moral› einer solchen sozialdarwinistischen Anschauungsweise wird erneut mit der eiskalten Konstatierung auf den Punkt gebracht, dass eben «Achtung nur verdient, wer sich Achtung selbst zu verschaffen weiß» (S. 200). Man mag einwenden, dass derartige Schemen zur Differenzierung zwischen katholischer und protestantischer Wert- und Lebensauffassung nicht blindlings angewendet werden dürften. Dass es auch in Norditalien und gerade in Irland immer wieder erfolgreiche Unternehmer gegeben habe und dass Konfessionsunterschiede aus heutiger Sicht – und dies ist eine wichtige Einschränkung – einen weit weniger klaren Einfluss auf die wirtschaftliche Tätigkeit ausübe, als von Weber Anfang des 20. Jahrhunderts postuliert wurde (NZZ am Sonntag, 13.07.2003). Trotzdem helfen sie zusammen mit allen übrigen historischen und kulturellen Umständen sicher zum besseren Verständnis der krassen Gegensätze in der Kolonialgeschichte Nord- und Lateinamerikas.

Die katholische Kirche hat, von einigen lobenswerten persönlichen Beispielen (einzelnen Bischöfen, Priestern und Ordensleuten) abgesehen, auf ‹ihrem› Kontinent jämmerlich versagt. Anstatt auf den Besitz irdischer Güter zu verzichten, steht sie seit fünf Jahrhunderten auf der Seite der Reichen. Der obere Klerus segnete die Taten der Uniformierten grundsätzlich ab, auch wenn sie bisweilen abscheulich waren. Inbild eines despotischen Obskurantismus, hängt man auch heute noch immer an Dogmen, die einem rationalen Geist völlig zuwiderlaufen. Dringliche Anliegen wie etwa Geburtenkontrolle stoßen bei ihr noch immer auf taube Ohren. Erneuerer wie der soeben zitierte Boff und andere Vordenker der Befreiungstheologie, deren Überlegungen es verdienen würden, in christlicher Demut und Selbstkritik angehört zu werden, sind zum Schweigen und Ostrazismus verdammt. Die Kirche findet als einzige Antwort nur Repression, als wäre sie eine Militär- oder eine Klassendiktatur. Der Katholizismus war in Lateinamerika stets unfähig, sich (wie das etwa in Polen zumindest phasenweise möglich war) zum geistigen Führer der Massen zu erheben. Er ist vielmehr der Sucht nach Macht und Reichtum erlegen. Ausnahmen gab und gibt es, z. B. im Paraguay des 17. und 18. Jahrhunderts, als die Jesuiten erheblichen Einfluss in Politik, Wirtschaft und Erziehung gewannen. Es ist sicher bezeichnend, dass sie von der spanischen Krone – mit dem stillschweigenden Einverständnis Roms – schließlich allesamt deportiert und verbannt wurden. Auch die katholischen Hochschulen blieben, genauso wie die Kirche als geistliche und geistige Institution, in ihrem Lehrgehalt fast durchwegs einem ärmlichen Klassizismus verhaftet.

Einen wichtigen Ansatz zum Wandel in neuerer Zeit hat die Kirche im Verlauf der 1960er Jahre zustande gebracht. Er war der Initiative von Papst Johannes XXIII. und dem Zweiten Vatikanischen Konzil zu verdanken. In Lateinamerika fand die damit eingeleitete Umorientierung ihren höchsten Ausdruck in der Bischofskonferenz im kolumbianischen Medellín (1968) und dem etwa gleichzeitigen Aufkeimen der Befreiungstheologie. In verschiedenen Ländern versuchten Gruppen von Priestern und Ordensleuten, die neuen, auf ein stärkeres soziales Engagement der Kirche und auf mehr Glaubwürdigkeit gerichteten Postulate in die Tat umzusetzen. Vor allem in Brasilien entstanden (trotz aller ‹Wachsamkeit› der damaligen Militärregierung) Tausende von kirchlichen Basisgemeinschaften, in denen Klerus und Laien gemeinsame Anstrengungen unternahmen, die Forderung nach mehr Gerechtigkeit und Demokratie in konkrete Ergebnisse umzusetzen.

Doch schon ein kurzes Jahrzehnt später drehte der Wind. Der Subkontinent wurde mittlerweile mehrheitlich von Militärdiktatoren beherrscht, und Rom nutzte den Augenblick, um anlässlich der nächsten Bischofskonferenz (1978 in Puebla, Mexiko) die Restauration des überwiegend konservativen Ancien Régime im Schoße der eigenen Institution einzuleiten. Die Prälaten warnten nun vor der Gefahr, dass die biblische Heilsbotschaft von ‹übereifrigen› Geistlichen zu einem bloßen Sozialprogramm verkürzt werden könnte. Die Kirche habe sich zwar besonders einzusetzen für die sozial Benachteiligten und müsse Ungerechtigkeiten in prophetischer Weise anklagen. Aber sie könne sich schon deshalb nicht prinzipiell zu Klassenkampfkonzeptionen bekennen, weil sie von der Bekehrungsfähigkeit aller Menschen auszugehen habe (072 f/S. 137–138).

Zwar wurde das Ziel, die traditionelle Ordnung in der katholischen Herde wiederherzustellen, unter der Führung von Papst Johannes Paul II. und seinem Adlaten, dem für doktrinäre Fragen zuständigen Kardinal und 2005 zu seinem Nachfolger bestimmten Joseph Ratzinger, zu einem beträchtlichen Teil erreicht. Die Kirche hat diesen ‹Sieg› jedoch um den Preis eines immer akuteren Priestermangels und rapide zunehmender Abwanderung von Gläubigen errungen, die nunmehr bei evangelischen Kirchen und Sekten Zuflucht suchen.

Einzelne Vertreter des geistlichen Standes und einzelne kirchliche Organismen haben jedoch ungeachtet der Tatsache, dass ihnen der Rückhalt des Vatikans Schritt für Schritt entzogen wurde, in der dunkelsten Zeit nicht nur die notorischen Verletzungen der Bürger- und Menschenrechte durch die Diktatoren angeklagt und solchen Mut in nicht wenigen Fällen (wie etwa jenem des Erzbischofs von San Salvador, Monseñor Oscar Romero) mit dem eigenen Leben bezahlt. Sie kritisierten auch unbeirrt die Auswüchse der neoliberalen Politik, die den unteren Volksschichten einseitig die Kosten des ‹Fortschritts› (sprich: forcierter Kapitalakkumulierung) aufbürdet. In Brasilien hielten und halten viele Pastoralkommissionen ohne Rücksicht auf den Kurswechsel in Rom an ihren konkreten Projekten zu einer Linderung der Not fest. Dank der Existenz einer sehr zahlreichen Truppe von kirchlichen Aktivisten konnten sich in jenem Land die Arbeiterpartei und die ihr nahe stehende Bewegung der Landlosen (MST) zu landesweit aktionsfähigen sozialen und politischen Machtfaktoren weiterentwickeln.

IX. Mängel und Misere der Erziehung

> «Je stärker entwickelt unser Bewusstsein ist, umso eher sind wir in der Lage, etwas anzukündigen oder aufzudecken, dank der eingegangenen Verpflichtung zur Veränderung ... Niemals aber wird die befreiende Bewusstseinsbildung von den Unterdrückern ausgehen.»
> *Paulo Freire*

Mehr noch als in der Vergangenheit sind Information und Wissen heute die wichtigsten Schlüssel zum Fortschritt. Eine gut ausgebildete Bevölkerung – und auf jeden Fall nicht militärische Macht – ist die eigentliche Quelle der Stärke (088/S. 229–230). Ein aufgeklärtes Volk weiß, dass sein Wohlstand nicht von den Reichtümern auf und in der Erde abhängt. Seriöse Regierungen sorgen dafür, dass sich die Bevölkerung bilden kann und über möglichst viel Information und Wahlmöglichkeiten verfügt. Folgen wir diesem Grundanliegen, handeln wir auch im Dienste der Demokratie, somit der Gesellschaft als Ganzes. Denn, wie Alvin Toffler betont: «Wissen ist die demokratischste Quelle der Macht» (122/S. 43), weil – im Prinzip – auch Arme und Schwache es erwerben können. Dabei sind heutzutage nicht mehr simple mechanische oder algebraische Kenntnisse gefragt, sondern im Zeitalter der immer vielfältigeren und anspruchsvolleren Dienstleistungen breitgefächerte kulturelle und zwischenmenschliche Fähigkeiten (S. 101). Neben logischem und objektivem Wissen sind Vorstellungskraft, Eigeninitiative, sogar Intuition von immer größerer Bedeutung.

Der Zwang zur Konkurrenzfähigkeit

Die Wettbewerbsfähigkeit der Nation hängt zum Einen vom Wissen und Können der Individuen und zum Andern von den organisatorischen und administrativen Fähigkeiten des Staates ab. Damit diese Summe volkswirtschaftlichen Gewinn bringt, müssen diverse Voraussetzungen erfüllt sein: ein gesundes Maß an Deregulierung, allerdings ohne dass dabei sozial wichtige Institutionen wie Fürsorge und Erziehung sowie grundlegende arbeitsrechtliche Garantien einfach aufgerieben werden; ein möglichst einfaches, aber leistungsfähiges Rechtssystem, das frei von politischen Einflüssen ist; eine konsequente Integrationspolitik, welche die eigene Wirtschaft mittels bilateraler oder multilateraler Abkommen mit ähnlich strukturierten Ländern verzahnt; eine leistungsfähige technische Infrastruktur; schließlich wettbewerbsfördernde Rahmenbedingungen, um Monopolen, Oligopolen, Kartellen und Mafias einen Riegel vorzuschieben. Dabei ist zu beachten, dass ohne makroökonomische Stabilität letzten Endes alles auf Sand gebaut wäre. Der Staat darf also in seiner Haushaltsrechung wie auch in der Leistungsbilanz (gegenüber dem Ausland) keine übermäßigen Defizite dulden.

Die Frage ist nun, ob Lateinamerika befähigt und gewillt ist, sich auf diesen gnadenlosen Kampf um die vorderen Plätze in der «quartären Entwicklungsphase» – jener der humankapitalintensiven Dienstleistungen, die bereits mehr als ein Viertel des Weltsozialprodukts ausmachen (078/S. 182) – einzulassen. Bildung auf breiter Ebene ist dabei auf jeden Fall ein absolut unerlässlicher Faktor.

Wie schon im ersten Kapitel vorausgeschickt, weisen – oder wiesen – einige lateinamerikanische Länder (Costa Rica, Uruguay, Chile, Argentinien) dank günstiger historischer Umstände ein recht beachtliches Niveau in Erziehung und Bildung auf. In den 1930ern fing man allmählich an, auch die Anliegen des Spiritualismus zu berücksichtigen, also an Charakterbildung zu denken. Die Erziehung oblag in jenen Zeiten noch über weite Strecken dem Staat und war gerade in Argentinien und Uruguay lange ein Faktor des sozialen Ausgleichs. Tüchtigen jungen Leuten unterschiedlichster sozialer Herkunft stand die Möglichkeit des Aufstiegs offen. Mit dem Beginn der Schuldenkrise aber, deren erste Kundgebungen in den sechziger Jahren sichtbar wurden, und erst recht mit der Ankunft des Neoliberalismus nahmen Kriterien des Marktes (der rein monetären Rendite) immer mehr überhand. Der von Geldnot geplagte Zentralstaat fing an, pädagogische Aufgaben an Private wie auch auf die Provinzen oder in bestimmten Fällen auf die Gemeinden abzuschieben, jedoch ohne sich in vielen Fällen um den entsprechenden fiskalischen Ausgleich zu kümmern. Unter Aufsicht der Weltbank wurde das Erziehungs- und Bildungssystem ab etwa 1980 ohne Rücksicht auf soziale Folgen vollends auseinander gebrochen.

Fast überall auf dem Subkontinent – nur Kuba und Costa Rica blieben verschont – beschleunigte sich der pädagogische und kulturelle Niedergang in dramatischer Weise. Die Lehrpersonen mussten zusehen, wie die Kaufkraft ihrer Löhne unaufhaltsam schwand, weil die vom Schuldendienst erdrückten Regierungen im Haushalt den Rotstift einfach dort ansetzten, wo es (scheinbar) am wenigsten wehtut: eben im Erziehungsbudget und in der Kulturpolitik. Monatliche Gehälter von umgerechnet 100 bis 300 Dollar für ein volles Pensum in der Volksschule sind gegenwärtig weitgehend die Norm. Gleichzeitig desertierten auch immer mehr Schulkinder – genauer gesagt: Immer mehr wurden aus der Schule geholt, weil sie als ‹informelle Arbeitskräfte› mithelfen mussten, die eigene Familie über Wasser zu halten. Viele erschienen an der Schwelle zum 21. Jahrhundert nach Ausführungen der argentinischen Pädagogin Ana Lorenzo (in einem persönlichen Gespräch mit dem Autor) nur noch zwei- oder dreimal in der Woche zum Unterricht, und viele von ihnen wiederum nur in der Hoffnung auf eine Mahlzeit.

Privatschulen florieren im Gegensatz zu den staatlichen Bildungsinstituten. Das Schulwesen ist daher in fast allen Ländern durch (selbstverständlich nicht offiziell anerkannte) apartheidähnliche Verhältnisse gespalten. Wer es sich leisten kann, schickt seine Kinder in eine private oder religiöse Schule, die ärmeren Leute müssen sich hingegen mit der Staatsschule zufrieden geben. Für die Privilegierten werden die Chancen zum Eintritt in eine höhere Schule a priori viel besser sein – nicht unbedingt, weil sie als Zöglinge eines privaten Instituts automatisch eine bessere Ausbildung genossen hätten, sondern aus reinen Prestige- und Statusgründen. Auch wenn nämlich die Lehrkräfte des öffentlichen Sektors in der Regel noch weniger verdienen als ihre Kollegen an den Privatschulen, heißt das keineswegs, dass sie als Pädagogen schlechtere Arbeit leisten. Aber die Vorurteile sind diesbezüglich tief in der Gesellschaft verwurzelt. Die Frage nach dem schulischen Werdegang kommt in manchen Ländern schon bei der ersten Begegnung wie aus der Pistole geschossen, denn die Antwort gilt vielen als der vermeintlich sicherste Weg, um die andere Person ‹einzuschätzen›. Bekennt man sich als Absolvent einer staatlichen Schule, ist man sozial unweigerlich abgeschrieben.

In Brasilien sind die sozialen und schulischen Gegensätze noch markanter als in den Ländern des Südzipfels. Das Erziehungswesen war im Riesenstaat bis vor einigen Jahrzehnten so rückständig, dass man nach Europa – aus sprachlichen Gründen zur Hauptsache nach

Portugal – reisen musste, um an einer Hochschule studieren zu können. Erst in den 1930er Jahren wurden in den beiden größten Städten des Landes, São Paulo und Rio de Janeiro, die ersten staatlichen Universitäten gegründet. Der Mittelstand erwachte später als in Argentinien und Uruguay, die Arbeiterschaft musste hier noch länger warten, bis sich die Herrschenden etwas ernsthafter um ihre Ausbildung zu kümmern begannen. Zurzeit liegt die amtlich beglaubigte Analphabetenrate immer noch bei etwa 10 Prozent, in Wirklichkeit ist sie aber vermutlich wesentlich höher, weil viele Erwachsene wegen des besonders starken Einflusses des Fernsehens und der in vielen Landesteilen geringen Verbreitung der gedruckten Medien das Lesen und Schreiben verlernt haben. Für ein Land, das mit Paulo Freire einen international renommierten, mit den modernsten Lehrmethoden vertrauten und schöpferischen Pädagogen hervorgebracht hat, ist eine solche Rückentwicklung besonders schmerzlich. Freire wollte sein eigenes Modell zur Alphabetisierung von Millionen Brasilianern in den sechziger Jahren anwenden. Dem Obskurantismus verfallene Militärs hinderten ihn daran. Sie jagten ihn als angeblich ‹subversives Element› ins Exil und lancierten eine von Bürokraten entworfene Kampagne (Mobral), die denn auch über weite Strecken klägliche Resultate ergeben hat.

Die wissenschaftliche Forschung ist in Lateinamerika seit langem über weite Strecken zur Stagnation verurteilt. Überall fehlen die finanziellen Mittel, die geistigen Ressourcen sind nach all den Jahren der Repression und des anhaltenden Brain-Drain (Exodus von Gebildeten) erschöpft. Wesentliches Denken und wissenschaftliche Exzellenz fehlten mit einigen wenigen löblichen Ausnahmen (vor allem im Argentinien früherer Dekaden) schon lange. Der Subkontinent ist zudem kulturell stark in der Vergangenheit verhaftet. Er hat sich daran gewöhnt, neues Kulturgut vorgekaut zu bekommen. Modernisierung erfolgt in Schüben statt mit anhaltender Dynamik (032 a/S. 46–49). Solche kurzfristigen Impulse beleben Gesellschaft und Wirtschaft bestenfalls eine gewisse Zeit lang. Der Kulturtransfer vermag aber wenig, solange die traditionellen Strukturen wie auch Denk- und Handlungsmuster nur übertüncht, nicht aber wirklich beseitigt werden. Modernisierung bleibt unter solchen Vorzeichen ein passiver Prozess ohne Nachhaltigkeit.

Unübersehbar ist dabei, dass die Medien mit ihren immer einseitiger visuell-emotionalen Appellen unter den Lateinamerikanern

Unheil anrichten. Was zählt, sind die Schnelligkeit, momentane Unterhaltsamkeit und Unverbindlichkeit der ‹Information›, keinesfalls aber der Gedankenanstoß oder irgendein dauerhaftes Engagement des Zuschauers. Die modernen elektronischen Technologien treiben den Individualismus – der diesem Menschenschlag ohnehin besonders viel gilt – auf die Spitze (118/S. 82–87). Und wo Fernsehen und Computer zur geistigen Entwaffnung des Menschen nicht hinreichen, da schreitet Hollywood ein. Kaum mehr als 1 Prozent der Filme, die auf dem amerikanischen Kontinent vorgeführt werden, sind europäischer Herkunft (S. 133). Diese Angaben Thurows beziehen sich vermutlich auf die USA. Die Vorherrschaft Hollywoods ist in Lateinamerika aber mindestens ebenso krass. Mit absoluter Klarheit führt uns Paulo Freire die Strategie dieser Übermacht vor Augen: «Jede kulturelle Invasion setzt die Eroberung, die Manipulation und den messianischen Anspruch der Invasoren voraus.» Ihre Werkzeuge sind die Propaganda, die Werbesprüche und Mythen. Die Opfer müssen zu gelehrigen Beutetieren erniedrigt werden. Der Invasor muss die lokale Kultur entwerten und das entstandene Vakuum mit den Subprodukten seiner eigenen Kultur auffüllen. Mit Hilfe der Vermassung werden ganze Völker in eine bestimmte Richtung manipuliert, als Konsumenten erobert und domestiziert (040/S. 44–47).

Ein Abbau des staatlichen Einflusses in der Erziehung ist nur insofern berechtigt, als die Zentralisierung auch im Schulwesen in vielen Ländern allzu wilde Blüten getrieben hat. In der Praxis führte die Übertragung der Verantwortung an die Provinzen (oder die entsprechenden Verwaltungskreise), Gemeinden und an private Institutionen jedoch zu einer Fragmentierung der Schule, zu einer unzulässigen Vermarktung ihrer Kompetenzen und sukzessiven Zerstörung der öffentlichen Erziehung. Die Aneignung von Kenntnissen wird auf ein Problem der Effizienz und Wettbewerbsfähigkeit reduziert, wo doch in der Erziehung noch ganz andere Werte zur Diskussion stehen sollten. Bereits existierende soziale und kulturelle Gräben werden dadurch nur noch vertieft.

Noch und noch haben lateinamerikanische Regierungen in den vergangenen Jahrzehnten für viel Geld – im Endeffekt vor allem zum Unterhalt der betreffenden Bürokratie – Erziehungsreformen entworfen. Zumeist erschöpften sich solche Pläne in Vorschlägen, wie man die Schulzeit anders unterteilen, wie man diese ‹Zyklen› nennen und was für stoffliche Ziele man jeweils erreichen sollte. Selten machte sich jemand Gedanken darüber, wie man die inhaltliche, didaktische und pädagogische Qualität der Schule praktisch und konkret verbessern könnte. Ebenso wenig hat man sich überlegt, wie die Fundamente für Wissenschaft und Forschung auf den verschiedenen Stufen des erzieherischen Werdegangs gelegt werden sollten. Selbst im ‹Musterstaat› Chile wurden 1989 (am Ende einer Diktatur, für die die Privatisierung des Bildungssektors eine hohe Priorität genoss) umgerechnet ganze 110 Millionen Dollar für Forschung und Entwicklung aufgewendet – kaum mehr als an einer privaten Hochschule mittlerer Größe in den USA (124 e/S. 220).

Missachtete Werte und Fertigkeiten

An lateinamerikanischen Schulen wird zwar in der Regel viel fachliches (enzyklopädisches) Wissen gelehrt, von den Schülern und Studenten auf die nächste Prüfung hin auch oft fleißig gebüffelt – danach aber das Meiste rasch wieder vergessen. Die Einübung von Fähigkeiten, Haltungen und Wertvorstellungen, die für die Entwicklung des Individuums und der Nation relevant sind und auf die man in den hochentwickelten Staaten viel Wert legt, wird auf dem Subkontinent fast überall vernachlässigt.

Geringe Bedeutung wird im Allgemeinen – Ausnahmen gibt es immer – der Fähigkeit zur Konzentration, Ausdauer und Liebe zum Detail, der Sorgfalt, Genauigkeit und Gründlichkeit beigemessen. Der Wille und die Fähigkeit, sich einer produktiven (intellektuellen oder handwerklichen) Aufgabe hinzugeben, werden zu wenig entwickelt. Die Lehrkräfte beharren in der Regel nicht lange darauf, dass Rechnungen oder Texte noch einmal überprüft oder durchgesehen werden. Gewissenhaftigkeit zu entwickeln und damit Zuverlässigkeit zu gewinnen, sich also mit aller Ernsthaftigkeit auf eine bestimmte Aufgabe zu konzentrieren, wie man es anderswo von einem bestimmten Alter an einübt, gilt im fernen Süden vielen als Schikane oder Streberei. Das didaktische Konzept der ‹immanenten Repetition›, das an vielen europäischen Schulen glücklicherweise beachtet wird, liegt vielen Lateinamerikanern nicht. Man legt wenig oder gar keinen Wert auf eine Festigung von Wissen und Können. Selten denkt man an eine beharrliche Einprägung bestimmter Werte und Fähigkeiten, die dann später auf den verschiedensten Ebenen des politischen und wirtschaftlichen Lebens prompt fehlen.

Die Neigung zur Nachlässigkeit ist praktisch überall auf dem Subkontinent enorm. Gewiss ist der Faktor Klima nicht zu übersehen. Bei 35 Grad Celsius oder mehr im Schatten hat man weniger Lust zu eifrigem und nachhaltigem Schaffen. Aber das erklärt doch nicht alles. In den Anden herrscht ein vorwiegend kühles Klima. Trotzdem wirken die dort beheimateten Indios oft phlegmatisch. Offensichtlich spielt hier auch das kulturelle Erbe mit. Einheimische, Mestizen und selbst lang ansässige Weiße sehen oft nicht ein, wieso man sich für die Verbesserung einer Behausung oder Straße einsetzen soll. Für sie scheint das wenig Sinn zu machen. Dass die Folge von Nachlässigkeit auch Fahrlässigkeit sein kann, darüber macht man sich kaum Gedanken. Soweit es die Schule betrifft, ist der Leistungsdruck insgesamt zwar nicht geringer, aber er wird in eine falsche Richtung dirigiert.

Dass der Ausdauer, Gewissenhaftigkeit und Nachhaltigkeit in lateinamerikanischen Gesellschaften kein hoher Stellenwert beigemessen wird, kann man auf Schritt und Tritt beobachten. Maschinen, so glauben südlich des Rio Grande viele, müssten einfach so lange funktionieren, bis sie ‹am Ende› sind. Installationen und Straßen, Wasser- und Stromleitungen werden einmal gebaut oder gelegt – an deren Unterhalt denkt man selten. Die meisten Handwerker bekunden auf dem Subkontinent wenig Liebe zum Detail. Sie haben das selbst auch nicht schätzen gelernt. Denn erstens ist ihr Metier, welches es immer auch sei, in der von iberischer Tradition und Mentalität geprägten Gesellschaft sowieso nicht angesehen, und zweitens hat ihnen nie ein Lehrmeister gezeigt, wie man es macht, was für persönliche Befriedigung für Produzent und Konsument solide Arbeit geben kann und wie viel eigener Wohlstand sich dank eines guten professionellen Rufes schaffen lässt.

Eine wichtige Fähigkeit, die man im jugendlichen Alter nach und nach erwerben sollte, ist der Sinn für das Wesentliche. Er ist in Lateinamerika weithin unterentwickelt. Wenn Einheimische diskutieren, kommen sie fast immer vom Hundertsten ins Tausendste. Sie verlieren den Faden, frönen der Haarspalterei, ihr Abstraktionsvermögen ist meistens gering. Öffentliche, vor allem politische und juristische Debatten lassen da besonders tief blicken. Auch dafür wäre die Schule zuständig – wenn der Sinn für das Wesentliche wirklich gefragt wäre. Schon mancher Nordländer hat aber erfahren müssen, dass es auf Lateinamerikaner brüskierend wirken kann, wenn man in Gesprächen oder bei Verhandlungen forsch zur Sache kommt. ‹Rodeos› (Umwege) sind unter den Einheimischen in Konversation und Debatte beliebt, auch wenn sie noch so viel Zeit kosten. Sie zeugen von geistigem Geschick und gutem Geschmack, von Weltoffenheit und Erziehung. Auch wenn zum Schluss nur Schall und Rauch übrig bleiben.

Langfristiges Denken – Planen überhaupt – ist den Menschen Süd- und Mittelamerikas ziemlich fremd. Sich über die Zukunft Gedanken oder gar Sorgen machen ... wozu!? Die Realität (wirtschaftliche Instabilität mit Inflation, Lohn- und Stellenverlust wie auch politische Wirren) haben die Menschen ohnehin häufig zur Improvisation gezwungen. Zukunftsplanung setzt außerdem Sparsamkeit voraus. Dazu hat das verfügbare Einkommen entweder nie ausgereicht, oder korrupte und unfähige Politiker haben die Ersparnisse ihrer Mitbürger gestohlen oder als Verantwortliche der öffentlichen Administration verschleudert. Sorglosigkeit ist aber nicht nur Ergebnis äußerer Zwänge, wirtschaftlicher und politischer Umstände. Auf dem Subkontinent neigen viele dazu, weil religiöse, kulturelle und soziale Einflüsse schon immer in diese Richtung wiesen. Die eigene Passivität, der Hang, alles nicht absolut Dringliche auf ‹mañana› (morgen, und das heißt meistens: in eine unbestimmte Zukunft) zu verschieben, ist ebenfalls ein wesentlicher Faktor. Dabei führt diese Haltung oft nur noch tiefer in den Schlamassel. Man steckt lieber den Kopf in den Sand, man kapituliert vorzeitig, man will es sich nicht antun, an die mittel- und langfristigen Auswirkungen bestimmter Missstände (im persönlichen oder familiären Bereich, in der Wirtschafts-, Sozial- oder Innenpolitik) zu denken und die Konsequenzen daraus zu ziehen.

Die beruhigende, mit liebenswürdigem Lächeln gegebene Antwort ‹no hay problema!› (kein Problem) kommt den Lateinamerikanern sehr leicht über die Lippen. Und sie klingt immer sympathisch. Könnte es aber sein, dass die Probleme damit einfach geleugnet werden? Weil man nach so viel vergeblicher Liebesmüh vielleicht einfach nicht mehr genug Energie aufbringt, um sie zu lösen? Weil die katholische Kirche jahrhundertelang Schicksalsergebenheit gepredigt hat? Weil man es nie gelernt hat, dass Probleme nur gelöst werden können, wenn man sie an der Wurzel packt und gründliche Arbeit leistet? Auf diesen Breitengraden grassieren Sorglosigkeit und Nachlässigkeit. Nicht nur im persönlichen Bereich. In den meisten Ländern der Region haben die lokalen Eliten, politische wie wirtschaftliche, militärische wie zivile, immer wieder beide Augen zugedrückt, um die Realität nicht zu sehen. Eine gemeinhin so angesehene Zeitung wie die liberalkonservative ‹La Nación› (Buenos Aires) hat zum Beispiel das gravierende Problem der Überschuldung Argentiniens beharrlich und mit absolutem Mangel an intellektueller und politischer Ehrlichkeit bagatellisiert, bis das bittere Ende nicht mehr abzuwenden war. Mit ihrem notorischen, zum Schluss aber lächerlichen Optimismus haben die Zeitungsmacher – und mit ihnen die Mehrheit der Volkswirtschaftler, Unternehmer, regimehörigen Politiker und IWF-Bürokraten – dem Land (und übrigens auch der großen Schar von Gläubigern) wahrlich einen Bärendienst erwiesen.

Nicht wenige Lateinamerikaner legen eine gewisse, oft zur Verantwortungslosigkeit ausartende Bauernschläue an den Tag. «Hay que zafar», sagen sie ... «hay que ser piola», präzisiert man in Argentinien. Beides bedeutet dasselbe: Man muss sich irgendwie durchschlängeln, und sei es auf Kosten anderer. Konkrete, dauerhafte und ehrliche Lösungen werden dabei nicht gesucht. Denn (scheinbar) leichter ist es, mit Hilfe von Tricks und mehr oder weniger üblen Betrügereien zum Ziele zu gelangen. Diese Haltung ist in der Schule ebenso verbreitet wie in der formalen und informalen Wirtschaft, in der hohen wie in der niederen Politik. Und allerseits wird sie, wie gerade das berühmte Beispiel der ‹Hand Gottes› von Diego Maradona (ein raffiniert mit der Hand erzieltes Tor bei einer Fußball-Weltmeisterschaft) zeigt, allerseits als sympathische Schlaumeierei aufgefasst und nicht etwa als unsportliche Tat, die einer Sanktion bedürfte.

Wohin Sorglosigkeit, Bauernschläue und Verantwortungslosigkeit führen können, demonstriert ein tragisches Beispiel in der jüngsten Vergangenheit Lateinamerikas. Bei einer Brandkatastrophe in einem Supermarkt der paraguayischen Hauptstadt Asunción sind im August 2004 etwa 350 Menschen ums Leben gekommen. Weitere 50 Personen werden – wohl für immer – vermisst, weil ihre Leichen bei Temperaturen von vielen hundert Grad Celsius nicht nur verkohlt, sondern wie in einem Krematorium in Asche verwandelt wurden. Nahezu 500 trugen Verletzungen davon, viele von ihnen schwerste Verbrennungen, die sie für den Rest ihres Lebens zeichnen werden. Ganz abgesehen davon, dass die Tragödie in diesem Ausmaß weniger durch den Brandausbruch an sich als durch die Weisung der Geschäftsleitung verursacht wurde, dass alle Türen geschlossen werden mussten, «um Diebstähle zu verhindern», zeugt die Katastrophe laut Berichten der lokalen Zeitungen ‹ABC Color› und ‹Ultima Hora› von Verantwortungslosigkeit in mehrfacher Hinsicht. Nachträgliche Untersuchungen ergaben, dass für den 2001 eröffneten Supermarkt nie eine Bau- und auch keine Betriebsbewilligung erteilt worden war, dass weder Baupolizei noch Feuerwehr jemals Kontrollen vorgenommen hatten, dass aber von der Stadtverwaltung mehrmals Gebühren für angebliche Inspektionen erhoben und vom Supermarkt – offensichtlich in Form von Bestechungsgeld – bezahlt worden sind.

Ein Merkmal, das in Lateinamerika alle Niveaus der Erziehung kennzeichnet, ist der Mangel an Sanktion von Missetat und schlechter Leistung. Es soll hier nicht ein Plädoyer für autoritäre Pädagogik gehalten werden. Wenn sich aber das Prinzip der Straflosigkeit durch weite Teile der Gesellschaft – von der Familie über die Schule bis in die obersten Sphären der Justiz und Politik – hindurchzieht, dann können schwerwiegende moralische Folgen nicht ausbleiben. Auf dem Subkontinent haben deswegen Millionen und Abermillionen resigniert: «Es gibt sowieso keine Gerechtigkeit... Die Reichen und Mächtigen machen ohnehin, was sie wollen...» Warum soll man sich also um beispielhafte persönliche und staatsbürgerliche Ehrenhaftigkeit bemühen!

Das Fehlen von Sanktionen – und demzufolge das rasche Vergessen von Versagen und Vergehen – hat in den verschiedensten Bereichen der Gesellschaft gravierende Folgen. Das allgemeine Bildungsniveau sinkt infolge der laxen Maßstäbe, die Korruption treibt wilde Blüten, nachweislich unbrauchbare Politiker werden wiedergewählt. Carlos Menem, der Argentinien während seiner zehnjährigen (konstitutionellen) Herrschaft finanziell und sozial auf Jahre, wenn nicht Jahrzehnte hinaus ruiniert hat, schaffte bei den Wahlen Mitte 2003 noch einmal die zweithöchste Stimmenzahl. Einen ähnlichen ‹Erfolg› konnte der ebenfalls vom Volk gewählte Expräsident Alan Garcia 2001 trotz des Debakels während seiner früheren fünfjährigen Regierung in Peru feiern. Die Respektierung der Menschenrechte ist in mehreren Ländern auch nach dem Zusammenbruch der Diktaturen mangelhaft, weil gegen Exzesse der Streit- und Polizeikräfte einfach nie durchgegriffen wird. Und wenn einmal, wie 1985 in Argentinien, exemplarische Strafen vor Gericht ausgesprochen wurden, kommen nachher Landesväter und annullieren die Sanktionen mittels Amnestien und Begnadigungen.

An europäischen Schulen wird im Allgemeinen nicht nur die individuelle Entfaltung der jungen Leute gefördert, sondern ebenso auf die Entwicklung ihres Gemeinschaftssinnes geachtet. Früh werden die Fähigkeit des Zuhörens und der Respekt vor der anderen Meinung eingeübt. In Lateinamerika überwiegen dagegen individualistische Gefühle und Klanbewusstsein. Rücksichtslosigkeit gegenüber Nachbarn gilt hier eher noch als Indiz von Selbstbewusstsein denn als Mangel an Erziehung. Der von den Briten besonders kultivierte Common Sense existiert im munizipalen Leben der Latinos selten. Abfälle werden weggeschmissen, wo es gerade kommt. Rücksichtnahme im Verkehr wird allenfalls als Merkmal von fortgeschrittener Senilität betrachtet. Wenig entwickelt ist dementsprechend auch das Umweltbewusstsein. Nur in gewissen fortschrittlich denkenden Kreisen hat man angefangen, sich über die Zukunft der Natur und lebenswichtiger Ressourcen wie Trinkwasser, Wälder und unversehrte Ökosysteme mit ihrer Tier- und Pflanzenwelt Gedanken zu machen.

«Wo alle sich als Barone fühlen, ist ein dauerhafter Kollektivvertrag nur möglich, wenn eine äußere respektable und gefürchtete Autorität anwesend ist», stellt Sérgio Buarque bedauernd fest (016/S. 4). Die Summe aller erzieherischen Mängel, die hier skizziert wurden, ist ein deutlicher Hang zur Anarchie. Als illustrative Beispiele mögen diesbezüglich die jüngsten Ereignisse in Ländern wie Argentinien, Venezuela und ganz besonders Bolivien mit seinen zunehmend chaotischen Zuständen dienen. Einen aufschlussreichen Beitrag zu diesem Aspekt der lateinamerikanischen Seele leistet aber auch ein uruguayischer, hier schon einmal zitierter Autor (067/S. 16). Der Geist der Ungezwungenheit, des fehlenden Respekts vor den Behörden und eine Vorliebe für anarchistische Improvisation – Wesenszüge des in einer Pampa ohne Grenze und Gesetz lebenden Gauchos (Viehhirten) – seien heute noch vielen Uruguayern eigen, versichert Ernesto Kroch. Als sich 1872 der ‹Internationale Bund› in Marxisten und Gefolgsleute des Anarchisten Bakunin spaltete, schloss sich die Montevideaner Filiale Letzterer an (S. 45). Entsprechend der Herkunft der meisten Einwanderer aus romanischen Ländern war die anarchistische Ideologie in diesem Land (wie in diversen anderen der Region) bis in die 1920er Jahre stark präsent. Ihre Verfechter und Anführer der 1875 gegründeten ‹Federación Regional de la República Oriental del Uruguay› waren Mitkämpfer Garibaldis, Schüler Proudhons sowie Überlebende der Pariser Kommune oder der spanischen ‹Kantonalrevolution› gewesen. Der Trend, in die Anarchie abzugleiten, gehört in einigen Teilen des Erdteils also gewissermaßen zur Tradition.

Worauf es bei der Bildung wirklich ankommt

Lateinamerikas Pädagogik geht immer noch vorwiegend davon aus, dass Wissen das ist, was man auswendig gelernt hat. Sie übersieht dabei, dass das Gedächtnis ‹finito› (auf jeden Fall nicht infinito) ist, dass sich das Gehirn in einem andauernden Prozess des Wandels und der Formation (vermutlich auch der Deformation) befindet und folglich bei weitem nicht alles für immer aufbewahren kann. Nur was bis in die tieferen und tiefsten Regionen der Person eindringt, wird Teil des aktiven Wissens und verwandelt sich in ‹dynamische Elemente›, die je nach Alter Verwunderung, Neugierde, Interesse, Eindruck, Begeisterung und sogar Leidenschaft wecken. Erst dann wird eine bewusste, rekreative und vielleicht sogar kreative Verarbeitung des Wissens stattfinden. Dieser Prozess kann mittels Dialog, Diskussion, Foren und des Verfassens von zuerst kurzen und einfachen Arbeiten bis zu umfangreicheren Monographien vertieft werden (090/S. 132–133). Bildung ist somit ein Prozess des Erwachens, Einübens, der Stärkung und Konsolidierung von Fähigkeiten. Erreichen, dass der Mensch Herr seiner selbst wird, seine eigene Meinung formulieren kann und seine Gefühle kennen lernt (S. 147–148).

Darum, so schließt der bolivianische Philosophieprofessor Arturo Orías, müssten die traditionellen Formen des Lehrens, vor allem das Predigen ‹ex cathedra›, überwunden und durch moderne Formen der Didaktik ersetzt werden. Weg von den voluminösen, 50 oder mehr Fächer umfassenden Lehrplänen!, fordert er. Nur das Exemplarische sei wichtig genug, um von oben herab mitgeteilt zu werden. Den Rest könnten sich die Studierenden selber erarbeiten. Darum sei es wichtig, in erster Linie «das Lernen zu erlernen» (S. 151).

Auch andere lateinamerikanische Pädagogen sind sich der Notwendigkeit einer Modernisierung in diesem Sinne voll bewusst.

Freire unterscheidet klar zwischen Kommunikation – dem Lernprozess durch eigenes Erleben und Austausch – und bloßer Instruktion (040/S. 30–37). In der Praxis, räumt der Brasilianer ein, sei Kommunikation allerdings viel schwieriger als in der Theorie. Man stoße dabei des Öfteren, und besonders bei der ländlichen Bevölkerung des Erdteils, auf magisches Denken, das einer eigenen internen Logik gehorche und sich gegen fremde Diktate zur Wehr setze. Wir Abendländer haben diesbezüglich gerade auf dem Gebiet der Entwicklungshilfe oft eine partielle, wenn nicht sogar ethnozentrische Sicht der Dinge. Wir übersehen und vergessen gerne, dass das Endergebnis immer **gegenseitige** Bewusstseinsbildung, Verständigung und Achtung sein sollte.

Wie viele pädagogische Erkenntnisse in der Geschichte durch autoritäres Verhalten und diktatorische Herrschaften verschüttet werden, schimmert etwa in einer Schrift des früheren Erziehungsministers Mariano Baptista Gumucio durch (009/S. 84). Er zitiert Rafael Reyeros, der in seiner ‹Historia de la educación en Bolivia› berichtet, dass schon 1827 eine so genannte gegenseitige Unterrichtsmethode eingeführt wurde: Ein Schüler, der mehr weiß, bringt seine Kenntnisse einem anderen bei, der weniger weiß. Doch über Modernisierung und Demokratisierung in der Schule schien man sich in der Folge nur noch wenig Gedanken zu machen. Jedenfalls stellt Orías fest, dass in seinem Land immer noch uralte Bildungsmethoden üblich sind. Er belegt mit grotesk wirkenden Beispielen, wie «totes statt lebendiges Wissen» vermittelt wird (090/S. 118–119). Auch an den Hochschulen werde meistens nur Information «von vierter und fünfter Instanz» verbreitet, wobei ein wahrer Kult der Photokopie betrieben werde (S. 136). Die bolivianische ‹Hochschulrevolution› von 1970 scheint einer der ersten Versuche gewesen zu sein, didaktisch etwas höheren Ansprüchen zu genügen, die Unmöglichkeit ‹vollständigen Wissens› zu erkennen und sich auf Wesentliches zu konzentrieren.

Im Falle Boliviens, das allgemein als das rückständigste Land Südamerikas gilt (was nicht in allen Belangen zutrifft), können einige der Mängel in Erziehung und Bildung mit der Armut des Staates und der Volksmehrheit erklärt werden. Aber nicht alle. Ein Teil ist auch dem eingefleischten bürokratischen Ungeist zuzuschreiben, der unzählige Lehrkräfte ebenso wie die Regierung lähmt. Noch Anfang der 1970er ergab eine Untersuchung an den

Schulen in La Paz, dass über 70 Prozent der Lehrerinnen und Lehrer ihren Schülern praktisch den gesamten Lehrstoff wie in der Steinzeit mündlich diktierten. Der einheimische Sozialforscher Carlos Medinacelli bezeichnete sie deswegen ironisch als «Diktatoren» (009/S. 55). Der Andenstaat hat in seiner 180-jährigen republikanischen Geschichte schon viele Erziehungs- und Schulreformen in Angriff genommen. Fast alle blieben im Planungsstadium oder in rein formalen Aspekten stecken. Etwas ernsthafter scheint ein in den letzten Jahren mit Unterstützung staatlicher ausländischer Entwicklungshilfeorganisationen initiierter Versuch zu sein, den Rückstand aufzuholen. Aber in Bolivien mahlen, mehr noch als in den meisten Nachbarländern, die Mühlen langsam. Es braucht enorm viel, bis alte Überzeugungen, auch wenn sie noch so obsolet sind, durch neuartige Konzepte ersetzt werden.

Wenn von Erziehung und Bildung die Rede ist, müssen wir auch an das staatsbürgerliche Bewusstsein der Leute denken. Die ‹Vergesslichkeit› vieler Stimmberechtigter, von der weiter oben Beispiele aus Argentinien und Peru genannt wurden, ist nur ein kleines Indiz dafür, wie es auf dem Subkontinent allenthalben um die Politik bestellt ist. Viel Unheil wird mit der alten spanischen Verhaltensregel angerichtet, die besagt: «Hay gobierno, soy oposición» (sinngemäß: Sobald eine Regierung im Amt ist, stehe ich – aus Prinzip – im Lager der Opposition). Solches Verhalten, das den Widerspruchsgeist auf die Spitze treibt, wuchert in den Parlamenten vieler Länder des Subkontinents. Es zeugt von üblen Instinkten, von stumpfsinnigem Politisieren, das letztlich nur wieder Wasser auf die Mühlen der Anhänger autoritärer Regierungsformen leitet. Und das kann nur mit der Entwicklung des Geistes, mit Erziehung zu einer Vernunft, die den Ungeist der niederen Politik Stück für Stück zum Rückzug zwingt, überwunden werden.

X. Das globale Pumpwerk

«Wo der Markt seiner Eigengesetzlichkeit überlassen ist, kennt er nur Ansehen der Sache, kein Ansehen der Person, keine Brüderlichkeits- und Pietätspflichten, keine der urwüchsigen, von den persönlichen Gemeinschaften getragenen menschlichen Beziehungen.» *Max Weber*

Rückfall und Ruin

Lateinamerika ist in der ‹Reform-› und Globalisierungsdekade der 1990er nur halb so rasch gewachsen wie in den fünfziger, sechziger und siebziger Jahren (110/S. 44). Für die Mehrheit der Bevölkerung des Subkontinents hat sich die alltäglich sicht- und greifbare Wirklichkeit eindeutig verschlechtert. Dramatischer noch, als es die nackten Daten vermuten lassen: weil nämlich die soziale Polarisierung – und das heißt: die Verarmung der Mehrheit bei gleichzeitiger zusätzlicher Bereicherung der Minderheit – seit dem Anbruch des Neoliberalismus in der Region auf die Spitze getrieben wurde. Deswegen hat sich das halbierte Wachstum fast nur zugunsten der schon immer Privilegierten sowie kleiner Fraktionen des Mittelstandes ausgewirkt. Dieser Sachverhalt kommt im Anschwellen der Armen- und Elendsviertel von Port-au-Prince bis Buenos Aires ebenso zum Ausdruck wie in der Tatsache, dass aus dem Paradies für Einwanderer aus aller Welt ein Erdteil geworden ist, den in den letzten Jahrzehnten Millionen Menschen fluchtartig verlassen haben.

Eine nachhaltige Überwindung der wirtschaftlichen, finanziellen, sozialen und politischen Krise Lateinamerikas wird vorderhand kaum möglich sein. Denn die wichtigsten strukturellen Probleme – das Fehlen gründlicher Land- und Steuerreformen, der ewige Hang zu populistischer Politik, die Präsenz erdrückender Schuldenberge, die falsche Orientierung der Erziehungs- und Bildungspolitik, die Missachtung minimaler Normen für eine nachhaltige Entwicklung – harren nach wie vor einer Lösung. Wir haben schon am Anfang dieser Ausführungen gesehen, dass alle natürlichen Reichtümer, die gewaltigen Potenziale in der Landwirtschaft und im Bergbau letztlich keinerlei Garantien für dauerhaften Fortschritt sein werden, solange jene zentralen Hindernisse nicht aus dem Weg geräumt werden. Die Region kann jährlich Dutzende Millionen Tonnen Soja, Mais und Mineralien aller Art auf den Weltmarkt werfen. Beim derzeitigen Stand der Dinge werden die damit erwirtschafteten Einnahmen nur helfen, den unersättlichen Hunger fremder und einheimischer Konzerne und Gläubiger zu befriedigen und die extrem einseitige, schreiend ungerechte Einkommens- und Reichtumsverteilung zu festigen.

Mit Hilfe des Recyclings der Petrodollars haben die reichen Nationen des Nordens den schwarzen Peter der 1973 ausgelösten Krise postwendend an die Entwicklungs- und Schwellenländer weitergegeben. Lateinamerika ließ sich von allen Teilen der südlichen Hemisphäre am bereitwilligsten in diese finanziellen Manöver verwickeln. Damals haben einige der größten Banken der Erde den Diktatoren südlich des Rio Grande Milliardenbeträge angedreht und damit eine heillose Verschuldungsspirale in Bewegung gesetzt, unter deren Folgen heute noch praktisch der ganze Erdteil leidet. Sie und die Regierungen ihrer Domizilländer haben zugeschaut, wie multinationale Unternehmen mittels firmenintern manipulierter Preise Jahr für Jahr weitere Milliarden aus der Dritten Welt herausholten. Unter Berufung auf liberalisierte Spielregeln des Finanzmarktes hat man mitgeholfen, die Kapitalflucht aus einigen Ländern (zum Beispiel Argentinien) zu verstärken und zu beschleunigen. Das sind triftige Gründe dafür, dass jene Instanzen, die in der Wirtschafts- und Finanzpolitik des Nordens das Sagen haben, einer substantiellen Mitverantwortung bei der gigantischen Verschuldung des Südens angeklagt werden müssen.

Im Rahmen der Weltwirtschaft, wie sie seit nahezu zwei Jahrhunderten funktioniert, ist die Verschuldung der Dritten Welt eine ‹Notwendigkeit›. Die internationalen Banken müssen Schuldner finden, um ihre in die Billionen gehende Kapitalmasse ‹an den Mann zu bringen›. Das Schicksal der Schuldnerländer kümmert sie dabei kaum. Es müssen um jeden Preis Zinseinkünfte erwirtschaftet werden, so wie alle kapitalistischen Firmen Gewinn ausweisen müssen, wenn sie überleben wollen. Tun sie das nicht, wenden sich die Kapitaleigner von ihnen ab.

Der Schuldendienst, der wegen des 1981 von den USA ausgelösten Zinsauftriebs zeitweise in ein Wucherdiktat umschlug, die langfristige Verschlechterung der Austauschbedingungen im Welthandel (Terms of Trade) und die Behinderung lateinamerikanischer Exporte durch Zollprotektionismus und Agrarsubventionen im Norden haben die meisten Volkswirtschaften des Halbkontinents vor allem in den siebziger und achtziger Jahren aufs schwerste getroffen. Die Region als Ganzes musste, wie Calcagno nachweist, phasenweise über 30 Prozent ihrer gesamten Exporteinkünfte für Zinszahlungen aufwenden, in einigen Ländern sogar noch viel mehr (018/S. 214–217). Die Folge waren für die meisten von ihnen einoder mehrmalige Zahlungsunfähigkeit, Rezession mit Einbruch der Investitionen sowie sozialer und politischer Aufruhr.

Ein lateinamerikanischer Intellektueller (106/S. 44–46, 49–52) verweist darauf, dass die Mächtigen der Erde unter Anführung des Währungsfonds den katastrophalen Fehler des Versailler Vertrags von 1919 in der Dritten Welt wiederholten. Die Verliererpartei – damals Deutschland, heute die Dritte Welt – werde dazu verurteilt, ihre Schulden zu zahlen, und gleichzeitig hindere man sie daran, ihre eigenen Produkte zu exportieren und damit die nötigen Devisen zu erwirtschaften, um den Schuldenberg abzutragen. Das bettelarme Bolivien wie auch das potenziell besonders reiche Argentinien haben, beide in der entscheidenden Phase von reichen, mit dem Fremdkapital verbündeten Männern (Sánchez de Lozada, Menem) beherrscht, die wichtigsten Trümpfe ihrer Nationen, nämlich die staatlichen Erdöl- und Erdgasfirmen, allerdings auch sehr leichtsinnig und für Brosamen aus der Hand gegeben.

Infolge dieser Missstände ist Lateinamerikas Beitrag zur globalen Wertschöpfung kontinuierlich gesunken, obwohl seine Einbindung in den Weltmarkt zugenommen hat (H. Sangmeister in der FR, 28.05.2004). Ein anderer Autor vertritt sogar die Ansicht, der Subkontinent werde weltwirtschaftlich sowohl als Absatzmarkt wie auch als Lieferant immer uninteressanter und falle zusehends der Vergessenheit anheim (078/S. 198). In der Region selbst ist die Debatte über Entwicklungsstrategien, die dort einst – in den sechziger und frühen siebziger Jahren – rege geführt wurde, beinahe vollständig eingeschlafen. Im blinden Glauben an die vorherrschende Doktrin und die vermeintliche Unfehlbarkeit des ‹freien Marktes› ist der kritische Geist weithin erschlafft.

Der Kapitalismus funktioniert in Lateinamerika im Prinzip gleich wie anderswo: Die Mechanik des Systems läuft auf eine zunehmende Konzentration von Reichtum und Macht in wenigen Händen hinaus. In europäischen Ländern weckt dieser Prozess bis jetzt nur geringe Aufmerksamkeit, weil der durchschnittlich hohe Lebensstandard die wahren Zustände den meisten Bürgerinnen und Bürgern verschleiert. Wenn, wie es zum Beispiel in Schweden der Fall ist, der unumgängliche Trend des Systems durch eine sozial ausgleichend wirkende Steuerpolitik abgebremst wird, kann eine übermäßige Konzentration bis zu einem gewissen Grad verhindert werden. Im Falle Norwegens wiederum helfen außerordentliche Einnahmen aus dem Erdölgeschäft, die offenbar sinnvoll verwaltet und investiert werden, den ‹natürlichen› Ballungsprozess durch großzügige Infrastrukturbauten zugunsten abgelegener Landesteile und mit Hilfe einer weitsichtigen Sozialpolitik zu entschärfen.

Die Vertreter der neoliberalen Wirtschaftspolitik warten immer mit dem Argument des ‹trickle down› auf, wonach die Profite des vom transnationalen Kapital kommandierten Wirtschaftswachstums allmählich durch die soziale Pyramide ‹herunterrieseln› würden und dabei auch den unteren Volksschichten zugute kämen. Nach dieser Auffassung hilft man den Armen am besten dadurch, dass man den Reichen Steuern erlässt und den Konzernen noch mehr Freiraum zu ihrer Entfaltung gewährt. Doch schon in den USA, wo diese Doktrin erfunden wurde, konnten die unteren Sozialklassen zwischen 1973 und 1993 vom Aufschwung, den die Förderung des Großkapitals unter Reagan und Bush (Vater) auslöste, nicht profitieren. Vielmehr mussten sie reale Einkommenseinbußen hinnehmen (110/S. 276–278).

Dass der ‹natürliche Ausgleich› auch in weiten Teilen der entwickelten Welt nicht so abläuft, wie es die Theorie des Liberalismus will, bezeugt kein Geringerer als der ziemlich konservativ gesinnte MIT-Professor Lester Thurow (118/S. 21–24, 34, 42). Im Hinblick auf die USA, die im Mittelpunkt seiner Ausführungen stehen, ist seine Schlussfolgerung in diesem Aspekt absolut vernichtend: «Kein anderes Land, das nicht durch eine Revolution gegangen ist oder eine militärische Niederlage mit nachfolgender Besetzung erlitt, hat jemals eine derart rasche und umfassende Zunahme in Sachen Ungleichheit durchgemacht wie die USA in den letzten beiden Jahrzehnten.» Nach den Erfahrungen mit der Administration von Bush (Sohn) kann man sogar fragen, ob die Republikaner mit ihrer Steuerpolitik zugunsten der Reichsten nicht bewusst Engpässe im staatlichen Etat herbeiführen wollten, um einen Abbau von Sozialleistungen auf breiter Front erzwingen zu können. Wenn aber die Theorie vom Herunterrieseln der Überschüsse durch die Pyramide der Gesellschaft im Homeland des modernen Kapitalismus nicht funktioniert, wie soll man dann in Lateinamerika daran glauben!

In den peripheren Ländern, wo nach wie vor gewaltige Menschenmassen an Analphabetismus leiden und nahe am Existenzminimum (oder darunter) darben, wirkt die Mechanik des Systems noch viel brutaler. In der Fachliteratur werden dazu beliebige Mengen an statistischen Daten herumgereicht. Mögen sie in Brasilien erhoben worden sein, in Chile oder im ‹reichen› Argentinien – überall dieselbe Quintessenz: zunehmende Konzentration der Einkommen, des Vermögens und der Bildungsmöglichkeiten.

Die reichen Staaten der nördlichen Hemisphäre werden dank der Mechanik des Systems immer mehr zu ‹Rentnerstaaten›. Sie leben von der globalen Rente, die ihre vielfältigen Anlagen in aller Welt abwerfen, während sie selbst sich immer weniger mit den Mühen des Produktionsprozesses herumzuschlagen haben. Die verschiedensten Phasen der Produktion werden immer häufiger ausgelagert: von der ‹Mutterfirma› – der Zentrale des transnationalen Unternehmens – auf andere, (formal) unabhängige Firmen, von diesen auf Subunternehmer, die wiederum Teilaufträge ausführen, und von diesen auf Heimarbeiter beiderlei Geschlechts und jeglichen Alters. Dabei werden in den Entwicklungsländern und ärmeren Zonen der Schwellenländer immer mehr Menschen praktisch als Arbeitssklaven eingesetzt. Auf diese Weise haben die Transnationalen den gesamten Produktionsprozess unter ihrer Kontrolle, ‹ohne sich die Hände schmutzig zu machen›. Letzten Endes müssen sie sich nur noch um die Pflege und Vorherrschaft ihrer Marken kümmern, heißen sie nun Nike, Coke oder Mac, Guess oder Gap. Und um die Verbuchung der Gewinne, die da aus allen Quadranten des Globus in die Zentrale fließen. Die Kanadierin Naomi Klein hat diese Entwicklungstendenzen der transnationalen Macht in einem faszinierenden Buch (064) aufgezeichnet. Schritt für Schritt beschreibt sie, wie sich die Multis allmählich aus dem Produktionsprozess – und damit aus den meisten Verpflichtungen gegenüber den Arbeitnehmern – herauslösen.

Ungleichheit ist im kapitalistischen System sozusagen «eine geologische Gegebenheit». Thurow, der diesen Vergleich geprägt hat, argumentiert (119/S. 77–81), es handle sich «nicht um eine Krankheit», sondern um «eines der Hauptmerkmale des Systems», das man nur «gezielt bekämpfen» müsse. Dass dieses Unterfangen nicht gerade einfach ist, räumt der weltbekannte Ökonom selbst ein (S. 100). Er stimmt den Systemkritikern, die beklagen, dass ein großer Teil der Welt keinen Nutzen aus der Globalisierung ziehe, ohne Umschweife zu und liefert ihnen gar noch Munition: «Im Jahr 1980 verfügten die reichsten 10 Prozent aller Länder über 77 mal so hohe Einkommen wie die ärmsten 10 Prozent. Bis 1999 hat sich diese Zahl auf 122 erhöht.»

Ebenso unausweichlich scheint die ‹Logik› zu sein, nach deren ‹Gesetzen› die Globalisierung in Lateinamerika unter dem Diktat des transnationalen Kapitals abläuft. ‹Selbstverständlich› scheffeln die Bergbaukonzerne aus den Andenstaaten und anderen Zonen des Erdteils an Reichtümern heraus, was immer sie können. Jede in der Industrie, im Handel, im Dienstleistungs- und Finanzsektor tätige Einheit des Fremdkapitals versucht, ihre Profite nach den Geboten kapitalistischer Vernunft zu optimieren. Und um die Ausfuhr von Gewinnen aus allen möglichen Sparten der lateinamerikanischen Volkswirtschaften zu erleichtern, haben die Urheber des Washingtoner Konsenses ihren lokalen Partnern eine möglichst uneingeschränkte Öffnung der Finanzmärkte aufgeschwatzt.

Die Transnationalen können also – in Übereinstimmung mit der Logik des Systems – fortfahren mit der ungehemmten Nutzung der Ressourcen und der Aneignung des weitaus größten Teils des Mehrwerts, der in allen Sektoren der Wirtschaft erzeugt wird. Gerster kommt zum Schluss, dass im Welthandel um 2000 herum bereits zwei Drittel aller grenzüberschreitenden Käufe und Verkäufe über Multis abgewickelt wurden (046/S. 44). Keine internationale Kartellkontrolle setzt dieser Marktmacht Grenzen, obwohl der freie Wettbewerb durch die unaufhaltsame Monopolisierung und Oligopolisierung zusehends eingeschränkt wird (111/S. 121). Was die Konzerne praktizieren, ist in Wirklichkeit Protektionismus in ihrem ureigensten Interesse. Mit ihrer erdrückenden Übermacht sperren sie in unzähligen Fällen einfach jede Konkurrenz aus.

Eigentlich müsste man sich um einen Nachweis über die Bildung von Kartellen gar nicht mehr bemühen, denn solche Konglomerate – von denen jedes Einzelne über mehr wirtschaftliche und finanzielle Macht verfügt als die meisten Staaten dieser Erde – sind in sich allein schon Kartelle. Sie haben es mittlerweile zudem fertig gebracht, dass ihnen manche Länder heutzutage de facto Steuern zahlen anstatt umgekehrt, nämlich in der Form von Steuererlassen und anderen Akten des Entgegenkommens (S. 138).

Eigentlich hat die Globalisierung in Lateinamerika vor rund 500 Jahren mit der kolonialen Ausbeutung des Erdteils durch die Spanier und Portugiesen begonnen. Die Fortsetzung dieses Prozesses unter republikanischen (neokolonialen) Vorzeichen und die Verstärkung des Trends anlässlich der Ankunft multinationaler Korporationen nach dem Zweiten Weltkrieg sind nichts anderes als weitere Kapitel derselben Geschichte, die wir heute mit dem Schlagwort der ‹Globalisierung› etikettieren. Vereinzelt wurde die Plünderungsaktion allenfalls durch religiöse Missionsarbeit und in neuerer Zeit durch so genannte Entwicklungshilfe ein bisschen abgefedert. ‹Gestört› und teilweise unterbrochen wurde der Prozess nur einmal mit einiger Nachhaltigkeit: während der Weltwirtschaftskrise der 1930er Jahre und unmittelbar danach während des Zweiten Weltkriegs. Kaum war diese Phase abgeschlossen, setzte die Satellisierung Lateinamerikas mit erneuter und verstärkter Kraft ein.

Noch einmal muss an dieser Stelle auf die Rolle des Internationalen Währungsfonds und der Weltbank hingewiesen werden. Als Pfeilspitzen des Neoliberalismus haben sie es verstanden, sich mittels Verordnung von technisch im Einzelnen korrekten Maßnahmen zur Sanierung der Makroökonomie in vielen Fällen zu ‹rechtfertigen›. Am Ende der ISI-Politik (und erst recht auf dem Gipfel des Verschuldungsprozesses, also um 1980 herum) litt fast der ganze Kontinent unter gewaltigen Haushaltsdefiziten und phasenweise galoppierender Inflation – einerseits eine Folge der verantwortungslosen Wirtschaftspolitik von Populisten und Diktatoren, andererseits aber auch der gedankenlosen Schuldenpolitik. Was nützen aber der Mehrheit Lateinamerikas die mit Hilfe des Währungsfonds bewerkstelligte Stabilisierung und der Aufschwung, wenn dadurch nur notorisch ungerechte Strukturen in der Gesellschaft gefestigt werden? Wenn Macht und Einfluss der transnationalen

Unternehmen so weit gesteigert werden, dass sie die politischen Machtverhältnisse in den Gastländern immer häufiger unterwandern können? Wie glaubwürdig ist die demokratische Ordnung noch, wenn sich die vom Volk gewählten Herrscher so unterwürfig um die Gunst der fremden Konzernmanager bemühen (müssen)? Wenn so grundlegende soziale Bedürfnisse wie das Recht auf Arbeit immerzu den Imperativen der Standortvorteile und Profitmaximierung zugunsten einer Reihe von Super- und Megafirmen geopfert werden?

Nach Ansicht eines argentinischen Sachverständigen, Aldo Ferrer, der keineswegs dem Marxismus huldigt, hat sich die IWF-Politik, als Ganzes gesehen, in Lateinamerika als fatale Medizin erwiesen (038/S. 60, 76–80, 204–211). Ferrer ist der Ansicht, dass der Schaden, den die Politik des Fonds auf dem Subkontinent angerichtet hat, noch viel schlimmer sei als die verschiedenen Debakel, die in der Übergangsphase von der ISI zum Diktat des Währungsfonds mit ‹heterodoxen› Experimenten ausgelöst wurden. Es sollte im Übrigen allen Latinos zu denken geben, dass gerade Chile – das nach weit verbreiteter Überzeugung seit einem Vierteljahrhundert als Fackelträger des Neoliberalismus in der Region auftritt – weder die wichtigste Firma des Landes, die Kupferholding Codelco, noch das staatliche Erdölunternehmen ENAP noch die CORFO, die öffentliche Kredite vergibt, privatisiert hat. Sozusagen auf Schleichwegen haben sich die Chilenen in die illustre Gesellschaft jener asiatischen Nationen begeben, die den Ratschlägen des IWF in entscheidenden Aspekten keine Folge leisten. Vielleicht ist das, wie bei jenen selbstbewussten und wirtschaftspolitisch weitblickenden Nationen im Fernen Osten, auch im Falle des Andenstaates der entscheidende Faktor für eine anhaltend günstige wirtschaftliche Konjunktur.

Ironie der Geschichte: Mehr und mehr werden zu Beginn des 21. Jahrhunderts die Schattenseiten der Globalisierung auch in den hochentwickelten Staaten selber sichtbar. Vor allem auf dem Arbeitsmarkt, aber auch in der Steuer- und Haushaltspolitik. Das transnationale Kapital verlagert ohne jegliche Bedenken, immer den eigenen Nutzen im Visier, eine wachsende Anzahl von Arbeitsplätzen aus der Industrie wie auch aus dem Dienstleistungsbereich in Billiglohnländer. (An dieser Stelle sei darauf verwiesen, dass Nikolaj Bucharin (005/S. 31) vor fast hundert Jahren schon prophezeite, dass «der Imperialismus den Arbeitsmarkt weltweit vereinen und damit die Löhne ausgleichen würde».) Viele Multis manipulieren ihre Buchhaltung zwecks Steueroptimierung nicht nur zum Schaden bestimmter Entwicklungs- und Schwellenländer, sondern ebenso ihrer eigenen ‹Mutterländer›.

Karl Marx müsste sich im Grab herumdrehen: Die Unternehmer und ihre Manager haben heutzutage offenbar umso mehr Macht, je weniger Fabriken sie unter ihrer direkten Verantwortung haben. ‹Marken statt Menschen›, das scheint nunmehr der Schlachtruf zu sein, mit dem das transnationale Kapital die Welt erobert. Es könnte sich allerdings ergeben, dass die Konzerne mit dieser indirekten, aber nicht minder effizienten, global ausgelegten Ausbeutungsvariante in den ‹Freizonen› von El Salvador bis Thailand – deren Produktionseinheiten von den Betroffenen selbst als «Sweatshops» (frei übersetzt: Schwitzkasten) gebrandmarkt und von der bürgerlichen Presse allenthalben als «Lohnveredelungsbetriebe» (NZZ) hochstilisiert werden – unberechenbare soziale und politische Entwicklungen auslösen. Dass mit der Erschaffung einer solchen Halsabschneider- und Apartheid-Ökonomie, die nicht weniger Brechreiz auslöst als einst der Manchester-Liberalismus, das Aufkeimen eines neuen Klassenbewusstseins in der Dritten Welt eingeleitet wird.

Das Vorbild der reichen Länder

Seit mindestens zwei Jahrhunderten gilt den Liberalen als unbestreitbar, dass Entwicklung nur durch quantitatives wirtschaftliches Wachstum erreicht werden könne und dass folglich Wachstum die unerlässliche Voraussetzung für Gemeinwohl sei. Daraus wird mit aller Selbstverständlichkeit eine hinreichende Legitimation der Marktwirtschaft abgeleitet. Diese Axiome werden in neuester Zeit zusehends erschüttert, weil weltweit Tendenzen zu einer immer schärferen gesellschaftlichen Polarisierung sichtbar werden und sich gleichzeitig ökologische Grenzen des Wachstums ankündigen (123/S. 181–182). Nobelpreisträger Gunnar Myrdal, so erinnert Ulrich, habe als Erster die ethische Untragbarkeit solcher ‹utilitaristischer› Ideen erkannt, wonach der gesamtgesellschaftliche Nutzen nur im Rahmen marktwirtschaftlicher Politik ‹automatisch› das höchstmögliche Ausmaß erreiche.

Den Fundamentalisten der Marktwirtschaft unterlaufen laut Soros – auf dem nicht der geringste Verdacht wegen Linksradikalismus lasten sollte – noch andere, nicht minder gravierende Denkfehler. Wenn staatliche Einmischung in der Ökonomie (angeblich) prinzipiell schlecht sei, müsse ihrer Überzeugung zufolge der freie Markt per se gut sein (107/S. 159–161). Abgesehen davon, dass solche Schwarzweißschemen ein Indiz für geistige Unreife sind, übersehen die fanatischen Anhänger des freien Marktes, dass dieser in Wirklichkeit, wie auch der Multimilliardär beobachtet, in erster Linie die Entstehung globaler Monopole fördert. Wenig nützt es da, wenn ein Staranwalt des transnationalen Kapitals wie Ohmae moniert, die Konzerne, «die sich innerhalb irgendwelcher nationalen Grenzen betätigen, (müssten) sich dort wie verantwortungsbewusste Bürger benehmen ... die Bevölkerung fair behandeln, ihr gute Arbeitsmöglichkeiten bieten und sie mit wertvollen Produkten und Dienstleistungen versorgen» (088/S. 230–231). Die Arbeitssklaven in den Sweatshops der Freizonen in aller Welt können von alledem ein Lied singen. Tatsächlich führen sich die Multis in zahllosen Fällen genau so auf, wie sie es in den Augen des Japaners gerade nicht sollten: Sie nutzen die Lage vor Ort aus, um möglichst viel Gewinn aus jenen «nationalen Grenzen» (gemeint sind vor allem die unterentwickelten Länder) herauszupumpen, und lassen damit fast überall noch mehr Armut zurück.

Dürfen – oder allenfalls wie weit dürfen – also die Industriestaaten angesichts solcher Sachverhalte ihre Vorstellungen von Entwicklung, Wirtschaftspolitik und Wirtschaftsstrategie, im weiteren Sinne auch von öffentlicher Moral und erzieherischen Werten einem Erdteil wie Lateinamerika überhaupt aufpfropfen? Entwicklungshilfe und Fortschritt wozu? Wie viel Sinn macht es, den Indios im Dschungel von Tocantins Computer und Kühlschränke anzuhängen (NZZ am Sonntag, 04.01.2004)? Der norwegische Friedensforscher Johan Galtung warnt eindringlich, dass «eine Kultur, der die Entwicklung einer anderen ‹übergestülpt› wurde, diese früher oder später als Zwangsjacke empfinden (wird). Das gilt weniger für die Eliten, die diese fremde Kultur bereits internalisiert haben. Aber die breite Masse wird reagieren ...» (057a/S. 28).

Es ist höchste Zeit einzusehen, dass die Verabsolutierung des Marktprinzips und der Marktgläubigkeit nur zu einer Entmenschlichung der Gesellschaft führen kann, wie Peter Ulrich ist seiner anspruchsvollen und formidablen Abhandlung über die Grundlagen einer lebensdienlichen Ökonomie zeigt (123/S. 115). Was etwa für die Nutznießer einer wirtschaftlichen Handlung oder Sachlage effizient ist, braucht es für diejenigen, die am Nutzen nicht teilhaben, wohl aber beispielsweise von sozialen oder ökologischen Kosten betroffen sind, noch lange nicht zu sein (S. 123). Gerade die Anhänger des Neoliberalismus machen es sich doch so unsäglich leicht: ‹Der Markt zwingt uns zu ...› (Sachzwangthese) und ‹ ... es dient letztlich dem Wohl aller› (Gemeinwohlthese) (S. 129). Mit Ulrich müssen wir uns an dieser Stelle fragen, ob unter derart unbesehener Einschränkung der Handlungsspielräume eine Berücksichtigung ethischer Gesichtspunkte überhaupt noch möglich ist. Auch in hochentwickelten Staaten ist die Frage berechtigt, ob es legitim ist, wenn große Firmen ihre bereits sehr hohen Gewinne mittels Personalabbau konsequent weiter steigern, unbesehen der Folgen sowohl für die ‹freigestellten› Mitarbeiter als auch für die Steuerzahler, die für den Unterhalt der Opfer dieses Prozesses aufkommen sollen (S. 238). Was für Vorstellungen von grundlegender Gerechtigkeit und Legitimität, muss man sich fragen, stehen denn hinter einem solchen Wirtschaftsmodell?!

Als oberstes Gebot steht, dass immerzu neue ‹Bedürfnisse› geweckt werden müssen, anstatt dass – vor allem natürlich in der Dritten Welt – reale und objektive Grundbedürfnisse befriedigt werden. Anstatt dass der Mensch dazu gebracht wird, selbst als Mündiger (oder Subjekt) über seinen Bedarf an Produkten und Dienstleistungen nachzudenken und ihn zu formulieren, wird er mittels raffinierter Werbung zum Objekt der wirtschaftlichen Entwicklung erniedrigt (024/S. 418). Wahre, innere Lebensansprüche, die sich nicht in kaufkräftige Marktnachfrage übersetzen lassen, stören den eigensinnigen ökonomischen Rationalisierungsprozess nur.

Selten wurde die Pervertierung des Marktes so anschaulich und einleuchtend beschrieben wie bei Klein. Mit dieser konkreten Schilderung wird klar, dass bei der globalen Umverteilung unter dem Diktat der Konzerne fast alle verlieren. Nicht nur Anteil verlieren, sondern auch Vielfalt, sei es durch Firmenübernahmen oder Fusionen, sei es durch den Verlust von Artenvielfalt bei Produkten (Kartoffeln zum Beispiel) und Dienstleistungen (064/S. 138, 145–146, 160, 163). Und wenn die fortwährende Konzentration von wirtschaftlicher, finanzieller und politischer Macht erst noch auf den Sektor der Massenmedien durchschlägt, wie man es in den vergangenen Jahrzehnten vielerorts konstatieren konnte, dann werden auch die Grundlagen der freien Meinungsäußerung und damit der demokratischen Gesellschaft durch die unaufhörlich wachsende Macht des Großkapitals in Frage gestellt (S. 192).

Derselbe unaufhaltsame Trend zur Pervertierung des Systems ist auf den Finanzmärkten zu beobachten (024/S. 424–434), denn dort zieht der Ertragszwang mittels Zinsen und Zinseszinsen riesige Volksmassen – Milliarden Menschen – immer tiefer in den Schlamassel der Verschuldung und Verelendung. Webers Wort von der Diktatur des Marktes bis hin zur «herrenlosen Sklaverei» (123/S. 141) hört sich diesbezüglich wie eine düstere Vorahnung an, unter der die armen Lazarusse der Weltgesellschaft am meisten zu leiden haben. Das ‹Gesetz› der permanenten Erfolgsjagd und Profitmaximierung, dem sich die Starken und Stärksten bereitwillig unterwerfen, während sich die überwiegende Mehrheit – und in zunehmendem Maße auch die öffentliche Hand aller möglichen Länder – in die Rolle der Verlierer schicken muss, zeigen die Fatalität dieser Art von Entwicklung mit aller wünschbaren Deutlichkeit auf (S. 226–230).

Dieser Entwicklungsweg, bei dem die Produktivität vom Gebot der Lebensdienlichkeit abgekoppelt und zum Fetisch erhoben wird, ist ein äußerst zweifelhaftes Vorbild für Lateinamerika. Er führt geradewegs in die Sackgasse des Sozialdarwinismus, der einer privilegierten Minderheit alle Rechte einräumt, ihre einmal eroberten ‹Vorrechte› zu verteidigen und, wo immer möglich, noch weiter auszubauen. Wenn Produktivität so verstanden wird, können sich die Völker des Subkontinents nie mit dem Notwendigsten für ein menschenwürdiges Leben versorgen. Das Gebot der Lebensdienlichkeit einer Wirtschaftspolitik kann mit den Prinzipien und Mechanismen der Marktwirtschaft allein auf jeden Fall nicht erfüllt werden.

Untrügliche Signale eines Niedergangs

Wenn sich Lateinamerika also am ‹Vorbild› der reichen Länder orientiert, kann es wohl nur in die Irre gehen – es sei denn, man wolle das Modell kritisch hinterfragen und seine vielfältigen Fehler und Widersprüche zum Anlass für einen radikalen Lernprozess nehmen. Besondere Aufmerksamkeit verdient in diesem Sinn das ‹Beispiel›, das die USA der südlichen Hemisphäre geben. Wenn eine Nation so notorisch über die eigenen Verhältnisse lebt – und diesen ‹way of life› noch aller Welt zur Nachahmung empfiehlt – wie die

Vereinigten Staaten von Nordamerika, kann die Folge früher oder später nur finanzieller, wirtschaftlicher, politischer und moralischer Niedergang sein. Kein Staat, kein Unternehmen, kein Haushalt, kein Individuum kann auf die Dauer so viel mehr ausgeben, als mit eigener Kraft produziert wird, wie es die Amerikaner seit mehreren Dekaden tun. Nur der Umstand, dass sie die ‹Eigentümer› der Weltwährung Dollar sind, vermag zu erklären, dass sie diesen Missstand bisher aufrechterhalten konnten. Und auch so: Immerzu so unbesehen Schulden zu machen, führt letzten Endes auf direktem Weg in die Hölle. Sobald das genannte Privileg (Besitzer der globalen Leitwährung zu sein) einmal ernsthaft angefochten wird, gibt es kein Entrinnen mehr. Entweder wirtschaftet man seriös, das heißt nach den Gesetzen der finanzwirtschaftlichen Orthodoxie, oder man muss über kurz oder lang den Rücken hinhalten. Was Lateinamerika betrifft, sollte der Niedergang Argentiniens allen Nationen des Erdteils eine Lehre sein. Zu Beginn des 21. Jahrhunderts wiesen die USA ihrerseits auf allen Ebenen der Wirtschaft und Gesellschaft Rekorde an Verschuldung auf. Es konnte nur eine Frage der Zeit sein, bis die Herrschaft des Dollars in einem dramatischen Finale zusammenbrechen würde.

Auch in ethischen Belangen könnte man sich kaum ein schlechteres Beispiel für die Latinos vorstellen als die US-Gesellschaft. «In Amerika werden die am besten bezahlten 100 CEO (Chief Executive Officers) tausendmal so hoch vergütet wie ein durchschnittlicher Arbeiter», erzählt uns Thurow (119/S. 67). Wie lassen sich solche Verhältnisse mit den Grundwerten sozialer Ethik und jener Evangeliengläubigkeit vereinbaren, deren wir ‹Abendländer› uns so oft rühmen! Wie wenn es noch gefehlt hätte, fügt der Autor wörtlich (auch das, was in Klammern folgt) hinzu: «Profitmaximierung dient als starkes Motiv für Effizienz (etwas, das bei sozialistischen Firmen nicht sehr oft zu finden ist), aber sie verlangt auch, sich derjenigen zu entledigen, die der Kapitalismus nicht benötigt (der Alten, der Kranken, der Arbeitlosen), und sie reduziert die Löhne, die den Arbeitskräften gezahlt werden. Es versteht sich demnach, dass Firmen ihre Waren im Ausland produzieren, wodurch die Löhne im Mutterland sinken.» (S. 69) Kruder könnte man die Brutalität des Systems wohl nicht beschreiben. Was Bucharin einst prophezeite, wird hier gewissermaßen von höchster intellektueller Instanz aus dem liberalen Lager als Binsenwahrheit nachvollzogen. Unsere Kinder und Enkelkinder können sich freuen.

Lateinamerika sollte sich auch stets vor Augen halten, dass Washington seine eigenen materialistischen und großmachtpolitischen Interessen auf dem Subkontinent seit über 150 Jahren noch und noch bedenkenlos durchsetzt. Dies ohne Rücksicht darauf, ob ihre lokalen Statthalter jeweils Demokraten waren oder nicht. Brasiliens Vargas galt den USA anfänglich (als er noch mit dem Faschismus liebäugelte) als ‹Garant› für ihre eigenen Wirtschaftsinteressen in Südamerika. Die Propagandafeldzüge des zivilen Diktators wurden, zweifellos mit dem Plazet der US-Regierung, von der einflussreichen Rockefeller Foundation unterstützt (063/S. 12). Gegen Arbenz, Bosch, Allende, gegen Männer mit sozialen Idealen und demokratischer Gesinnung, deren ‹Fehler› es war, sich dem Willen der hegemonialen Macht nicht widerspruchslos unterzuordnen, sondern Wege einer autonomen und sinnvollen nationalen Entwicklung zu suchen, setzte die Großmacht hingegen alle Hebel in Bewegung, um sie zu beseitigen.

Auf dem Subkontinent haben die USA stets mit denselben Rezepten danach getrachtet, autonome Entwicklungen abzubrechen: zuerst mit diplomatischem Druck, mit wirtschaftlichen Repressalien (bis hin zu Boykott und Blockade), und wenn das nicht zum Ziele führte, dann mit militärischer Intervention unter dem Vorwand, dass der Kommunismus bekämpft und die ‹Sicherheit US-amerikanischer Staatsbürger› garantiert werden müsse. Die Weltmacht hat sich damit als wichtigster Vorkämpfer und Garant des Neokolonialismus profiliert. Sie maßt sich nicht nur die Rolle eines Weltpolizisten an, sondern auch die eines Besitzers und Verwalters des globalen Pumpwerks, das unablässig Ressourcen und Profite aus den unterentwickelten Ländern heraussaugt und jene damit im Zustand der Unterentwicklung gefangen hält. Es ist, wie die Geschichte der letzten Jahrzehnte zeigt, zwar nicht ganz unmöglich, ohne revolutionären Umsturz aus diesem Gefängnis auszubrechen. Unter besonderen Voraussetzungen (in erster Linie der Existenz eines dynamischen und weitsichtigen nationalen Großbürgertums) und mit gewaltigen eigenen Anstrengungen kann es – wie etwa die Entwicklung in Korea, Taiwan oder Singapur zu zeigen scheint – möglich sein, Armut und Unwissenheit aus eigenen Kräften zu überwinden. Doch an der Mechanik des Systems ändert das nichts.

Die Konzentration der wirtschaftlichen und politischen Macht schreitet in der kapitalistischen Gesellschaft unaufhaltsam voran. Versuche, breitere Volksschichten über dieses ‹Naturgesetz› aufzuklären, werden von den Nutznießern des Systems empört zurückgewiesen. Wer aktiv in diesen Prozess der Bewusstseinsbildung eingreift, wird der ‹kommunistischen Subversion› bezichtigt. Jeder weitere Schritt in Richtung auf noch mehr Konzentration von Einkommen und Macht wird von den Reichen als selbstverständlich und legitim betrachtet, während man allfällige Versuche, wirtschafts- und entwicklungspolitisch gegen diese Polarisierung vorzugehen, zu unterbinden versucht. Und mit aller Selbstverständlichkeit präsentieren sich die Hüter dieser – allzu oft gewaltsam – etablierten Ordnung im gleichen Zuge als Garanten der Demokratie.

Das Weltwirtschaftssystem hat seit mehreren Jahrhunderten – im Falle Lateinamerikas seit 1492 – die Wirkung eines gigantischen globalen Pumpwerks. Es saugt unheimliche Mengen an Ressourcen (sowohl natürliche Reichtümer aller Art als auch Geld und sogar Menschen) aus den peripheren Ländern heraus und verschärft damit andauernd die Polarisierung der Gesellschaft. Es spaltet nicht nur die Gemeinschaft der Nationen in solche, die immer reicher und mächtiger werden, und andere, die in die Abgrund von Unterentwicklung, Fehlentwicklung, Nichtentwicklung, Elend und Hoffnungslosigkeit stürzen. Es übersteigert, vor allem in jüngster Zeit unter der Vorherrschaft des Neoliberalismus, auch die ‹Ungleichheiten› (eigentlich ein übler Euphemismus, der die wahren Zustände völlig bagatellisiert) innerhalb der Länder selbst, und zwar in fast allen Ländern der Erde. Einerseits eine in den Entwicklungs- und einigen Schwellenländern klare Mehrheit der Bevölkerung, die sich unter tausend Entbehrungen durchzuschlagen versucht. Auf der anderen Seite eine Minderheit, die im Überfluss und nicht selten im Übermut lebt.

XI. Gerechtigkeit statt Hilfe

«Entwicklungshilfe ist das legitime Kind des imperialistischen westlichen Vaters und der christlich missionarischen Mutter und trägt Züge von beiden.» Johan Galtung

Es war einmal das erklärte Ziel der reichen Staaten, 0,7 Prozent ihres Bruttoinlandprodukts für Entwicklungshilfe aufzubringen. 1972–1992 hatten die Industrieländer durchschnittlich 0,33 Prozent ihres BIP an öffentlicher Hilfe geleistet, in absoluten Zahlen zuletzt (im Jahr 2004; NZZ, 12.04.2005) rund 78 Milliarden Dollar, wovon etwa ein Drittel auf Lateinamerika entfallen sein dürfte. Die Beiträge privater Hilfswerke erreichten in jüngster Zeit weltweit rund 5 Milliarden Dollar jährlich (046/S. 74–75). Von den 22 am höchsten entwickelten Nationen (der so genannten DAC-Gruppe) erfüllten 2002–2004 nur Dänemark, Norwegen, die Niederlande, Luxemburg und Schweden die versprochenen Limits. Die Mitgliedstaaten der Europäischen Union stellten im Mittel 0,35 Prozent und die Schweiz 0,36 Prozent für die Dritte Welt bereit. Noch weniger Aufwand für die Entwicklungsländer betrieben Großbritannien, Australien, Kanada, Neuseeland und Japan. Am Schluss dieser Rangliste von ‹Spendern› erschienen die USA mit 0,14 Prozent. Im Durchschnitt kamen die DAC-Staaten 2004 nur noch auf 0,25 Prozent, etwa ein Drittel der einst deklarierten Absicht. Laut Rechnung des deutschen Bundespräsidenten Horst Köhler klaffte damit zwischen Anspruch und Wirklichkeit eine Lücke von fast 100 Milliarden US-Dollar – pro Jahr (FR, 02.12.2004).

Zudem erhob sich hier die Frage, ob die ‹Geberstaaten› ihre Ausgaben für Flüchtlinge aus der Dritten Welt sowie den nominalen (oder wenigstens den realen) Wert erlassener Schulden in ihrem Leistungsausweis gegenüber Entwicklungsländern verrechnen dürften. Bis Anfang 2005 war in der OECD diesbezüglich keine Vereinheitlichung der Kriterien möglich. Einige Länder wie Frankreich, Schweden, Norwegen und Dänemark schrieben sich Ausgaben für die Asylpolitik selbst gut, andere wie etwa die Schweiz nicht. Die Niederlande und andere am Irakkrieg beteiligte Nationen verlangten sogar, ihr militärisches Engagement für «friedenserzwingende Maßnahmen und Terrorbekämpfung» als Entwicklungshilfe verbuchen zu dürfen (NZZaS, 06.02.2005).

Man kann solche Ziffern mit anderen vergleichen, zum Beispiel mit den Militärausgaben der OECD-Länder. Diese summierten sich 1997 auf etwas mehr als 520 Milliarden Dollar, etwa das Zehnfache aller damaligen Ausgaben für Entwicklungshilfe. Die Aufwendungen der reichen Nationen zum Schutz ihrer eigenen Bauern, die Landwirtschaftssubventionen also, werden – wiederum nach Gersters Angaben an der erwähnten Stelle und in Übereinkunft mit anderen Quellen – auf rund 360 Milliarden Dollar im Jahr geschätzt. Wie viel die Dritte Welt durch die ungleiche Preisentwicklung bei Rohstoffen und Industriegütern (Terms of Trade) verliert, ist statistisch kaum zu erfassen, aber der Fehlbetrag im Austausch dürfte trotz des neuerlichen Auftriebs bei verschiedenen Rohstoffen (vor allem Erdöl) insgesamt nach wie vor gewaltig sein. Zu diesen einschneidenden Verlustposten kommen für die im Zustand der Unterentwicklung gehaltenen Länder die offiziellen Kosten des Fremdkapitals (Gewinnrückführungen, Zinszahlungen, Patent- und Lizenzgebühren). Allein 1998 standen laut Oxfam den privatwirtschaftlichen Zuflüssen von 142 Milliarden Rückflüsse von 272 Milliarden Dollar gegenüber – wobei unklar bleibt, ob die Verluste, die durch Steuer- und interne Preismanipulationen transnationaler Unternehmen verübt werden, in dieser Schadenrechnung inbegriffen sind (046/S. 81).

Solche Zahlen sollten genügen, um uns in der Überzeugung zu bestärken, dass die reichen Länder Lateinamerika und den anderen Teilen der Dritten Welt mit der linken Hand (ihren Entwicklungshilfeprogrammen) einen kleinen, sogar winzigen Teil dessen zurückgeben, was sie ihnen mit der rechten Hand unter Zuhilfenahme der Mechanik des kapitalistischen Weltwirtschaftssystems wegnehmen. Man kann gewiss einwenden, dass es weniger auf die Quantität als vielmehr auf die Qualität der ausgeführten Entwicklungsprogramme ankomme, wenn diese einer Einschätzung unterzogen werden sollen. Dem kann man im Prinzip beipflichten. In qualitativer Hinsicht haben verschiedene ‹Geberstaaten› im Verlauf des letzten Halbjahrhunderts seit den Anfängen der technischen Zusammenarbeit mit Entwicklungsländern bemerkenswerte Fortschritte beim Entwurf, der Realisierung und Übergabe der Projekte erzielt.

Man hat die anfänglichen Konzepte rein karitativ gemeinter Hilfe allmählich überwunden. Anstelle der vermeintlichen Überlegenheit ihrer Techniker ist die demokratischere Haltung einer Suche nach Austausch und Zusammenarbeit im wahren Sinne des Wortes getreten. ‹Hilfe zur Selbsthilfe› gilt heute richtigerweise den meisten Hilfswerken als Maxime.

Doch solche Verbesserungen dürfen nicht darüber hinwegtäuschen, dass Entwicklungshilfe in Wirklichkeit nichts anderes als der Versuch einer teilweisen, in Wirklichkeit völlig ungenügenden und schon eher symbolischen Wiedergutmachung des enormen Schadens ist, den die kapitalistischen, zusehends intensiver globalisierten Wirtschaftsbeziehungen den Nationen der Dritten Welt beifügen. Es wird hier nicht am guten Willen und den altruistischen Absichten all der Tausenden Entwicklungshelferinnen und -helfer gezweifelt, die ihren Dienst unter fast immer schwierigen Umständen fern von ihrer Heimat versehen (haben). Sie alle haben große Risiken auf sich genommen. Manche von ihnen sind von missionarischem Geist beseelt, dem man Respekt zollen mag, der indessen auch problematische Auswirkungen haben kann. Einige sind für die geleistete Arbeit anständig belohnt worden, andere haben ihre materiellen Interessen in selbstloser Weise hintangestellt. Es ist sogar nicht auszuschließen, dass sich einzelne Akteure der Entwicklungshilfe darüber im Klaren sind, dass sie mit ihrem Einsatz letztlich einen Beitrag zur Perpetuierung neokolonialer Strukturen leisten – und aus ehrlicher humanistischer Gesinnung trotzdem helfen wollen. Man kann davor den Hut ziehen. Doch man kann es auch als ‹Hilfeleistung› betrachten, die den Mächtigen und Nimmersatten hüben und drüben viel mehr nützt als den Hilfsbedürftigen selbst: nämlich als Alibi.

Wenn nun ‹Handel statt Hilfe› oder auch ‹Gerechtigkeit statt Almosen› verlangt wird, ist das in dem Sinne zu verstehen, dass Hilfe nur die Wirkung von Aspirin haben kann, solange sie nicht in den Rahmen einer global konzipierten, auf radikale Reformen ausgelegten, global gerechten Entwicklungspolitik eingebettet wird. Die Anliegen und Nöte der ‹rückständigen› Völker müssen prinzipiell und absolut Vorrang gegenüber den Interessen des Geberlandes genießen. Eine Selbstverständlichkeit, werden einige einwenden. Ist es aber nicht. Gerster, ein Sachverständiger in diesen Fragen, bestätigt (S. 138), dass Entwicklungshilfe oftmals mit Wirtschaftsförderung in den Geberländern verknüpft wird. Notorisch, geradezu diktatorisch werden die eigenen hegemonialen Interessen seitens der USA in den Vordergrund gerückt. Der Brasilianer Martins zitiert einen Sprecher der CIEP (Council on International Economic Policy), die den US-Präsidenten im Interesse der Privatwirtschaft berät. Ohne Umschweife werden hier Richtlinien für den Umgang mit der Dritten Welt diktiert: «Wir müssen uns immer mehr auf internationale Finanzinstitutionen verlassen können, die eine führende Rolle in der Beurteilung der Performance (Ergebnisse der Wirtschaftspolitik des betreffenden Empfängerlandes), der Festlegung von Bedingungen für die Gewährung von Hilfe und bei Verhandlungen über nötige und wünschbare Veränderungen in der Wirtschaftspolitik (ebenjener Länder) spielen, bevor der Hilfe zugestimmt wird.» (076/S. 80)

In den meisten Industriestaaten gibt es Institutionen wie die US-amerikanische OPIC, die mit öffentlichen Geldern Investitionen privater Kreise in Entwicklungsländern gegen bestimmte Risiken absichern. Weltbank und BID finanzieren ihrerseits, wiederum mit öffentlichen Mitteln aus aller Welt, Investitionen in der Infrastruktur von Dritte-Welt-Staaten, die nötig sind, um nachfolgenden Investitionen Privater des In- und Auslandes zu der erwarteten Rentabilität zu verhelfen (S. 72, 76). Noch wesentlich weiter geht Washington bei der Begründung seiner ‹Hilfsbereitschaft›: Das wichtigste Argument, das im US-Kongress vorgebracht werde, um Entwicklungshilfe- und Wirtschaftshilfeprogramme zu rechtfertigen, besteht nach Aussagen des früheren Senators Frank Church darin, dass dieses Geld eine Investition zur Bekämpfung des Kommunismus sei ... Sprecher von USAID seien sogar der Auffassung, dass das Brasilien-Programm den Interessen der Nationalen Sicherheit der USA nütze (S. 70). (Diese Aussage bezieht sich auf die Zeit um 1970, dürfte aber für die Amerikaner heute genauso volle Gültigkeit haben.) Auch der Chilene Sunkel ist überzeugt, dass die Entwicklungshilfe allzu oft den wirtschaftlichen, kulturellen oder politischen Interessen des Landes unterstellt sei, das die Hilfe anbietet. Vor allem das Interesse, dass das traditionelle Modell ‹Zentrum – Peripherie› wie bisher weiter funktioniert (077a/S. 124).

Für die Wahrung der kurz-, mittel- und langfristigen Interessen des transnationalen Kapitals und seiner ‹Mutterländer› scheint also auf der ganzen Linie vorgesorgt zu sein. Was sie bewegt, beispielsweise in Lateinamerika zu investieren, ist vollkommen klar. Ihnen geht es um die Sicherung von Rohstoffquellen, die Eroberung neuer Absatzmärkte und die Maximierung ihrer Profite mithilfe von finanziellen Bewegungen rund um den Globus. Um ihnen dabei entgegenzukommen, um als ‹Gastländer› interessant zu sein, müssen die Staaten der Region ein generell ‹investitionsfreundliches Klima› schaffen, im Einzelnen also ein möglichst niedriges Lohnniveau, möglichst weitgehend ‹deregulierte› makroökonomische Rahmenbedingungen, Steuererleichterungen und billige staatliche ‹Förderkredite›, eine möglichst zahme Arbeiterschaft sowie ruhige, allenfalls mittels repressiver Vorkehrungen gewährleistete öffentliche Ordnung anbieten. Kurzum: Sie müssen ein umfassendes und konkretes Bekenntnis zum ‹freien Markt› ablegen.

Demgegenüber gibt es gewisse Anzeichen für einen Bewusstseinswandel im Kreise der wohlhabendsten Nationen. So erfährt man zum Beispiel aus einer entwicklungspolitischen Schrift, die von der staatlichen ‹Direktion für Entwicklung und Zusammenarbeit› der schweizerischen Regierung herausgegeben wird (028/S. 84–88), dass über alle Absichts- und Reformerklärungen hinaus «die ‹Armutsbekämpfung›, wie sie auf internationaler Ebene geführt wird, bisher viel mehr auf Äußerliches, auf Symptome, auf die Folgen der Armutssituation als auf die Ursachen und Wurzeln des Verarmungsprozesses selber eingegangen» werde. Zwar, so räumt der Autor (Christian Comeliau, Professor am Institut Universitaire d'Etudes du Développement in Genf) ein, bedauerten die Protagonisten der Weltwirtschaft die zunehmende Armut vielleicht ehrlich, aber im Grund ständen ihre Interessen jeder Änderung der Weltwirtschaftsregeln entgegen.

Als Kernelemente dieses Systems, das die soziale Polarisierung wie auch die Umweltzerstörung immer mehr auf die Spitze treibt, identifiziert Comeliau im Auftrag der Regierung von Bern die folgenden:

Erstens die zentrale Stellung, die es dem unbegrenzten Wachstum von Produktion und Profiten einräumt, da bei diesem Entwicklungskonzept sozialer Fortschritt und materieller Wohlstand vor allem von der Beschaffung und vom Konsumieren einer immer größeren Menge von ‹Waren› abhängt, also von Gütern und Dienstleistungen, die auf dem Markt erhältlich sind.

Zweitens die entscheidende Rolle von Rentabilität und Profitanhäufung als Motivation für die ‹Anbieter›, um Wünsche der zahlungskräftigen Käufer in einem Konkurrenzumfeld zu befriedigen, und als vermeintlich einziges Verhaltenskriterium der Menschen in ihren sozialen Beziehungen.

Drittens die zwingende und höchstmögliche Einbindung der Wirtschaftsakteure im freien Warenverkehr, eine vom Wachstum und Profitstreben nicht zu trennende Forderung, die damit wichtiger als jede andere Bemühung um Schutz, Sicherheit oder Selbstbestimmung wird.

Dieses System, so wird weiter ausgeführt, habe zur Folge, dass interne Bedürfnisse vernachlässigt werden, wenn deren Befriedigung wenig rentabel ist, und dass stattdessen die Exporte forciert werden. Dass sich dabei die sozialen Gegensätze immer mehr verschärfen, sei wegen der Gesetzmäßigkeiten von Rentabilität, zahlungskräftiger Nachfrage und Konkurrenz unvermeidlich. Durch kurzfristiges Profitstreben werde auf Grund unbesonnenen Konsumierens von erneuerbaren und nichterneuerbaren Ressourcen und wachsender Berge von giftigen Abfällen auch immer mehr Umwelt zerstört. Und damit werde immer deutlicher, dass ein solches ‹Entwicklungssystem› nicht auf die ganze Welt übertragbar sei. «Die Vervielfachung der Probleme zeigt, dass die Marktmechanismen allein das gute Funktionieren des Systems nicht gewährleisten können. Doch der ideologische Zwang des Neoliberalismus ist so groß, dass er sich jedem neuen Eingriff der öffentlichen Hand, insbesondere des Nationalstaats, bezüglich der Befriedigung kollektiver Bedürfnisse entgegenstellt, außer da, wo es um kollektive Bedingungen für das gute Funktionieren des Marktes geht.» (S. 88)

Nach dieser Analyse scheint nur eine Schlussfolgerung möglich zu sein: «Man kann nicht die Verschärfung von Ungleichheiten bekämpfen, ohne die Rolle von Profit und Wettbewerb – und damit die eigentlichen Grundlagen der Marktwirtschaft – tiefgreifend zu verändern und ohne eine neue Kohärenz auf völlig anderen Grundlagen zu schaffen.» (S. 90)

Aus diesen Zitaten geht hervor, dass das Bewusstsein für die Widersprüchlichkeit und Unhaltbarkeit der jetzigen Wirtschaftsordnung auch in Regierungskreisen eines Industriestaates, in diesem Fall der Schweiz, vorhanden sein kann. Comeliau verweist unmissverständlich auf zentrale Probleme und Widersprüche der Entwicklungspolitik. Solange sie nicht gelöst werden, kann Entwicklungshilfe nur teilweiser und immer nur ungenügender Schadenersatz sein. Für die Reichen und Mächtigen der Erde, die diesen Prozess der Bewusstwerdung nachvollziehen und überdies glaubhaft um eine Überwindung der skandalösen Ausbeutung und Verelendung von Milliarden Mitmenschen in der Dritten Welt bemüht sind, stellt sich somit die Gretchenfrage, was ihnen letztendlich wichtiger ist:

Die Verwirklichung einer Entwicklungshilfe, die sich als Bestandteil einer umfassenden, ethisch begründeten Entwicklungspolitik versteht und die ‹Verdammten dieser Erde› mit der Konstruktion eines radikal demokratischen Entwicklungsmodells als echte Partner behandelt? Oder wie bisher dank Zinszahlungen und anderen Kapitaleinkünften, dank Handelsvorteilen, der Herrschaft über das Kapital und über die moderne Technologie die ‹natürlichen› Früchte ihres Entwicklungsvorsprungs auskosten? Mit dem überfälligen Abbau der Agrarsubventionen den hoch verschuldeten Nationen der Dritten Welt endlich eine Möglichkeit geben, aus der Bredouille herauszukommen, und dabei in Kauf nehmen, dass ihre eigenen Landwirte den Gürtel enger schnallen müssen und dabei womöglich Pleite gehen? Oder, um es schließlich mit Worten von Galtung (057a/S. 29, 38) zu sagen: Entwicklungshilfe als ein «Abkommen, bei dem der Empfänger ein wenig Taschengeld für Basisleistungen bekommt» oder als «Abbau wichtiger struktureller Hemmnisse (und) Beseitigung des Zentrum-Peripherie-Verhältnisses»?*

* Eine Arbeitsgemeinschaft von sechs schweizerischen Hilfswerken (Swissaid, Fastenopfer, Brot für alle, Helvetas, Caritas und HEKS) hat 2004 «entwicklungspolitische Leitlinien» (082/S. 105–126) verabschiedet, die auf eine tiefgreifende Revision der bisherigen Entwicklungshilfepolitik hinauslaufen. Diese sechs Organisationen «unterstützen die Bemühungen, neue sozialökonomische Paradigmen und Regelungen zu entwickeln und politisch durchzusetzen, um die neoliberale Ära zu überwinden. Das neue Regulationsregime», das sie anstreben, «soll den wirtschaftlichen und gesellschaftlichen Bedürfnissen der Entwicklungsländer besser entgegenkommen, die NordSüd-Kluft und die steigenden sozialen Ungleichheiten verringern, der Kommerzialisierung aller Lebensbereiche entgegenwirken, die demokratische Einflussnahme auf wirtschafts- und sozialpolitische Entscheidungen stärken, die Gleichstellung der Geschlechter voranbringen und ganz generell für Industrie- und Entwicklungsländer sozial und ökologisch verträglicher sein.»

Die sechs wenden sich «gegen alle Versuche, auf internationaler Ebene durch bilaterale und multilaterale Verträge Zwangsmechanismen für eine fortschreitende Kapitalverkehrsliberalisierung durchzusetzen und den Internationalen Währungsfonds (IWF) mit einem ähnlich irrigen Mandat für eine permanente Liberalisierung zu ver-

Dass es auf diese Kernfragen keine patentierten Antworten gibt, haben vor vier Jahrzehnten schon die Weisen des Club of Rome angedeutet. Wenn, so sahen sie voraus, 200 Nationen im gleichen Stile leben würden wie heute die Hand voll hochentwickelter Staaten, dann könnte es in der Tat sein, dass auf unserem Planeten nicht genug Rohstoffe und lebenswichtige Ressourcen vorhanden sind. Insofern mag die Angst der bisher Privilegierten vor potentiellen Rivalen (China, Indien, Brasilien) zumindest verständlich sein. Doch auf der anderen Seite schneiden sich die Industriestaaten immer tiefer ins eigene Fleisch, wenn immer mehr Entwicklungsländer auf den ‹afrikanischen Pfad› abgedrängt werden. Dann kann die Folge nur die sein, dass immer zahlreichere Kontingente von ‹Wirtschaftsflüchtlingen› bei Gibraltar, in Süditalien sowie an den nördlichen Gestaden des Rio Grande und bei Florida an Land gehen. Die Invasion der Habenichtse würde sich in diesem Fall zu einem sehr dauerhaften Albtraum für die Reichen der Menschheit ausweiten.

sehen wie die Welthandelsorganisation (WTO)». Sie setzen sich «für eine Re-Regulierung der internationalen Finanzmärkte, eine Entschleunigung der Finanztransaktionen und eine Begrenzung der gegenwärtigen Freiheit für grenzüberschreitende Kapitalbewegungen ein». Sie wollen «weg vom Programm eines möglichst freien Welthandels und der permanenten Handelsliberalisierung als Selbstzweck». Denn: «Das Ziel von Volkswirtschaften ist es, den Menschen ein würdiges Leben zu ermöglichen. Ihr Zweck besteht nicht darin, immer mehr Außenhandel zu betreiben» ... «Die demokratischen Freiheiten zählen mehr als die Handlungsfreiheit, welche transnationale Konzerne durch die Zurüstung nationaler Märkte zu einem global homogenen Weltmarkt vergrößern und verstärken wollen.»

Die Wirtschaftspolitik der Entwicklungsländer sei «vom Korsett des Washingtoner Konsenses, der forcierten Weltmarktintegration und der Exportorientierung zu befreien und auf die Vertiefung der eigenen Binnenmärkte und auf regionale Marktintegration zu konzentrieren». Und dabei sei «die ganze Vielfalt ökonomischer und gesellschaftswissenschaftlicher Theorien zu berücksichtigen». Die Dritte Welt müsse sich «vom wirtschaftspolitischen Diktat der Weltbank, des IWF und der Geberländer lösen» und «mehrdimensionale Entwicklungsstrategien anstreben, die Ernährungssicherung, Agrar-, Industrie- und Dienstleistungsentwicklung, Aufbau öffentlicher Infrastrukturen, Bildung, soziale Sicherheit» und anderes umfassen. Im Zuge dieser Umorientierung sei «die wirtschaftsinterventionistische Rolle und Bedeutung des Staates im Entwicklungsprozess zu rehabilitieren». Die Arbeitsgemeinschaft tritt schließlich für eine großzügige Entschuldung vieler Entwicklungsländer und für ein internationales Insolvenzverfahren ein, «welches das Machtverhältnis zwischen Gläubigern und Schuldnern ausgleicht und überschuldeten Ländern sozusagen ein Existenzminimum garantiert».

XII. Epilog: Für eine ethisch begründete Entwicklungspolitik

«Wachstum aber, das man als endlosen Konsum und immerwährenden Fortschritt begreift, kann niemals zur Reife führen. Die Verpflichtung zu schrankenlosem quantitativen Zuwachs vereitelt die Möglichkeit einer organischen Entwicklung.»

Ivan Illich

«Vor über 200 Jahren hat Adam Smith, der häufig missverstandene Held des gegenwärtigen westlichen Triumphzuges, beschrieben, dass die Reichen dem ‹abscheulichen Wahlspruch der Herrschenden› folgen: ‹Alles für uns und nichts für die anderen.› Wie selbstverständlich benutzen sie die Staatsmacht, um ihre Ziele zu erreichen!» *Noam Chomsky*

Ziele der Entwicklung

Das deutsche Wort ‹wirtschaften› bedeutet eigentlich ‹Werte schaffen›. «Nicht die Schaffung von Marktwerten soll (dabei) das entscheidende Maß der Wirtschaft sein, sondern – allen Sachzwängen zum Trotz – ihre Lebensdienlichkeit.» (123/S. 204–205) Die Gesellschaft, so erklärt der Wirtschaftsethiker Ulrich weiter, müsse sich fragen, welche Werte und für wen sie zu schaffen sind, wie man in Zukunft leben und zusammenleben will und ob das Wirtschaften gegenüber allen vertretbar ist. Zudem sei die Vorrangigkeit der Lebenswelt vor dem «Eigensinn» des ökonomischen Systems sowie der Politik vor den «Sachzwängen des Marktes» festzulegen. Und: «Die Wirtschaft ist stets nur Mittel im Dienste höherer, buchstäblich vitaler Zwecke.» «Sinnvolle» Ökonomie sei deswegen, wie Max Weber betonte, immer **Sozial**ökonomie (S. 208). Zunächst geht es Ulrich um die «Sicherung der universal-humanen Lebensgrundlagen»: Nahrung, Kleidung, medizinische Versorgung, Wohnung, Ausbildung, Zugang zum Arbeitsmarkt, im weiteren Sinne dann aber um die Pflege höherer Bedürfnisse und freie kulturelle Entfaltungsmöglichkeiten, eine «Ökonomie der Lebensfülle», die getragen ist von der «Idee, nicht den Markt, sondern die Menschen frei zu machen – frei für die menschlich wesentlichen Dinge des Lebens.

Sie beruht auf der ganzheitlichen Lebenskunst des Genug-haben-Könnens ... der Einsicht, dass mehr zu haben sinnlos wäre, dass dieses Mehr nicht besser wäre.» (S. 214–215).

Diese Fähigkeit, Grenzen im menschlichen Tun zu erkennen, ist auch dem norwegischen Friedensforscher Johan Galtung ein Anliegen. «Um im Sein zu wachsen, sollte es weder zuviel Mangel noch zuviel Überfluß entlang der Bedürfnisdimension geben», hält er fest (045/S. 165). Ein Minimum sollte garantiert sein. Aber man sollte sich auch des Maximums bewusst sein: der Decke und nicht nur des Bodens. Wenn nicht, werde ‹Zuviel-Haben› dem Wachstum des Seins im Wege stehen, worauf schon viele hingewiesen hätten, aber vielleicht niemand so deutlich wie Buddha mit der Idee des Mittleren Weges. «Wir sind in einer Klemme, die wir selbst geschaffen haben», gibt uns Galtung zu bedenken. «Das Primat, das der Produktion materieller Güter und Dienstleistungen eingeräumt wurde, geht auf Kosten der spirituellen Bedürfnisse nach Identität und Freiheit durch die primitiven, plumpen Versuche, die Menschen durch Werte und Institutionen zu steuern, die in der Praxis entfremdend und repressiv werden.» (S. 171)

Nach der Überzeugung dieses Norwegers sollte eine klare Unterscheidung getroffen werden zwischen ‹Entwicklung› als ökonomischem Wachstum, Modernisierung und ‹nation-building› einerseits und der ‹wahren› Entwicklung andererseits. «Im vorherrschenden Trend westlichen Denkens ist die Wirtschaft als Herzstück der Entwicklungsanstrengungen verstanden worden und ökonomisches Wachstum (nicht menschliches oder soziales Wachstum) als der Antriebsmotor. Die Ökonomie wurde aus dem Kontext herausgerissen und von den Ökonomen zum Fetisch gemacht, und Wirtschaftswachstum wurde zum Guten schlechthin. Aber der ökonomische Baum muß nach seinen Entwicklungsfrüchten beurteilt werden.» (S. 176) Im Folgenden wird ‹Entwicklung› verstanden als die Summe der Entwicklung der Natur (Öko-Balance), der menschlichen Entwicklung (Befriedigung der materiellen und nichtmateriellen Grundbedürfnisse aller), der sozialen Entwicklung (soziale Gerechtigkeit, Gleichheit und Unparteilichkeit, auch zwischen den Geschlechtern) und der Weltentwicklung (die Fähigkeit, Konflikte zwischen Nationen und Staaten kreativ und gewaltlos zu handhaben).

Mit Ulrich müssen wir einen Moment vom Gebiet der Wirtschaftsethik auf dasjenige der Lebensphilosophie hinübergreifen. Das Bedürfnis nach Selbstverwirklichung, wie sie soeben skizziert wurde, kann nämlich nicht abgelöst sein vom Bedürfnis nach sozialer Integration, nach einem sozialen ‹Platz in der Welt›, ohne den wir unser Leben nicht ‹wohnlich› einrichten und sinngebend ordnen können. Die Wichtigkeit der zwischenmenschlichen Beziehungen wird dabei immer mehr zur entscheidenden Quelle wirklicher Sinnerfüllung und Persönlichkeitsentfaltung. Das Ideal einer derart selbstbestimmten und zugleich sozial integrierten Lebensweise setzt wiederum eine Befreiung aus den Zwängen der heute weit verbreiteten, bloß noch produktbezogenen Arbeitswut und zugleich aus dem Konsumterror voraus (123/S. 217–218). In diesen Belangen scheint der lateinamerikanische Mensch über einen natürlichen ‹komparativen› Vorteil zu verfügen, denn sozial integratives Verhalten ist ihm von der Wesensart her viel eher eigen als dem Nordländer. Zudem ist die Vermutung am Platz, dass Ulrich vor allem an die Wohlstandsgesellschaften der nördlichen Hemisphäre denkt, wenn er «laboristisches» und «konsumistisches» Verhalten kritisiert. In ärmeren Ländern dürfte übertriebener Arbeitseifer, wo er vorhanden ist, in der Regel andere Motive haben, und was übertriebenes Konsumieren betrifft, haben dort die meisten Menschen – hinsichtlich der Befriedigung von materiellen und geistigen Grundbedürfnissen – unzweifelhaften Nachholbedarf.

In weitgehender Übereinstimmung damit postuliert Manfred Wöhlcke (127/S. 24) als zentrales Ziel der Entwicklungspolitik die Schaffung von Rahmenbedingungen für einen Wandel, der selbsttragend und langfristig nach drei Kriterien ausgerichtet sein sollte: 1. Existenzsicherung (Grundbedürfnisbefriedigung), 2. Sozialverträglichkeit (angemessene Verteilung der gesellschaftlichen Rechte, Pflichten und Erträge) und 3. Umweltfreundlichkeit. Dass die damit verbundene entwicklungsstrategische Planung nicht irgendwelchen privaten Instanzen obliegen kann, sondern auf allen Ebenen (vom Zentralstaat über die regionalen Verwaltungseinheiten bis zur Gemeinde und allenfalls ihren Distrikten) von öffentlichen Gremien mit demokratisch ausgewählten Vertretern aus Exekutiven, Legislativen und Volksorganisationen definiert und überwacht werden muss, leuchtet ein. Denn Staatsgebilde und Gemeinschaften, die das kollektive Interesse berührende Aufgaben dem privaten Sektor überlassen und damit letzten Endes dem Gesetz der Gewinnmaximierung unterwerfen, sind a priori gescheitert. In den Augen ihrer Bürgerinnen und Bürger sind sie wertlos und verdienen folglich keinen Respekt (130/S. 101). Im Übrigen kann man sogar ohne weiteres behaupten, dass nur Staaten, die in der Lage sind, aus eigener Kraft und von innen heraus – und das heißt auch: ohne Einmischung transnationaler Konzerne – eine Entwicklungsstrategie zu entwerfen und in deren Rahmen alle nötigen strukturellen Reformen durchzuführen, sich in vernünftiger und nachhaltiger Weise in die Weltwirtschaft einordnen können (038/S. 59, 103).

Grundsätzlich, so argumentiert Ulrich weiter, sei das Recht auf Privateigentum durchaus begründbar. Doch wie schon John Locke (1632–1704), der erste Philosoph des politischen Liberalismus, hervorgehoben hat, müssen diesem Recht Grenzen gesetzt werden. Privateigentum, so schrieb er vor über drei Jahrhunderten, solle jedermann nach seiner Arbeitsleistung zustehen. Dadurch werde das legitime Privateigentum auch gleichzeitig auf jenes Maß begrenzt, das «für das eigene Dasein notwendig oder nützlich ist» (123/S. 272). Es versteht sich, dass eine solche Weltanschauung mit der schamlosen Bereicherung, wie sie heutzutage auf allen Breitengraden von Unternehmensmanagern und deren Verbündeten praktiziert wird, absolut unvereinbar ist. Unübersehbar sind auch die Konsequenzen von Lockes ‹Gebot› auf das Erbrecht, den Zugang zum Arbeitsmarkt und andere fundamentale Aspekte der gesellschaftlichen Ordnung.

Im Rahmen eines grundsätzlich auf Solidarität anstatt auf Eigennutz ausgelegten Wirtschafts- und Gesellschaftssystems kann Gewinnstreben nur mit moralischer Begrenzung denkbar sein. Es wird nur **ein** Wert und **eine** Dimension betrieblicher ‹Wertschöpfung› (im unverkürzten Sinn des Werteschaffens) neben anderen sein. Unternehmensethisch wird es darum gehen, vorbehaltlos zu prüfen, was aus moralischer Sicht Vorrang vor dem Gewinnstreben hat (S. 415). Unternehmerdenken solch langfristiger Art kann im Übrigen auch durchaus schon kurzfristigen Nutzen erbringen (zum Beispiel was das Image der Firma oder die Motivation der Mitarbeiter betrifft). Wer die Möglichkeiten lebensdienlichen unternehmerischen Wirtschaftens ausschöpft, wer mit gesellschaftlich legitimen und sinnvollen Strategien unternehmerische Wertschöpfung betreibt (S. 428), wird Erfolge verbuchen können, die einen unvergleichlich viel höheren Stellenwert aufweisen als alle die althergebrachten Varianten der Profitmaximierungssucht.

Gesucht sind also – im Kreise der Unternehmer, aber ebenso der Politiker und Akademiker – Anhänger einer Wertschöpfungsidee, die darauf abzielt, einen echten Beitrag zur Steigerung der gesellschaftlichen Lebensqualität zu leisten. Dass beispielsweise ein in der Nahrungsmittelproduktion tätiger Global Player den Sinn der Ausweitung seiner Geschäftstätigkeit in unter- oder fehlentwickelten Ländern mit einem erheblichen Anteil schlecht versorgter Menschen in einem umfassenden Beitrag zur Verbesserung der Ernährungslage sieht (statt nur im Verkauf nicht lebensnotwendiger Genussartikel für eine schmale kaufkräftige Oberschicht). Oder dass man die Auswirkungen der eigenen Geschäftstätigkeit auf die bestehenden, meist kleingewerblichen Strukturen der lokalen Produzenten und Händler beachtet, indem diese in das neue Versorgungssystem behutsam integriert, anstatt einfach mit überlegener Marktmacht und Effizienz in den Ruin getrieben werden (S. 431).

Die Prinzipien und Praktiken des weltweiten Handels unter dem Diktat des globalisierten Kapitals laufen den Deklamationen der christlichen Ethik diametral zuwider. Ehrlich gesinnten Intellektuellen, Arbeiterführern, Unternehmern und Politikern Lateinamerikas muss sich gerade aus diesem Grund die Suche nach alternativen Entwicklungswegen für ihre Nationen aufdrängen. Die Suche nach einem neuen Modell, das auf dem Fundament der Solidarität beruhen soll. Die Auswüchse von Gewalt in der jüngsten Geschichte des Erdteils (unter dem Einfluss von Rebellen, die einer soliden ethischen Basis entbehren, wie auch unter der Fuchtel von grobschlächtigen Militärregimen in Mittelamerika, Brasilien und dem Südzipfel des Erdteils) sind letztlich als Kundgebungen von Krankheiten zu verstehen, die das kapitalistische System an der Peripherie andauernd reproduziert: soziale Polarisierung, wilde Formen der Ausbeutung (die von einheimischen wie auch von fremden Akteuren praktiziert werden), notorische Straflosigkeit (vor allem für Angehörige der oberen Klassen wie auch der militärischen und polizeilichen Institutionen), chronischer Arbeitsmangel und Verelendung von Millionen Arbeiterfamilien sowie wachsender Teile des Mittelstandes. Folglich müssen auf der Suche nach Frieden die Wurzeln der Gewalt freigelegt und ausgerissen werden. In diesem spezifischen Sinn ist Radikalismus ein Gebot. Es kann nicht sein, dass eine Völkergemeinschaft (gemeint ist hier die christliche und jüdische Welt), die zu derartig grandioser kultureller Blüte und technischem Fortschritt fähig ist, auf der Suche nach einem grundlegend gerechten, also humanen Gesellschaftssystem so kläglich versagt. Außer einer winzigen Minderheit von Gebildeten, ‹Moralisten›, ‹Idealisten› und Menschen mit zutiefst religiöser Überzeugung haben sich bis anhin allzu wenige für solche Alternativmodelle überhaupt interessiert.

Die illusorische Sucht nach individueller Befriedigung mit Hilfe von materiellen Gütern, die mit dem Verteilen von Spiegelchen durch die Konquistadoren an die Eingeborenen begonnen hat, führt zu keinem wahren Glück auf Erden. Lateinamerika sollte sich von einem Gesellschaftsmodell, das eigentlich schon lange obsolet ist, nicht länger blenden lassen.

Reformen für eine radikale Demokratie

Viele Wissenschaftler, die sich mit der politischen Geschichte und den wirtschaftlichen Problemen Lateinamerikas, mit seinen sozial- und entwicklungspolitischen Fragen auseinander gesetzt haben, sind zum Schluss gekommen, dass tiefgreifende Veränderungen nicht länger aufgeschoben werden können.

Zuallererst drängt sich auf dem Subkontinent eine totale Umorientierung der **Erziehungs- und Bildungspolitik** auf. Zurzeit wird in fast allen Ländern die Grundschulung (Primar- und Sekundarschule bis zur Erfüllung der theoretisch obligatorischen Schulpflicht, die in der Regel neun Jahre umfasst) in einigermaßen genügender Qualität nur noch gegen Bezahlung vermittelt. Nur wer dafür pro Kind einen Betrag an die entsprechende halb oder ganz private Schule bezahlen kann, der etwa einem offiziellen Mindestlohn entspricht – natürlich gibt es hierbei je nach Land und Kategorie des Erziehungsinstituts ganz erhebliche Unterschiede –, kann sich diesen ‹Luxus› für seine Nachkommen leisten. Demgegenüber wird die Hochschulausbildung an staatlichen Universitäten, die nicht selten (Argentinien, Chile, Uruguay) immer noch einen in akademischer Hinsicht besseren Ruf als manche private genießen, fast überall praktisch kostenlos dargeboten. Davon profitieren Jugendliche aus den oberen Sozialklassen immer am meisten. Das Umgekehrte ist richtig: Die Schule auf der Unter- und Mittelstufe muss kostenlos sein, die Ausbildung an der Uni sollte hingegen – in vernünftigem Ausmaß – von den Studentinnen und Studenten finanziell mitgetragen werden. Selbstverständlich müsste man fähigen und lernbegierigen Leuten aus den unteren Volksschichten und des unteren Mittelstandes mit Stipendien oder Studiendarlehen zu weichen Bedingungen helfen.

Dann gehört bei allen die Erziehung betreffenden Reformen die Beachtung der (hier beschriebenen) grundlegenden pädagogischen Werte und Fähigkeiten an die oberste Stelle der Prioritäten. Zu diesem Zweck wird es unerlässlich sein, auch die Ausbildung der Lehrkräfte vor allem an der Volksschule in diesem Sinne zu revolutionieren, den sozialen Status der Lehrerschaft durch reale Lohnerhöhungen zu verbessern, gleichzeitig aber auch die Anforderungen an sie durch immer wiederkehrende obligatorische Maßnahmen der Weiterbildung hinaufzuschrauben. Alle Reform wäre jedoch nutzlos, wenn sie nicht in eine radikale Umorientierung auf die soeben erwähnten neuen ökonomischen, sozialen und entwicklungspolitischen Grundwerte eingebettet würde.

Die finanziellen Mittel, um die genannten Postulate zu verwirklichen, sollten in erster Linie aus dem Rüstungsbudget abgezweigt werden. Kein Land des Erdteils – außer Kuba – hatte in den vergangenen Jahrzehnten jemals Grund, sich durch außenstehende Mächte ernsthaft bedroht zu fühlen. Interne Aggressionen, wie sie vor allem in Kolumbien an der Tagesordnung sind, können mit militärischen Mitteln ohnehin nicht ausgemerzt werden. Die Beseitigung solcher Herde von Unzufriedenheit und Rebellion wird nur mittels radikaler wirtschaftlicher, sozialer und politischer Reformen möglich sein. Alle Nationen Mittel- und Südamerikas könnten es sich ohne weiteres leisten, die überall stark parasitär geprägten Strukturen der Streitkräfte abzubauen oder besser noch – dem Beispiel von Costa Rica folgend – gänzlich zu eliminieren.

Nach diesen Überlegungen über die Dringlichkeit von Reformen in der Erziehungs- und Bildungspolitik, die hier nicht ohne triftige Gründe in den ersten Rang gestellt werden, wollen wir uns noch kurz mit den Veränderungen befassen, die sich in der Wirtschafts-, Finanz- und Innenpolitik aufdrängen.

Im Falle Lateinamerikas scheint die **Schuldenfrage** das vordringlichste Anliegen, sozusagen die Conditio sine qua non zu sein. In erster Linie ist dabei die Frage der Verantwortlichkeit zu klären.

Anlässlich einer Konferenz, die im Januar 1984 in der ecuadorianischen Hauptstadt Quito abgehalten wurde, einigten sich Präsidenten, Premiers, Wirtschafts-, Finanz- und Außenminister aus 33 Ländern des Erdteils auf einen ‹gemeinsamen Aktionsplan›, der Lateinamerika einen Ausweg aus der Schuldenproblematik eröffnen sollte (Tages-Anzeiger, 20.01.1984 sowie 011/S. 78). Man empfahl sich gegenseitig, den Schuldendienst der Erholung des eigenen Wirtschaftswachstums unterzuordnen und ihn folglich auf ein tragbares Maß im Verhältnis zu den Ausfuhren zu beschränken. Das Prinzip der Mitverantwortung von Gläubigern, Schuldnern, Industriestaaten und multilateralen Organisationen (wie IWF und Weltbank), hieß es in der ‹Erklärung von Quito›, müsse ausdrücklich und allseitig anerkannt werden. Es sei dabei unerlässlich, die Rückzahlungsfristen zu strecken, die Zinsen und Kommissionen zu senken, kurzfristige in längerfristige Schulden umzuwandeln und die Absatzmärkte in der nördlichen Hemisphäre für die Exportgüter Lateinamerikas zu öffnen. Wenige Monate danach, im Juni desselben Jahres, wurde dieser Standpunkt durch den ‹Konsens von Cartagena›, den die elf wichtigsten Schuldnerstaaten der Region unterschrieben, bekräftigt. Wie so oft in der Geschichte Lateinamerikas blieb der Schulterschluss jedoch auf der Ebene einer Absichtserklärung stecken. In Wirklichkeit ließen sich die Länder auf separate, bilaterale Verhandlungen mit den Gläubigern ein, deren Interessen überdies machtvoll und effizient durch den IWF vertreten wurden.

Calcagno (018/S. 156–158) erinnert seine Leser daran, dass Chile den Schuldendienst schon 1935 unter dem bürgerlichen Präsidenten Arturo Alessandri an die Einnahmen aus den Salpeter- und Kupferexporten geknüpft hat. Der damalige Finanzminister Gustavo Ross begründete jene Limitierung mit den Worten: «Der Schuldendienst muss auf einer realen und einfachen Grundlage beruhen. Wir sind Besitzer der wichtigsten bekannten Salpetervorkommen und beuten große Kupferminen aus. Wenn sie (die Gläubiger) uns genug Salpeter und Kupfer abkaufen und einen anständigen Preis dafür bezahlen, können wir unseren Zahlungsverpflichtungen nachkommen. Ansonsten werden sie selbst an unserer Verelendung schuld sein und kein Recht haben, sich zu beklagen.» Calcagno stellt fest, dass Auslandsschulden bisher meistens – und ganz besonders in Lateinamerika – nicht vollumfänglich und absolut regulär abgestottert wurden. ‹Einseitige Lösungen›, wie sie etwa Mexiko im 19. Jahrhundert oder die UdSSR 1918 verfügten, habe es immer wieder gegeben.

Wenn, wie in vielen Ländern des Subkontinents, das Krebsgeschwür der Verschuldung schon weit um sich gegriffen hat, wird man um eine Radikalkur nicht herumkommen. Man wird entscheiden müssen, in welchem Ausmaß ein Schuldenerlass nötig, moralisch vertretbar und für die mitverantwortlichen Gläubiger tragbar ist. Leichte Verhandlungen werden das nie sein. Das zeigt der hartnäckige, jahrelange Streit um die Überreste des Scherbenhaufens in Argentinien nach dem Zusammenbruch von Ende 2001 mit aller Deutlichkeit. Dank des – zwar vom Parlament in geradezu provozierendem Leichtsinn verkündeten, objektiv betrachtet aber unvermeidlichen – Moratoriums, womit die Zahlungen auf mehr als die Hälfte der Auslandsschulden des Zentralstaates eingestellt wurden, und dank Präsident Kirchners straffen Umschuldungsplanes hat sich die argentinische Volkswirtschaft ab 2003 auf tiefem Niveau halbwegs stabilisieren und in der Folge teilweise erholen können. Selbstverständlich war damit noch keine solide und dauerhafte Grundlage für einen ökonomischen Wiederaufbau geschaffen. Eine ‹Sanierung› nach orthodoxen IWF-Richtlinien und eine Umschuldung nach dem Geschmack der Gläubiger hätten aber die Nation am La Plata zweifellos nur noch tiefer ins Elend gestürzt. Sie wäre weder politisch durchzubringen noch sozial und ethisch zu verantworten gewesen.

Ansätze zur Entschuldung sind mit dem ‹HIPC›-Programm, einer Initiative des Währungsfonds und der Weltbank in bisher zwei Etappen zur Streichung der Schulden der ärmsten Entwicklungsländer (Highly Indebted Poor Countries), bis auf eine ‹tragfähige› Schuldenlast von 25 Prozent der Exporteinnahmen in den letzten Jahren schon erfolgt. Allerdings wurden diese Schritte mit den üblichen wirtschaftspolitischen Diktaten der beiden multilateralen Organismen verbunden, deren Sinn und Zweck nun immer offener in Frage gestellt wird. Ein Schuldenabbau wurde auch mit der Jubilee-2000-Kampagne von Kirchen und diversen Nichtregierungsorganisationen angestrebt, in diesem Fall jedoch ohne Bedingungen und Auflagen und mit dem Ziel einer Reduktion des Schuldendienstes bis auf 5 Prozent der Exporteinkünfte. Die Schweiz hat in einigen Ländern veranlasst, dass ein Teil der gestrichenen Schulden in lokaler Währung über einen Fonds für Entwicklungsprojekte eingesetzt wird.

Laut Stückelberger (111/S. 197) sollten Schuldenerlasse so gestaltet werden, dass die verbleibende Schuldenlast die Existenzsicherung der betroffenen Bevölkerung ermöglicht, die Ursachen der Verschuldung vermindert werden, Schuldner und Gläubiger je ihren Anteil Verantwortung für die Verschuldung wahrnehmen, die Schuldner von den Entschuldungsmaßnahmen mehr profitieren als die Gläubiger und dass zukünftige Generationen nur eine Schuldenlast übernehmen müssen, die für sie tragbar ist.

Sodann drängt sich nach Ansicht mancher Experten die Einführung eines **Insolvenzverfahrens** für Nationen der Dritten Welt auf, die aufgrund von Ereignissen und Entwicklungen, die sie nicht selbst verschuldet haben, in ernsthafte finanzielle Schwierigkeiten geraten sind. Es leuchtet in der Tat nicht ein, dass ein Land wie die USA, das seinen mächtigsten Konzernen mit Hilfe des berühmten ‹Chapter 11› die Möglichkeit eines geordneten Konkurses einräumt, denselben Rettungsring Entwicklungsländern verweigert, deren wirtschaftliches Potenzial einem Bruchteil jenes eines transnationalen Giganten entspricht. Die Gläubiger beschränken sich allzu gerne darauf, den bis über die Ohren verschuldeten Lazarussen in der Dritten Welt zu empfehlen, sie sollten eben mehr exportieren, um ihre Schulden abzahlen zu können. Kann das der Schlüssel zum Erfolg sein, wenn die Märkte der Industriestaaten gegen Ausfuhren aus Entwicklungsländern weitgehend abgeschottet werden und wenn eine Hand voll Staaten (wie China), deren Arbeitskräfte mit extrem niedrigen Löhnen – wenn nicht gar mit gewissen Formen der Sklaverei – in den Produktionsprozess eingebunden werden, den anderen das Wasser abgraben? Muss Argentinien etwa seine feuchte Pampa restlos auslaugen und mit Kunstdünger vergiften, um seine Ausfuhren zu multiplizieren und mit deren Einkünften die Gläubiger auch wirklich zufrieden stellen zu können?

Der Schock des Mexiko-Debakels (1994/95) war jedenfalls stark genug, um führende Personen in der US-Wirtschaft und Politik über ein internationales Insolvenzverfahren als Alternative zur bisherigen Schuldenpolitik nachdenken zu lassen. Dagegen wurde das technische Argument vorgebracht, dass dieses Verfahren wegen des grundlegenden Unterschieds zwischen einem Gläubiger mit Hoheitsgewalt und einer privaten Firma auf Staaten nicht angewendet werden könne. In der Tat scheint Chapter 11 des US-amerikanischen Konkursgesetzes nicht der richtige Weg zu sein. Stattdessen dürfte Chapter 9 als Modell eher in Frage kommen. Dieses regelt das Vorgehen im Falle von Insolvenz der so genannten municipalities (Stadtgemeinden, Bezirke, aber auch öffentlicher Dienste wie der Wasserversorgung), wobei deren Hoheitsrechte geschützt werden. Genau deswegen soll es sich für souveräne Schuldner besser eignen (129 a/S. 48–54). Ein internationales ‹Kapitel 9› müsste indessen laut der genannten Quelle folgende Zusatzelemente enthalten: Schuldenfeststellung (Nachrechnung der effektiven Schuldenlast); sozialisierte Schulden (z. B. die Verstaatlichung der argentinischen Privatschulden 1983) müssten für null und nichtig erklärt werden; Kapitalflucht (durch Korruption, Unterschlagung oder Diebstahl erbeutetes Geld) sollte an die Geschädigten zurückgegeben werden; wirtschaftliche Anpassung (je protektionistischer die Gläubigernationen sein wollen – d. h., je weniger Möglichkeiten sie dem Schuldner bieten, Devisen zu verdienen –, desto größere Schuldenreduktionen müssen sie zugestehen); und eine symmetrische Behandlung aller Gläubiger, also auch der Weltbank und des IWF.

Eine zur Verelendung führende Austeritätspolitik, wie sie IWF und Weltbank den Schuldnerländern aufzwingen, wäre schon wegen des in Chapter 9 vorgesehenen Mitspracherechts von Bürgern und Angestellten (der municipalities) gegenüber der Bevölkerung des betreffenden Schuldnerlandes undenkbar. 1984 wurde Costa Rica von einem Gericht in New York unter Verweis auf ebendiese Verfügung der in den USA übliche Schutz eines insolventen Schuldners zuerkannt. Allerdings hob dasselbe Gericht seine Entscheidung ein Jahr danach wieder auf. Nicht etwa weil seine juristische Argumentation falsch gewesen wäre, sondern weil Washington den Richtern mittlerweile klar gemacht hatte, dass die US-Außenpolitik nicht Costa Rica, sondern den IWF unterstütze.

Eine radikal andere Haltung drängt sich auch im Umgang mit dem **transnationalen Kapital** auf. Man wird einwenden, die Globalisierung unter Führung der Multis sei irreversibel. Wer weiß! Aber irgendwie müssen dem ‹logischen› Trend des Kapitalismus Grenzen gesetzt werden. Das ‹Gesetz› der zunehmenden Konzentration von Macht und Reichtum gilt, wie gesagt, auch innerhalb der industrialisierten Gesellschaften. Alles deutet andererseits darauf hin, dass die enormen sozialen und wirtschaftlichen Probleme, mit denen sich die Lateinamerikaner zu Beginn des 21. Jahrhunderts herumzuschlagen haben, durch zu wenig und durch falsche, nicht durch zu viel Regulierung entstanden sind (110/S. 38–39, 111). Es ist, wie Stiglitz an dieser Stelle betont, wichtig zu erkennen, dass in der Vergangenheit nicht nur der Staat versagt hat, sondern auch der Markt. Die bitteren Erfahrungen, welche die Völker zwischen dem Rio Grande und Feuerland im äußersten Süden machen mussten, lassen keine andere Schlussfolgerung zu. Die Deregulierung, so bestätigt der Nobelpreisträger, setzt nicht immer jene Kräfte frei, die robustes langfristiges Wachstum erzeugen. Vielmehr schafft sie oft neue Ursachen für Interessenkonflikte und neue Möglichkeiten, Märkte zu manipulieren (S. 264–265). Bei der Festlegung von Rechtsnormen hat der Staat noch immer und überall eine unerlässliche Rolle gespielt und wird sie auch in Zukunft zu spielen haben – auch im Interesse der Unternehmer und der kleinen Kapitaleigner.

Auf der anderen Seite sind gewisse grundlegende Mechanismen des Marktes, wie die bisherigen Modelle von Sozialismus ebenfalls unübersehbar zeigen, nicht aus der Welt zu schaffen. Man wird, wie die Brasilianer gerne sagen, die Sonne nicht mit einem Sieb verdecken können. Die Existenz von Marktmechanismen muss akzeptiert werden – aber nur unter der Voraussetzung, dass Regulierung und strikte rationale Aufsicht unverzichtbar zur Marktwirtschaft gehören. Wildwuchs kann als Endresultat nur einen Dschungel ergeben, in dem sich die stärksten, gefährlichsten und raffiniertesten Gattungen durchsetzen. Es sollte in diesem Zusammenhang also nicht von Deregulierung gesprochen werden, sondern von Reregulierung, denn oberstes Ziel muss es sein, an die Stelle von falschen Regeln richtige zu setzen, nicht aber die Regeln abzuschaffen. Es versteht sich, dass die Forderung nach erneuter Regulierung in erster Linie gegen die Umtriebe von kurzfristig orientierten Spekulanten und Managern transnationaler Unternehmen gerichtet sein muss, die in der Dritten Welt (wie auch in der Ersten) über Leichen gehen. Der Regulierung ist somit eine neue Stoßrichtung zu geben: Sie muss in erster Linie den Zielen einer ethisch begründeten Entwicklungspolitik und damit vor allem den Interessen der überwiegenden Mehrheit jener Völker dienen, die im Zustand der Unterentwicklung gefangen sind.

Fest steht nämlich, wie Hein bemerkt (087 a/S. 639), dass «die globalisierte Ökonomie die Gestaltungsspielräume der Politik praktisch von innen her aushebelt, dass wirtschaftliche Netzwerke zunehmend in einem funktionalen Raum arbeiten, der nicht territorial definiert ist und sich individuellen Territorialitäten und internen Souveränitäten entzieht – vor allem durch Standortverlagerungen und Kapitaltransfer». Nur eine Verregelung des globalen Raumes könne die Optionen globaler Netzwerke einschränken und so das interne Steuerungspotential von Nationalstaaten wieder erhöhen. Für Menzel (078/S. 125) ergibt sich ebenfalls ein «neuer Handlungsbedarf für die staatliche Regulierungstätigkeit im nationalen wie im internationalen Rahmen ... Notwendig sind ganz neue internationale Regime außerhalb von WTO und IWF im Bereich von Direktinvestitionen, insbesondere solchen im Dienstleistungssektor, und zur Regelung der internationalen Finanzmärkte, insbesondere des Derivatehandels, die vorläufig nur ansatzweise erkennbar sind.» Dem ist beizufügen, dass eine global zuständige Kartellbehörde geschaffen werden muss, die nicht unter dem Diktat irgendeiner Großmacht stehen darf und gegen die steigende Wettbewerbsbeschränkung durch Monopolisierung und Oligopolisierung seitens des transnationalen Kapitals einzuschreiten hat (111/S. 121).

Wenn drastisch erhöhte Wachsamkeit gegenüber ausländischen Direktinvestitionen in Entwicklungs- und Schwellenländern angezeigt ist, dann erst recht gegenüber den Portfolio-Investitionen, mit denen Anleger **spekulative Gewinne** an den Börsen in aller Welt anstreben. Lateinamerika sollte keinerlei Hoffnungen auf diese Kategorien von vagabundierendem Kapital setzen. Sein Verhalten ist völlig unberechenbar und bringt den Gastgebern nur in seltenen Fällen – wenn die Investoren ihr Geld mit wirklich langfristigem Horizont daherbringen – nachhaltigen Nutzen. Gegen Mitte 2005 beispielsweise, als in den meisten Ländern des Subkontinents Wahlen bevorstanden, wurde in gewissen Medien bedenkenlos die Empfehlung an Portfolio-Investoren herausgegeben, die erreichten Gewinne zu realisieren und sich ‹rechtzeitig› aus der Region zurückzuziehen (FuW, 13.04.2005). Chile scheint auf dem Subkontinent das einzige Land zu sein, das den Versuch unternommen hat, die Kapitalströme zu kontrollieren, und es hat damit keine schlechten Erfahrungen gemacht. Es kann als nachgewiesen gelten, dass dieser Andenstaat dank der regulierenden Vorschriften der Zentralbank hinsichtlich des Fremdkapitals von den schweren Erschütterungen auf dem internationalen Finanzmarkt (den Krisen der

Neunziger in Mexiko, Südostasien, Russland, Brasilien und Argentinien) nur gestreift wurde.

Die in Fachkreisen viel diskutierte und heftig umstrittene ‹Tobin Tax›, eine 1978 vom US-amerikanischen Ökonom James Tobin vorgeschlagene Steuer (in Promillehöhe) auf alle spekulativen Kapitalbewegungen, sollte das Mindeste sein, was im Interesse der Allgemeinheit auf diesem Gebiet unternommen wird. Nicht, dass man dem Glauben verfallen dürfte, dass sich allein damit die Globalisierung aufhalten und die Kapitalbewegungen bis ins Letzte kontrollieren ließen. Die Tobin Tax könnte jedoch – allenfalls kombiniert mit einer weltweit erhobenen Flugbenzinsteuer, einer CO_2-Steuer und (oder) einer Sondersteuer für bestimmte Transaktionen mit Ländern, die bei der Pflege des Bankgeheimnisses zu weit gehen – einen globalen Fonds nähren, dessen Mittel in der Dritten Welt beispielsweise durch Naturkatastrophen ausgelöste Not lindern und nach neuesten Erkenntnissen nützliche Entwicklungsprojekte finanzieren würden. Bei der Verwaltung und Zuteilung der eingesammelten Geldmittel wären allerdings Auswüchse einer Bürokratisierung, wie sie heute diverse multilaterale Organismen (IWF, Weltbank und wahrscheinlich auch manche UNO-Organisationen) kennzeichnen, unbedingt zu vermeiden.

Nicht weniger wichtig als alle wirtschaftlichen und finanziellen Maßnahmen sind für Lateinamerika die **politischen Reformen**. Sie müssen in erster Linie konstitutionelle und wahlrechtliche Aspekte betreffen. Es kann nicht länger geduldet werden, dass die Listen für Parlamentswahlen im Klüngel von Parteibonzen und Freunden ausgeknobelt werden. Die Verbesserung der Glaubwürdigkeit des demokratischen Systems muss im Schoße der politischen Parteien beginnen. Ebenso sollen alle Bürgerinnen und Bürger die Möglichkeit haben, die ihnen zur Wahl vorgelegten Listen zu bearbeiten, also bestimmte Namen herauszustreichen und allenfalls durch andere zu ersetzen. Zudem drängt sich eine Limitierung des Zugangs der Parteien zur Legislative auf, wie sie beispielsweise mittels einer Prozentklausel seit längerem in Deutschland existiert.

Die politischen Reformen blieben jedoch nutz- und sinnlos, wenn der Kampf gegen die Korruption nicht auf allen Ebenen des Staatsgebildes und mit aller Härte ausgetragen würde. Es kann und darf nicht sein, dass immer wieder fremdes Geld, das anderswo von karitativen Organisationen mit besten Absichten gesammelt wurde, in den falschen Hosentaschen verschwindet. Sollen sich die Verhältnisse in Lateinamerika zum Besseren wenden, muss das Krebsübel der Straflosigkeit auch – und gerade – in dieser Hinsicht radikal ausgemerzt werden. Als Gesetzgeber darf man nicht zögern, den aktiven und passiven Urhebern der Korruption jahrelange Zwangsarbeit anzudrohen, und alles daransetzen, um solche Sanktionen gegebenenfalls auch zu verwirklichen. In Ergänzung dazu sollten alle Projekte internationaler Zusammenarbeit (insbesondere der Entwicklungshilfe) auf die Richtlinien einer global verzweigten und angesehenen Institution wie Transparency International abgestimmt werden.

Ratsam wäre es für alle Staaten Lateinamerikas sodann, die Pflicht der Regierenden zu einer korrekten finanziellen, im wahren Sinne des Wortes orthodoxen Führung der Staatsgeschäfte nach brasilianischem Vorbild gesetzlich oder sogar verfassungsmäßig zu verankern. Allzu viel Unheil ist in der Vergangenheit mit unbeschwertem Überschreiten der Budgetlimits angerichtet worden – insbesondere in Zeiten des Wahlkampfes. In jedem Moment ihres Wirkens müssen sich die verantwortlichen Politiker ihrer Straffälligkeit bewusst sein, wenn die Versuchung lockt, mit öffentlichen Mitteln leichtsinnig umzugehen.

Schließlich die **Steuerreform**, das wichtigste Instrument zu einer radikal demokratischen Modernisierung in Lateinamerika und eigentlicher Angelpunkt zwischen den wirtschaftlichen und politischen Reformen. In der Schweiz machte die Einkommenssteuer 2001 42,2 Prozent aller Fiskaleinnahmen aus, die Vermögenssteuer 4,8 Prozent und die Mehrwertsteuer, die vor allem den Konsum belastet, 17,9 Prozent. In Lateinamerika sind diese Anteile ganz anders. Ein peruanischer Autor (023 a/S. 37) nennt für 1994 Zahlen, die die ganze Region betreffen. Laut dieser Quelle machten die Umsatz- und Konsumsteuern damals fast zwei Drittel der gesamten Steuereinnahmen des Subkontinents aus. Dementsprechend viel niedriger muss der Anteil direkter Steuern ausgefallen sein, wobei jener der Vermögensbesteuerung in fast allen Ländern der Region sogar verschwindend klein ist. Die niedrige Steuerbelastung der Privatwirtschaft sowie der hohen Einkommen und Vermögen und deren generell schlechte Steuermoral sind ohne jeden Zweifel Ausdruck der gesellschaftlichen Machtverhältnisse und Indikator für die Kontrolle des Staatsapparates durch oligarchische Interessengruppen. Einkommens- und Vermögenssteuern spielen in Lateinamerika im Vergleich zu Verbrauchersteuern nur eine marginale Rolle, Steuerhinterziehung ist zudem auf dem ganzen Subkontinent der Normalfall (120d/S. 208). Und da eine radikale Steuerreform fast überall unterbleibt, können die Engpässe im Budget, wie zwei lateinamerikanische Steuerexperten im Dienste der Interamerikanischen Entwicklungsbank (BID) in eindrücklicher Weise gezeigt haben, nie überwunden werden (114).

Die Steuerhinterziehung muss einerseits in jedem einzelnen der Länder des Erdteils bekämpft werden, andererseits aber auch mittels globaler Fahndung. Wie die deutsche Tageszeitung ‹Frankfurter Rundschau› es ausdrückt: Es sollte ein Netzwerk gegen die Steuerflucht gewoben und ausgelegt werden, denn auch die Industrieländer sind von diesem allgegenwärtigen Delikt betroffen (FR, 03.02.2003). Den Entwicklungsländern entgehen nach Berechnungen des britischen Hilfswerks Oxfam durch zu niedrige oder vollständig entfallende Besteuerung multinationaler Firmen jährlich etwa 35 Milliarden Dollar. Mit den schätzungsweise 15 Milliarden Dollar, die vermögende Privatleute aus Ländern der Dritten Welt jedes Jahr in Steuerparadiese abschieben, summiert sich dieser Verlustposten allein auf runde 50 Milliarden – fast so viel wie die gesamte öffentliche Entwicklungshilfe. In den reichen Staaten werden durch denselben Mechanismus langsam, aber stetig die Wohlfahrtssysteme ausgehöhlt, denn die firmeninternen Preismanipulationen und die Minimierung der Steuerleistungen der transnationalen Konzerne schneiden auch diesen Nationen immer tiefer ins Fleisch.

Alles Reformwerk bliebe aber unvollständig und letzten Endes illusorisch, wenn die Staaten Lateinamerikas nicht mächtige Anstrengungen zu einem wirtschaftlichen und politischen Schulterschluss unternähmen. Dieses große Projekt der Einheit – womit Simón Bolívars Traum endlich in Erfüllung gehen sollte, auch wenn sich die regionalen und globalen Gegebenheiten in den vergangenen 200 Jahren gründlich verändert haben – mag vielen immer noch als ein utopisches Vorhaben erscheinen. Die Spur weiterzuverfolgen, die mit der Gründung des Mercosur vorgezeichnet wurde, sollte indes für die 500 Millionen Menschen des mittleren und südlichen Amerika kein Ding der Unmöglichkeit sein. An Stimmen, die sie auf diesem Weg zu entmutigen versuchen, wird es nie fehlen. Imperiale Mächte sehen es immer viel lieber, wenn Lateinamerika gespalten und folglich schwach ist. Doch nur mit einer unbeirrten Fortsetzung der Integrationspolitik, die möglichst bald – zugleich aber mit aller notwendigen finanzpolitischen Umsicht – in die Schaffung einer Einheitswährung ausmünden und in der Rückbesinnung auf die eigenen Kräfte gründen sollte, kann der Subkontinent den Weg in eine bessere Zukunft finden.

Optionen, Visionen, Illusionen

In Lateinamerika wissen die meisten Menschen nicht, dass es verschiedene Varianten von Kapitalismus gibt. Bedenklicher noch: Die überwiegende Mehrheit geht stillschweigend davon aus, dass die einzig ‹wahre› und folglich richtige Spielart des privatwirtschaftlichen Systems jene sei, die von den USA praktiziert und dem Rest der Welt in der Tat als die einzig selig machende vorgestellt wird.

Nach Ansicht des Franzosen Michel Albert, der die Unterschiede des Systems zwischen der Alten und der Neuen Welt studiert hat, ist das rheinische Modell des Kapitalismus zwar eindeutig rigider als das amerikanische (003/S. 157–159, 163–167, 192). Persönliche, spektakuläre Bereicherung sei in den Ländern rund um den Rhein nicht so einfach zu bewerkstelligen wie in der angelsächsischen Welt. Trotzdem ist nach Ansicht dieses Autors «die wirtschaftliche und soziale Überlegenheit des rheinischen Modells erwiesen». Das Spektakel der US-amerikanischen Kasinowirtschaft, meint er, sollte die Bewohner der Alten Welt nicht beunruhigen. Als einen der Gründe nennt Albert – was die Lateinamerikaner speziell interessieren sollte – die unter den Amerikanern weit verbreitete Gesinnung des ‹Nach mir die Sintflut!›, insbesondere der vorbehalt- und sogar gedankenlose Rückgriff auf Kredite und Verschuldung (S. 195).

Nun sind Schuldenwirtschaft und Kasinokapitalismus Europa an der Schwelle zum 21. Jahrhundert auch nicht mehr so fremd wie einst. Und von den bisherigen Idealen der Sozialpartnerschaft scheint sich die Alte Welt unter dem propagandistischen Gehämmer der Neoliberalen Schritt für Schritt zu entfernen. Ulrich stellt denn besorgt fest, dass die nach dem Zweiten Weltkrieg begründete ‹Soziale Marktwirtschaft› in jüngster Zeit immer deutlicher «die Tendenz zum Rückfall in den neoklassischen Wirtschaftsliberalismus» bekunde (123/S. 356–357). Nach dem Fall der Berliner Mauer und dem Zusammenbruch des kommunistischen Blocks hat sich dieser Trend in Richtung auf einen ‹puren Kapitalismus›, der unter Reagan und Thatcher vorgezeichnet wurde, stetig verstärkt. Die Völker Osteuropas scheinen fest daran zu glauben, dass ihnen die US-Amerikaner mit ihren unzimperlichen Vorstellungen von Kapitalismus und den Idealvorstellungen des selbstgezimmerten Wohlstands das Heil bringen würden. Anzeichen einer Ernüchterung gab es indes schon wenige Jahre nach der großen Wende, und die Einsicht, dass die Gesetze des Systems nach dem Wegfall der ‹kommunistischen Bedrohung› viel härter geworden sind, als man im ersten Augenblick anzunehmen geneigt war, scheint aus dem nahen und mittleren europäischen Osten auch immer weiter nach Westen vorzudringen – dieselbe Desillusion, die sich in Lateinamerika schon seit geraumer Zeit ausbreitet.

Dass die neoliberalen Rezepte nach den Leitplanken des Washingtoner Konsenses die Probleme der Dritten Welt in den meisten Fällen nicht beseitigt, sondern vielfach verschlimmert haben, sollte uns nicht überraschen. Wenn man auf diesem Weg weitergeht, kann die wirtschaftliche und soziale Misere dort eigentlich nur immer größer werden. Die Diskussionen im Schoße der Welthandelsorganisation (WTO) sprechen für sich. Mit den so genannten Singapur-Themen, in erster Linie der Einführung eines globalen Abkommens zum erhöhten Schutz ausländischer Investitionen und geistigen Eigentums, würden die bisherigen Rezepte beibehalten – und die Dosis bis zur Vergiftung erhöht. Dabei muss man sich vergegenwärtigen, dass der Schutz von Patenten, wie Gerster treffend hervorhebt, letzten Endes einem staatlich abgesegneten Monopol gleichkommt – was eigentlich in krassem Gegensatz zu den liberalen, marktwirtschaftlichen Überzeugungen steht. «Weil es dem Norden als Netto-Technologie-Exporteur nützt, wird das geistige Eigentum in der heutigen Weltwirtschaft mehr denn je geschützt» (046/S. 88).

Die Kernprobleme der Unterentwicklung harren jedenfalls weiterhin einer Lösung. Es kann als sicher angenommen werden, dass die Überwindung der Unter- und Fehlentwicklung in der Dritten Welt weit über das hinausgeht, was der deutsche Hochschulprofessor Hartmut Sangmeister als ‹Rahmen› der ganzen Geschichte sieht: «Marktwirtschaft und Demokratie erfordern einen gesellschaftlichen Rahmen, in dem die Normen des Vertrauens und des sozialen Anstands verankert sind.» (FR, 06.09.2003) Das klingt zwar schön.

Doch damit ist eine Entwicklungspolitik in globaler Hinsicht ethisch noch lange nicht begründet und abgesichert. Der Ansatz muss radikaler sein. Wie der Genfer Professor Comeliau lehrt, kann die Verschärfung von Armut und Elend nur bekämpft werden, indem man die Rolle von Profit und Wettbewerb – und damit die eigentlichen Grundlagen der Marktwirtschaft – tiefgreifend verändert und ein neues Entwicklungsmodell mit anderen Prioritäten schafft.

Wer unerschütterlich an die Fähigkeiten und Möglichkeiten des Reformismus glaubt, der mag sich zum Beispiel an das demokratische Modell von Costa Rica klammern. In mancher Hinsicht stellt der kleine mittelamerikanische Staat tatsächlich einen Hoffnungsschimmer dar. Doch der Zwei-Millionen-Staat zwischen Karibik und Pazifik scheint ein allzu spezieller Fall zu sein, als dass man seine Rezepte einfach den übrigen Ländern Lateinamerikas zur Anwendung empfehlen könnte. Die ‹Ticos› haben mit ihrer beachtlich konsolidierten Demokratie, ihrem gesunden Selbstbewusstsein, der Absenz rassischer Konflikte und den gut überschaubaren und verwaltbaren Dimensionen ihres Landes gegenüber den meisten übrigen Nationen des Erdteils einen beträchtlichen Vorsprung. Es muss aber auch erwähnt werden, dass der Druck des Neoliberalismus und die hegemonialen Bestrebungen der USA in letzter Zeit auch in Costa Rica hautnah spürbar geworden sind. Die Regierung von San José hat sich zuletzt (2004) doch zu wichtigen Konzessionen (weiteren Privatisierungen im Dienstleistungssektor) zwingen lassen. Washington versteht es eben, alle Register der Verführungskunst zu ziehen und, wenn es nötig wird (wenn die ‹Partner› in der Region ‹uneinsichtig› bleiben), das ganze wirtschafts- und handelspolitische Gewicht der Weltmacht in die Waagschale zu werfen.

Nach den Vermutungen von Dieter Boris (014/S. 149) muss zwar das wahrscheinlichste Zukunftsszenario Lateinamerikas nicht unbedingt eine offene und generelle Katastrophe sein. Noch weniger scheint aber eine nachhaltige Vertiefung der Reformen im bisherigen Rahmen des privatwirtschaftlichen Systems möglich zu sein. Eher ist mit einer Art Status quo zu rechnen, wobei man dem Prinzip folgt, dass immer kurz vor dem Chaos doch noch rasch die notwendigsten kleinen Reformschritte ausgeführt werden, die jedoch immer nur Retuschen bleiben und an der Essenz des Systems kaum etwas ändern. Langfristig scheint es unvermeidlich zu sein, dass diese Region das Heil früher oder später in einem bestimmten Grad der Abkoppelung vom kapitalistischen Entwicklungsmodell suchen muss.

Abkoppelung – ein Wort, das in manchen Ohren unschön klingen mag. Es weckt die Assoziation mit Abkapselung, Vereinsamung, Eigenwilligkeit, Autarkie. Dabei ist Abkoppelung nach Auffassung eines Teils ihrer Verfechter (der ‹Reformisten›, um ihnen mal eine gängige Etikette anzuhängen) gar nicht so radikal gemeint. Besser wäre es nach dieser Deutung vielleicht, von einer Entbindung oder Rückbesinnung zu sprechen. Doch andere würden sich damit nicht begnügen. Der Ägypter Samir Amin definiert Abkoppelung als «Organisation eines Systems von rationalen Kriterien für die ökonomischen Optionen, und zwar auf der Grundlage eines Wertegesetzes, das sich an nationalen Prioritäten und an den Bedürfnissen der Volksmehrheit orientiert, unabhängig von den wirtschaftlichen Kriterien, die der Vorherrschaft des global operierenden kapitalistischen Wertegesetzes entspringen». Letzten Endes sei die Kernfrage die, ob man «einen Weg aus der Krise des Kapitalismus oder aus dem kriselnden Kapitalismus suchen» wolle (005/S. 118, 129).

Als eine (vorderhand) leichtere Variante zeichnet sich der Süd-Süd-Handel, also der Austausch von Gütern und Dienstleistungen zwischen Entwicklungs- und Schwellenländern, ab. Er wurde schon anlässlich der ersten, 1964 in Genf abgehaltenen UNCTAD-Konferenz als mögliche Alternative zu der einseitigen Abhängigkeit der Dritten Welt von den Industriestaaten ins Auge gefasst und hat denn in den folgenden Jahrzehnten langsam, aber recht kontinuierlich zugenommen. Laut Angaben dieser UNO-Organisation sollen zurzeit bereits etwa 40 Prozent der Exporte aus südlichen Ländern in andere südliche Länder gehen (FR, 17.06.2004), und dieser Trend werde laufend durch Investitionen, Technologietransfer und Unternehmenszusammenarbeit verstärkt. Ein positives Beispiel ist dabei zweifellos der Mercosur, wobei vor allem Brasilien immer mehr als treibende Kraft des Süd-Süd-Handels (und als einer von dessen Nutznießern) in Erscheinung tritt. Andere, wirtschaftlich weniger entwickelte Partnerstaaten bleiben dabei in der Regel auf die Rolle von Rohstofflieferanten für die stärker industrialisierten Nationen wie China, Indien oder Brasilien fixiert.

In gewisser Weise würde hier also vermutlich das Zentrum-Peripherie-Schema innerhalb der südlichen Hemisphäre reproduziert.

Solange der orthodox kapitalistische Rahmen nicht gesprengt, solange «die Rolle von Profit und Wettbewerb – und damit die eigentlichen Grundlagen der Marktwirtschaft – nicht tiefgreifend verändert und nicht eine neue Kohärenz auf völlig anderen Grundlagen» entsteht (Comeliau), wird es keinerlei Garantie dafür geben, dass brasilianische Konzerne auch nur eine Spur solidarischer agieren werden als europäische, nordamerikanische oder japanische.

Abkoppelung allein würde auf jeden Fall auch nicht genügen, um die Dritte Welt auf einen neuen und konstruktiven Weg zu bringen. Wenn sie nicht durch systemumwälzende Maßnahmen ergänzt würde, brächte sie sogar das praktisch unvermeidliche Risiko mit sich, dass manche Staaten oder gar Erdteile in die Rolle von simplen Parias der Weltwirtschaft gedrängt würden. Ebenso wenig wird es genügen, den Ruf nach einer «anderen Globalisierung» zu erheben, wie es Gerster tut, «Abschied (zu nehmen) von der einseitigen Ausrichtung auf die Interessen des Nordens und auf das Wirtschaftswachstum». Zwar sieht er ein, dass eine nachhaltige Entwicklung ins Zentrum globaler und nationaler Wirtschaftspolitik rücken müsse und soziale, ökologische und wirtschaftliche Ziele gleichrangig zu behandeln seien. Einen zentralen Stellenwert habe dabei die Bekämpfung von Armut und Ausgrenzung einzunehmen (046/S. 180). Dagegen ist im Prinzip nichts einzuwenden, nur scheint diese Liste von Forderungen den Kern der Sache nicht einzubeziehen. Ebenso wenig wie es Losungen in der Art von ‹Handel statt Hilfe›, ‹Fairer Handel›, ‹Hilfe zur Selbsthilfe› oder auch ‹Nieder mit der Markendiktatur!› etc. tun – sie alle zweifellos gut gemeint, aber eben unvollständig und nicht richtig fokussiert.

Kann man wirklich glauben, dass mit dem ‹Sieg des Kapitalismus über den Kommunismus› alles erledigt ist? Dass man sich in dieser vermeintlich bequemen Situation darauf beschränken darf, da und dort gewisse Retuschen am System vorzunehmen? Dass grundsätzlich keine großen Veränderungen im Gefüge der Weltwirtschaft mehr nötig sind? Die Gegensätze zwischen Reichen und Armen sind zu gewaltig, zu unmenschlich, als dass man sich einfach zurücklehnen könnte. Eine bessere Verteilung des Reichtums – mehr Gerechtigkeit – ist der Schlüssel zu einer friedfertigen Gesellschaft. Und sie müsste den Anhängern einer liberalen Gesellschaftsordnung eigentlich blitzartig einleuchten. Denn, um noch einmal Galtung das Wort zu erteilen: « ... arbeitslose, unterbeschäftigte oder unterbezahlte Menschen sind schlechte Konsumenten. Ihre Kaufkraft ist auf das Notwendigste begrenzt... Entlassene Arbeiter werden auch zu entlassenen Konsumenten, wenn nicht der Staat mit Löhnen für Nichtarbeit und Arbeitslosenversicherung einspringt. Die Arbeitslosen, Unterbeschäftigten und Unterbezahlten sind jedoch auch schlechte Steuerzahler, und selbst wenn Privatisierung beachtliche ökonomische Kräfte freigesetzt hat, hat sie zugleich zusätzliche Einkommensquellen für den Staat beseitigt.» (045/S. 180)

Lateinamerika hat in Sachen Demokratie in den letzten zwei Jahrzehnten Fortschritte erzielt. Aber es darf sich nicht auf den Lorbeeren ausruhen. Im Gegenteil: Es muss aus der Lethargie aufgerüttelt werden, die Entwicklung in Südostasien und die Beispiele von Demokratie in Europa studieren. Demokratie ist etwas ungeheuer Anspruchsvolles und gar nicht leicht in die Praxis umzusetzen. Der Subkontinent hat in den vergangenen zwei Jahrzehnten auch hinsichtlich wirtschaftlicher und finanzieller Sanierung sowie regionaler Integration wertvolle Erfahrungen gesammelt. Er hat die Fähigkeit, aufgrund dieser Erfahrungen selbständig und im Interesse aller seiner Mitgliedstaaten zu handeln. Lateinamerika kann mit der Einsicht in die elementaren Zusammenhänge exogener wie auch endogener Natur sein eigenes Glück finden.

Die Umverteilung gesellschaftlichen Reichtums hat, geschichtlich gesehen, in den seltensten Fällen geordnet und ohne ernsthafte politische und soziale Auseinandersetzungen stattgefunden. In irgendeiner Form muss in den kommenden Jahrzehnten das Kräfteverhältnis zwischen Nord und Süd geändert werden, weil die gegenwärtige Situation die Entwicklung der Dritten Welt blockiert. Der Weltmarkt ist unübersehbar im Interesse des transnationalen Kapitals und der reichen Staaten strukturiert. Von diesen Missständen sind in der südlichen Hemisphäre weit über hundert Nationen betroffen. Das Prinzip der wirtschaftlichen Entwicklung auf Pump und in beinahe totaler Abhängigkeit, einer Entwicklung nach den ‹Gesetzen› des Laisser-faire muss, wie schon vor zwei Jahrzehnten klar erkannt wurde (047b/S. 175), abgelöst werden durch «eine Entwicklung, die sich vermehrt am wirtschaftlich real Möglichen und bezüglich der sozialen (und – so müssen wir ergänzen – ökologischen) Kosten am verantwortbaren Maß orientiert». Gleichzeitig muss mehr Raum für eigenständige demokratische Entwicklung geschaffen und der Einfluss neoliberaler Institutionen wie IWF, WTO und Weltbank drastisch eingeschränkt werden.

Wenn wir jetzt zurückkehren zum ersten Satz im Vorwort, jener so verzweifelt zuversichtlichen Parole radikaler lateinamerikanischer Linker, dass Liberalismus in Reinkultur ihren Interessen am ehesten dienlich sei, dann müssen wir die Vermutung äußern, dass ‹die Revolution› kaum so automatisch ablaufen und triumphieren wird, wie sie es sich vorgestellt haben. Andere Varianten von wirtschaftlicher, sozialer und politischer Entwicklung sind, wie die Geschichte des 20. Jahrhunderts in Lateinamerika zeigt, ebenfalls möglich – einige davon gar nicht nach dem Geschmack der Anhänger des Sozialismus. Auf der anderen Seite werden sich aber auch die Apostel des Neoliberalismus gewaltig täuschen, wenn sie sich im Recht glauben, ungestraft dem «abscheulichen Wahlspruch der Herrschenden» (Adam Smith) folgen zu können, wonach alles für sie und nichts für die anderen ist.

Zeittafel der Geschichte Lateinamerikas

1492 Christoph Kolumbus ‹entdeckt› in der Karibik Teile jenes Kontinents, den er ursprünglich für Indien hält.

Ab 1499 reist der Italiener Amerigo Vespucci mehrmals auf spanischen und portugiesischen Schiffen in die ‹Neue Welt›.

1507 Die Bezeichnung ‹Amerika› erscheint erstmals auf einer Karte des deutschen Kosmographen Martin Waldseemüller.

Ab 1519 wird Mexiko von spanischen Konquistadoren unter Anführung von Hernán Cortés erobert. Die Invasoren unterwerfen die eingeborenen Mayas und diverse andere Völker mit enormer Grausamkeit.

1532 Francisco Pizarro trifft mit einer kleinen Truppe in Cajamarca (im Norden Perus) ein, nimmt den Inkaherrscher Atahualpa als Geisel und lässt ihn umbringen. Im folgenden Jahr nehmen die Eroberer Cuzco ein.

1552 Der Dominikanermönch Bartolomé de las Casas, der seit mehreren Jahrzehnten als Chronist tätig ist, klagt in seinem wichtigsten Werk das gierige und blutrünstige Verhalten der Eroberer an.

Ab 1700 dringen die ‹Bandeirantes›, nomadisch lebende Sklavenjäger und Goldsucher, immer tiefer ins Landesinnere von Brasilien vor.

1767 Vertreibung der Jesuiten aus ganz Hispanoamerika, wo sie seit Mitte des 16. Jahrhunderts an verschiedenen Orten versucht haben, die Eingeborenen in ‹Reduktionen› zum Christentum zu bekehren, gleichzeitig aber auch die Fähigkeiten der Indios zur Entfaltung zu bringen.

1780/81 Der indianische Volksführer Tupac Amaru II. inszeniert einen Volksaufstand in den peruanischen Anden gegen die Spanier. Er wird verhaftet und gevierteilt. – 1789 misslingt ein ähnlicher Versuch in Brasilien. Der Anführer, Tiradentes, wird ebenfalls zum Tode verurteilt. Die wachsende soziale Unruhe kündigt jedoch das Ende der kolonialen Herrschaft an.

1799 Der deutsche Naturforscher Alexander von Humboldt tritt zu seiner ersten Südamerikareise an. Er besucht in der Folge die Andenregion, Kuba und Mexiko.

1807/08 Der portugiesische König João VI. flieht vor den Truppen Napoleons nach Brasilien und lässt sich mit seiner Gefolgschaft in Rio de Janeiro nieder.

1810–1825 Unabhängigkeitskriege gegen die spanische Krone, während in Brasilien das vom Mutterland unabhängige Kaiserreich ausgerufen wird.

1824 Entscheidungsschlacht in den peruanischen Anden bei Ayacucho: Das spanische Heer wird geschlagen, in allen Teilen Süd- und Mittelamerikas werden Republiken ausgerufen.

Ab 1850 beginnt sich die Lage nach bürgerkriegsartigen Wirren in den meisten Ländern zu stabilisieren.

Ab 1870 nimmt die Einwanderung aus Europa in mehreren der jungen Staaten, vor allem im Südzipfel des Kontinents, stark zu.

1889 Der brasilianische Kaiser Dom Pedro II. wird abgesetzt. Das Militär hilft mit, die Gründung der Republik ohne Blutvergießen zu bewerkstelligen.

1903 Die USA unterstützen eine separatistische Bewegung im Westen Kolumbiens und die Schaffung des Staates Panama. Wenige Jahre danach beginnen sie mit dem Bau des Kanals, der 1914 vollendet wird und den kleinen Staat am Isthmus zweiteilt. – In Uruguay wird Batlle y Ordóñez gewählt. Er legt den Grundstein zu einer fortschrittlichen Sozial- und Innenpolitik.

1910–1917 Kleinbauern, Landarbeiter und Teile der städtischen Bevölkerung lösen in Mexiko die erste große Revolution des 20. Jahrhunderts aus, in deren Verlauf über eine Million Menschen umkommen.

1929/30 Die Weltwirtschaftskrise hat in ganz Lateinamerika Rezession und eine starke Zunahme der Armut zur Folge. In mehreren Ländern bricht die verfassungmäßige Ordnung zusammen.

1937 Die Regierung Vargas ruft in Brasilien den ‹Estado Novo› aus. Hier und in diversen anderen Ländern bekunden herrschende Gruppen Sympathie für die Achsenmächte.

1945 Vargas muss abtreten. – In Argentinien gewinnt Perón die Wahlen und bleibt mit populistischen und autoritären Herrschaftsmethoden bis 1955 an der Macht. – Vargas übernimmt dank Wahlsieg die Präsidentschaft 1950 erneut, verübt aber vier Jahre danach Selbstmord.

1948 In Bogotá brechen schwere Unruhen aus. Während fünf Jahren kommt Kolumbien nicht mehr zur Ruhe. Die ‹Violencia› kostet etwa 200 000 Menschenleben. – Im Zuge einer bürgerlichen Revolution wird in Costa Rica die Armee abgeschafft.

1950–1953 Dank des Koreakriegs erleben die rohstoffexportierenden Länder Lateinamerikas noch einmal einen wirtschaftlichen Aufschwung.

1952 Revolutionäre Kräfte unter Anführung von Paz Estenssoro gewinnen in Bolivien die Oberhand. Ihr Regime verbürgerlicht aber rasch und wird zwölf Jahre danach durch die Militärs beendet.

1954 Die CIA greift aktiv ein, um die reformistische Regierung Arbenz in Guatemala zu stürzen. Die Folge ist eine jahrzehntelange Welle der Gewalttätigkeit mit einem Saldo von Zehntausenden Toten.

1958 Kolumbiens Liberale und Konservative einigen sich auf einen ‹Nationalen Pakt› und regieren in der Folge 16 Jahre lang gemeinsam. – In Venezuela legen Vertreter der wichtigsten Parteien mit dem ‹Abkommen von Punto Fijo› den Grundstein zu einer demokratischen Herrschaft, die etwa drei Jahrzehnte lang hält, ehe sie zusehends brüchig wird.

1959 Rebellen unter der Führung von Castro stürzen das Batista-Regime in Kuba und leiten eine sozialistische Revolution ein. Dieses gerät schon nach wenigen Jahren unter sowjetischen Einfluss.

1961 Präsident Kubitschek weiht nach knapp vierjähriger Bauzeit die neue Landeshauptstadt Brasilia ein. – Washington erleidet beim Invasionsversuch in der Schweinebucht ein militärisches Debakel und trägt mit der missglückten Operation zur Verhärtung des kubanischen Regimes bei.

Ab 1963 agieren in Kolumbien linksradikale Guerillagruppen, die von den regulären Streitkräften bis heute nicht besiegt werden konnten.

1964 Brasilianische Militärs stürzen die linkspopulistische Regierung Goulart. Sie regieren das Land bis 1985 und durchlaufen dabei verschiedene entwicklungs-, innen- und außenpolitische Etappen.

1965 US-Truppen, die von kleinen militärischen Kontingenten aus verschiedenen Ländern Lateinamerikas unterstützt werden, besetzen die Dominikanische Republik. Sie entmachten einen Sektor der Armee, der mit der Linken sympathisiert.

1967 ‹Che› Guevara wird von bolivianischen Militärs festgenommen und umgebracht. Sein Versuch, in den Anden einen Guerillaherd zu schaffen, ist gescheitert.

1968 In Medellín (Kolumbien) findet eine Konferenz von Bischöfen aus ganz Lateinamerika statt, die über eine Umsetzung der Postulate des Zweiten Vatikanischen Konzils berät. Etwa zur gleichen Zeit erscheinen die ersten Werke der ‹Befreiungstheologie›. – Mexikanische Uniformierte unterdrücken eine Studentenkundgebung in der Hauptstadt brutal. Dutzende Zivile kommen dabei ums Leben. – Linksnationalistische Militärs ergreifen in Peru die Macht und setzen sich tiefgreifende Reformen zum Ziel. Ihr Beispiel wird in Panama, Bolivien und Ecuador nachgeahmt.

1973 Die chilenische Volksfrontregierung wird von den Streitkräften gestürzt. Präsident Allende stirbt bei der gewaltsamen Räumung des Regierungspalastes. General Pinochet bleibt bis 1990 Staatschef. – Auch in Uruguay bricht die demokratische Herrschaft zusammen. Das Militärregime dauert dort bis 1985.

1974 Venezuela nationalisiert die Erdölindustrie. Präsident Pérez versucht, die reichlich fließenden Petrodollars sinnvoll und produktiv anzulegen. Das gelingt nur teilweise und vorübergehend.

1976 Die argentinische Regierung von Frau Perón endet im Chaos, die Armee schreitet unter General Videlas Kommando ein. Zehntausende werden verhaftet, gefoltert, getötet oder zum Verschwinden gebracht. Mit ihrer liberalen Wirtschaftspolitik scheitern die Militärs völlig und müssen 1983, ein Jahr nach dem verlorenen Falklandkrieg gegen die Briten, abtreten.

1979 Rebellen der ‹Sandinistischen Befreiungsfront› besiegen die Nationalgarde in Nicaragua und vertreiben General Somoza. Sie bleiben ein Jahrzehnt lang am Ruder, verwirklichen wichtige soziale Reformen und werden schließlich abgewählt.

1980 In Peru lanciert die maoistische Aufstandsbewegung ‹Sendero Luminoso› ihre ersten Attacken. Die Umsturzversuche halten bis Mitte der neunziger Jahre an und verursachen den Tod von etwa 25 000 Personen.

1982 Mexiko erklärt seine Zahlungsunfähigkeit. In der Folge wird ganz Lateinamerika in den Strudel der Schuldenkrise gerissen.

1986 Die Herrschaft des Duvalier-Klans kracht in Haiti zusammen. Das ärmste Land des Erdteils findet bis in die Gegenwart keine Ruhe und dauerhafte Ordnung.

1988 Pinochet verliert ein Plebiszit und muss die Rückkehr Chiles zu einer formal demokratischen Regierung (ab 1990) zulassen, der jedoch mit einer von der Diktatur eingeführten Verfassung die Hände in wichtigen Aspekten gebunden sind.

1989 General Stroessner muss nach 35 Jahren ununterbrochener Herrschaft in Paraguay abtreten. Seine Partei, die Colorados, haben aber bis heute die Regierungsgeschäfte unter ihrer Kontrolle. – Bei Unruhen in Venezuela, die durch neoliberale Maßnahmen des wiedergewählten Präsidenten Pérez ausgelöst werden, kommen mehrere hundert Menschen um. – Der Zusammenbruch des Kommunismus in der Sowjetunion und in Osteuropa beraubt Castro der wichtigsten wirtschaftlichen Stütze seines Regimes.

Ab 1990 wird die neoliberale Wirtschaftspolitik praktisch in allen Ländern des Subkontinents durchgesetzt. Der Internationale Währungsfonds und die Weltbank helfen dabei mit Sanierungsprogrammen und Krediten nach.

1991 In Asunción wird das Abkommen zur Gründung des Mercosur unterschrieben, an dem sich vorderhand Argentinien, Brasilien, Paraguay und Uruguay beteiligen.

1992 Linksradikale Aufständische der FMLN legen nach jahrzehntelangen Kämpfen in El Salvador die Waffen nieder. Die Regierung bleibt fest in bürgerlichen Händen.

1994 Mexiko tritt dem NAFTA-Abkommen mit den USA und Kanada bei. Wenige Monate danach bricht im südlichen Landesteil der Aufstand der ‹Zapatistischen Befreiungsarmee› aus, und das Land bekundet erneute Zahlungsprobleme. Die USA und der IWF sind mit einem ‹Überbrückungskredit› in Rekordhöhe rasch zur Stelle.

1996 Auch Guatemalas Guerilla (URNG) willigt nach drei Jahrzehnte dauernden Kampfhandlungen in einen Friedensvertrag ein. 150000 Personen, mehrheitlich Indios, wurden bei den bürgerkriegsähnlichen Wirren getötet, die meisten von den Regierungstruppen und den mit diesen verbündeten ‹Todesschwadronen›.

1998 Brasilien muss eine massive Abwertung vornehmen und seine Auslandsschulden eiligst refinanzieren. Dank geschickter Regierungsführung von Präsident Cardoso fällt die nachfolgende Rezession mild aus.

2000 Die seit sieben Jahrzehnten herrschende mexikanische ‹Revolutionspartei› PRI verliert zum ersten Mal eine Präsidentenwahl und muss dem Konservativen Fox die Regierung überlassen.

2001 Perus Präsident Fujimori flieht wegen eines Korruptionsskandals nach Japan, sein Geheimdienstchef Montesinos wird in Venezuela verhaftet, repatriiert und vor Gericht gestellt. – Inmitten schwerer Unruhen und Plünderungen bricht Argentiniens völlig überschuldete Wirtschaft zusammen. Das Parlament ruft die Zahlungsunfähigkeit der Nation aus. Eine Übergangsregierung wird eingesetzt.

2002 In Brasilien gewinnt der Gewerkschaftsführer ‹Lula› da Silva im vierten Anlauf die Präsidentenwahl. Zur allgemeinen Überraschung setzt er die neoliberale Wirtschaftspolitik fort.

2003 Der Linkspopulist Chávez bleibt in Venezuela trotz eines mehrwöchigen Generalstreiks und Kundgebungen der bürgerlichen Opposition an der Macht, weil ihn die Mehrheit des Oberkommandos der Streitkräfte unterstützt. – Boliviens konservativer Präsident Sánchez de Lozada wird dagegen anlässlich eines Volksaufstands zur Demission gezwungen.

2005 Argentiniens Präsident Kirchner legt den Gläubigern eine Umschuldungsofferte vor, bei der sie mindestens zwei Drittel ihrer Guthaben abschreiben müssen.

Literatur- und Quellenverzeichnis

001: Aguinis, Marcos: El atroz encanto de ser argentino, Planeta, Buenos Aires, 2001

002: Aguirre Lavayén, Joaquín: La Patria Grande de Simón Bolívar, Los Amigos del Libro, Cochabamba, 2004

003: Albert, Michel: Kapitalismus contra Kapitalismus, Campus, Frankfurt/M, 1992

004: Altvater, Elmar und Mahnkopf, Birgit: Grenzen der Globalisierung, Münster, 1997

005: Amin, Samir: La desconexión, Colihue, Buenos Aires, 1988

006: Arias Q., César: La modernización autoritaria, Fundación Friedrich Ebert, Lima, 1994

007: Attali, Jacques: Millennium, Econ, Düsseldorf, 1992

008: Bairoch, Paul: Revolución industrial y subdesarrollo, Siglo XXI, Ciudad de México, 1967

009: Baptista Gumucio, Mariano: La educación como forma de suicidio nacional, Difusión, La Paz, 1976

010: Brummel, Hans-Jürgen: Brasilien zwischen Abhängigkeit, Autonomie und Imperialismus, Haag+Herchen, Frankfurt/M, 1980

011: Benecke, Dieter und Loschky, Alexander: Deuda externa – Obstáculo para el desarrollo? CIEDLA, Buenos Aires, 2001

012: Betz, Joachim und Brüne, Stefan (Hrsg.): Jahrbuch Dritte Welt 1998, Beck, München, 1997

013: Bodemer, Klaus/Gratius, Susanne (Hrsg.): Lateinamerika im internationalen System, Leske + Budrich, Opladen, 2003 (a: Schirm, Stefan A.; b: Lennert, Gernot; c: Gratius, Susanne; d: Effner, Henning; e: Birle, Peter; f: Bodemer, Klaus; g: Westphal, Kirsten; h: Faust, Jörg; i: Messner, Dirk; k: Kurtenbach, Sabine; m: Bodemer, Klaus und Gratius, Susanne)

014: Boris, Dieter: Zur Politischen Ökonomie Lateinamerikas, VSA, Hamburg, 2001

015: Borsdorf, Axel u. a. (Hrsg.): Lateinamerika im Umbruch, Institut für Geographie, Innsbruck, 2001 (a: Borsdorf, Axel und Romero, Hugo; b: Coy, Martin; c: Dietrich, Wolfgang; d: Dussel, Enrique; e: Parnreiter, Christof; f: Prutsch, Ursula)

016: Buarque de Holanda, Sérgio: Raices do Brasil, J. Olympio, Rio de Janeiro, 1975

017: Büchi, Reinhardt und Matter, Konrad (Hrsg.): Schweiz – Dritte Welt, Solidarität oder Rentabilität? Schulthess, Zürich, 1973 (a: Matter, Konrad)

018: Calcagno, Alfredo Eric: La perversa deuda, Legasa, Buenos Aires, 1988
019: Cardoso, Fernando Henrique und Faletto, Enzo: Dependencia y desarrollo en América Latina, Siglo XXI, Buenos Aires, 1975
020: Cardoso, Fernando Henrique: Charting a New Course, Rowman & Littlefield, Oxford, 2001
021: Chomsky, Noam: Wirtschaft und Gewalt – Vom Kolonialismus zur Neuen Weltordnung, zu Klampen, Lüneburg, 1993
022: Chomsky, Noam: Lo que realmente quiere el Tio Sam, Siglo XXI, México/Buenos Aires, 1994
023: Crabtree, John und Thomas, Jim (Hrsg.): El Perú de Fujimori, Universidad del Pacífico/IEP, Lima, 2000 (a: Iguíñiz, Jávier; b: Crabtree, John; c: Kisic, Drago; d: Abugattas, Luís; e: Figueroa, Adolfo; f: Thomas, Jim; g: Degregori, Carlos I. u. a.; h: Crabtree, John und Thomas, Jim)
024: Creutz, Helmut: Das Geld-Syndrom, Econ-Ullstein-List, München, 2001
025: Curia, Eduardo: La trampa de la convertibilidad, Realidad Argentina, Buenos Aires, 1999
026: Dabrowski, Martin: Wirtschaftssystem und Wirtschaftspolitik Chiles nach der Redemokratisierung, Europäischer Verlag der Wissenschaften, Frankfurt/M, 1995
027: De la Balze, Felipe (Hrsg.): Reforma y convergencia, CARI, Buenos Aires, 1993 (a: De la Balze, Felipe)
028: DEZA: Von der Schwierigkeit, die Armut in der Welt zu beseitigen, DEZA, Bern, 2000
029: Dilger, Gerhard: Kolumbien, Beck, München, 1996
030: Edelmayer, Friedrich u. a. (Hrsg.): Die vielen Amerikas, Brandes & Apsel – Südwind, Frankfurt/M/Wien, 2000 (a: Puhle, Hans-Jürgen; b: Coatsworth, John H.; c: Tobler, Hans Werner; d: Schmidt, Peer; e: Hausberger, Bernd)
031: Edwards, Sebastian: The Economics and Politics of Transition to an Open Market Economy: Colombia, OECD, 2001
032: Engels, Benno (Hrsg.): Interkulturelle Aspekte wirtschaftlicher Globalisierung, DÜI, Hamburg, 2001 (a: Esser, Klaus)
033: Eppler, Erhard: Was braucht der Mensch? Politik im Dienst der Grundbedürfnisse, Campus, Frankfurt/M/New York, 2000
034: E+Z (Entwicklung und Zusammenarbeit), 2002, Jahrgang 43, Heft 4, Bonn
035: Faoro, Raymundo: Os donos do poder, Globo, Porto Alegre, 1979
036: Feldbauer, Peter u. a. (Hrsg.): Industrialisierung, Brandes & Apsel – Südwind, Frankfurt/M, 1995 (a: Calzadilla, Bernardo u. a.; b: Hardach, Gerd; c: Calzadilla, Bernardo und Novy, Andreas; d: Feldbauer, Peter; e: Novy, Andreas und Calzadilla, Bernardo; f: Raza, Werner)

037: Ferguson, James: Dominikanische Republik zwischen Slums und Touristendörfern, DIPA, Frankfurt/M, 1993
038: Ferrer, Aldo: Vivir con lo nuestro, Fondo de Cultura Económica, Buenos Aires, 2003
039: Frank, André-Gunder: Kapitalismus und Unterentwicklung in Lateinamerika, EVA, Frankfurt/M, 1969
040: Freire, Paulo: Extensión o comunicación? Siglo XXI, Buenos Aires, 1973
041: Freire, Paulo: Pedagogia del oprimido, Siglo XXI, Montevideo, 1977
042: Furtado, Celso: A nova dependência, Paz e Terra, Rio de Janeiro, 1982
043: Galasso, Norberto: De la Banca Baring als FMI, Colihue, Buenos Aires, 2002
044: Galbraith, John Kenneth: Die Herrschaft der Bankrotteure, Hoffmann und Campe, Hamburg, 1992
045: Galtung, Johan: Die andere Globalisierung, Agenda, Münster, 1998
046: Gerster, Richard: Globalisierung und Gerechtigkeit, HEP, Bern, 2001
047: Ginsburg, Theo und Ostheider, Monika: Lateinamerika vor der Entscheidung, Fischer, Frankfurt/M, 1984 (a: Tobler, Hans Werner; b: Haymoz, Urs; c: Nohlen, Dieter; d: Waldmann, Peter; e: Berger, Roman)
048: Görgen, Hermann M.: 500 Jahre Lateinamerika, LIT, Münster/Hamburg 1993
049: Graham, Lawrence S.: The State and Policy Outcomes in Latin America, Praeger, New York, 1990
050: Guthunz, Ute und Fischer, Thomas (Hrsg.): Lateinamerika zwischen Europa und den USA, Vervuert, Frankfurt/M, 1995 (a: König, Hans-Joachim)
051: Halperin Donghi, Tulio: Geschichte Lateinamerikas von der Unabhängigkeit bis zur Gegenwart, Suhrkamp, Frankfurt/M, 1991
052: Herkenrath, Mark: Transnationale Konzerne im Weltsystem, Westdeutscher Verlag, Wiesbaden, 2003
053: Hottinger, Arnold: Die Mauren, NZZ, Zürich, 1995
054: Ianni, Octavio: Imperialismo y cultura de la violencia en América Latina, Siglo XXI, México, 1984
055: IDS Bulletin: Liberalization and the New Corruption, Nr. 2, IDS, Brighton, 1996 (a: Jones, Charles; b: Little, Walter)
056: Illich, Ivan: Entschulung der Gesellschaft, Beck, München, 1995
057: Institut für Entwicklungsforschung und Entwicklungspolitik (Hrsg.): Neuorientierungen der Entwicklungspolitik, Lang, Frankfurt/M, 1995 (a: Galtung, Johan; b: Streeten, Paul; c: Köhler, Volkmar)
058: Jalée, Pierre: Die Dritte Welt in der Weltwirtschaft, Europäische Verlagsanstalt, Frankfurt/M, 1968

059: Jozami, Angel: Argentina, la Destrucción de una Nación, Mondadori, Barcelona, 2003
060: Journal of International Development, Vol. 8, No. 1, Chichester, 1996
061: Journal of International Development, Vol. 12, No. 7, Chichester, 2000
062: Katz, Jorge M.: Oligopolio, firmas nacionales y empresas multinacionales, Siglo XXI, Buenos Aires, 1974
063: Kaller-Dietrich, Martina u. a. (Hrsg.): Lateinamerika, Geschichte und Gesellschaft im 19. und 20. Jahrhundert, Promedia, Wien, 2004 (a: Pieper, Renate; b: Puhle, Hans-Jürgen; c: Bernecker, Walther L.; d: Hausberger, Bernd; e: Scheuzger, Stephan; f: Kruip, Gerhard; g: Prutsch, Ursula)
064: Klein, Naomi: No logo! Der Kampf der Global Players um Marktmacht, Riemann (Bertelsmann), München, 2001
065: Koch, Eckart: Globalisierung der Wirtschaft, Vahlen, München, 2000
066: Kohlhepp, Gerd (Hrsg.): Lateinamerika, Umwelt und Gesellschaft zwischen Krise und Hoffnung, Tübingen, 1991 (a: Wöhlcke, Manfred; b: Boeckh, Andreas; c: Sangmeister, Hartmut)
067: Kroch, Ernesto: Uruguay zwischen Diktatur und Demokratie, DIPA, Frankfurt/M, 1991
068: Krugman, Paul: The Return of Depression Economics, Penguin, London, 1999
069: Kübler, Friedrich (Hrsg.): Industrialisierung und Recht in Brasilien, Metzner, Frankfurt/M, 1981
070: Kurz, Robert: Der Kollaps der Modernisierung, Eichborn, Frankfurt/M, 1991
071: Lanata, Jorge: Argentinos, Band 2, Ediciones B, Buenos Aires, 2003
072: Lindenberg, Klaus (Hrsg.): Lateinamerika – Herrschaft, Gewalt und internationale Abhängigkeit, Neue Gesellschaft, Bonn, 1982 (a: Lühr, Volker; b: Boeckh, Andreas; c: Nohlen, Dieter; d: Lindenberg, Klaus; e: Waldmann, Peter; f: Krumwiede, Heinrich-W.; g: Esser, Klaus; h: Mols, Manfred; i: König, Wolfgang; j: Drekonja, Gerhard; k: Grabendorff, Wolf; m: Bischof, Henrik)
073: Lindqvist, Sven: Südamerika, der geplünderte Kontinent, Humboldt, München, 1972
074: Mansilla, H. C. F.: Die Trugbilder der Entwicklung in der Dritten Welt, Schöningh, Paderborn, 1986
075: Mansilla, H. C. F.: Die Theorie der dauerhaften Entwicklung, WSF, Zürich, 1999
076: Martins, Luciano: Nação e corporação multinacional, Paz e Terra, Rio de Janeiro, 1975
077: Matos Mar, José (Comp.): La dominación de América Latina, Amorrortu, Buenos Aires, 1968 (a: Sunkel, Osvaldo)

078: Menzel, Ulrich: Globalisierung versus Fragmentierung, Suhrkamp, Frankfurt/M, 1998
079: Mirow, Kurt: Die Diktatur der Kartelle, Rowohlt, Reinbek bei Hamburg, 1978
080: Mirow, Kurt: Condenados ao Subdesenvolvimento, Ed. Civilização Brasileira, Rio de Janeiro, 1978
081: Moulian, Tomás: Chile atcual – Anatomía de un mito, LOM-ARCIS, Santiago de Chile, 1997
082: Niggli, Peter: Nach der Globalisierung, Rotpunkt, Zürich, 2004
083: Nohlen, Dieter und Nuscheler Franz: Handbuch der Dritten Welt, Band 2 Südamerika, Hoffmann und Campe, Hamburg, 1982
084: Nollert, Michael: Weltwirtschaftliche Verflechtung und politischer Konflikt in Lateinamerika, WSF, Zürich, 1991
085: Nord-Süd-aktuell, 1992, Heft 1, Zeitschrift des Deutschen Übersee-Instituts, Hamburg (a: Nicolas, Alrich und Symma, Britta; b: Nolte, Detlef)
086: Nord-Süd-aktuell, 1994, Heft 4, Zeitschrift des Deutschen Übersee-Instituts, Hamburg (a: Calcagnotto, Gilberto)
087: Nord-Süd-aktuell, 2000, Heft 4, Zeitschrift des Deutschen Übersee-Instituts, Hamburg (a: Hein, Wolfgang; b: Calcagnotto, Gilberto)
088: Ohmae, Kenichi: Die neue Logik der Weltwirtschaft, Fischer, Frankfurt/M, 1994
089: Oppenheim, Hecht Lois: Politics in Chile, WSF, Zürich, 1999
090: Orias, Arturo: Escritos escogidos, La Paz, 2002
091: Payne, J. Mark u. a.: La Política importa, BID/IDB, Washington D. C., 2003
092: Pearce, Jenny: Kolumbien, Im Innern des Labyrinths, Schmetterling, Stuttgart, 1992
093: Pohl, Thomas: 10 Jahre MERCOSUR – eine Bilanz, Institut für Iberoamerika-Kunde, Hamburg, 2003
094: Prado Júnior, Caio: História econômica do Brasil, Brasiliense, São Paulo, 1981
095: Prebisch, Raúl: La crisis del desarrollo argentino, El Ateneo, Buenos Aires, 1986
096: Reich, Robert B.: Die neue Weltwirtschaft, Fischer, Frankfurt/M, 1996
097: Roca, José Luís: Bolivia, después de la capitalización, Plural, La Paz, 2000
098: Sánchez-Albornoz, Claudio: De la invasión islámica al estado continental, Universidad de Sevilla, 1985
099: Schindler, Hardi: Konflikte in Südamerika, LIT, Münster, 1998
100: Schweickert, Rainer: Leistungsbilanzentwicklung ausgewählter Schwellenländer Asiens und Lateinamerikas, Kieler Studien 306, Mohr Siebeck, Tübingen, 2000

101: Senghaas, Dieter (Hrsg.): Peripherer Kapitalismus, Suhrkamp, Frankfurt/M, 1974
102: Sheinin, David (Ed.): Beyond the Ideal, Pan Americanism in Inter-American Affairs, London, 2000 (a: Sheinin, David; b: Streeter, Stephen M.)
103: Singer, Paul: A crise do ‹milagre›, Paz e Terra, Rio de Janeiro, 1976
104: Skidmore, Thomas E. and Smith, Peter H.: Modern Latin America, Oxford University Press, New York/Oxford, 1984/2001
105: Skidmore, Thomas E.: Uma Historia do Brasil, Paz e Terra, São Paulo, 1998
106: Soliz Rada, Andrés: La fortuna del Presidente, La Paz, 2004
107: Soros, George: La Crisis del Capitalismo Global, Sudamericana, Buenos Aires, 1999
108: Sottoli, Susana: Sozialpolitik und entwicklungspolitischer Wandel in Lateinamerika, Leske + Budrich, Opladen, 1998
109: Stiglitz, Joseph E.: Die Schatten der Globalisierung, Siedler, Berlin, 2002
110: Stiglitz, Joseph E.: Die Roaring Nineties – Der entzauberte Boom, Siedler, Berlin, 2004
111: Stückelberger, Christoph: Ethischer Welthandel, Haupt, Bern, 2001
112: Stückrath-Taubert, Erika (Hrsg.): Erziehung zur Befreiung, Rowohlt, Reinbek, 1975
113: Suter, Christian: Gute und schlechte Regimes, Staat und Politik Lateinamerikas zwischen globaler Ökonomie und nationaler Gesellschaft, Vervuert, Frankfurt/M, 1999
114: Talvi, Ernesto und Végh, Carlos (Comp.): Cómo armar el rompecabezas fiscal? BID, Washington D. C., 2000
115: Teatro de los Andes: El terremoto de la corrupción (Einführung zu einem Programmheft), Cochabamba/La Paz (Mimeo, ohne Jahr)
116: Tetzlaff, Rainer (Hrsg.): Weltkulturen unter Globalisierungsdruck, Dietz, Bonn, 2000 (a und e: Tetzlaff, Rainer; b: Esser, Klaus; c und d: Nolte, Detlef)
117: Third World Quarterly, 1992, Nr. 3, Egham, Surrey (a: Roxborough, Ian)
118: Thurow, Lester: The Future of Capitalism, Brealey, London, 1996
119: Thurow, Lester: Die Zukunft der Weltwirtschaft, Campus, Frankfurt/M, 2004
120: Tobler, Hans Werner und Waldmann, Peter (Hrsg.): Staatliche und parastaatliche Gewalt in Lateinamerika, Vervuert, Frankfurt/M, 1991 (a: Waldmann, Peter; b: Nolte, Detlef; c: German, Christiano; d: Hoffmann, Karl-Dieter; e: Heinz, Wolfgang; f: Garzón, Ernesto)
121: Tobler, Hans Werner: Lateinamerika im 20. Jahrhundert, Klett-Cotta, Stuttgart, 1996

122: Toffler, Alvin: El Cambio del Poder, Plaza & Janes, Barcelona, 1998
123: Ulrich, Peter: Integrative Wirtschaftsethik, Haupt, Bern, 1997
124: Universidad Nacional Andrés Bello: La Transformación Económica de Chile, UNAB, Santiago, 1992 (a: Büchi, Hernan; b: Meller, Patricio; c: Feliú, Manuel; d: Bitar, Sergio; e: Viera-Gallo, José Antonio)
125: Veneroni, Horacio L.: Estados Unidos y las Fuerzas Armadas de América Latina, Periferia, Buenos Aires, 1973
126: Von Bredow, Wilfried und Jäger, Thomas (Hrsg.): Demokratie und Entwicklung, Leske und Budrich, Opladen, 1997 (a: Bendel, Petra und Nolte, Detlef)
127: Wöhlcke, Manfred: Der Fall Lateinamerika, Beck, München, 1989
128: Yunus, Muhammad: Hacia un mundo sin pobreza, Ed. Andrés Bello, Santiago de Chile, 1998
129: Zapotoczky, Klaus und Griebl-Shehata, Hildegard (Hrsg.): Weltwirtschaft und Entwicklungspolitik, Brandes & Apsel – Südwind, Frankfurt/M, 1996 (a: Raffer, Kunibert)
130: Ziegler, Jean: Die neuen Herrscher der Welt und ihre globalen Widersacher, Bertelsmann, München, 2003
131: Zweig, Stefan: Brasil, pais do futuro, Nova Fronteira, Rio de Janeiro, 1981

Personenregister

(Namen von Politikern, Militärs und Ökonomen
mit staatspolitischer Verantwortung)

Aus dem Verlagsprogramm

Iberische Kultur

Manuel Fernández Álvarez
Johanna die Wahnsinnige 1479–1555
Königin und Gefangene
Aus dem Spanischen von Matthias Strobel
2005. 228 Seiten mit 21 Abbildungen. Leinen

Walther L. Bernecker
Spaniens Geschichte seit dem Bürgerkrieg
3., neubearbeitete und erweiterte Auflage. 1997.
336 Seiten mit 1 Karte.. Paperback
Beck'sche Reihe Band 284

Klaus-Jörg Ruhl/Laura Ibarra García
Kleine Geschichte Mexikos
Von der Frühzeit bis zur Gegenwart
2000. 216 Seiten. Paperback
Beck'sche Reihe Band 1366

Helmut Siepmann
Kleine Geschichte der portugiesischen Literatur
2003. 320 Seiten. Paperback
Beck'sche Reihe Band 1547

Michael Zeuske
Kleine Geschichte Kubas
2., überarbeitete und aktualisierte Auflage. 2002.
234 Seiten mit 1 Karte. Paperback
Beck'sche Reihe Band 1371

Carlos Collado Seidel
Der Spanische Bürgerkrieg
Geschichte eines europäischen Konflikts
2006. Etwa 180 Seiten. Paperback
Beck'sche Reihe Band 1677

Verlag C. H. Beck München

Aktuelle Konflikte

Frank Otto
Der Nordirlandkonflikt
Ursprung, Verlauf, Perspektiven
2005. 160 Seiten mit 2 Karten. Paperback
Beck'sche Reihe Band 1636

Bernard Wasserstein
Israel und Palästina
Warum kämpfen sie und wie können sie aufhören?
2003. 192 Seiten mit 30 Karten und Schaubilder. Paperback
Beck'sche Reihe Band 1561

Hanns W. Maull/Ivo M. Maull
Im Brennpunkt: Korea
Geschichte – Politik – Wirtschaft – Kultur
2004. 232 Seiten mit 20 Abbildungen und Karten, Graphiken
und 1 Stammtafel. Paperback
Beck'sche Reihe Band 1575

Marion Eggert/Jörg Plassen
Kleine Geschichte Koreas
2005. 199 Seiten mit 5 Karten. Paperback
Beck'sche Reihe Band 1666

Conrad Schetter
Kleine Geschichte Afghanistans
2004. 157 Seiten mit 5 Karten und 1 Stammtafel. Paperback
Beck'sche Reihe Band 1574

Henner Fürtig
Kleine Geschichte des Irak
Von der Gründung 1921 bis zur Gegenwart
2., aktualisierte Auflage. 2004. 175 Seiten mit 2 Karten. Paperback
Beck'sche Reihe Band 1535

Verlag C. H. Beck München

C. H. Beck Wissen – eine Auswahl

Catherine Julien
Die Inka
Geschichte, Kultur, Religion
Aus dem Englischen von Kerstin Nowack.
3. Auflage. 2003. 128 Seiten mit 13 Abbildungen
und 8 Karten. Paperback
C. H. Beck Wissen in der Beck'schen Reihe Band 2075

Berthold Riese
Machu Picchu
Die geheimnisvolle Stadt der Inka
2004. 116 Seiten mit 24 Abbildungen. Paperback
C. H. Beck Wissen in der Beck'schen Reihe Band 2341

Berthold Riese
Die Maya
Geschichte – Kultur – Religion
5. Auflage. 2004. 144 Seiten mit 11 Abbildungen und
2 Tabellen und 5 Karten. Paperback
C. H. Beck Wissen in der Beck'schen Reihe Band 2026

Walther L. Bernecker
Spanische Geschichte
Vom 15. Jahrhundert bis zur Gegenwart
3. Auflage. 2003. 136 Seiten mit 2 Karten. Paperback
C. H. Beck Wissen in der Beck'schen Reihe Band 2111

Rainer Schlösser
Die romanischen Sprachen
2., durchgesehene Auflage. 2005. 128 Seiten. Paperback
C. H. Beck Wissen in der Beck'schen Reihe Band 2167

Walther L. Bernecker/Horst Pietschmann
Geschichte Portugals
Vom Spätmittelalter bis zur Gegenwart
2001. 136 Seiten mit 1 Abbildung und und 1 Karte. Paperback
C. H. Beck Wissen in der Beck'schen Reihe Band 2156

Verlag C. H. Beck München